马克思主义
经典作家民族问题文选

列宁卷

（下册）

中国社会科学院
民族学与人类学研究所民族理论室

编

社会科学文献出版社
SOCIAL SCIENCES ACADEMIC PRESS(CHINA)

选编说明

《马克思主义经典作家民族问题文选》（全五册）是对马克思、恩格斯、列宁和斯大林关于民族问题论述的集中辑录，分为《马克思恩格斯卷》（上下册）、《列宁卷》（上下册）和《斯大林卷》，力图用原文汇编的形式全面展示马克思主义经典作家的民族理论及其形成发展过程。这五册书按照统一的安排同时选编同时推出，体例统一、主题统一，以便读者作为一套书使用。

本文选原计划是对署名"中国社会科学院民族研究所编"的五卷本丛书《马克思恩格斯论民族问题》（上下册）、《列宁论民族问题》（上下册）和《斯大林论民族问题》（以下简称"原五卷本"）的修订。该丛书主要是由中国社会科学院民族学与人类学研究所（即前中国社会科学院民族研究所）的部分学者选编、民族出版社在1987~1990年出版发行的。由于该书所收经典作家有关论述的全面性和代表性，长期以来成为我国理论界学习和研究马克思主义民族理论的必读书目，有着广泛的社会影响。然而，进入21世纪以来，随着国内外民族问题变化以及中央马克思主义理论学习和建设工程的开展，学界和社会上系统学习和研究马克思主义民族理论的要求不断增长，特别是出版界陆续推出了《列宁全集》《马克思恩格斯选集》《列宁选集》《马克思恩格斯全集》《马克思恩格斯文集》《列宁专题文集》等经典著作的新版本，这就使重新梳理和选编马克思主义经典作家关于民族问题的论述成为必要。为此，我们将修订马克思主义经典作家论民族问题原五卷本丛书作为一项重要课题加以提出和实施。

经过几年来的努力，丛书的修订基本结束。我们主要做了以下几项工作。

一、分工合作，以新版本的经典原著为准对"原五卷本"的内容做出修正。这种修正是必要的，因为新版本不但在所辑文章上更趋全面和丰富，在译文上也有所改进。为准确传达经典作家的思想，无疑是要以后出的新版本译文为标准的。当然，在新版本尚未出齐或没有新版本的情况下，仍要使用旧版的内容。以此，我们对版本要求的顺序是：

1.《马克思恩格斯文集》（十卷本）、《列宁专题文集》（五卷本）；

2.《马克思恩格斯全集》新版（即第 2 版，未出齐）、《列宁全集》新版（即第 2 版），或《马克思恩格斯选集》新版（即第 2 版，共四卷）和《列宁选集》新版（即第 2 版，共四卷）；

3.《马克思恩格斯全集》旧版（即第 1 版）。

斯大林的著作未出新版，故只能用已有的《斯大林全集》（十三卷）和《斯大林文集》（一卷）。

二、在通览原著的基础上增添了部分选文。其中马克思恩格斯部分增添了 14 篇；列宁部分增添了 15 篇；斯大林部分增添了 17 篇。除了斯大林部分之外，新增选文均选自经典著作的新版本。

三、删减和调整了部分内容。在增添部分选文的同时，也删去了原来过于简略或与民族问题关系不大的个别篇目，以使选文不论整篇还是节选都尽量保持意思的完整。此外，对原为一文而被分为两篇文章的个别篇目做了合并处理。

四、对注释和部分篇目的顺序做出调整。"原五卷本"（原著亦同）的注释有页下注和书后注两种。其中页下注基本取自选文原著，书后注则既有取自选文原著的，也有选编者自加的。自加的内容主要是选编者对该文时代背景的介绍或观点的评价。由于书后注离原文正文太远，查阅起来不方便，自加的内容也带有一定的时代痕迹和历史局限，故本书将原来的书后注一律改为文后注，撤去原选编者自加的注释，尽量保留原著的注释文字。此外，对各篇文章的写作或发表时间做了认真核实，依此在选文的排序上也做了一些调整。

上述工作完成之后，我们发现，尽管我们的选编是在"原五卷本"的基础上进行的，但如果把这项成果称为"修订"却是有问题的。因为参与这次选编的已不是"原五卷本"的选编人员，事前也没有得到他们的授权，而出版社也发生了变更。在这种情况下，还用"原五卷本"的书名，称其为该丛书的"修订本"就很不合适了。正因为这样，我们将五册总称为《马克思主义经典作家民族问题文选》，而不再是《马克思恩格斯论民族问题》等"原五卷本"的"修订本"。

实际上，与"原五卷本"相比，这套文选在选文篇目上因增减已有所不同，注释的方式和部分内容发生了大的改变，译文也有了变化，已在事实上形成经典作家民族问题论著选编的另一种读本。所以，本文选出版后和"原五卷本"作为并列的两套书为读者所选用，而不成为一种前后取代的关系，可能更好一些。

此外，尽管我们的选编工作是在"原五卷本"基础上完成的，也做了大量的工作，但我们不敢说这个本子就会超过原本。就此来看，我们以不同于"原五卷本"的书名面世，也是承担责任的需要。

本文选是中国社会科学院民族学与人类学研究所民族理论室承担的中国社会科学院重点学科方向"马克思主义民族理论研究"的重点课题。我主持了本课题的筹划设计、组织协调、审稿统稿，并参与了具体选编。郑信哲、周竞红、杨华、刘玲以及我的博士生张淑娟、侯发兵分别承担了各卷的选编工作；我的博士生杨须爱及博士后张三南、肖斌分别对各卷的体例做了规范性调整，对全文做了校对。陈建樾研究员为本书的出版做了大量协调工作。

中国社会科学院民族学与人类学研究所前所长郝时远研究员为本文选提出了指导性意见,在此谨表谢意!

王希恩

2015 年 6 月 30 日

凡 例

一、本书选文均为中文版列宁原著:《列宁全集》第2版（60卷本，人民出版社）、《列宁专题文集》（5卷本，人民出版社，2009）、《列宁全集补遗》（人民出版社，2001）、《列宁选集》（4卷本，人民出版社，1995）。选文出处均在文后标出，但省略了出版社、出版年份和版次的信息。

二、选文篇目依据该文发表或写作的时间排序。

三、文中的黑体字、外文单词和加重号等，均为选文原著所有。

四、本书注释分脚注（页下注）和尾注（文后注）两种。脚注除标明"编者注"外，均为选文原著原有；尾注均为原著中文版编者所加，但其中原有的"本卷"等则由本书编者以具体卷、册取代。

五、书中的"原编者注"是指原著中文版中的编者注；而"编者注"则指本书编者加的注。

六、脚注中所引的《马克思恩格斯全集》均指中文第一版，人民出版社。

目 录

俄国的休特古姆派

 （1915年1月19日〔2月1日〕） ·················· 1

打着别人的旗帜

 （1915年1月以后） ······························ 8

俄国社会民主工党国外支部代表会议（节选）

 （1915年3月16日〔29日〕） ······················ 28

空泛的国际主义的破产（节选）

 （1915年5月8日〔21日〕） ······················· 31

德国机会主义论战争的一本主要著作（节选）

 （1915年6～7月） ······························· 35

和平问题

 （1915年7～8月） ······························· 37

社会主义与战争（节选）

 （俄国社会民主工党对战争的态度）

 （1915年7～8月） ······························· 42

齐美尔瓦尔德国际社会党代表会议通过的法德两党代表团共同

 宣言的摘要

 （1915年9月5日和8日之间） ···················· 59

几个要点（节选）

 编辑部的话

 （1915年9月30日〔10月13日〕） ················ 61

1

关于《帝国主义和民族自决权》演讲的材料

(1915年10月15日〔28日〕以前) ………… 63

革命的无产阶级和民族自决权

(1915年10月16日〔29日〕以后) ………… 73

《革命的无产阶级和民族自决权》一文材料

(1915年10月16日〔29日〕以后) ………… 80

关于农业中资本主义发展规律的新材料（节选）

第一编

美国的资本主义和农业

(不晚于1915年12月29日〔1916年1月6日〕) ………… 85

社会主义革命和民族自决权（提纲）

(1916年1～2月) ………… 89

《社会主义革命和民族自决权》提纲的短记

(1916年1～2月) ………… 102

在伯尔尼国际群众大会上的演说（节选）

(1916年1月26日〔2月8日〕) ………… 103

论俄国当前的口号：没有兼并的和约和波兰独立

(1916年2月16日〔29日〕) ………… 105

致罕丽达·罗兰-霍尔斯特（节选）

(1916年3月8日) ………… 109

论"和平纲领"

(1916年2月19日和3月7日〔3月3日和20日〕之间) ………… 112

论德国的和非德国的沙文主义

(1916年5月31日〔6月13日〕) ………… 120

笔　记

"o"

("奥米克隆")（节选） ………… 123

论尤尼乌斯的小册子

　　（1916年7月） …………………………………… 125

关于自决问题的争论总结

　　（1916年7月） …………………………………… 141

关于波兰社会民主党人在齐美尔瓦尔德代表会议上的宣言

　　（1916年7月） …………………………………… 185

无产阶级革命的军事纲领（节选）

　　（1916年8月9日〔22日〕以前） ……………… 186

论正在产生的"帝国主义经济主义"倾向

　　（1916年8～9月） ……………………………… 191

对彼·基辅斯基（尤·皮达可夫）《无产阶级和金融资本
时代的"民族自决权"》一文的回答（节选）

　　（1916年8～9月） ……………………………… 203

论面目全非的马克思主义和"帝国主义经济主义"（节选）

　　（1916年8～9月） ……………………………… 210

遇到三棵松树就迷了路（节选）

　　（1916年9～10月） …………………………… 256

致伊·费·阿尔曼德（节选）

　　（1916年11月30日） …………………………… 257

给波里斯·苏瓦林的公开信（节选）

　　（1916年12月） ………………………………… 259

资产阶级的和平主义与社会党人的和平主义（节选）

　　（1916年12月19日〔1917年1月1日〕） ……… 261

关于1905年革命的报告（节选）

　　（1917年1月9日〔22日〕） …………………… 267

世界政治中的转变（节选）

　　（1917年1月18日〔31日〕） …………………… 269

致伊·费·阿尔曼德（节选）

(1917年1月19日) …………………………………………… 271

统计学和社会学

(1917年1月) ……………………………………………… 273

无产阶级在我国革命中的任务（节选）

（无产阶级政党的行动纲领草案）

(1917年4月10日〔23日〕) …………………………… 280

俄国社会民主工党（布）第七次全国代表会议（四月代表

会议）文献（节选）

(1917年4月) ……………………………………………… 282

修改党纲的材料（节选）

(1917年4~5月) ………………………………………… 291

芬兰和俄国

(1917年4月30日和5月1日〔5月13日和14日〕) ………… 293

给工厂和团队选出的工兵代表苏维埃代表的委托书

(1917年5月7日〔20日〕以前) ……………………… 297

头脑糊涂

（再论兼并）

(1917年5月18日〔31日〕) …………………………… 300

在全俄工兵代表苏维埃第一次代表大会上的讲话（节选）

(1917年6月上旬) ………………………………………… 303

乌克兰

(1917年6月14日〔27日〕) …………………………… 307

可　耻！

(1917年6月15日〔28日〕) …………………………… 310

乌克兰问题和俄国执政党的失败

(1917年6月15日〔28日〕) …………………………… 311

国家与革命（节选）
  马克思主义关于国家的学说与无产阶级在革命中的任务
  （1917年8～9月） ··· 314
革命的任务（节选）
  （1917年9月6日〔19日〕） ······································· 322
布尔什维克能保持国家政权吗？（节选）
  （1917年9月底～10月1日〔14日〕） ·························· 324
论修改党纲（节选）
  （1917年10月6～8日〔19～21日〕） ························· 326
全俄工兵代表苏维埃第二次代表大会文献（节选）
  （1917年10月下旬） ··· 328
在全俄海军第一次代表大会上的讲话（节选）
  （1917年11月22日〔12月5日〕）
  记　录 ·· 332
和平谈判纲要
  （1917年11月27日〔12月10日〕） ··························· 334
告乌克兰人民书
  （1917年12月3日〔16日〕） ···································· 337
人民委员会关于同拉达举行谈判的决议
  （1917年12月19日〔1918年1月1日〕） ··················· 340
人民委员会关于拉达给人民委员会的答复的决定
  （1917年12月30日〔1918年1月12日〕） ················· 342
被剥削劳动人民权利宣言
  （不晚于1918年1月3日〔16日〕） ··························· 344
谈谈不幸的和约问题的历史（节选）
  （1918年1月7日〔20日〕～2月11日〔24日〕以前） ···· 348
给弗·亚·安东诺夫-奥弗申柯的电报
  （1918年1月19日〔2月1日〕） ······························· 350

致弗·亚·安东诺夫-奥弗申柯
  （1918年1月21日） ·················· 352
论革命空谈（节选）
  （1918年2月21日） ·················· 353
给雅·达·扬松的电报
  （1918年4月13日） ·················· 356
给辛比尔斯克苏维埃主席的电报
  （1918年4月20日） ·················· 358
给总司令约·约·瓦采季斯的电报 ·················· 360
给萨马拉地区乌克兰人的电报
  （1918年12月17日） ·················· 361
给波·尼·尼姆维茨基的电报
  （1919年2月5日或6日） ·················· 363
俄共（布）纲领草案（节选）
  （1919年2月） ·················· 365
共产国际第一次代表大会文献（节选）
  （1919年3月上旬） ·················· 369
俄共（布）第八次代表大会文献（节选）
  （1919年3月） ·················· 371
留声机片录音讲话（节选）
  （1919年3月底） ·················· 382
中央关于军事统一的指示草案
  （1919年4月底和5月15日之间） ·················· 384
给克·格·拉柯夫斯基的电报
  （1919年5月22日） ·················· 387
给南方面军革命军事委员会的电报
  （1919年6月3日） ·················· 388

论国家（节选）
 在斯维尔德洛夫大学的讲演
  （1919年7月11日） ………………………………………… 389

答美国记者问（节选）
  （1919年7月20日） ………………………………………… 392

给巴什基尔革命委员会的电报
  （1919年9月5日） ………………………………………… 396

致土耳其斯坦共产党员同志们
  （1919年11月7~10日） …………………………………… 397

在全俄东部各民族共产党组织第二次代表大会上的报告（节选）
  （1919年11月22日） ……………………………………… 399

俄共（布）中央关于乌克兰苏维埃政权的决议
  （1919年11月29日） ……………………………………… 404

俄共（布）第八次全国代表会议文献（节选）
  （1919年12月） …………………………………………… 408

全俄苏维埃第七次代表大会文献（节选）
  （1919年12月） …………………………………………… 411

立宪会议选举和无产阶级专政（节选）
  （1919年12月16日） ……………………………………… 416

为战胜邓尼金告乌克兰工农书
  （1919年12月28日） ……………………………………… 418

俄共（布）中央政治局关于对阿塞拜疆政府的政策的决定草案
  （1920年1月17日或18日） ……………………………… 425

在第七届全俄中央执行委员会第一次会议上关于全俄中央执行
 委员会和人民委员会的工作的报告（节选）
  （1920年2月2日） ………………………………………… 426

关于乌克兰党斗争派的决议草案
  （1920年2月6日） ………………………………………… 433

给约·维·斯大林的电报

　　(1920年2月22日) ·················· 434

给格·康·奥尔忠尼启则的电报和给列·达·托洛茨基的

　批语（节选）

　　(1920年4月2日) ··················· 435

共产主义运动中的"左派"幼稚病（节选）

　　(1920年4~5月) ··················· 436

致印度革命协会

　　(1920年5月10日) ················· 439

关于俄共（布）在土耳其斯坦的任务

　　(1920年6月) ····················· 441

致阿·瑙·梅列任

　　(1920年6月21日和7月26日之间) ········· 447

为共产国际第二次代表大会准备的文件（节选）

　　(1920年6~7月) ··················· 449

共产国际第二次代表大会文献（节选）

　　(1920年7~8月) ··················· 457

俄共（布）中央政治局关于俄共（布）在东方各民族聚居地区的

　任务问题的决定草案

　　(1920年10月13日或14日) ············ 464

俄共（布）中央委员会政治局关于支援阿塞拜疆的决定草案

　　(1920年11月27日) ················ 466

在俄共（布）莫斯科组织积极分子大会上关于租让的报告（节选）

　　(1920年12月6日) ················· 469

全俄苏维埃第八次代表大会文献（节选）

　　(1920年12月) ···················· 472

给穆斯塔法·基马尔的电报

　　(1921年1月7日) ·················· 476

目 录

给格·康·奥尔忠尼启则的信

 （1921年3月2日） ·················· 478

给第11集团军革命军事委员会的电报

 （1921年3月10日） ················· 480

致阿塞拜疆、格鲁吉亚、亚美尼亚、达吉斯坦、哥里共和国的

 共产党员同志们

 （1921年4月14日） ················· 482

共产国际第三次代表大会文献（节选）

 （1921年6～7月） ·················· 485

对萨·加·赛德-加利耶夫来信的批复

 （1921年7月20日） ················· 487

致阿·阿·越飞

 （1921年9月13日） ················· 489

十月革命四周年（节选）

 （1921年10月14日） ················ 492

同蒙古人民共和国代表团的谈话

 （1921年11月5日） ················· 494

对俄共（布）中央政治局关于成立外高加索共和国联邦的决定

 草案的修改意见

  给斯大林的便条

 （1921年11月28日） ················ 497

全俄苏维埃第九次代表大会文献（节选）

 （1921年12月） ··················· 499

俄共（布）第十一次代表大会文献（节选）

 （1922年3～4月） ·················· 502

庆祝《真理报》创刊十周年（节选）

 （1922年5月2日） ·················· 505

9

关于成立苏维埃共和国联盟

给列·波·加米涅夫并转俄共（布）中央政治局委员的信

（1922年9月26日） ………………………………… 509

就反对大俄罗斯沙文主义给列·波·加米涅夫的便条

（1922年10月6日） ………………………………… 515

答《观察家报》和《曼彻斯特卫报》记者 M. 法尔布曼问（节选）

（1922年10月27日） ………………………………… 517

关于民族或"自治化"问题

（1922年12月30日） ………………………………… 519

关于民族或"自治化"问题（续）

（1922年12月31日） ………………………………… 524

后　记 …………………………………………………… 528

俄国的休特古姆派

(1915年1月19日〔2月1日〕)

"休特古姆"这个词已经成了一个普通名词，意指沾沾自喜和不知羞耻的机会主义者和社会沙文主义者的典型。这是一个好的征兆，说明大家提起休特古姆派都加以鄙视。可是，要使自己不陷入沙文主义，只有一种办法，那就是尽力协助揭露俄国的休特古姆派。

普列汉诺夫写了《论战争》这本小册子，从而使自己确定无疑地成了俄国休特古姆派的首领。他的论断完全是以诡辩代替辩证法。借助诡辩指责德国的机会主义，以便掩饰法国和俄国的机会主义。结果不是同国际机会主义作斗争，而是支持国际机会主义。借助诡辩为比利时的命运痛哭流涕，对于加里西亚却讳莫如深。借助诡辩把帝国主义时代（即马克思主义者所公认的资本主义崩溃的客观条件已经成熟、社会主义的无产阶级群众已经存在的时代）同资产阶级民主民族运动时代混淆起来，即把国际无产阶级革命就要粉碎资产阶级祖国的时代同资产阶级祖国诞生和巩固的时代混淆起来。借助诡辩指责德国资产阶级破坏和平，而闭口不谈"三协约国"[1]的资产阶级进行长期的坚持不懈的对德战争的准备。借助诡辩回避巴塞尔决议。借助诡辩以民族自由主义代替社会民主主义：借口俄国经济发展的利益而希望沙皇政府取得胜利，而对俄国的民族问题、沙皇制度阻碍俄国经济发展的问题、德国生产力的发展相比之下远为迅速和顺利的问题等等，统统只字不提。要分析普列汉诺夫的所有这些诡辩，需要写一系列文章，而我们还不清楚，他的许多荒唐可笑的言论究竟值不值得加以分析。我们只来谈谈他的一个所谓论据。恩格斯在1870年给马克思写信说，威·李卜克内西错误地把反俾斯麦主义当作**唯一的**指导原则①。普列汉诺夫找到了这句引文十分高兴，说什么我们的反沙皇主义也是这样！但是，让我们抛开诡辩（即不顾事件的相互联系而仅仅抓住事物的表面的相似之处）而用辩证法（即研究事件及其发展的整个具体环境）来看一看吧。德国的统一在当时是必要的，马克思在1848年以前和以后始终都确认这一点。早在1859年，恩格斯就直接呼吁德国人民为统一而战斗②。在用革命实现统一未能成功之后，俾斯麦用反革命的方式，用容克的方式完成了统一。在这种情况下，把反俾斯麦主义作为**唯一的**原则，就成了荒唐的东西，因为完成必要的统一已经成为事实。而在俄国呢？我们勇敢的普列汉诺夫当时有没有胆量预先宣布，为了俄国的发展，必须夺取加里西亚、萨尔格勒③、亚美尼亚、波斯等等呢？现在他有没有胆量这样说呢？德国当时必须从德意志人被分裂的状态（19世纪的前60多年受法国和俄国两国的压迫）走上统一，而在俄国，大俄罗斯人与其说是统一了不如说是压制了其他许多民族。这一点普列汉诺夫考虑过没有呢？他没有考虑，他只是通过歪曲引用恩格斯1870年的话来掩饰自己的沙文主义，正如休特古姆歪曲引用恩格斯1891年的话一样（当时恩格斯写道，德国人必须同法俄联军进行殊死的斗争）。

《我们的曙光》杂志[2]第7、8、9期，是在另一种情况下用另一种语言维护沙文主义的。切列万宁先生预言和希望"德国战败"，断言"欧洲〈!!〉已经起来"反对德国。亚·波特列索夫先生责骂德国社会民主党人，说他们的"失误""比任何罪行都坏"等等，硬说德国军国主义犯了"超乎寻常的滔天罪行"，硬说"不是某些俄国人的泛斯拉夫主义的理想构成

---

① 参看《马克思恩格斯全集》第33卷，第42页。——编者注
② 参看《马克思恩格斯全集》第13卷，第247～299页。——编者注
③ 俄国对君士坦丁堡（今伊斯坦布尔）的旧称。——原编者注

了对欧洲和平的威胁"等等。

在一家合法刊物上大肆宣扬德国犯了"滔天罪行",必须让德国战败,这岂不是给普利什凯维奇和社会沙文主义者帮腔吗?在沙皇书报检查机关的压制之下,对于俄国军国主义的严重百倍的"滔天"罪行都只好闭口不谈。在这种情况下,不希望做沙文主义者的人,难道不应当至少不去谈论什么让德国战败和德国犯了滔天罪行吗?

《我们的曙光》杂志不仅仅采取了"不抵制战争"的路线;不,它还用"社会民主主义的"论据鼓吹让德国战败,袒护泛斯拉夫主义者,直接为大俄罗斯的、沙皇—普利什凯维奇的沙文主义助长声势。要知道,不是别人,正是《我们的曙光》杂志的作者们于1912～1914年间在工人当中大肆宣传取消派的主张。

最后,我们再拿阿克雪里罗得作例子。对阿克雪里罗得,马尔托夫也象对《我们的曙光》杂志的作者们一样,正在那么气急败坏、那么笨手笨脚地加以掩饰、维护和包庇。

阿克雪里罗得的观点,经过他的同意,发表在《呼声报》第86号和第87号上[3]。这是些社会沙文主义的观点。阿克雪里罗得是用以下的论据为法国和比利时社会党人参加资产阶级内阁作辩护的:(1)"现在人们喜欢胡乱援引的历史必然性,在马克思看来,决不意味着消极地对待具体祸害,等待社会主义变革。"这不是胡言乱语吗?干吗说这番话呢?历史上发生的一切,都是必然要发生的。这是起码的常识。反对社会沙文主义的人所援引的不是历史的必然性,而是这场战争的**帝国主义**性质。阿克雪里罗得假装不了解这一点,不了解由此而得出的对"具体祸害"即对各国资产阶级统治的估计,不了解要**及时**开始将导致"社会变革"的革命行动。社会沙文主义者否定这一点,因此,"消极的"是他们。(2)决不能"忽视谁是"战争的"真正祸首","从而迫使所有遭受军事进攻的国家必须捍卫自己的独立这个问题"。在同一页上他又承认,"当然,法国帝国主义者也一心想过两三年以后挑起战争"!而他又强调说,在这段时间内无产阶级将会强大起来,因而和平的可能性将会增大!!但是我们知道,在这段时间内,阿克雪里罗得心爱的机会主义将会强大起来,因而它更加卑鄙地背叛社会主义的可能性将会增大。我们知道,**数十年来**三个强盗(英、俄、法三国的资产阶级和政府)一直在武装自己,准备掠夺德国。两个强盗没有等**三个强盗**拿到他们定购的新刀子便先发动了进攻,这有什么值得奇怪的呢?用战争"祸首"的词句来掩饰全体社会党人在巴塞尔毫无异议地一致承认的、各国资产阶级的**同等**"**罪行**",这岂不是诡辩吗?(3)"责备比利时社会党人保卫自己的国家",这"不是马克思主义,而是愚蠢的厚颜无耻"。马克思当年正是这样评论蒲鲁东对待波兰起义(1863年)的态度的①。从1848年起,马克思就经常谈论波兰反抗沙皇政府的起义在历史上的进步性。任何人都不敢否认这一点。当时的具体情况是,东欧的民族问题没有解决,也就是说反抗沙皇政府的战争具有资产阶级民主主义性质,而不是具有帝国主义性质。这是起码的常识。

如果用消极的态度,或者用讥笑的和轻率的态度(象阿克雪里罗得们那样)对待社会主义变革,那么,在目前这场具体战争中,就**只能**用帮助沙皇政府扼杀乌克兰的办法去帮助比利时这个"国家"。这是事实。俄国社会党人回避这一事实,就是犬儒主义。大谈其比利时而不谈加里西亚,就是犬儒主义。

比利时社会党人应当做些什么呢?既然他们未能同法国人等等一起完成社会变革,他们当时只好服从国内的多数去进行战争。但是,他们在服从奴隶主阶级的意志的同时,应当把罪责加在这个阶级身上,应当不投票赞成军事拨款,不派王德威尔得以部长身分去拜访剥削者,而派他去组织(同**各**国革命的社会民主党人一起)关于"社会主义变革"和国内战争的秘密革命宣传工作;应当在军队中也进行这项工作(经验证明,工人士兵甚至可能在交战军队的战壕内举行"联欢"!)喋喋不休地谈论辩证法和马克思主义,却不会把服从多数的必要性(如果暂时是必要的)同在各种条

---

① 参看《马克思恩格斯全集》第16卷,第35页。——编者注

件下进行革命工作结合起来,这是对工人的讥笑,对社会主义的嘲弄。"比利时公民们!我们国家遭到了很大的不幸,这种不幸是由包括比利时资产阶级在内的**所有**国家的资产阶级引起的。你们不想推翻这些资产阶级吗?你们不相信向德国社会党人提出的呼吁吗?我们是少数,我服从你们,我去打仗,但是我在打仗的时候也要宣传和准备各国无产者的国内战争,因为除此之外没有别的办法能拯救比利时和其他国家的农民和工人!"如果比利时或者法国等国的哪个议员发表这样的演说,他就会坐牢,而不是坐到部长的安乐椅上,但他是一个社会党人,而不是叛徒。战壕中的法国和德国的工人士兵就都会把他视为**自己**的领袖,而不是当作工人事业的叛徒。(4)"只要各自的祖国还存在,只要无产阶级的生活和无产阶级的运动还象现在这样被局限在这些祖国的范围内,只要无产阶级除了自己祖国感觉不到有另外的国际的立足之地,对于工人阶级来说,爱国主义和自卫的问题就将继续存在。"资产阶级祖国只要还没有被国际无产阶级革命所摧毁,它们就将存在下去。国际无产阶级革命的基础已经具备,这一点甚至考茨基在1909年就已经承认,这一点在巴塞尔也得到了一致的承认。现在各国工人都对那些不投票赞成军事拨款、不怕坐牢、不怕作出其他牺牲(由于"历史必然性",干任何革命都会有牺牲)的人深表同情,**这一事实**也证明了这一点。阿克雪里罗得的话只不过是回避革命活动的**一种借口**,只不过是重弹沙文主义资产阶级的老调而已。(5)阿克雪里罗得下面的话的含义也与此完全相同,他说:德国人的行为**不是背叛**;他们所以那样行动,是因为他们"强烈地感觉和意识到他们同德国无产阶级在其中生活和工作的那块国土即祖国有着有机的联系"。实际上,德国人的行为和盖得等人的行为一样,是无可置疑的背叛行为;掩饰和庇护这种行为是可耻的。实际上,正是资产阶级祖国通过建立奴隶同奴隶主之间的"联系"在破坏、损害、摧毁和糟蹋德国工人同德国国土的"血肉联系"。实际上,**只有**摧毁了资产阶级祖国,各国工人才能"同国土联系起来",才能有使用祖国语言的自由,才能获得面包和享受文化财富。阿克雪里罗得不过是一个资产阶级辩护士罢了。(6)劝说工人"要小心谨慎,不要轻易给盖得"这样"久经考验的马克思主义者加上机会主义者的罪名"等等,这就等于劝说工人在领袖面前唯唯诺诺。我们要告诉工人,盖得的整个一生都可以作为学习的榜样,只是他在1914年公然背叛社会主义的行为**除外**。也许能找到一些可以减轻盖得的罪责的个人情况或其他情况,但是这里所谈的绝对不是**个人**的过失问题,而是从社会主义运动的角度来看**事变**的意义。(7)借口参加内阁是得到"**正式**"允许的,说某项决议中有那么一条谈到过"特别重要的情况"[4],那是最卑鄙的辩护士的狡辩,因为这一条的本意显然是要**促进**国际无产阶级革命,而不是**阻碍**这一革命。(8)阿克雪里罗得说,"俄国战败不会妨碍国家的有机发展,而会有助于消灭旧的制度"这个看法,就其本身来说,孤立地说,是正确的,但如果用来为德国沙文主义者辩护,那就只能是企图向休特古姆派**献媚**。承认俄国战败有好处,而不公开谴责德奥两国社会民主党人的叛变行为,**实际上**就是帮助他们为自己辩护,为自己开脱,帮助他们欺骗工人。阿克雪里罗得的文章是两面讨好,一方面向德国社会沙文主义者鞠躬,另一方面又向法国社会沙文主义者行礼。这两面讨好合在一起,就构成典型的"俄国崩得式的"社会沙文主义。

请读者现在自己对《呼声报》编辑部的彻底性作一判断吧,编辑部在刊登阿克雪里罗得这些令人十分气愤的论断时,声明他们只是不同意他的"某些论点",尔后在第96号的社论中又宣称"同积极的社会爱国主义分子断然决裂"。难道《呼声报》编辑部真是幼稚或者疏忽到如此地步,竟看不到真实情况吗?他们竟然看不出提出这些论断的阿克雪里罗得是**十足的**"积极的〈因为作家的积极性就表现于他的写作〉社会爱国主义因素"吗?至于《我们的曙光》杂志的作家切列万宁先生、亚·波特列索夫先生以及他们的同伙,难道不都是积极的社会爱国主义分子吗?

载于《社会民主党人报》,1915年2月1日,第37号

选自《列宁全集》第26卷,第121~127页

注释：

［1］三协约国（三国协约）是指与德、奥、意三国同盟相对立的英、法、俄三国帝国主义联盟。这个联盟的建立，始于 1891～1893 年缔结法俄同盟，中经 1904 年签订英法协定，而由 1907 年签订英俄协定最终完成。在第一次世界大战期间先后有美、日、意等 20 多个国家加入协约国。

［2］《我们的曙光》杂志（《Наша Заря》）是俄国孟什维克取消派的合法的社会政治刊物（月刊），1910 年 1 月～1914 年 9 月在彼得堡出版。领导人是亚·尼·波特列索夫，撰稿人有帕·波·阿克雪里罗得、费·伊·唐恩、尔·马尔托夫、亚·马尔丁诺夫等。围绕着《我们的曙光》杂志形成了俄国取消派中心。第一次世界大战一开始，该杂志就采取社会沙文主义立场。

列宁在《列宁全集》第 26 卷的一些文章中多次提到的《我们的曙光》集团即是指《我们的曙光》杂志的拥护者。

［3］指帕·波·阿克雪里罗得于 1914 年 12 月 2 日在苏黎世对《呼声报》编辑 P.格里戈里耶夫发表的谈话。谈话载于 1914 年 12 月 22 日和 23 日的《呼声报》第 86 号和第 87 号。

［4］见《列宁全集》第 26 卷注 112。

打着别人的旗帜[1]

（1915年1月以后）

《我们的事业》杂志[2]第1期（彼得格勒，1915年1月）登载了亚·波特列索夫先生的一篇很有特色的纲领性文章：《在两个时代的交界点》。和这位作者前些时候在一家杂志上登载的一篇文章一样，这篇文章阐述了俄国一个完整的资产阶级社会思想流派即取消派对当今重要而迫切的问题的基本思想。严格说来，摆在我们面前的并不是文章，而是一个派别的宣言。只要仔细读一读这些文章，考虑一下这些文章的内容，谁都会看出，只是出于一些偶然的考虑，即与纯粹写作方面的需要毫无关系的考虑，作者才没有用宣言或"信条"这种更恰当的形式来表达自己的思想（及其朋友们的思想，因为作者不是孤立的）。

亚·波特列索夫的主要思想是：现代民主派处在两个时代的交界点，而旧时代和新时代的根本区别就在于从民族狭隘观点向国际观点转变。亚·波特列索夫所说的现代民主派，是指具有19世纪末和20世纪初的特色的民主派，它不同于具有18世纪末和19世纪初叶与中叶的特色的旧资产阶级民主派。

乍看起来，可能觉得作者的思想完全正确，觉得作者是今天在现代民主派当中占统治地位的民族自由主义倾向的反对者，是一个"国际派"，而不是民族主义自由派。

的确，这样维护国际观点，这样把民族狭隘观点和民族特殊观点看作已经过去了的旧时代的特点，不就是同民族自由主义这种流行病，同现代民主派的（确切些说，现代民主派的正式代表的）这种瘟疫断然决裂吗？

乍看起来，不但可能觉得，而且一定会觉得是这样。可是，如果这样看那就大错特错了。作者是在打着别人的旗帜，偷运自己的货色。他施用了一个小小的军事计谋（是有意地，还是无意地，在这种情况下都一样），打出"国际观点"的旗帜，以便在这面旗帜下更为安全地偷运民族自由主义的私货。亚·波特列索夫终究是一个地地道道的民族主义自由派。他的文章（和他的纲领，他的方案，他的"信条"）的核心，就是施用这个小小的可说是天真的军事计谋，就是在国际观点的旗帜下偷运机会主义。对这个核心必须十分详尽地加以说明，因为这个问题很重要，非常重要。而亚·波特列索夫打着别人的旗帜之所以更加危险，是因为他为了掩饰自己，不但搬出了"国际观点"的原则，而且还自称为"马克思的方法论"的拥护者。换句话说，亚·波特列索夫要充当马克思主义的真正拥护者和代表者，而实际上他是在用民族自由主义偷换马克思主义。亚·波特列索夫要"纠正"考茨基，责备他"充当辩护律师"，就是说，责备他一会儿为这个一会儿为那个民族色彩的，即各种民族色彩的自由主义辩护。亚·波特列索夫要用国际观点和马克思主义来反对民族自由主义（因为考茨基现在成了民族主义自由派，这已经是完全肯定无疑的了）。而实际上，亚·波特列索夫是在用**一色的**民族自由主义来反对**杂色的**民族自由主义。马克思主义则根本反对——在当前的具体历史条件下在各个方面都根本反对——任何民族自由主义。

现在我们就来说明，情况的确是这样，以及为什么是这样。

一

如果读者仔细看一下亚·波特列索夫的文章里的下面这段话，就会很容易理解使他挂着民族自由主义的旗帜航行的祸根所在。他写道：

……不管问题多么复杂，他们〈马克思和他的同志们〉总是秉着他们固有的气质去加以解决，总是对冲突作出诊断，总是试图对**哪一方获胜**可以为他们所期望的有利的前途开辟更广阔的天地这个问题作出判断，从而为制定自己的策略打下一定的基础。（第73页，引文中的黑体是我们用的）

　　"哪一方获胜比较有利"——这是须要作出判断的，而且是要从国际的观点而不是从民族的观点作出判断；这就是马克思方法论的实质；考茨基正因为没有这样做，所以从"法官"（从马克思主义者）变成了"辩护律师"（民族主义自由派）。这就是亚·波特列索夫的思想。亚·波特列索夫深信：他坚持认为某一方（就是自己那一方）获胜是有利的，绝不是"充当辩护律师"，而是出于真正国际的考虑，考虑到另一方犯了"滔天"罪行……

　　波特列索夫、马斯洛夫、普列汉诺夫等人都是出于真正国际的考虑，得出了与波特列索夫相同的结论……这真是幼稚到了……不过，我们不必过于着急，还是先把纯理论性的问题分析完吧。

　　马克思，例如在1859年意大利战争期间，曾经就"哪一方获胜比较有利"作出判断。亚·波特列索夫所谈的，正是这个"由于它的某些特点而对我们有特别意义"的例子。我们倒也赞成用亚·波特列索夫选择的这个例子。

　　1859年拿破仑第三向奥地利宣战，表面上是为了解放意大利，其实是为了达到他自己的王朝的目的。

　　亚·波特列索夫写道："在拿破仑第三的背后可以清楚地看到刚刚同法国皇帝缔结了秘密协定的哥尔查科夫的身影。"矛盾错综复杂：一方是一直在压迫意大利的欧洲最反动的君主国，另一方是包括加里波第在内的正在争取解放的革命的意大利的代表人物同反动透顶的拿破仑第三携起手来，如此等等。亚·波特列索夫写道："何必自找麻烦呢，干脆说一声'双方都同样坏'，岂不更简单吗？但是，无论是恩格斯、马克思，还是拉萨尔，都没有被这种'简单'的解决办法所诱惑，而是着手找出问题〈亚·波特列索夫是想说着手研究和探索问题〉，即冲突的何种结局才会对他们二人都珍视的事业提供最多的有利条件。"

与拉萨尔相反，马克思和恩格斯认为，普鲁士应当进行干预。在他们的各种考虑当中，据亚·波特列索夫自己承认，有这样一些考虑："由于同一个敌对的联盟发生冲突，德国可能产生民族运动，这一运动的发展将超出德国许许多多的统治者的想象；在欧洲的共同行动中，哪一个大国会是主要的祸患：是多瑙河流域的反动君主国，还是这一共同行动的别的突出代表。"

亚·波特列索夫得出结论说：是马克思对还是拉萨尔对，这对我们并不重要；重要的是他们都一致认为，必须根据国际的观点对哪一方获胜比较有利作出判断。

这就是亚·波特列索夫所举的例子；这就是我们的作者的论断。亚·波特列索夫推论说：既然马克思当时能够不顾交战**双方**的政府都极为反动而"对国际冲突作出估计"（亚·波特列索夫语），那么今天的马克思主义者也应该作出**同样**的估计。

这是一种天真幼稚的或者说是强词夺理的推论，因为这无非是说：既然马克思在1859年曾解决过哪一国的**资产阶级**获胜比较有利的问题，那么在过了半个多世纪以后的今天，我们也应该解决这同样的问题。

亚·波特列索夫**没有看到**，在1859年（和在后来的一系列情况下），对马克思来说，"哪一方获胜比较有利"的问题也就是"哪一国的**资产阶级获胜比较有利**"的问题。亚·波特列索夫**没有看到**，马克思是在存在着**无疑是进步的资产阶级**运动的时候解决我们所谈的这个问题的；当时这种运动不但存在，而且在欧洲一些最重要的国家的历史过程中占据首要的地位。而在我们今天，以为英国和德国这样一些无疑是欧洲"共同行动"的最主要、最重要角色的国家会有进步的资产阶级，会有进步的资产阶级运动，作这种设想也是很可笑的。在这两个最主要、最重要的大国里，旧的资产阶级"民主派"已经变成反动的了。而亚·波特列索夫先生却"忘记了"这一点，用**旧的**（资产阶级的）所谓民主派的观点来偷换**现代的**（非资产阶级的）民主派的观点。这种转变，即采取另一个阶级而且是衰亡的旧阶级的观点，是十足的机会主义。对新旧两个时代历史过程的客观内容的分析，绝对证明不了这种转变是正确的。

正是资产阶级——例如德国资产阶级，英国资产阶级也一样——才力图玩弄亚·波特列索夫玩弄的这种偷换把戏，用资产阶级进步运动、民族解放运动和民主解放运动的时代来偷换帝国主义时代。亚·波特列索夫毫无批判地跟着资产阶级走。这一点所以尤其不能原谅，是因为亚·波特列索夫在他自己所举的这个例子中本来应该确认并指出马克思、恩格斯和拉萨尔在早已过去的那个时代里是从何种考虑出发的。①

第一，他们所考虑的是**民族**运动（德国和意大利的），是如何使民族运动的发展超出"中世纪代表人物"的想象；第二，他们所考虑的是，欧洲共同行动中的反动君主国（奥地利君主国、拿破仑君主国等等）是"主要的祸患"。

这些考虑是十分清楚和无可争辩的。马克思主义者从不否认资产阶级民族解放运动反对封建专制势力的进步性。亚·波特列索夫不会不知道，在当代，处于中心的即卷入冲突的几个最主要、最重要的国家，没有而且也不可能有**任何这类情况**。过去，在意大利和德国都发生过长达**数十年**属于民族解放运动类型的人民运动。当时并不是西方资产阶级在财政上支援其余的几个大国，相反，这些大国**才真正**是"主要的祸患"。亚·波特列索夫不会不知道，而且他自己在同一篇文章里还承认，在当代，其余的**任**

---

① 顺便提一提：亚·波特列索夫不愿意断定谁对1859年战争情况的估计是对的，是马克思还是拉萨尔。我们（与梅林的意见相反）认为，马克思是对的，而拉萨尔在当时，也象他向俾斯麦献媚的时候一样，是一个机会主义者。拉萨尔鉴于普鲁士和俾斯麦的胜利，鉴于意大利和德国的民族民主运动缺乏足够的力量而看风使舵，从而动摇到民族主义自由派工人政策方面去了。马克思则提倡和发扬了独立的、彻底民主主义的、反对民族主义自由派懦弱态度的政策（如果1859年普鲁士出面对拿破仑进行干预，就会推动德国的人民运动）。拉萨尔的眼睛多半不是朝下，而是朝上，只盯着俾斯麦。俾斯麦的"成功"丝毫也不能说明拉萨尔的机会主义是对的。

何一个大国，都不是也不可能是"主要的祸患"。

资产阶级（例如德国资产阶级，虽然决不止它一个）正在为了一己的私利而煽动民族运动的思想，力图把这种思想搬到帝国主义这个完全不同的时代来。机会主义者和往常一样，跟在资产阶级的后面，**抛弃现代**民主派的观点，转向**旧的**（资产阶级的）民主派的观点。这就是亚·波特列索夫和他的取消派伙伴们的所有文章以及他们的整个立场、整个路线的主要过错。马克思和恩格斯在**旧的**（资产阶级的）民主派的时代曾解决过哪一国的资产阶级获胜比较有利的问题，他们所关心的是如何使自由派温和的运动发展成为民主派猛烈的运动。而亚·波特列索夫却在**现代的**（非资产阶级的）民主派的时代（这时无论英国、德国还是法国都根本谈不上会有什么资产阶级进步运动，不管是自由派温和的运动，还是民主派猛烈的运动），鼓吹资产阶级的民族自由主义。马克思和恩格斯走在**自己的**时代，即资产阶级民族进步运动的时代的**前面**，推进**这些**运动，他们关心的是如何使这些运动的发展"超出"中世纪代表人物的"想象"。

亚·波特列索夫，和所有社会沙文主义者一样，从**自己的**现代民主派的时代向后倒退，跳回到早已过时的、僵死的因而实质上是虚假的旧的（资产阶级的）民主派的观点上去。

因此，亚·波特列索夫向民主派发出的如下号召，是极大的糊涂观念，是极端反动的号召。

> ……不要后退，而要前进。不要后退到个别性，而要前进到十分完整、十分有力量的国际意识。前进，在某种意义上说来也就是后退——后退到恩格斯、马克思、拉萨尔那里去，后退到运用他们估计国际冲突的方法；后退到他们那种把各国的国际行动也纳入按民主主义精神加以利用的总范畴的做法。

亚·波特列索夫不是在"某种意义上"而是在一切意义上拉着现代民主派**后退**，后退到旧资产阶级民主派的口号和思想，后退到使群众依赖资产阶级……马克思的方法首先是考虑具体时间、具体环境里的历史过程的**客观**内容，以便首先了解，**哪一个**阶级的运动是这个具体环境里可能出现的进步的主要动力。当时，在1859年，构成欧洲大陆历史过程的客观内容的，不是帝国主义，而是民族资产阶级的解放运动。资产阶级反对封建专制势力的运动当时是主要的动力。过了55年，原来的反动封建主，已经被和他们一样的衰朽的资产阶级的金融资本巨头所取代，而聪明绝顶的亚·波特列索夫如今还想用**资产阶级的**观点，**而不用新阶级的**观点来估计国际冲突。①

亚·波特列索夫并没有好好想一想他所说的这些话的含义。我们假定，两个国家在资产阶级民族解放运动时期交战。从现代民主派的观点看来，应当希望哪个国家获胜呢？显然是希望那个获得胜利之后能够更有力地推动和更迅猛地发展资产阶级解放运动、更有力地摧毁封建制度的国家获胜。我们再假定，客观历史环境的**决定**因素变了，争取民族解放的资本已经被国际的、反动的、帝国主义金融资本所取代。假定第一个国家占有非洲的3/4，而第二个国家占有1/4。他们的战争的客观内容是重新瓜分非洲。应当希望哪一方获胜呢？如果还象过去那样去提出这个问题，那就太荒唐可笑了，因为过去的估计的标准现在已不存在：既不存在资产阶级解放运动的多年发展过程，也不存在封建主义崩溃的多年的过程。现代民主派既不应当帮助前者巩固其占有3/4的非洲的"权利"，也不应当帮助后者（即使后者在经济上比前者发展得快）夺取这3/4。

现代民主派要保持其为民主派，就只有不追随任何一个帝国主义资产阶级，只有说"双方都同样坏"，只有希望每个国家的帝国主义资产阶级都失败。任何其他的决定，实际上都是民族自由主义的决定，同真正的国际观点毫无共同之点。

---

① 亚·波特列索夫写道："实际上，正是在这个似乎是停滞的时期，每个国家内部都发生了强烈的分子运动过程，国际形势也在渐渐发生根本的变化，因为夺取殖民地和穷兵黩武的帝国主义的政策愈来愈明显地成了这一国际形势的决定因素。"

一

但愿读者不要上亚·波特列索夫的装腔作势的术语的当,他用这些术语是要掩饰他已转向资产阶级的观点。亚·波特列索夫叫喊"不要后退到个别性,而要前进到十分完整、十分有力量的国际意识",他是在拿自己的观点来反对考茨基的观点。他把考茨基(以及和考茨基类似的人)的观点叫作"个别性",意思是说考茨基拒绝考虑"哪一方获胜比较有利",而为每一"个别"国家的工人的民族自由主义辩护。他说,可是我们,亚·波特列索夫、切列万宁、马斯洛夫、普列汉诺夫等,却要诉诸"十分完整、十分有力量的国际意识",因为我们支持具有单一的明确的色彩的民族自由主义,决不是从个别国家的(或个别民族的)观点出发,而是从真正国际的观点出发……这种议论令人可笑,甚至令人感到……可耻。

不管是亚·波特列索夫及其伙伴,还是考茨基,都跟在资产阶级的后面,背叛了他们竭力想代表的那个阶级的观点。

二

亚·波特列索夫给自己的文章加的标题是:《在两个时代的交界点》。无可争辩,我们是生活在两个时代的交界点;因此,只有首先分析从一个时代转变到另一个时代的客观条件,才能理解我们面前发生的各种重大历史事件。这里谈的是大的历史时代。每个时代都有而且总会有个别的、局部的、有时前进、有时后退的运动,都有而且总会有各种偏离运动的一般型式和一般速度的情形。我们无法知道,一个时代的各个历史运动的发展会有多快,有多少成就。但是我们能够知道,而且确实知道,**哪一个阶级**是这个或那个时代的中心,决定着时代的主要内容、时代发展的主要方向、时代的历史背景的主要特点等等。只有在这个基础上,即首先考虑到各个"时代"的不同的基本特征(而不是个别国家的个别历史事件),我们才能够正确地制定自己的策略;只有了解了某一时代的基本特征,才能在这一基础上去考虑这个国家或那个国家的更具体的特点。

亚·波特列索夫和考茨基（他的文章登在同一期的《我们的事业》杂志上[3]）的诡辩的根本之点，或者说，他们两人的、使他们两人得出了不是马克思主义的而是民族自由主义的结论的根本的历史性错误，正是在这一方面。

问题在于，亚·波特列索夫举出的1859年意大利战争这个他"**特别有兴趣**"的例子，以及考茨基列举的历史上的许多**类似的**例子，"**恰恰不属于**"我们生活于其"**交界点**"的"**两个历史时代**"。我们正在进入（或者说已经进入，但还处在开始阶段）的时代，我们可以把它叫作现代（或第三个时代）。我们刚刚走过的时代，叫作昨天的时代（或第二个时代）。这样，亚·波特列索夫和考茨基举出例子的那个时代，我们就得把它叫作前天的时代（或第一个时代）。亚·波特列索夫和考茨基的议论所以都是令人厌恶的诡辩和难以容忍的谎言，就因为它们用前天的时代（第一个时代）的条件来偷换现代（第三个时代）的条件。

下面就来说明一下。

通常把历史时代划分为：（1）1789～1871年；（2）1871～1914年；（3）1914～?。这种分期，在马克思主义的文献里被多次引用过，考茨基不止一次地重复过，亚·波特列索夫在自己的文章里也采用了。当然，这里的分界线也同自然界和社会中所有的分界线一样，是有条件的、可变的、相对的，而不是绝对的。我们只是大致地以那些特别突出和引人注目的历史事件作为重大的历史运动的里程碑。第一个时代是从法国大革命到普法战争；这是资产阶级崛起的时代，是它获得完全胜利的时代。这是资产阶级的上升时期，是一般资产阶级民主运动特别是资产阶级民族运动的时代，是已经过时的封建专制制度迅速崩溃的时代。第二个时代是资产阶级取得完全统治而走向衰落的时代，是从进步的资产阶级转变为反动的甚至最反动的金融资本的时代。这是新的阶级即现代民主派准备和慢慢聚集力量的时代。第三个时代刚刚开始；这个时代使资产阶级处于相当于封建主在第一个时代所处的同样的"地位"。这是帝国主义时代，是帝国主义发生动荡和由帝国主义引起动荡的时代。

正是考茨基自己在一系列文章和在《取得政权的道路》这本小册子里（1909年出版），十分明确地描述了正在到来的第三个时代的基本特征，指出了这个时代同第二个时代（昨天的时代）的根本区别，承认由于客观历史条件的变化，现代民主派的当前任务以及斗争的条件和形式已经改变。现在，考茨基把自己过去崇拜的东西付之一炬[4]，而最令人难以置信地、最不体面地、最无耻地改变了立场。在上述的小册子里，他直截了当地谈到了战争临近的征兆，而且谈的正是在1914年成为事实的这种战争。只要把这本小册子的好些地方同考茨基今天的大作对比一下，就足以十分明显地看出考茨基已经背叛了他自己原来的信念和庄严声明。在这方面，考茨基并不是唯一的一个例子（甚至也不只是德国特有的例子），而是在危机的时刻投到资产阶级方面去的现代民主派整个上层的典型代表。

亚·波特列索夫和考茨基所举的历史上的例子，全都属于第一个时代。不但在1855年、1859年、1864年、1866年、1870年的战争时期，而且在1877年（俄土战争）和1896～1897年（土希战争和亚美尼亚骚动）时期，作为历史现象的主要客观内容的，都是资产阶级民族运动，或资产阶级社会摆脱各种封建制度过程中的"痉挛"。那时，在许多先进国家里，还根本谈不上什么现代民主派的真正独立的、与资产阶级过度成熟和衰落的时代相适应的行动。资产阶级是当时的主要阶级，它在这些战争中，在参加这些战争的过程中，处于上升的阶段，唯有它能以压倒的力量去反对封建专制制度。当时，在不同国家里，以各种**有产的**商品生产者阶层为代表的资产阶级，在不同程度上是进步的，有时甚至是革命的（例如1859年时意大利的一部分资产阶级）。而作为这个时代的总的特点的，正是资产阶级的进步性，**就是说**，它同封建制度的斗争还没有完成，没有结束。因此，现代民主派以及他们的代表马克思，当时要遵循支持进步的资产阶级（能够进行斗争的资产阶级）反对封建制度这个无可争辩的原则，去解决"哪一方获胜"即**哪一国的**资产阶级获胜比较有利的问题，这是十分自然的。当时，在战争所涉及的一些主要国家里，人民运动是一般民主运动，也就是说，就其经济内容和阶级内容来说是资产阶级民主运动。因此，当时无法提出**别的**问题，而只能提出这样的问题：**哪一国的**资产阶级获胜，出现什么样的力量组合，哪一股反动的（阻碍资产阶级崛起的封建专制的）势力失败，才能给现代民主派开辟更广阔的"天地"，这是十分自然的。

而且，正如亚·波特列索夫也不得不承认的那样，马克思在"估计"资产阶级民族解放运动而引起的国际冲突时，他所考虑的是：哪一方获胜更能有助于民族运动和一般人民民主运动的"发展"（亚·波特列索夫的文章的第74页）。这就是说，因某些民族中的资产阶级上升到执政地位而发生军事冲突时，马克思象在1848年那样，最关心的是吸引更广泛、更"卑微的"群众，吸引整个小资产阶级，特别是农民以及各贫苦阶级来参加资产阶级民主运动，以扩大和加强这一运动。马克思考虑的是如何扩大运动的社会基础，如何使运动得到发展，正是这种考虑使马克思的彻底民主主义的策略根本不同于拉萨尔的不彻底的、倾向于联合民族主义自由派的策略。

第三个时代的国际冲突，在**形式**上仍同第一个时代的国际冲突一样，但其社会**内容**和阶级**内容**已经根本改变了。客观的历史环境已经完全不同了。

上升的、争取民族解放的资本反对封建制度的斗争，已经被最反动的、衰朽的、过时的、走下坡路的、趋向没落的金融资本反对新生力量的斗争所取代。在第一个时代作为摆脱封建制度的人类**发展**生产力的支柱的资产阶级民族国家这个框子，现在到了第三个时代，已成为生产力进一步发展的**障碍**了。资产阶级从上升的、先进的阶级变成了下降的、没落的、内在死亡的、反动的阶级。现在，上升的阶级——在广阔的历史范围内——已经是全然不同的另一个阶级了。

亚·波特列索夫和考茨基抛弃了这个阶级的观点，向后倒退，重复资产阶级的欺人之谈：似乎资产阶级反对封建制度的进步运动**在今天依然**是历史进程的客观内容。而实际上，现在要**现代**民主派跟着**反动的**帝国主义资产阶级走，是根本办不到的，不管这个资产阶级带着什么样的"色彩"。

在第一个时代，客观上要完成的历史任务是：进步的资产阶级怎样在其反对衰亡的封建制度**主要**代表的斗争中，"利用"国际冲突使整个世界资产阶级民主派赢得最大的胜利。当时，在第一个时代，在半个多世纪以前，被封建制度奴役的资产阶级希望他们"自己的"封建压迫者失败，这是很自然的，也是必然的，况且，这种主要的、中心的、有全欧影响的封建堡垒是为数很少的。所以马克思才要作这样的"估计"：在这种具体环境（形势）下，哪个国家的资产阶级解放运动获胜对于破坏**全欧**的封建堡垒**更为重要**。

现在，在第三个时代，全欧性的封建堡垒已经根本不存在了。当然，"利用"冲突也是现代民主派的任务，但是这种**国际性的**利用，与亚·波特列索夫和考茨基的看法相反，其目标不应当是反对某几个国家的金融资本，而应当是反对国际金融资本。而且从事利用的，也不应当是 50～100 年前处于上升地位的那个阶级。当时所谈的是最先进的资产阶级民主派的"国际行动"（亚·波特列索夫语）；而现在，历史地产生的和客观情况提出的这种任务，已经摆在全然不同的另一个阶级面前了。

三

对于第二个时代，或者象亚·波特列索夫所说的"四十五年的时期"（1870～1914年），亚·波特列索夫描述得很不完全。托洛茨基在一本德文著作中对这个时代的描述也是同样不完全的，虽然托洛茨基并不同意亚·波特列索夫的实际结论（这应当认为是托洛茨基比亚·波特列索夫好的地方）。而这两位著作家对于他们的意见在某种程度上相互接近的原因至今未必清楚。

关于我们称之为第二个时代或昨天的时代的这个时代，亚·波特列索夫写道：

"对工作和斗争的过细的限制，无孔不入的渐进主义，这些被一些人奉为原则的时代标志，对于另一些人来说，则成了他们生活中习以为常的事情，并且成了他们心理的因素，思想的色彩。"（第71页）"它〈这个时代〉的按部就班、稳健沉着、小心谨慎地前进的才干，也有其相反的一面，即显然不能适应渐进中断现象，不能适应任何一种灾变现象，这是第一；第二是完全锁闭在民族行动——民族圈子的范围内"（第72页）……"既没有革命，也没有战争"（第70页）……"民主派的'阵地战'时期拖得愈长……在欧洲的心脏没有发生国际冲突，因而没有经历超越民族国家疆域的风潮，没有敏锐地感觉到全欧或世界范围的利益，这样一个欧洲历史时期在舞台上停留的时间愈长，民主派的民族化就进行得愈是顺利。"（第75～76页）

这段描述，同托洛茨基对这个时代相应的描述一样，其根本的缺点就是不愿意看见和不愿意承认在上述基础上发展起来的现代民主派内部的深刻矛盾。照这样说来，好象这个时代的现代民主派始终是一个统一的整体，它整个说来充满了渐进主义精神，它民族化了，不习惯于渐进的中断和灾变，它萎缩了，发霉了。

实际上不可能是这样，因为除了上述趋势，无疑还有另一些相反的趋势：工人群众的"存在"日益国际化，——人们被吸引到城市去，全世界大城市的生活条件在拉平（平均化），资本在国际化，在大工厂里，城里人和乡下人、本地人和外族人正在混杂起来，——阶级矛盾日益尖锐化，企业主同盟向工人联合会施加愈来愈大的压力，不断出现象群众罢工这样更尖锐、更激烈的斗争形式，物价飞涨，金融资本的压迫愈来愈不堪忍受，等等，等等。

实际上也**不是**这样。这一点我们是知道得千真万确的。在这个时代里，没有一个，确实没有任何一个欧洲的资本主义大国能够逃脱现代民主派内部的两个彼此矛盾的流派的斗争。虽然一般说来这一时代带有"和平的"、"停滞的"、死气沉沉的性质，但是上述斗争在每个大国里有时表现得十分激烈，甚至导致分裂。这两个彼此矛盾的流派影响到现代民主派生活的所有各个方面，影响到他们所面临的各种问题：对资产阶级的态度，同自由派的联盟，对军事拨款的投票，对殖民政策、改良、经济斗争性质、工会中立等问题的态度。

"无孔不入的渐进主义"，绝不象波特列索夫和托洛茨基所说的那样是在整个现代民主派里占绝对统治地位的情绪。不，这种渐进主义已经形成为一定的流派，在这个时期的欧洲，这个流派经常在现代民主派中产生出单独的派别，有时甚至是单独的政党。这个流派有自己的领袖，自己的报刊，自己的政策，对人民群众有自己特别的——而且是特别有组织的——影响。不仅如此，这个流派愈来愈依据，而且可以说最后已经"完全依据"现代民主派**内部**的某一社会阶层的利益行事。

"无孔不入的渐进主义"自然也把许许多多小资产阶级同路人带进了现代民主派的队伍；此外，小资产阶级的生存特点，以及由此而来的小资产阶级的政治"倾向"（方向，意向）的特点，已经在议员、新闻记者和工会组织的官吏的一定阶层中形成；从工人阶级当中，已经比较明显地清晰地分化出一种官僚和贵族。

我们就以占有殖民地和扩大殖民版图为例。这无疑是上述时代和多数大国的特点之一。这在经济上意味着什么呢？意味着资产阶级得到相当数量的超额利润和特权，其次无疑意味着极少数小资产者以及待遇极高的职员和工人运动中的官吏等也能够得到这些"大蛋糕"的一点碎屑。工人阶级当中的极少数人从殖民地和特权的好处中"分享"一点油水，这样的事情例如在英国就有过，这是马克思和恩格斯早就确认并指出过的一件无可争辩的事实。但是，随着欧洲所有的资本主义大国先后大量占有殖民地，总的来说，随着资本主义的帝国主义时期的发展和成长，这种当初仅仅是英国才有的现象已成了所有这些大国的普遍现象。

总之，第二个时代（或昨天的时代）的"无孔不入的渐进主义"，不但已经造成象亚·波特列索夫所设想的那种"不能适应渐进中断"的现象，不但已经产生象托洛茨基所说的某种"可能派"[5]倾向，而且还产生了整整的一个机会主义**流派**；这个流派把现代民主派内部同具有本民族

"色彩"的资产阶级在共同的经济、社会和政治利益上有千丝万缕联系的一定的社会阶层当作靠山，直接地、公开地、完全自觉地和一贯地敌视任何有关"渐进中断"的思想。

托洛茨基（更不必说亚·波特列索夫）在策略上和组织上所犯的一系列错误的根源，就在于他害怕，或者说不愿意，或者说不能够承认一个机会主义流派已经完全"成熟"并且同今天的民族主义自由派（或社会民族主义）有极其密切的、不可分割的联系这一事实，否认这种"成熟"的事实和这种不可分割的联系，在实践上至少会导致在到处流行的社会民族主义的（或民族自由主义的）祸患面前完全惊慌失措和束手无策。

总的说来，亚·波特列索夫、马尔托夫、阿克雪里罗得、弗·科索夫斯基（他甚至为德国民主派投票赞成军事拨款这种民族自由主义的行为辩护）和托洛茨基，全都否认机会主义和社会民族主义之间的联系。

他们的主要"理由"是，昨天"按机会主义"划分民主派和今天"按社会民族主义"划分民主派，这两者并不完全一致。这个理由，首先是不符合事实，这一点我们马上就要谈到；其次，这个理由完全是片面的，不充分的，从马克思主义的观点来看是根本站不住脚的。个人和某些团体可以从一方转到另一方，这不但是可能的，而且在每次发生大的社会"动荡"的时候甚至是不可避免的；某一**流派**的性质并不会因此而有丝毫的改变；一定的流派之间在思想上的联系也不会改变，它们的**阶级**作用不会改变。看来，所有这些看法都是尽人皆知的，无庸置辩的，今天还要来强调这些，使人觉得简直有点难为情。但是上述这些著作家偏偏把这些看法忘记了。机会主义的基本阶级意义——或者，也可以说它的社会经济内容——就在于，现代民主派的一些分子在一系列问题上已经投到资产阶级方面（实际上如此，也就是说，即使他们并没有意识到这一点）。机会主义就是自由派的工人政策。谁要是害怕这些话的表面上的"派别性"，我们劝他不妨花点功夫去研究一下马克思、恩格斯和考茨基（后者对反对"派别性"的人是一位特别适宜的"权威"，不是吗？）的思想，至少是对英国机会主义的评论。毫无疑问，经过一番研究以后，他就会承认机会主义的和自由派的工人政策在根本上、在本质上是一致的。今天的社会民族主义的基本阶级意义也完全一样。机会主义的基本**思想**就是资产阶级和它的对立面彼此联合或接近（有时是达成协议、结成联盟，等等）。社会民族主义的基本思想也完全一样。机会主义和社会民族主义在思想政治上相近、相连甚至相同，这是毫无疑问的。自然，我们拿来作为根据的，不应当是某些个人或团体，而只能是对各社会**流派**的**阶级**内容的分析，是从思想政治上对它们主要的根本的原则进行的研究。

如果从另一个稍微不同的角度来考察这个问题，我们会问：社会民族主义是**从哪里**来的？它是怎样产生和生长起来的？是**什么东西**使它发生作用和给了它力量？谁回答不了这些问题，谁也就是根本没有理解什么是社会民族主义，当然也就根本不可能同它"划清思想界限"，不管他怎样赌咒发誓，说他决心同社会民族主义"划清思想界限"。

对这个问题只能有一个回答：社会民族主义是从机会主义里面生长起来的，正是机会主义给了它力量。怎么能够"一下子"就产生出社会民族主义呢？这跟怀孕9个月以后"一下子"生出一个小孩完全一样。在整整第二个时代（或昨天的时代），在欧洲各国，机会主义的表现不可胜数，其中的每一个表现都是一条涓涓细流，而今天它们"一下子"汇合成一条社会民族主义的江河，虽然河水还很浅（附带说一句：而且又浑又脏）。怀孕9个月以后，胎儿就会脱离母体；机会主义怀孕几十年之后，它的成熟的胎儿即社会民族主义就会在比较短的时期内（与几十年相比而言）脱离现代民主派。不管各种各样的好心人听到这种看法和言论以后会怎样大喊大叫，大发脾气，暴跳如雷，这终究是不可避免的事情，因为这是从现代民主派的整个社会发展中和第二个时代的客观环境中产生出来的。

但是，如果说"按机会主义"划分和"按社会民族主义"划分并不完全一致，这岂不是就证明这两种现象之间没有本质的联系吗？第一，这并没有证明，就象18世纪末某些资产阶级分子一会儿转到封建主方面，一会儿转到人民方面，并没有证明资产阶级的成长与1789年法国大革命"没有联系"一样。第二，整个说来（我们现在所说的正是整个的情况），这种一致**是**存在的。我们不要看单独一个国家，而要看若干国家，例如德国、**英国**、**法国**、**比利时**、俄国、意大利、瑞典、瑞士、荷兰、保加利亚这10个欧洲国家的情况。其中只有3个加上了着重标记的国家似乎有些例外；在其余的国家里，坚决反对机会主义的**流派**都产生了与社会民族主义相敌对的**流派**。这里可以举出德国著名的《月刊》及其反对者，俄国的《我们的事业》杂志及其反对者，意大利的比索拉蒂党及其反对者，瑞士的格雷利希派和格里姆派，瑞典的布兰亭派和霍格伦派，荷兰的特鲁尔斯特拉派和潘涅库克、哥尔特派，还有保加利亚的"共同事业派"和"紧密派"[6]。旧的划分和新的划分总的说来是一致的，这是事实；至于完全的一致，甚至在最简单的自然现象中也是不存在的，正象伏尔加河在卡马河注入以后同注入以前并不完全相同，孩子和双亲并不完全相象一样。英国看起来好象是个例外；其实，它在战前曾经有两个主要的派别，以两家日报为中心（日报是最能表明一个派别的群众性的客观标志），即机会主义者的《每日公民报》[7]和反机会主义者的《每日先驱报》[8]。两家报纸都被民族主义的浪潮吞没了；但是，在支持前者的人当中有不到十分之一的人，在支持后者的人当中有将近七分之三的人是持反对立场的。通常人们只拿"英国社会党"同"独立工党"相对比，这样比是不对的，是忘记了后者同费边派[9]、同"工党"[10]**实际**上结成了联盟。这就是说，10国当中只有两国是例外；但这两国也并不完全是例外，因为派别并没有变换立场，只是浪潮吞没了（原因十分明显，用不着再谈）几乎所有反对机会主义的人而已。毫无疑问，这说明浪潮的力量是多么强大；但是，这丝毫不能推翻在全欧范围内新旧两种划分是一致的这一事实。

有人对我们说："按机会主义"划分已经过时了，只有划分为国际观点的拥护者和民族狭隘观点的拥护者才有意义。这种意见是根本不对的。"国际观点的拥护者"这个概念，如果不**具体**加以说明，那就毫无内容，毫无意义，而具体说明的每一步，都会是列举出与机会主义相敌对的各种标志。在实践中，情况会更加如此。一个人如果拥护国际观点，而又不十分坚决彻底地反对机会主义，这种国际观点也就无异于海市蜃楼。也许，一些这样的人可能真诚地认为自己是"国际派",但是,评定一个人不是根据他对自己的看法,而是根据他的政治行为。这种不坚决彻底地反对机会主义的"国际派",其政治行为始终是会帮助或者说支持民族主义者的流派。另一方面,民族主义者也自称为"国际派"(考茨基、伦施、亨尼施、王德威尔得、海德门等人),不仅如此,他们还完全承认具有他们同样思想方式的人应当实行国际的接近、协商和联合。机会主义者**并不反对**"国际观点",他们只是主张对机会主义者给予国际的认可,主张机会主义者达成国际的协议。

……

载于 1917 年莫斯科浪涛出版社出版的《文集》第 1 卷

选自《列宁全集》第 26 卷,第 134～155 页

注释:

[1]《打着别人的旗帜》一文是为原定于 1915 年在俄国出版的合法的马克思主义文集写的。文集遭到沙皇书报检查机关删改和扣压,直到 1917 年二月革命后才得见天日。

1917 年 3 月,莫斯科浪涛出版社出版了这个文集,作为第 1 辑。该文集收入了下列文章:列宁的《打着别人的旗帜》(署名恩·康斯坦丁诺夫)、雅·米·斯维尔德洛夫的《德国社会民主党的分裂》(署名安·米哈伊洛维奇)、伊·伊·斯克沃尔佐夫的《尼·苏汉诺夫谈我们的派别》(署名伊·斯捷潘诺夫)、米·斯·奥里明斯基的《俄国自由派的计划》、弗·巴·米柳亭的《在新的道路上》(署名弗·巴甫洛夫)和维·巴·诺根的《战争与工人阶级的经济状况》(署名:M.法布里奇内)。

[2]《我们的事业》杂志(《Наще Депо》)是俄国孟什维克取消派和社会沙文主义者的主要刊物(月刊)。1915 年 1 月在彼得格勒出版,以代替被查封的《我们的曙光》杂志,共出了 6 期。为该杂志撰稿的有叶·马耶夫斯基、彼·巴·马斯洛夫、亚·尼·波特列索夫、涅·切列万宁等。

[3]指卡·考茨基的《国际观点和战争》一文。这篇文章的俄译文载于 1915 年

《我们的事业》杂志第1期和第2期（参看《列宁全集》第26卷注186）。列宁对这篇文章的批判，还见《社会沙文主义者的诡辩》一文（《列宁全集》第26卷，第195～200页）。

[4] 把自己过去崇拜的东西付之一炬一语出自俄国作家伊·谢·屠格涅夫的长篇小说《贵族之家》，是书中人物米哈列维奇的诗句，后来常被人们引用来譬喻背叛自己过去的信念。

[5] 可能派是19世纪80年代至20世纪初法国社会主义运动中出现的小资产阶级改良主义派别，主张把工人阶级的活动限制在资本主义制度下"可能"办到的范围内。

[6] 共同事业派是保加利亚社会民主工党内的机会主义派别，因从1900年起出版《共同事业》杂志而有此称。在保加利亚社会民主工党分裂以后，该派于1903年正式成立了保加利亚社会民主工党（宽广社会党人），即宽广派，领导人是扬·伊·萨克佐夫。宽广派力求把党变成包括资产阶级在内的所有"生产阶层"的宽广组织。在第一次世界大战期间，宽广派持社会沙文主义立场。

紧密派即保加利亚社会民主工党（紧密社会党人），因主张建立紧密团结的党而得名，1903年保加利亚社会民主工党分裂后成立。紧密派的创始人和领袖是季·布拉戈耶夫，后来的领导人为格·约·基尔科夫、格·米·季米特洛夫、瓦·彼·柯拉罗夫等。在第一次世界大战期间，紧密派反对帝国主义战争。1919年，紧密派加入了共产国际并创建了保加利亚共产党。

[7]《每日公民报》（《The Daily Citizen》）是英国工党、费边社和独立工党的机会主义联盟的机关报（日报），1912～1915年在伦敦和曼彻斯特出版。

[8]《每日先驱报》（《The Daily Herald》）是英国社会党的机关报，1912年4月起在伦敦出版。从1922年起该报成为工党的机关报。

[9] 费边派是1884年成立的英国改良主义组织费边社的成员，多为资产阶级知识分子，代表人物有悉·维伯、比·维伯、拉·麦克唐纳、肖伯纳、赫·威尔斯等。费边·马克西姆是古罗马统帅，以在第二次布匿战争（公元前218～201年）中采取回避决战的缓进待机策略著称，费边社即以此人名字为名。费边派虽认为社会主义是经济发展的必然结果，但只承认演进的发展道路。他们反对马克思主义的阶级斗争和无产阶级革命学说，鼓吹通过细微改良来

逐渐改造社会，宣扬所谓"地方公有社会主义"。1900年费边社加入工党（当时称工人代表委员会），仍保留自己的组织。在工党中，它一直起制定纲领原则和策略原则的思想中心的作用。第一次世界大战期间，费边派采取了社会沙文主义立场。

[10] 英国工党成立于1900年，起初称工人代表委员会，由工联、独立工党和费边社等组织联合组成，目的是把工人代表选入议会。1906年改称工党。工党的领导机关执行委员会同工联总理事会、合作党执行委员会共同组成所谓全国劳动委员会。工党成立初期就成分来说是工人的政党（后来有大批小资产阶级分子加入），但就思想和政策来说是一个机会主义的组织。该党领导人从党成立时起就采取同资产阶级实行阶级合作的路线。第一次世界大战期间，工党领导机构多数人持沙文主义立场，工党领袖阿·韩德逊等参加了王国联合政府。

俄国社会民主工党国外支部代表会议[1]（节选）

（1915年3月16日〔29日〕）

关于"保卫祖国"的口号

当前这场战争的真正实质，就是英国、法国和德国之间为瓜分殖民地和掠夺竞争国而进行斗争，就是俄国沙皇政府和统治阶级图谋夺取波斯、蒙古、亚细亚土耳其、君士坦丁堡、加里西亚等等。奥地利与塞尔维亚的战争中的民族因素，只有从属的意义，不能改变战争的总的帝国主义性质。

近几十年来的整个经济史和外交史表明，两个参战国集团不断准备的就是这种战争。至于哪一个集团首先开始军事攻击，或者首先宣战，这个问题对于确定社会党人的策略，没有任何意义。双方叫喊保卫祖国、抵御外敌入侵、进行防御性战争等等，这完全是欺骗人民的谎言。

真正的民族战争，特别是1789～1871年间发生的民族战争，其基础是长期进行的大规模民族运动，反对专制制度和封建制度的斗争，推翻民族压迫和建立民族国家，即创造发展资本主义的前提。

那个时代所产生的民族思想，在广大小资产阶级和一部分无产阶级中间留下了深刻的痕迹。现在，在完全不同的帝国主义时代里，这一情况正在被资产阶级诡辩家和跟着他们跑的社会主义的叛徒利用来分裂工人，使他们背离自己的阶级任务，背离对资产阶级的革命斗争。

《共产党宣言》上说"工人没有祖国"，这句话在今天比在过去任何时候都显得更为正确。只有无产阶级进行反资产阶级的国际斗争，才能保卫无产阶级的胜利果实，才能给被压迫群众开辟一条通向美好未来的大道。

载于《社会民主党人报》，1915年3月29日，第40号

选自《列宁全集》第26卷，第164～165页

注释：

[1] 俄国社会民主工党国外支部代表会议于1915年2月14～19日（2月27日～3月4日）在伯尔尼举行。这次会议是在列宁的倡议下召开的，实际上起了全党代表会议的作用。

参加代表会议的有俄国社会民主工党中央委员会、中央机关报——《社会民主党人报》、社会民主党妇女组织以及俄国社会民主工党巴黎、苏黎世、伯尔尼、洛桑、日内瓦、伦敦等支部和博日小组的代表。列宁作为俄国社会民主党中央委员会和中央机关报的代表出席了代表会议，并领导了代表会议的全部工作。

列入代表会议议程的问题是：各地工作报告；战争和党的任务（对其他政治集团的态度）；国外组织的任务（对各集团的共同行动和共同事业的态度）；中央机关报和新报纸；对"侨民团体"事务的态度（流亡者"侨民团体"的问题）；国外组织委员会的选举；其他事项。列宁就战争和党的任务这一主要议题作了报告。

列宁在报告中阐明了俄国社会民主工党中央委员会宣言《战争和俄国社会民主党》中的论点。从蒙彼利埃支部特别是博日小组在代表会议之前通过的决议可以看出，布尔什维克各支部的某些成员还不懂得列宁关于国内战争问题的提法。经过代表会议的讨论，列宁的提纲得到了一致的支持。只有尼·伊·布哈林仍坚持博日小组决议的观点。他在自己的提纲中反对民族自决权以及整个最低纲领的要求，宣称这些要求和社会主义革命是"矛盾"的。列宁后来在1916年3月给亚·加·施略普尼柯夫的信（见《列宁全集》第2

版第47卷）中对布哈林的提纲作了尖锐的批评。

"欧洲联邦"口号的问题引起了热烈的争论，但是这种争论只偏重了政治方面。会议决定把这个问题推迟到在报刊上讨论这个问题的经济方面时再来解决。参看《论欧洲联邦口号》一文（《列宁全集》第26卷，第364～368页）。

代表会议根据列宁的报告通过的决议，规定了布尔什维克党在帝国主义战争条件下的任务和策略。

代表会议还通过了《俄国社会民主工党国外组织的任务》、《对"侨民团体"事务的态度》、《关于为中央机关报募捐》以及《中央机关报和新报纸》等决议。代表会议选出了新的国外组织委员会。

列宁高度评价伯尔尼代表会议的意义，并且作了很大努力来广泛宣传会议的决议。代表会议的主要决议和列宁为发表决议而写的引言刊载于1915年3月16日（29日）《社会民主党人报》第40号，而且作为附录收入了用俄文和德文出版的《社会主义与战争》这本小册子。伯尔尼代表会议的决议也用法文印成单行本，分发给了齐美尔瓦尔德代表会议的代表和国际社会民主党左派。代表会议的全部决议，见《苏联共产党代表大会、代表会议和中央全会决议汇编》第1分册，人民出版社，1964，第419～429页。

空泛的国际主义的破产(节选)

(1915年5月8日〔21日〕)

我们已经说过（见《社会民主党人报》第41号），如果《我们的言论报》要人家认真对待它的国际主义，那它至少应当确切地阐明自己的纲领。①《我们的言论报》第85号（5月9日），好象回答我们似的，刊载了该报编辑部和巴黎的全体撰稿人的会议所通过的一项决议。同时，"编辑部有两位编辑虽然同意该决议的总的内容，却声明他们将对俄国党内政治生活的组织方法问题，提出不同的意见"。[1]这个决议是一个表明政治上张皇失措、束手无策的绝妙文献。

他们一次又一次地重复国际主义这个词，宣布"同一切类型的社会民族主义完全划清思想界限"，引述斯图加特决议和巴塞尔决议。不用说，愿望是好的。只是……只是有一股说空话的味道，因为真正同"一切"类型的社会民族主义真正"完全"划清界限，是不可能的，也是不必要的，正如为了反对资本主义而把一切类型的资本主义剥削统统列举出来，是不可能的，也是不必要的一样。但是能够而且应当同几种主要的社会民族主义，如普列汉诺夫的、波特列索夫（《我们的事业》杂志）的、崩得的、阿克雪里罗得的、考茨基的社会民族主义明确划清界限。

---

① 见《列宁全集》第26卷，第201～205页。——编者注

决议许诺的东西太多，但是一点也不兑现；决议威胁说要同一切类型的社会民族主义完全划清界限，但是连最主要的几种社会民族主义的名称也怕说出来。

……在英国议会里，直呼名字是不礼貌的，通常只是讲"阁下"和"某某选区的尊贵的议员"。"我们的言论派"是些多么出色的英国迷，多么文雅的外交家啊！他们如此优雅地回避问题的实质，如此彬彬有礼地用各种掩饰自己思想的提法来款待读者。他们宣布同所有的组织，"只要是实行……革命的国际主义原则的"，都保持"友好关系"（正象屠格涅夫小说里的一个人物所说的：真是地道的基佐[2]）。……但是他们却恰恰是同那些不实行这些原则的人保持"友好关系"。

我们的言论派愈是不愿意也不能够"划清思想界限"，也就愈是庄严地宣布要这样做。而"划清思想界限"，就是要弄清社会民族主义**从何**而来，它**为什么**有力量，**怎样**同它斗争。社会民族主义者并不把自己叫作社会民族主义者，也不承认自己是社会民族主义者。他们竭力而且不得不竭力用假名来掩饰自己，蒙蔽工人群众，消灭自己同机会主义的联系的痕迹，掩盖自己的叛变即事实上已经转到资产阶级方面、同政府和总参谋部结成联盟的行径。社会民族主义者有这种联盟作为靠山，又控制了所有的阵地，所以现在比谁都更起劲地叫嚷各社会民主党的"统一"，斥责反对机会主义的人搞分裂（见德国社会民主党执行委员会最近发出的反对《光线》（《Lichtctrahlen》）[3]和《国际》（《Die Internationale》）这两家**真正**国际主义的杂志的正式通告）。这两家杂志既不须要宣布同革命者建立"友好关系"，也不须要宣布"同一切类型的社会民族主义完全划清思想界限"；他们直截了当地着手划清界限，弄得"**一切**类型的"机会主义者全都暴跳如雷，这就说明他们打中了要害。

而《我们的言论报》呢？

它是跪在地上反对社会民族主义的，因为它并没有揭穿为这种资产阶级思潮辩护的最危险的人物（如考茨基），并没有向机会主义宣战，而是相反，对它默不作声，既不采取也不指出任何切实可行的步骤，以便使社会主义运动摆脱可耻的爱国主义的桎梏。《我们的言论报》说，不一定要同转到资产阶级方面的人统一，但也不一定非要同他们分裂不可。这实际上是向机会主义者无条件投降，然而它同时又作出一个漂亮的手势，这个手势既可理解为向机会主义者怒气冲冲地发出威胁，也可理解为向他们招手致意！那些老奸巨猾的机会主义者懂得左的词句和温和的实践相结合的价值，他们很可能用和那两位编辑差不多的话来回答《我们的言论报》的决议（如果非要他们回答不可）："总的内容"我们是同意的（因为我们根本不是社会民族主义者，绝对不是！），至于"党内政治生活的组织方法"，我们在适当的时候将提出"不同的意见"。既要狼吃饱，又要羊完好。

一谈到俄国，《我们的言论报》的巧妙的外交手腕就彻底破产了。

决议声称："党在前一个时期的条件下，是不可能在俄国联合起来的。"这句话应当理解为：工人党同合法主义取消派当时是不可能联合起来的。这就是间接承认那个为了拯救取消派而结成的布鲁塞尔联盟已经破产。为什么《我们的言论报》害怕直截了当地承认这种破产呢？为什么它害怕向工人公开说明这种破产的原因呢？是不是因为这个联盟的破产事实上证明了这个联盟所有参加者所实行的政策是错误的呢？是不是因为《我们的言论报》想同两种（至少是两种）"类型"的社会民族主义，即在报刊上发表声明、希望恢复布鲁塞尔联盟的崩得分子和组织委员会（阿克雪里罗得）保持"友好关系"呢？

"新的条件……正在破坏旧的派别立足的基础……"

是不是刚好相反呢？新的条件**丝毫**没有消除取消主义，甚至没有动摇取消派的基本核心（《我们的曙光》杂志），——尽管发生了各种个人的动摇和倒戈——反而加深和加剧了同这个核心的分歧，因为它已经不单单是取消派的核心，而且成了社会民族主义的核心！《我们的言论报》回避这个使它不愉快的取消主义问题；它说，旧的被新的破坏了，但是对于**旧的**……取消派又**立足于新的**即社会民族主义的**基础**却讳莫如深！可笑的遁词！对于《我们的曙光》杂志，可以不提了，因为它已经不存在了；对于

《我们的事业》杂志,也可以不提了,这大概是因为波特列索夫、切列万宁、马斯洛夫之流在政治上可以被看作新生婴儿……

载于《社会民主党人报》,1915年5月21日,第42号

选自《列宁全集》第26卷,第209~212页

注释:

[1]《我们的言论报》第85号刊载的这一决议阐述了该报编辑部的任务和政治立场。提出不同意见的两位编辑是弗·亚·安东诺夫-奥弗申柯和德·扎·曼努伊尔斯基。

[2] 真是地道的基佐一语出自俄国作家伊·谢·屠格涅夫的长篇小说《处女地》,是书中人物C城省长对沙皇政府的枢密顾问、御前侍从西皮雅京的评语,意思是真够奸诈的。

弗·基佐是19世纪法国反动政治家,极力维护法国金融贵族利益。

[3]《光线》杂志(《Lichtsrahlen》)是德国社会民主党人左派集团——"德国国际社会党人"的机关刊物(月刊),1913~1921年在柏林不定期出版。尤·博尔夏特任该杂志主编,参加杂志工作的还有安·潘涅库克、安·伊·巴拉巴诺娃等人。

德国机会主义论战争的一本主要著作(节选)

(1915年6~7月)

大卫转引了我们党的中央委员会宣言的很大一部分,包括其主要的口号——变帝国主义战争为国内战争,但是,他这样做只是为了宣告这种"俄国"策略是"狂妄"的,是"粗暴地歪曲了国际的决议"的(第169页和第172页)。他说,要知道,这就是爱尔威主义(第176页)。爱尔威的书中"包含有列宁、卢森堡、拉狄克、潘涅库克等人的全部理论"。最可爱的大卫,请问,巴塞尔决议和《共产党宣言》的革命论点中就没有"爱尔威主义"吗?大卫很不喜欢提起《共产党宣言》,正象谢姆柯夫斯基不喜欢提起我们杂志的名称,以免使人联想到《共产党宣言》一样。在大卫看来,《共产党宣言》提出的"工人没有祖国"这一原理"早已被推翻了"(第176页及其他各页)。关于民族问题,大卫在整个最后一章中搬出了极端庸俗的资产阶级的胡言乱语,讲起什么"生物学上的变异规律"(!!),等等。

大卫断言,国际的东西并不是反民族的,我们赞成民族自决权,我们反对对弱小民族使用暴力,但是他不了解(或者,说得更正确一点,他假装不了解),为参加这场帝国主义战争的行为辩护,在这场战争中提出"防止失败"的口号的人,恰恰不仅是反社会主义的政治家,而且是反民族的政治家。因为当前的这场帝国主义战争是大国的(=压迫其他许多民族的）民族**为了**压迫更多的民族而进行的战争。在帝国主义战争中，谁如果不做社会主义的政治家，也就是说，谁如果不承认被压迫民族有获得解放的权利，有同压迫它们的大国分离的权利，谁就不能做一个"民族的"政治家。在帝国主义时代，如果大国民族的无产阶级不采取超出和打破民族界限的、推翻国际资产阶级的革命行动，世界上**大多数**民族就不会有**生路**。不推翻国际资产阶级，大国民族就会继续存在，**也就是说**，全世界十分之九的民族就会继续受压迫。而推翻国际资产阶级，就会大大地加速一切民族**壁垒**的消除，同时不会因此减少反而会百万倍地增加人类的"变异"，使人类的精神生活以及思想上的流派、倾向和差异更加丰富多采。

载于《真理报》，1924年7月27日，第169号

选自《列宁全集》第26卷，第292～293页

和平问题

（1915年7～8月）

和平问题这一社会党人目前亟待解决的纲领问题，以及与此相关的和平条件问题，是大家都关心的事情。我们在《伯尔尼哨兵报》上看到，该报试图不从通常的小资产阶级民族主义的观点而从真正的无产阶级国际主义的观点提出这一问题，对此我们不能不向该报表示感谢。该报第73号登载的编辑部评论（《渴望和平》）非常精辟，它指出，德国社会民主党人既然希望和平，就应当同容克政府的政策决裂。该报第73号和第75号登载的安·潘同志的意见也很精辟，他抨击了"软弱无能的饶舌者的狂妄自大"（Wichtigtuerei machtloser Schönredner），指出他们是妄图以小资产阶级观点解决和平问题。

我们看看，社会党人应当怎样提出这个问题。

提出和平口号可以同一定的和平条件联系起来，也可以不带任何条件，即不是争取特定的和平，而是争取一般的和平（Friedenohne weiters）。显然，在后一种情况下，我们看到的就不仅不是社会主义的口号，甚至是毫无内容、毫无意义的口号。一般的和平无疑谁都赞成，甚至基钦纳、霞飞、兴登堡和血腥的尼古拉也不例外，因为他们**每个人**都希望结束战争。但是问题恰恰在于他们每个人都提出对"自己的"民族有利的帝国主义的（即掠夺性的、压迫其他民族的）和平条件。我们提出口号的目的，是要通过宣传鼓动向群众说明社会主义同资本主义（帝国主义）有着不可调和的区别，而不是要借助一个可以把截然不同的东西"统一起来"的用语去**调和**两个敌对的阶级和两种敌对的政策。

其次，是否可能使各国社会党人就一定的和平**条件**取得一致意见呢？如果可能，那么在这些条件中，毫无疑问必须包括承认一切民族都享有自决权，包括放弃任何"兼并"即对自决权的侵犯。但是如果认为只有**某些**民族才配享有这种权利，那么这就是维护某些民族的**特权**，也就是说，要做一个民族主义者和帝国主义者，而不是社会主义者。而如果认为**一切**民族都有这种权利，那就不能单单提出，譬如说，比利时一个国家，而必须包括欧洲的**一切**被压迫民族（英国的爱尔兰人、尼斯的意大利人、德国的丹麦人等、俄国的百分之五十七的居民，等等）**和欧洲以外的一切**被压迫民族，即一切殖民地。安·潘·同志提到这些民族，是很恰当的。英、法、德三国总共约有15000万人口，而他们却压迫着4亿以上的殖民地人民！！这场帝国主义战争即为了资本家的利益而进行的战争的实质，不仅在于战争的目的是要压迫更多的民族，要瓜分殖民地，而且在于进行战争的主要是那些**压迫**许多其他民族、压迫地球上**大部分**居民的先进民族。

为侵占比利时的行为辩护或者容忍这种行为的德国社会民主党人，实际上已经不是社会民主主义者，而是帝国主义者和民族主义者了，因为他们维护德国资产阶级（在某种程度上也包括德国工人）压迫比利时人、阿尔萨斯人、丹麦人、波兰人、非洲黑人等的"权利"。他们不是社会主义者，而是帮助德国资产阶级掠夺其他民族的**奴仆**。**仅仅**要求解放比利时和赔偿比利时损失的比利时社会党人，实际上也是在维护比利时资产阶级的要求，即希望照旧掠夺刚果的1500万居民，照旧在其他国家享有租借权和特权。比利时资产者的国外投资约有30亿法郎；用种种欺诈手段去保护从这几十亿法郎获得的利润，**实际上**这就是所谓"英勇的比利时"的"民族利益"之所在。俄、英、法、日等国也是如此，而且更厉害得多。

由此可见，民族自由的要求如果不是用来掩盖**某些个别**国家的帝国主义和民族主义的一句假话，那么这个要求就应当普遍适用于**一切**民族和**一切**殖民地。而**没有一切**先进国家的一系列革命，这个要求显然是毫无内容的。不仅如此，没有**社会主义**革命的胜利，这个要求也是不可能实现的。

这是不是说，社会党人可以对愈来愈多的群众的和平要求漠不关心呢？绝对不是。工人的有觉悟的先锋队的口号是一回事，群众的自发的要求是另一回事。资本家阶级曾经高喊这场战争具有"解放的"目的，高喊"保卫祖国"，对老百姓还进行了其他种种欺骗，而群众渴望和平的事实就是表明群众对资产阶级的这类谎言开始**感到失望**的一个极其重要的**征兆**。社会党人应当十分重视这一征兆。应当竭尽全力地去**利用**群众的这种和平愿望。但是**怎样**利用呢？认可和重复和平**口号**，那会成为对"软弱无能的〈往往更坏：**伪善的**〉饶舌者的狂妄自大"的鼓励。这样做会成为对人民的**欺骗**，使他们产生一种错觉，认为不进行一系列革命来"教训"（或者确切些说：消灭）现在的政府和现在的统治阶级，这些政府和阶级也**能够**实现多少会使民主派和工人阶级满意的和平。没有什么比这种欺骗更有害的了。没有什么比这更能蒙蔽工人的眼睛，更能向工人灌输资本主义和社会主义之间**没有深刻的**矛盾这一骗人的思想了，没有什么比这更能**粉饰**资本主义奴隶制了。不，我们必须利用群众渴望和平的愿望来向他们说明：没有一系列的革命，他们所期待于和平的那些好处都是不可能得到的。

结束战争，实现各国人民之间的和平，停止掠夺和暴力——这确实是我们的理想；但是只有资产阶级诡辩家才会用这种理想来迷惑群众，把它同立即直接鼓吹革命行动割裂开来。进行这种鼓动的基础已经具备；为了进行这种鼓动，需要的只是同资产阶级的盟友即直接地（直到采用告密手段）和间接地阻碍革命工作的机会主义者断然决裂。

提出民族自决的口号同样必须**同**资本主义发展的帝国主义时代**联系起来**。我们不赞成保持原状，也不赞同以为可以**排除**大规模战争的小市民空想。我们主张进行反对帝国主义即资本主义的革命斗争。① 帝国主义就是那些压迫许多其他民族的民族力图扩大和加强这种压迫，重新瓜分殖

---

① 手稿上删去了如下一句话："但是，不用**社会主义**的观点提出民族自决权问题，就不可能进行这方面的宣传，进行真正革命的宣传。"——俄文版编者注

地。所以，在我们这个时代，民族自决问题的**关键**就在于**各压迫**民族的社会党人的行动如何。压迫民族（英、法、德、日、俄、美等国）的任何一个社会党人如果不承认和不**坚**持被压迫民族有自决权（即自由分离权），他实际上就不是社会主义者，而是沙文主义者。

只有具备这种观点，才会去同帝国主义进行真正的彻底的斗争，才会以无产阶级的而不是小市民的态度去对待（在我们这个时代）民族问题。只有具备这种观点，才能贯彻反对任何民族压迫的原则，才能消除压迫民族和被压迫民族的无产者之间的不信任，才能去进行团结一致的国际斗争，以实现社会主义革命（即唯一可能实现的各民族完全平等的制度），而不是实现在资本主义制度下使一切弱小国家获得自由的小市民空想。

这就是我们党即拥护中央委员会的俄国社会民主党人所持的观点。这也正是马克思的观点，他当年曾教导无产阶级说，"压迫其他民族的民族是不能获得解放的"。马克思要求爱尔兰同英国分离，正是从这种观点出发，从**英国**（不仅是爱尔兰）工人解放运动的利益出发的。

如果英国的社会党人不承认和不坚持爱尔兰有分离权，法国人不承认和不坚持意大利人聚居的尼斯有分离权，德国人不承认和不坚持阿尔萨斯-洛林、丹麦的石勒苏益格、波兰有分离权，俄国人不承认和不坚持波兰、芬兰、乌克兰等有分离权，波兰人不承认和不坚持乌克兰有分离权，如果"大"国即进行大规模掠夺的国家的所有社会党人不坚持各殖民地也有这种权利，那么这正是因为而且也只是因为他们实际上是帝国主义者，而不是社会主义者。有些人因为自己属于压迫民族，就**不**坚持被压迫民族的"自决权"，如果幻想这种人能够实行社会主义的政策，那就太可笑了。

社会党人不能听任伪善的饶舌者用可能实现民主的和平的空话和诺言去欺骗人民，而应当向群众说明，如果不进行一系列革命，不在各个国家进行反对**自己的**政府的革命斗争，任何一点儿民主的和平都是不可能的。社会党人不能容许资产阶级政客用民族自由的空话去欺骗人民，而应当向**压迫**民族的群众说明，如果他们去帮助压迫其他民族，如果他们不承认和不坚持这些民族有自决权即自由分离权，他们自己的解放也是没有希望的。这就是在和平问题和民族问题上,一切国家都应当采取的不同于帝国主义政策的社会主义政策。是的,这种政策多半是和关于叛国的法令相抵触的,但是,压迫民族中的几乎所有的社会党人都已无耻地背叛了的巴塞尔决议也是和上述的法令相抵触的。

必须作出抉择:要么赞成社会主义,要么服从霞飞先生和兴登堡先生的法令;要么进行革命斗争,要么向帝国主义卑躬屈膝。中间的道路是没有的。那些虚伪地(或愚蠢地)编造"中间路线"的政策的人,正在给无产阶级造成极大的危害。

载于《无产阶级革命》杂志 1924 年第 5 期

选自《列宁全集》第 26 卷,第 313~318 页

社会主义与战争（节选）

（俄国社会民主工党对战争的态度）[1]

（1915年7~8月）

第一章　社会主义的原则和1914~1915年的战争

社会党人对战争的态度

社会党人一向谴责各民族之间的战争，认为这是一种野蛮的和残暴的行为。但是我们对战争的态度，同资产阶级和平主义者（和平的拥护者和鼓吹者）和无政府主义者有原则的区别。我们和资产阶级和平主义者不同的是，我们懂得战争和国内阶级斗争有必然的联系，懂得不消灭阶级，不建立社会主义，就不可能消灭战争，再就是我们完全承认国内战争即被压迫阶级反对压迫阶级——奴隶反对奴隶主、农奴反对地主、雇佣工人反对资产阶级——的战争是合理的、进步的和必要的。我们马克思主义者既不同于和平主义者也不同于无政府主义者的是，我们认为必须历史地（从马克思的辩证唯物主义观点）分别地研究每次战争。历史上多次发生过这样的战争，它们虽然象任何战争一样不可避免地带来种种惨祸、暴行、灾难和痛苦，但是它们却是进步的战争，也就是说，它们由于帮助破坏了特别有害的和反动的制度（如专制制度或农奴制），破坏了欧洲最野蛮的专制政体（土耳其的和俄国的）而有利于人类的发展。因此，对目前这场战争，必须研究它的历史特点。

近代战争的历史类型

法国大革命开辟了人类历史的新时代。从那时起到巴黎公社为止，从1789年起到1871年为止，战争的类型之一是具有资产阶级进步性的、民族解放性质的战争。换句话说，这些战争的主要内容和历史意义在于推翻专制制度和封建制度，摧毁这些制度，推翻异族压迫。因此这些战争是进步的战争，在**这样的**战争中，一切正直的、革命的民主主义者以及一切社会党人，总是希望对推翻或摧毁封建制度、专制制度和异族压迫的极端有害的基础起了促进作用的那个国家（即那个国家的资产阶级）取得胜利。例如，在法国的历次革命战争中，有过法国人掠夺和侵占他国领土的因素，但是这丝毫没有改变这些战争的根本历史意义，因为这些战争破坏或震撼了整个旧农奴制欧洲的封建制度和专制制度。在普法战争中，德国掠夺过法国，但是这并没有改变这次战争的根本历史意义，因为这次战争使数千万德国人民摆脱了封建割据状态，摆脱了俄国沙皇和拿破仑第三这两个专制君主的压迫。

进攻性战争和防御性战争的区别

1789～1871年这个时代留下了深刻的痕迹和革命的回忆。在推翻封建制度、专制制度和异族压迫以前，根本谈不上无产阶级争取社会主义的斗争的发展。社会党人就**这种**时代的战争所说的"防御性"战争的合理性，一向就是指这些目标，即对中世纪制度和农奴制度的革命。社会党人所说的"防御性"战争，向来就是指这个意义上的"**正义的**"战争（威·李卜克内西有一次就用过这个用语）[2]。社会党人过去和现在都只是在这个意义上承认"保卫祖国"或"防御性"战争是合理的、进步的和正义的。譬如说，假如明天摩洛哥向法国宣战，印度向英国宣战，波斯或中国向俄国宣战等等，这些战争就都是"正义的"、"防御性的"战争，而**不管**是谁首先发动进攻。任何一个社会党人都会希望被压迫的、附属的、主权不完整的国家战胜压迫者、奴隶主和掠夺者的"大"国。

但是假定说，一个拥有 100 个奴隶的奴隶主，为了更"公平地"重分奴隶，而和一个拥有 200 个奴隶的奴隶主开战。显然，在这种场合使用"防御性"战争或"保卫祖国"的概念，从历史上说是一种伪造，实际上不过是狡猾的奴隶主对平民百姓、小市民和愚昧无知的人的欺骗。现在的帝国主义资产阶级在当前这场奴隶主之间为巩固和加强奴隶制而进行的战争中，就是这样利用"民族"观念和保卫祖国的概念来欺骗人民的。

目前的战争是帝国主义战争

几乎所有的人都承认，目前这场战争是帝国主义战争；但是这一概念在大多数情况下被人们所歪曲，他们不是单方面地加以运用，就是寻找借口说这场战争还可能具有资产阶级进步的、民族解放的意义。帝国主义是资本主义发展的最高阶段，这个阶段只是在 20 世纪才达到的。过去，不建立民族国家，资本主义就不能推翻封建主义，然而现在，旧的民族国家已经束缚资本主义的发展了。资本主义使集中发展到这样的程度，以致整个整个的工业部门都掌握在辛迪加、托拉斯这些资本家亿万富翁的同盟手中，几乎整个地球已被这些"资本大王"所瓜分，他们或者采取占有殖民地的形式，或者用金融剥削的千万条绳索紧紧缠绕住其他国家。自由贸易和竞争已经被追求垄断、抢夺投资场所和原料输出地等等的意向所代替。帝国主义的资本主义，已经由原先反封建主义斗争中的民族解放者，变为最大的民族压迫者了。资本主义已经由进步变为反动，它使生产力发展到了这种程度，以致使人类面临这样的抉择：要么过渡到社会主义，要么一连几年、甚至几十年地经受"大"国之间为勉强维持资本主义（以殖民地、垄断、特权和各种各样的民族压迫作为手段）而进行的武装斗争。

最大的奴隶主之间为保存和巩固奴隶制而进行的战争

为了说明帝国主义的意义,我们把所谓"大"国(即在大规模的掠夺中卓有成效者)瓜分世界的一些确切数字列举如下:

奴隶主"大"国瓜分世界的情况

"大"国	殖民地				宗主国		共 计	
	1876年		1914年		1914年			
	平方公里	人口(单位百万)	平方公里	人口(单位百万)	平方公里	人口(单位百万)	平方公里	人口(单位百万)
英 国	22.5	251.9	33.5	393.5	0.3	46.5	33.8	440.0
俄 国	17.0	15.9	17.4	33.2	5.4	136.2	22.8	169.4
法 国	0.9	6.0	10.6	55.5	0.5	39.6	11.1	95.1
德 国	—	—	2.9	12.3	0.5	64.9	3.4	77.2
日 本	—	—	0.3	19.2	0.4	53.0	0.7	72.2
美 国	—	—	0.3	9.7	9.4	97.0	9.7	106.7
6个"大"国	40.4	273.8	65.0	523.4	16.5	437.2	81.5	960.6
不属于大国(而属于比利时、荷兰等国)的殖民地			9.9	45.3			9.9	45.3
3个"半殖民地"国家(土耳其、中国和波斯)							14.5	361.2
总计							105.9	1367.1
其余国家和地区							28.0	289.9
全球(两极地区除外)							133.9	1657.0

从上表可以看出，在1789～1871年间大多曾率领其他民族为争取自由而斗争的民族，今天，在1876年以后，由于它们的资本主义的高度发展和"过度成熟"，已经变为全球大多数居民和民族的压迫者和奴役者。从1876年起到1914年止，6个"大"国抢占了2500万平方公里的土地，即抢占了比整个欧洲大一倍半的面积！6个大国奴役着**5亿以上**（52300万）的殖民地居民。这些"大"国平均每4个人奴役着"它们的"殖民地的5个居民。同时大家知道，殖民地是用火与剑抢夺来的，殖民地居民受着野蛮的虐待，他们遭受着各式各样的剥削（如资本输出、租借等、商品销售中的欺骗行径、对"统治"民族当局的强制服从，等等）。英法资产阶级欺骗人民说，他们是为了各民族和比利时的自由而战，实际上他们是为了保存他们抢夺来的大量殖民地而战。只要英国人和法国人肯把自己的殖民地"公平合理地"分给德国帝国主义者一些，德国帝国主义者就会立刻退出比利时等地。目前形势的一个特点就是，在这场战争中，殖民地的命运取决于大陆上的战争。从资产阶级的公平和民族自由（或民族生存权）的观点来看，德国反对英国和法国无疑是对的，因为它殖民地"分得少"，它的敌人所压迫的民族比它所压迫的要多得多，而在它的盟友奥地利那里，被压迫的斯拉夫人享有的自由无疑比在沙皇俄国这个名副其实的"各族人民的牢狱"里享有的自由多些。但是德国本身并不是在为解放其他民族，而是在为压迫其他民族而战。社会党人决不应当帮助一个较年轻较强壮的强盗（德国）去抢劫那些较老的因吃得过多而撑坏了肚子的强盗。社会党人应当利用强盗之间的斗争，去把他们统统打倒。为此，社会党人应当首先向人民说明真相，也就是说，指出这场战争从三种意义上说是奴隶主为巩固奴隶制而进行的战争。第一，这是一场要通过更"公平地"瓜分从而更"和睦地"剥削殖民地来加强对殖民地的奴役的战争；第二，这是一场要在"大"国国内巩固对异族的压迫的战争，因为**无论奥地利或俄国**（俄国比奥地利要厉害得多，糟糕得多）都是专靠这种压迫来维持，并且靠战争来加强这种压迫的；第三，这是一场要巩固雇佣奴隶制并延长其寿命的战争,因为无产阶级已被分裂,已被压制下去,资本家则得到各种好处:发战争财,煽起民族偏见,强化反动势力,——目前这种反动势力在一切国家里,甚至在最自由的、共和制最完善的国家里也开始抬头了。

"战争是政治通过另一种手段〈暴力手段〉的继续"

这是论述军事问题最深刻的著作家之一克劳塞维茨的一句名言。马克思主义者一向公正地把这一论点看作考察任何一场战争的意义的理论基础。马克思和恩格斯一向就是从这个观点出发来考察各种战争的。

用这个观点来考察当前这场战争就会看到,英、法、德、意、奥、俄这些国家的政府和统治阶级几十年来,几乎半个世纪以来一直在推行掠夺殖民地、压迫其他民族、镇压工人运动的政治。当前这场战争所继续的,正是这种政治,也只能是这种政治。尤其是在奥地利和俄国,无论平时的政治还是战时的政治都是奴役其他民族,而不是解放其他民族。相反,在中国、波斯、印度和其他附属国里,近几十年来我们所看到的是一种唤起千百万人争取民族生存、摆脱反动"大"国压迫的政治。在这种历史基础上进行的战争,即使在今天也可以是具有资产阶级进步性的、民族解放的战争。

只要把目前这场战争看作各"大"国及其国内的主要阶级所推行的政治的继续,就可以立刻看出,那种认为在这场战争中可以为"保卫祖国"的思想辩护的看法是极端反历史的、骗人的和虚伪的。

比利时的例子

三协约国(现在是四协约国[3])的社会沙文主义者(在俄国是普列汉诺夫及其一伙)最爱援引比利时的例子。可是这个例子正好说明他们错了。德帝国主义者无耻地破坏了比利时的中立,这和其他交战国随时随地所做的一样,只要需要就践踏**一切**条约和义务。我们姑且假定,一切愿意遵守国际条约的国家都向德国宣战,要求德国撤出比利时并赔偿它的损失。假如是这样，社会党人当然会站在德国的敌人一边。可是问题恰恰在于"三协约国（或四协约国）"**并不是**为了比利时而进行战争的。这是人所共知的，只有伪君子才会隐瞒这一点。英国正在抢夺德国的殖民地和土耳其，俄国正在抢夺加里西亚和土耳其，法国在力争得到阿尔萨斯-洛林、甚至莱茵河左岸地区；同意大利签订了分赃条约（瓜分阿尔巴尼亚和小亚细亚）；同保加利亚和罗马尼亚正在进行一笔交易，同样是为了分赃。在各国现在的政府所进行的目前这场战争的条件下，**不帮助扼杀奥地利或土耳其等**，**就不能帮助比利时**！这跟"保卫祖国"有什么关系呢？？这正是帝国主义战争的特点，正是历史上已经过了时的反动资产阶级的政府间为压迫其他民族而进行的战争的特点。谁为参加这场战争辩护，谁就是要使帝国主义对各民族的压迫永世长存。谁宣传要利用各国政府目前的困难来为社会革命而斗争，谁就是在维护真正是一切民族的真正的自由，因为这种自由只有在社会主义制度下才能实现。

俄国在为什么而战？

在俄国，最新型的资本帝国主义已经在沙皇政府对波斯、满洲和蒙古的政策中充分显露了身手，但是总的说来，在俄国占优势的还是军事封建帝国主义。世界上没有一个地方象在俄国那样对国内的多数居民进行这样的压迫：大俄罗斯人只占人口的43％，即不到一半，而其余一切民族都被当作异族看待，没有任何权利。在俄国的17000万人口中，有**近1亿**的居民遭受压迫，没有权利。沙皇政府进行战争是为了夺取加里西亚并彻底扼杀乌克兰人的自由，是为了夺取亚美尼亚和君士坦丁堡等地。沙皇政府把这场战争看作是转移人们对国内日益增长的不满情绪的注意力和镇压日益高涨的革命运动的一种手段。现在，俄国平均每两个大俄罗斯人压迫着两三个无权的"异族人"。沙皇政府还力图通过这场战争增加俄国所压迫的民族的数量，巩固对他们的压迫，从而破坏大俄罗斯人本身争取自由的斗争。既然有可能对其他民族进行压迫和掠夺，经济停滞就会持续下去，因为在这种情况下往往是以对"异族人"的半封建的剥削作为收入来源，而不是靠发展生产力。因此，从俄国方面来说，这场战争就具有特别反动和反民族解放的性质。

什么是社会沙文主义？

社会沙文主义就是在当前这场战争中为"保卫祖国"的思想辩护。从这一思想进一步得出的结论就是，在战时放弃阶级斗争，投票赞成军事拨款，等等。实际上社会沙文主义者所推行的是反无产阶级的资产阶级政策，因为他们实际上不是在反对异族压迫这个意义上主张"保卫祖国"，而是维护这些或那些"大"国掠夺殖民地和压迫其他民族的"权利"。社会沙文主义者重复资产阶级欺骗人民的鬼话，似乎这场战争是为了保卫各民族的自由和生存而进行的，这样他们就投到资产阶级方面而反对无产阶级了。在社会沙文主义者中间，有人为**某一**参战大国集团的政府和资产阶级辩护和粉饰，也有人象考茨基那样，认为**所有**交战大国的社会党人都有同样的权利"保卫祖国"。社会沙文主义既然实际上是在维护"自己的"（或任何国家的）帝国主义资产阶级的特权、优越地位、掠夺和暴力，也就完全背叛了一切社会主义信念和巴塞尔国际社会党代表大会的决议。

巴塞尔宣言

1912年在巴塞尔一致通过的关于战争的宣言，正是指1914年爆发的英德两国及双方现在的盟国之间进行的战争。宣言明确宣布，对于以大国的帝国主义掠夺政策为基础、"为了资本家的利润和王朝的利益"而进行的这种战争，是不能以任何人民的利益作为借口来为它辩护的。宣言明确宣布，战争"对各国政府"（毫无例外）是危险的，指出各国政府都害怕"无产阶级革命"，非常明确地举了1871年公社和1905年10月至12月事件**即革命和国内战争的例子**。因此，巴塞尔宣言正是针对当前这场战争制定了各国工人在国际范围内进行反对自己的政府的革命斗争策略，制定了无产阶级革命的策略。巴塞尔宣言重申斯图加特决议的主张，认为战争一旦爆发，社会党人就应当利用战争造成的"经济和政治危机"来"加速资本主义的崩溃"，也就是利用战争给各国政府造成的困难和群众的愤慨来进行社会主义革命。

社会沙文主义者的政策，他们用资产阶级解放的观点为这场战争辩护，他们主张"保卫祖国"，投票赞成军事拨款，参加内阁等等，等等，是对社会主义的直接背叛；正如我们在下面将要看到的，这种背叛之所以发生，完全是由于机会主义和民族主义自由派的工人政策已经在欧洲的大多数党内取得了胜利。

歪曲地援引马克思和恩格斯

俄国的社会沙文主义者（以普列汉诺夫为首）援引马克思在1870年的战争中的策略；德国的社会沙文主义者（伦施、大卫之流一类的人）援引恩格斯1891年的言论：一旦同俄法两国发生战争，德国社会党人有义务保卫祖国①；最后，那些想使国际沙文主义调和并合法化的考茨基一类的社会沙文主义者说，马克思和恩格斯虽然谴责战争，可是从1854～1855年到1870～1871年和1876～1877年，每当战争终于爆发的时候，他们总是站在交战的某一方。

凡此种种引证都是对马克思和恩格斯的观点的令人愤慨的歪曲，是为了讨好资产阶级和机会主义者，就象吉约姆一伙的无政府主义者的著作歪曲马克思和恩格斯的观点来为无政府主义辩护一样。1870～1871年的战争，从德国方面来说，在战胜拿破仑第三之前，是具有进步历史意义的，因为拿破仑第三和沙皇一道，多年来一直压迫德国，使德国一直处于封建割据状态。但是战争一转变为对法国的掠夺（兼并阿尔萨斯和洛林），马克思和恩格斯就坚决地谴责了德国人。而且在这次战争一开始，马克思和恩格斯就赞同倍倍尔和李卜克内西拒绝投票赞成拨款，劝告社会民主党人

---

① 参看《马克思恩格斯全集》第22卷，第293～298页。——编者注

不要同资产阶级同流合污，而要捍卫无产阶级的独立的阶级利益。把对这一具有资产阶级进步性和民族解放意义的战争的评价套用到当前的帝国主义战争上来，这是对真理的嘲弄。至于1854～1855年的战争以及19世纪的一切战争，情况就更是如此，因为当时**既**没有现代的帝国主义，**又**没有实现社会主义的成熟的客观条件，在**所有**交战国内**也**没有群众性的社会主义政党，也就是恰恰没有巴塞尔宣言**针对**大国间的战争据以制定"无产阶级革命"策略的那些条件。

谁现在只援引马克思对资产阶级**进步**时代的战争的态度，而忘记马克思的"工人没有祖国"这句**恰恰是**适用于资产阶级反动和衰亡时代、适用于社会主义革命时代的话，谁就是无耻地歪曲马克思，就是在用资产阶级的观点偷换社会主义的观点。

第二国际的破产

1912年，全世界社会党人在巴塞尔庄严宣告，他们认为即将到来的欧洲大战是**各国**政府"罪恶的"和最反动的行为，它必然引起反对资本主义的革命，从而势必加速资本主义的崩溃。战争爆发了，危机到来了。可是大多数社会民主党不实行革命的策略，却实行了反动的策略，站到自己的政府和自己的资产阶级方面去了。这种背叛社会主义的行为意味着第二(1889～1914年)国际的破产。我们应当弄清引起这种破产的原因，弄清产生社会沙文主义的原因，以及社会沙文主义的力量从何而来。

社会沙文主义是登峰造极的机会主义

在第二国际存在的整个时期内，每个社会民主党内都进行着革命派和机会主义派的斗争。这一斗争在许多国家里引起了分裂（英国、意大利、荷兰、保加利亚）。任何一个马克思主义者都深信不疑：机会主义代表着工人运动中的资产阶级政策，代表着小资产阶级的利益，代表着一小部分资产阶级化了的工人同"**自己的**"资产阶级结成的联盟的利益，而反对无产者群众、被压迫群众的利益。

19世纪末的客观条件特别加强了机会主义的力量，使利用资产阶级所容许的合法性变成了崇拜这种合法性，在工人阶级中间造成了一个人数不多的官僚和贵族阶层，把许多小资产阶级"同路人"吸引到社会民主党的队伍中来。

战争加速了发展进程，使机会主义变成了社会沙文主义，使机会主义者同资产阶级的秘密联盟变成了公开的联盟。同时军事当局到处实行戒严，压制工人群众，工人群众原来的领袖几乎全部倒向资产阶级。

机会主义和社会沙文主义的经济基础是同一个，那就是人数很少的特权工人阶层和小资产阶级的利益。这些人所捍卫的是自己的特权地位，是从"自己"国家的资产阶级靠掠夺其他民族、靠它的大国优越地位等等而攫取的利润中分得一点油水的"权利"。

机会主义和社会沙文主义的思想政治内容是同一个，那就是用阶级合作代替阶级斗争，放弃革命的斗争手段，帮助"自己的"政府摆脱困境，而不是利用它的困难推进革命。如果从总体上来观察一下欧洲国家，如果不是注重个别人物（哪怕是最有威望的人物），那么就可以发现，恰恰是机会主义**派别**成了社会沙文主义的主要支柱，而从革命者的阵营中几乎到处都比较一贯地发出了对这个派别的抗议。如果以1907年斯图加特国际社会党代表大会上的派别划分情况为例，那么就可以发现，国际马克思主义是反对帝国主义的，而国际机会主义当时就已经是拥护帝国主义的了。

同机会主义者统一就是工人同"自己"国家的资产阶级结成联盟，就是分裂国际的革命工人阶级

在过去，在大战以前，机会主义虽然往往被看作是一种"偏向"和"极端"，但仍然被认为是社会民主党的一个合法的组成部分。战争表明将来不可能再是这样了。机会主义已经"成熟"，已经充分地起到了资产阶级在工人运动中的特使的作用。同机会主义者保持统一已成为十足的伪善，德国社会民主党就是一个例子。在一切重要场合（例如8月4日的投票）机会主义者都要提出自己的最后通牒，而实现这种通牒则靠他们同资产阶级的千丝万缕的联系，靠他们在工会理事会等机构里面的多数。现在同机会主义者**保持统一，实际上**就是让工人阶级服从"自己"国家的资产阶级，就是同资产阶级结成联盟来压迫其他民族和争夺大国特权，就是**分裂**所有国家的革命无产阶级。

不管在某些场合同在许多组织中占优势的机会主义者作斗争会多么困难，不管把机会主义者清除出工人政党的过程在各个国家里会多么不同，这个过程是不可避免的，而且必将取得成果。改良主义的社会主义正在死亡；正在复兴的社会主义，按照法裔社会党人保尔·果雷的恰当说法，"将是革命的、不调和的和敢于造反的"[4]。

马克思主义者的口号——革命的社会民主党的口号

战争无疑造成了最尖锐的危机，空前加剧了群众的灾难。这场战争的反动性质，**各**国资产阶级为了以"民族"观念掩饰其掠夺目的而编造出的无耻谎言，这一切在客观的革命形势下正在不可避免地激起群众的革命情绪。我们的责任，就是帮助人们充分意识到这种情绪，加深和发展这种情绪。能够正确地表达这个任务的只有一个口号：变帝国主义战争为国内战争。战时**任何**彻底的阶级斗争，任何认真执行的"群众行动"的策略，都必然引向这一步。我们无法知道，触发一场强大的革命运动的将是列强之间的第一次帝国主义战争，还是第二次帝国主义战争，它将发生在战争期间，还是发生在战后，但是不管怎样，我们义不容辞的责任，就是要朝着这个方向去一贯地和不屈不挠地进行工作。

巴塞尔宣言直接举了巴黎公社即变政府间的战争为国内战争的例子。半个世纪以前，无产阶级力量还太弱，社会主义的客观条件还没有成熟，所有交战国内的革命运动还不能相互配合和相互促进；一部分巴黎工人迷恋于"民族观念"（1792年的传统），这是马克思当时就指出的他们的小资产阶级软弱性的表现，也是公社失败的原因之一。从公社失败以来已经过去半个世纪了，能够削弱当时革命的那些条件已经消失，在今天，如果一个社会党人甘心拒绝以巴黎公社战士的精神去从事活动，那是不可宽恕的。

关于和平主义与和平口号

群众要求和平的情绪，往往反映他们已经开始对战争发出抗议，表示愤慨，开始认识到战争的反动性质。利用这种情绪，是一切社会民主党人的责任。他们应当最热情地参加在这个基础上产生的一切运动和一切游行示威。但是他们不能欺骗人民，不能传布这样一种思想：似乎不进行革命运动也可以实现没有兼并、没有民族压迫、没有掠夺、不含现在的各国政府和统治阶级之间的新战争萌芽的和平。这样欺骗人民，只会有利于各交战国政府的秘密外交和它们的反革命计划。谁希望得到持久的和民主的和平，谁就应该拥护反对政府和资产阶级的国内战争。

关于民族自决权

资产阶级在这场战争中用来欺骗人民的一个最常见的手段，就是用"民族解放"的观念来掩盖战争的掠夺目的。英国人答应给比利时自由，德国人答应给波兰自由，等等。实际上，正如我们所看到的，这是一场世界大多数民族的压迫者为巩固和扩大这种压迫而进行的战争。

社会党人不同一切民族压迫作斗争，就不能达到自己的伟大目的。因此，他们必须要求各**压迫**国家（特别是所谓"大"国）的社会民主党承认和维护各**被压迫**民族的自决权，而且是政治上的自决权，即政治分离权。大国的或拥有殖民地的民族的社会党人如果不维护这种权利，那就是沙文主义者。

维护这种权利不但不会鼓励形成小国家，相反，这会促使更自由更大胆因而更广泛更普遍地形成更有利于群众和更适合经济发展的大国家和国家联盟。

另一方面，**被压迫**民族的社会党人则应当无条件地为被压迫民族和压迫民族的**工人的**完全的（包括组织上的）统一而斗争。主张一个民族同另一民族在法律上分离的思想（鲍威尔和伦纳的所谓"民族文化自治"）是一种反动的思想。

帝国主义是少数"大"国不断加紧压迫全世界各民族的时代，因此，不承认民族自决权，就不可能为反帝的国际社会主义革命而斗争。"压迫其他民族的民族是不能获得解放的。"（马克思和恩格斯语）无产阶级如果容许"本"民族对其他民族采取一点点暴力行为，它就不成其为社会主义的无产阶级。

第二章　俄国的阶级和政党

资产阶级和战争

俄国政府有一点是不落后于它的欧洲伙伴的：它也能够象它们那样大规模地欺骗"自己的"人民。无比庞大的撒谎和欺骗机器在俄国也开动了起来，其目的就是用沙文主义毒害群众，就是要造成一种印象，似乎沙皇政府是在进行一场"正义的"战争，是在无私地保卫"斯拉夫同胞"等等。

地主阶级和工商业资产阶级的上层分子热烈支持沙皇政府的黩武政策。他们理所当然地在期待着能从瓜分土耳其和奥地利的遗产中得到巨大的物质利益和特权。他们已经在一系列会议上预先设想了沙皇军队获胜时大量金钱源源流入他们口袋的情景。而且反动派十分清楚地懂得，如果说有什么能够推迟罗曼诺夫王朝的崩溃和延缓新的革命在俄国爆发的话，那只能是一场使沙皇获胜的对外战争。

城市"中等"资产阶级、资产阶级知识分子和自由职业者等广大阶层，也沾染了沙文主义，至少在战争开始时是如此。俄国自由派资产阶级的政党立宪民主党，完全地和无条件地支持沙皇政府。立宪民主党在对外政策方面早就是政府党了。沙皇外交已经不止一次用来进行大规模政治欺骗的泛斯拉夫主义，已经成为立宪民主党人的正式的思想体系了。俄国的自由派已经退化为**民族主义**自由派。它正在与黑帮进行"爱国主义"竞赛，任何时候都乐于投票拥护军国主义、海上霸权主义等等。在上一世纪70年代，德国"自由思想"自由派陷于瓦解，从中分离出一个民族主义自由派政党。目前在俄国自由派阵营内也发生了类似的现象。俄国的自由派资产阶级彻底地走上了反革命的道路。俄国社会民主工党对这一问题的看法已得到充分的证实，我们的机会主义者认为俄国的自由派仍然是俄国革命的动力，他们的这种观点已被实际生活所粉碎。

统治集团在资产阶级报刊和僧侣等等的协助下，在农民中也煽起了沙文主义情绪。但是随着士兵从战场不断返回，农村中的情绪无疑会变得不利于沙皇君主政府。同农民有联系的各资产阶级民主派政党没有能抵挡住沙文主义的浪潮。劳动派在国家杜马中拒绝投票赞成军事拨款。可是，通过自己的领袖克伦斯基的口，他们却发表了一篇对君主政府特别有利的"爱国"宣言。"民粹派"的所有合法报刊总的说来都尾随自由派。甚至资产阶级民主派的左翼即加入了社会党国际局的所谓社会革命党，也顺应了这个潮流。该党驻社会党国际局的代表鲁巴诺维奇先生，已经作为一个公开的社会沙文主义者出面了。在"协约国"社会党人伦敦代表会议上，这个党有半数代表投票赞成一项沙文主义的决议（另一半代表弃权）。沙文主义者在社会革命党人的秘密刊物（《新闻报》[5]等等）中占有优势。"来自资产阶级"的革命者，即同工人阶级没有联系的资产阶级革命者，在这场战争中遭到了极其严重的破产。克鲁泡特金、布尔采夫和鲁巴诺维奇的可悲的命运是非常值得深思的。

第四章　俄国社会民主党分裂的历史及其现状

马克思主义和社会沙文主义（1914~1915年）

1914~1915年的欧洲大战，使欧洲各国社会民主党人以及俄国社会民主党人有可能在这场世界范围的危机中检验自己的策略。这场奴隶主之间的战争的反动性和掠夺性，从沙皇政府方面看，要比从其他各国政府方面看更加明显得多。尽管如此，取消派的主要集团（在俄国，除了我们党，它是唯一有重大影响的集团，因为它和自由派有广泛的联系）还是转向了社会沙文主义！这个《我们的曙光》集团在相当长的一个时期内独占合法地位，在群众中鼓吹什么"不抵制战争"、希望三协约国（现在是四协约国）获胜、谴责德国帝国主义犯了"滔天罪行"等等。自1903年以来，普列汉诺夫曾多次表现出毫无政治气节，曾多次转向机会主义者，现在他更加坚决地采取了这种立场，从而博得俄国所有资产阶级报刊的称赞。普列汉诺夫已经堕落到宣称沙皇政府进行的战争是正义的，并在意大利的官方报纸上发表谈话，极力怂恿意大利参战！！

这就完全证明，我们对取消主义的评价和把取消派的主要集团开除出党的做法是正确的。现在取消派的现实纲领和他们的方针的现实意义不仅在于一般的机会主义，而且在于他们维护大俄罗斯地主和资产阶级的大国的特权和优越地位。这是执行**民族主义自由派**的工人政策的方针。这是一部分激进派小资产者、极少数特权工人同"自己"国家的资产阶级一道反对无产阶级群众的联盟。

我们党的任务

俄国社会民主党是在我国资产阶级民主革命（1905年）前产生，并在这次革命和尔后的反革命时期壮大起来的。俄国的落后使我国出现异常多的形形色色的小资产阶级机会主义派别，而马克思主义在欧洲的影响和各国合法的社会民主党在战前的巩固，则使我国一些典型的自由派几乎完全拜倒在"合理的"、"欧洲式的"（非革命的）、"合法的""马克思主义"理论和社会民主党的脚下。俄国工人阶级不得不在同形形色色的机会主义的30年的坚决斗争中形成自己的政党。世界大战的过程使欧洲的机会主义遭到了可耻的破产，而使我们的民族主义自由派和社会沙文主义取消派的联盟得到了巩固；这使我们更加确信，我们党在今后也必须沿着我们原来的彻底革命的道路前进。

1915年8月在日内瓦由《社会民主党人报》编辑部印成单行本；第2版序言载于1918年出版的小册子

选自《列宁全集》第26卷，第322~363页

注释：

[1]《社会主义与战争（俄国社会民主工党对战争的态度）》这本小册子写于1915年7~8月，即国际社会党第一次代表会议（齐美尔瓦尔德会议）召开的前夕。小册子是列宁和格·叶·季诺维也夫合写的，列宁撰写了小册子的主要部分（第1章和第3、4章的一部分），并且审订了全书。小册子还在书末作为附录收载了俄国社会民主工党中央委员会的宣言《战争和俄国社会民主党》、在《社会民主党人报》发表的列宁的《俄国社会民主工党国外支部代表会议》和这次代表会议的决议以及有党的工作者参加的俄国社会民主工党中央委员会波罗宁会议通过的关于民族问题的决议。列宁把这部著作称为"对我们党的决议的注释，也就是对决议的通俗的说明"。

《社会主义与战争（俄国社会民主工党对战争的态度）》最初于1915年8月用俄文和德文出版，并且散发给了参加齐美尔瓦尔德会议的代表。齐美尔瓦尔德会议以后，小册子又在法国用法文出版，并在挪威左派社会民主党人的机关刊物上用挪威文全文发表。列宁还曾多次尝试用英文在美国出版，但未能实现。1917年十月革命后，《社会主义与战争（俄国社会民主工党对战争的态度）》由彼得格勒工人红军代表苏维埃于1918年在彼得格勒出版。

[2] 指威·李卜克内西在1891年德国社会民主党爱尔福特代表大会上的发言。

[3] 意大利于1915年退出同盟国而加入协约国，使三协约国成为四协约国。

[4] 1915年3月11日瑞士社会党人保·果雷在瑞士洛桑作了题为《正在死亡的社会主义和必将复兴的社会主义》的专题报告。当年，他把报告印成了小册子。详见列宁的《一位法裔社会党人诚实的呼声》（《列宁全集》第2版第27卷）一文。

[5]《新闻报》（《Новости》）是俄国社会革命党人的报纸（日报），1914年8月~1915年5月在巴黎出版。

齐美尔瓦尔德国际社会党代表会议通过的法德两党代表团共同宣言的摘要[1]

（1915年9月5日和8日之间）

摘自《法德社会主义者共同声明》

在大屠杀一周年之后，战争的纯帝国主义性质表现得越来越明显了；这证明，战争的根源在于对造成这次非人道的大屠杀负有责任的所有政府的帝国主义政策和殖民主义政策。

在所有各国由资本主义制度下发不义之财的人组成的"神圣同盟"把人民群众拖进了这一场战争，他们把这场战争说成是具有种族斗争、保卫相应权利和自由的性质的战争。

在每一个国家，正是由于受到这种感情的煽动，有组织的工人力量和反对派力量浸透了民族主义精神，并且在听命于政府之后，越来越强烈地表现出了这种民族主义的性质。

今天，每一个国家的沙文主义者都赋予这场战争以通过兼并外省或领地进行征服的目的。这些要求一旦实现，必将成为爆发未来战争的起因。

在所有国家里，坚定的少数派已经起来反对这种野心，他们正在努力完成国际社会主义者斯图加特、哥本哈根和巴勒代表大会决议所确定的任务。

反对兼并……

谴责对比利时的兼并

打破中立

反对压迫各民族

民族自决权

在此基础上争取和平

最后：

"我们社会主义者和这些德法少数派的成员将揭露'神圣同盟'，坚决拥护作为建立社会党国际的基础的阶级斗争，我们将坚定地为在我们两国之间反对这种可怕的灾难并为结束这些使人类蒙受耻辱的战争行动而斗争到底。"

选自《列宁全集补遗》，第201~202页

注释：

[1] 法德两党代表团的共同宣言于1915年9月8日在齐美尔瓦尔德国际社会党代表会议的最后一次会上宣读。

这是一份由两个交战国的社会党人签署的反战文件。法德两党代表团呼吁无产阶级团结起来，并提出了一些和平主义口号。

列宁认为，法德两党代表团的宣言很重要并准备将其刊登在《社会民主党人报》上（见《列宁全集》第2版第47卷，第217、221页）。他对1915年9月26日《生活报》第15号（总第77号）刊登的宣言译文校样作了文字修改并加了批注（见《列宁文集》俄文版第40卷，第45~47页）。列宁的所有意见均得到重视。法德两党代表团的共同宣言后来发表在《社会民主党人报》，1915年10月11日，第45~46号上。

几个要点[1]（节选）

编辑部的话

（1915年9月30日〔10月13日〕）

……（8）我们认为，那些想借推翻沙皇制度来打败德国、掠夺其他国家、巩固大俄罗斯人对俄国其他民族的统治等等的人，是沙文主义派革命者。革命沙文主义的基础是小资产阶级的阶级地位。小资产阶级总是在资产阶级和无产阶级之间摇摆。现在，它正在沙文主义（沙文主义甚至妨碍它在民主革命中成为彻底革命的阶级）和无产阶级国际主义之间摇摆。目前在俄国，这个小资产阶级的政治代表是劳动派、社会革命党人、《我们的曙光》杂志、齐赫泽党团、组织委员会、普列汉诺夫先生等等。（9）如果沙文主义派革命者在俄国取得胜利，我们就会反对在这场战争中保卫**他们的**'祖国'。我们的口号是：反对沙文主义者，即使他们是革命派和共和派，我们**反对**沙文主义者**而主张**国际无产阶级联合起来进行社会主义革命。（10）对于无产阶级在俄国资产阶级革命中能否起领导作用的问题，我们的回答是：能够起领导作用，**如果**小资产阶级在决定关头向左摆的话；而推动小资产阶级向左摆的力量，不仅是我们的宣传，而且是经济、财政（战争的重担）、军事、政治等方面的许多客观因素。（11）在目前这场战争中，如果革命使无产阶级政党掌握了政权，那它要做些什么呢？我们的回答是：我们要向**各**交战国建议媾和，条件是解放殖民地和**所有**从属的、受压迫的、没有充分权利的民族。无论是德国还是英国和法国,只要它们的现政府还在执政,都不会接受这个条件。那时我们就应当准备和进行革命战争,就是说,不仅要采取最坚决的措施来彻底实现我们的整个最低纲领,还要有步骤地推动现在受大俄罗斯人压迫的一切民族、亚洲的一切殖民地和附属国(印度、中国、波斯等)举行起义,而且,首先要推动欧洲的社会主义无产阶级,使他们违反本国社会沙文主义者的意志,举行起义来反对本国政府。毫无疑问,俄国无产阶级的胜利将会给亚洲和欧洲的革命的发展创造非常有利的条件。**甚至** 1905 年就已经证明了这一点。尽管有机会主义和社会沙文主义的龌龊泡沫,革命无产阶级的国际团结却已经成为**事实**。我们提出以上这些要点与同志们交换意见,我们将在今后几号中央机关报上进一步阐发我们的观点。

载于《社会民主党人报》,1915 年 10 月 13 日,第 47 号

选自《列宁全集》第 27 卷,第 54~56 页

注释:

[1] 1915 年 10 月初(公历),列宁收到了俄国社会民主工党彼得堡委员会托人从俄国寄给他的一批传单和其他反映彼得堡布尔什维克工作情况的材料。《社会民主党人报》利用这些材料,于 1915 年 10 月 13 日出版了第 47 号,专门报道布尔什维克在彼得堡的工作情况。《几个要点》一文就是列宁为这一号报纸写的按语。列宁在 1915 年 10 月 6 日给维·阿·卡尔宾斯基的信中曾谈到出版这一号报纸的问题(见《列宁全集》第 2 版第 47 卷)。

列宁仔细研究了这批资料。他为从彼得堡寄来的传单编了目录,标明顺序编码、出版日期、署名和印刷方法。他把传单上的口号单列一栏。最后一栏用来记载"主要论点的内容"。列宁在许多传单上作了批语,并在另外一张纸上写下了对一些传单的意见。列宁还审阅了娜·康·克鲁普斯卡娅写的《俄国社会民主工党彼得堡委员会在战争期间的传单》一文,该文也刊载于《社会民主党人报》第 47 号。

关于《帝国主义和民族自决权》演讲的材料[1]

(1915年10月15日〔28日〕以前)

1 《宫廷历书》一书摘录

关于民族问题

大国民族

(《宫廷历书》1914年版)

1910年

德意志人1200万在奥匈帝国

6000万在德国

══(?)(6700万中的)

总计=7200万(?)

英吉利人(?)4500万在英国(4600万中的)和英国的殖民地

(?)8000万在美国

12500万(?)

英吉利人 ——12500

大俄罗斯人—— 7300

```
殖民地（人口，单位百万）
  1914年    1876年
   570      314
  38年中+81%
```

德意志人 —— 7200
法兰西人 —— 3800
　　　　　　总计=30800万
日本人　 —— 5000
意大利人 —— 3500
　？　　　　39300
匈牙利人 —— 1000
　　　　　　总计=40300万

2　提纲草稿

题目：帝国主义和民族**自决**

　　　　　不是"民族问题"

删去民族纲领的2/3（仅留自决）。

+帝国主义制度下的民主改革？

+1905年的挪威。"例外"？

+1869年的爱尔兰。"空想"？

+民族运动：亚洲和殖民地的……

　　　　　　和非洲（埃及）的……

+既然帝国主义是各民族**联合**的时代，为什么还要按民族**划分**？

"如果说"（既然）先进国家已经达到把各民族联合起来的**帝国主义**阶段，如果说先进国家的资本主义（=帝国主义）已经**超出**了民族国家的范围，那"为什么"乌克兰、中国、波斯、印度、埃及等地还发生民族运动？19世纪60年代的蒲鲁东分子和马克思（"其他一切国家都应当停顿下来……等候法国人实行社会革命"①）。

马克思1848年在《新莱茵报》[2]上。恩格斯1866年和马克思1869

---

① 见《马克思恩格斯全集》第31卷，第230页。——编者注

年：正是为了**压迫**民族的工人阶级的利益，应当要求**被压迫**民族有分离的自由。

帝国主义是在**新的**历史基础上的民族压迫……这是一半。

（任务的）另外一半 = **在东欧**（1905年后的乌克兰）、在亚洲和非洲（中国、印度、埃及）——在**殖民地**（在世界10亿人口中，57000万+36000万=93000万）的**民族运动的**兴起……

第1页：
—2—3①
（压缩和改写）

16亿中有3~4亿是压迫者

把民族自决 "陈旧的、用烂了的"（schäbig）资产阶级民主口号 （（对地球上10亿人来说是新的！））） 由欺骗变成真理。

第4~5页
删去
第6页（改写）

对英国、法国来说是欺骗——对德国来说也是欺骗
欺骗的两种形式：普列汉诺夫
反对帕尔乌斯的"用烂了的"口号

仅仅是资产阶级民主原则吗？而工人的**兄弟团结**呢？

不，**也是**社会主义原则。

如果我们提出自决的自由，即分离的自由的口号，我们就是通过**全部**宣传要求压迫者竭力用好处、用文化，**而不用**暴力来维系。如果我们不承认分离的自由，不把它提到首要地位，**实际上**我们就是为暴力的奴仆们留下敞开的大门。

---

① 大概是引列宁某一手稿的页码。——俄文版编者注

只有这样我们才击中要害——我们教育工人：把不是**真心诚意地**承认民主原则和社会主义原则的人统统赶走。

3 要点

4个更好些

？

5个要点：（1）压迫民族的，特别是所谓大国的社会民主党人，应当要求自决权＝被压迫民族分离的权利，不但要在合法的刊物上，而且特别要在秘密刊物上，特别要在战时坚持这种权利。——（2）被压迫民族的社会民主党人应当要求被压迫民族的**工人**同压迫民族的**工人**最充分地——包括在组织上——打成一片，而不仅仅是接近。——（3）根据这些原则，20世纪所有先进国家的，特别是大国的社会民主党人，应当把"工人没有祖国"①这个原则放在自己民族政策的首要地位，而同时绝不否定东欧和亚非殖民地的落后民族的民族解放运动重大的世界历史意义。——（4）各国社会民主党人**不**应当把联邦制原则，把建立小国奉为理想，而应当坚决主张各民族尽可能地接近，说明任何民族分离的害处，民族文化自治的害处，**民主**集中制的好处，大的国家和国家联盟的好处。

第5个要点：鉴于第一个要点是最起码的要求，鉴于它得到了整个民主派和马克思＋恩格斯（1848～1876年）的承认，鉴于它已被战争的经验所肯定，——必须把不承认这一点的社会民主党人视为无产阶级的敌人，视为最坏的骗子，并把他们开除出党。

光是承认反对**任何**民族压迫，反对**任何**民族不平等的斗争是不够的：
（α）"不平等"包括建立国家的权利？还是不包括？
（β）——包括分离权还是不包括？
（γ）日常鼓动的性质：针对主要方面。

---

① 见《马克思恩格斯全集》第4卷，第487页。——编者注

> 工人的统一,无产阶级国际阶级斗争的统一,比起国家疆界问题,即在帝国主义时代尤其经常地要通过战争来**重新**加以解决的问题,不知要重要多少。

4 帝国主义和民族自决权

(提 纲)

1915 年 10 月 28 日

引言

(1) 问题的迫切性。人人都在谈论的热门话题。为什么?

(α) 战争燃起民族仇恨和有造成民族压迫的危险。

(β) 帝国主义是在**新的**历史基础上的民族压迫的时代。

(2) **Z. L.** ("齐美尔瓦尔德左派")的任务是团结起来,而且在这个基础上**还须**粉碎社会沙文主义,使工人阶级认识清楚。

I. 经济观点

(3) "资本**已超出了**民族的范围。各民族的联合(在一国内)是不可避免的和进步的。"说得对!但马克思主义并不=司徒卢威主义[3],不是去替对各民族使用暴力进行辩解和辩护,而是为了社会主义、为了各民族工人的**联合**、为了他们的**兄弟团结**而进行革命斗争。

(4) 反对暴力,**赞成**各民族的民主联合。"分离的自由"是民主制的最高表现。

(5) 民主制,分离自由有利于经济上的联合(挪威和瑞典;美国与德国)。

II. 历史观点

(6) "民族自决是已经过去了的资产阶级民主革命和资产阶级民主运

动时代的用烂了的口号。"

——帝国主义造成新的基础上的民族压迫。帝国主义更新了这一陈旧的口号。

（7）东方和**殖民地**（占世界人口10亿以上）。"新的"资产阶级民主民族运动。

殖民地　1876年——31400万
　　　　1914年——57000万　$+81\%$。

III．政治观点

（8）我们并不抛弃资产阶级民主的口号，而是更彻底地、更充分地、更坚决地实现其中**民主的东西**。

（9）不是**民族**的利益，而是各民族**工人**的兄弟情谊和团结的利益。

IV．国家疆界观点

（10）我们并不坚持各国**目前**的疆界。

（11）我们不赞成建立小国的空想，我们不是在任何地方、任何时候都要求"民族国家的独立"……

（12）不管国家疆界可能发生什么样的**变动**，我们都把工人的阶级斗争的利益放在第一位。

（13）俄国的（英国的、奥地利的？）"瓦解"＝联邦。

V．无产阶级国际阶级斗争的观点

（14）民族仇恨和不信任的危险性（和在资本主义制度下的不可避免性）（象阿克雪里罗得那样？不！）

（15）关键：**压迫**民族对**被压迫**民族的态度。

（16）不承认分离权，就不可能有各民族工人的阶级团结。

VI. "实际的可行性"

（17）"空想"！挪威与瑞典。

（18）"例外"！（"偏僻地方"。）

是的，正如**一切**民主的改革和改造一样。

（19）"实际上＝零"。

不＝（α）宣传分离的自由

（β）用全民投票来决定分离的问题（宪法中的两条）。

（20）"保证何在？只有战争能解决！"

（我们的保证——用各民族的兄弟团结的精神来教育工人群众。）

VII. 战争的观点

（21）"民族自决＝为参战辩护。"

有各种各样的战争。民族战争我们并不"否定"。这种战争在现在也可能发生。

（22）"如果自决，那荷兰、瑞典等有权自卫。"在**帝国主义**战争中怎么能自卫呢？

VIII. 同社会沙文主义的斗争

（23）社会沙文主义，象无线电报那样，是帝国主义必然的产物。

同它作斗争＝当前的实质。

（24）同**本**民族的沙文主义的斗争。

（25）主要的——**大国**沙文主义。

（26）"承认平等"＝回避关于建立**国家**、关于**分离**、关于发生帝国主义**战争**的情况的问题。

（27）**只有我们的提法才击中了要害。只有这个提法才能打垮和切断**国际社会沙文主义。

IX. 拿离婚作比喻①

（28）罗莎·卢森堡谈离婚（与自治）。

（29）谢姆柯夫斯基的反驳。

（30）他的错误。

X. 魏尔事件

（31）社会沙文主义者们开除了魏尔，对**他们的**原则的背叛。

（32）从**我们的**观点来看参战**不是**罪过。为了在军队中进行鼓动？为了变战争为国内战争？

（33）民族的选择。（在哪一方军队中？）

XI. 自由派资产阶级的态度

（34）在**俄国**：我们（立宪民主党人）主张平等，但我们从不维护从俄罗斯国家分离的权利。

（35）卡尔·考茨基论政治**自决**（说什么"文化自决和自治就够了"）……

XII. 俄国社会民主工党的经验

（36）在1903年代表大会上对问题的提法。

（37）波兰社会民主党的退出和在1906年的加入。[4]

（38）从来也没有正式要求取消第9条。

（39）1914年机会主义者同罗莎的"联盟"（取消派谢姆柯夫斯基、李普曼、尤尔凯维奇、阿列克辛斯基）。

---

① 见《列宁全集》第28卷，第165~169页。——编者注

XIII. 马克思和恩格斯的范例

（40）1848年德国与被压迫民族（《遗著》第3卷，第109、113、114页）。

1866年恩格斯和**国际**（马克思）论波兰和**德国**。

1869年马克思论**爱尔兰**。

（41）**压迫**民族**工人**的利益的观点。

> 注意
> 马克思赞成同爱尔兰**结成联邦**（注意）

XIV. "齐美尔瓦尔德左派的""提法"

（42）"**不**支持一个民族对另一民族的统治"……

> 问题：包括分离的自由？还是不包括。
> 不承认分离的自由也就是"支持统治"。

这个提法="走向接近的第一步"……①

载于《列宁文集》第30卷，1937年俄文版

摘自《列宁全集》第27卷，第64~76页

注释：

［1］这是列宁关于《帝国主义和民族自决权》演讲的一组材料。演讲是1915年10月15日（28日）在日内瓦作的。

［2］《新莱茵报》（《Neue Rheinische Zeitung》）是德国和欧洲革命民主派中无产阶级一翼的日报，1848年6月1日~1849年5月19日在科隆出版。马克思任该报的主编，编辑部成员恩格斯、恩·德朗克、斐·沃尔弗、威·沃尔弗、格·维尔特、斐·弗莱里格拉特等都是共产主义者同盟的盟员。该报揭露反

---

① 见《列宁全集》第27卷，第42~47页。——编者注

动的封建君主派和资产阶级反革命势力，主张彻底解决资产阶级民主革命的任务和用民主共和国的形式统一德国，是当时指导群众革命行动的中心。该报创刊不久，就遭到反动报纸的围攻和政府的迫害，1848 年 9~10 月间一度被查封。1849 年 5 月，普鲁士政府借口马克思没有普鲁士国籍而把他驱逐出境，并对其他编辑进行迫害，该报因此被迫停刊。

[3] 司徒卢威主义即合法马克思主义，是 19 世纪 90 年代出现在俄国自由派知识分子中的一种思想政治流派，其主要代表人物是彼·伯·司徒卢威。司徒卢威主义利用马克思经济学说中能为资产阶级所接受的个别论点为俄国资本主义的发展作论证。在批判小生产的维护者民粹派的同时，司徒卢威赞美资本主义，号召人们"承认自己的不文明并向资本主义学习"，而抹杀资本主义的阶级矛盾。列宁锐敏地看出司徒卢威主义是国际修正主义的萌芽，它必然要发展成为资产阶级的民族自由主义。在第一次世界大战期间，司徒卢威是俄罗斯帝国主义的思想家。他在马克思主义词句的掩护下坚持社会沙文主义，为掠夺战争、兼并和民族压迫辩护。

[4] 在俄国社会民主工党第二次代表大会（1903 年 7~8 月）讨论党纲草案时，波兰王国和立陶宛社会民主党人的代表阿·瓦尔斯基和雅·斯·加涅茨基反对其中的民族自决权的条文，而提出在纲领中列入成立保障国内各民族有发展文化的充分自由的机关的要求。如列宁所说："他们所提出来**代替**自决的东西，实质上不过是那个臭名远扬的'民族文化自治'的别名而已！"（见《列宁全集》第 2 版第 25 卷，第 274~275 页）第二次代表大会纲领委员会否决了波兰社会民主党的提议，波兰社会民主党人便留下申述他们观点的声明，退出了代表大会。

波兰王国和立陶宛社会民主党在 1906 年俄国社会民主工党第四次（统一）代表大会上被接收入党。无论在这次代表大会上，还是在代表大会以后，波兰社会民主党的代表都没有再提出修改党纲第 9 条的意见。党纲第 9 条的全文是："国内各民族都有自决权。"（见《列宁全集》第 7 卷，第 427 页）

革命的无产阶级和民族自决权[1]

(1915年10月16日〔29日〕以后)

齐美尔瓦尔德宣言也同社会民主党大多数纲领或策略决议一样,宣布了"民族自决权"。巴拉贝伦在《伯尔尼哨兵报》第252~253号合刊上却把"争取并不存在的自决权的斗争"说成是"虚幻的"斗争,并**把"无产阶级反对资本主义的群众革命斗争"**同这种斗争**对立起来**,同时他**担保说**,"我们反对兼并"(巴拉贝伦的这个担保在他的文章中重复达**五次**之多),反对对各民族施加任何暴力。

巴拉贝伦持这种立场的理由是:现时的所有民族问题,如阿尔萨斯-洛林问题、亚美尼亚问题等,都是帝国主义问题;资本的发展已超出了民族国家的范围;不能把"历史的车轮倒转过来",退向民族国家这种过了时的理想等等。

让我们来看看巴拉贝伦的论断对不对。

首先,向后看而不向前看的正是巴拉贝伦自己。因为他反对工人阶级接受"民族国家的理想"时,目光只是停留在英国、法国、意大利、德国,即民族解放运动已成为过去的国家,而没有投向东方,投向亚洲、非洲,没有投向民族解放运动方兴未艾或终将兴起的殖民地。这方面只要举印度、中国、波斯、埃及为例就够了。

其次,帝国主义意味着资本的发展超出了民族国家的范围,意味着民族压迫在新的历史基础上的扩大和加剧。由此得出的结论与巴拉贝伦的正好相反：我们应当**把**争取社会主义的革命斗争同民族问题的革命纲领**联系起来**。

照巴拉贝伦说来，他是**为了**社会主义革命，才以轻蔑的态度抛弃民主制方面的彻底革命的纲领的。这是不对的。无产阶级只有通过民主制，就是说，只有充分实现民主，把最彻底的民主要求同自己的每一步斗争联系起来，才能获得胜利。把社会主义革命和反对资本主义的革命斗争同民主问题**之一**（在这里是民族问题）**对立起来**是荒谬的。我们应当**把反对资本主义的革命斗争同实现一切民主要求的革命纲领和革命策略结合起来**；这些民主要求就是：建立共和国，实行民兵制，人民选举官吏，男女平等，民族自决等等。只要存在着资本主义，所有这些要求的实现只能作为一种例外，而且只能表现为某种不充分的、被扭曲的形式。我们在依靠已经实现的民主制、揭露它在资本主义制度下的不彻底性的同时，要求推翻资本主义，剥夺资产阶级，因为这是消灭群众贫困和**充分地、全面地**实行**一切**民主改革的必要基础。在这些改革中，有一些将在推翻资产阶级以前就开始，有一些要**在**推翻资产阶级**过程中**实行，还有一些则要在推翻资产阶级以后实行。社会革命不是一次会战，而是在经济改革和民主改革的所有一切问题上进行一系列会战的整整一个时代。这些改革只有通过剥夺资产阶级才能完成。正是为了这个最终目的，我们应当用彻底革命的方式表述我们的**每一项**民主要求。某一个国家的工人**在**一项基本的民主改革都未充分实现**以前**就推翻资产阶级，这是完全可以设想的。但是，无产阶级作为一个历史阶级，如果不经过最彻底和最坚决的革命民主主义的训练而要战胜资产阶级，却是根本不可设想的。

帝国主义是极少数大国对世界各民族的愈来愈厉害的压迫，是极少数大国之间为扩大和巩固对各民族的压迫而进行战争的时代，是一些伪善的社会爱国主义者欺骗人民群众的时代，这些人**在**"民族自由"、"民族自决权"和"保卫祖国"**的**幌子下，为一些大国对世界上大多数民族的压迫辩护和开脱。

因此，在社会民主党的纲领中居中心地位的，应当是把民族区分为压迫民族和被压迫民族。这正是帝国主义的**本质**所在，正是社会沙文主义者和考茨基**用谎言**加以回避的东西。从资产阶级的和平主义或小市民的空想的观点，即认为各独立民族在资本主义制度下可以和平竞争的观点看来，这种区分是无关紧要的，但是从反对帝国主义的革命斗争的观点看来，它恰恰是至关重要的。根据这个区分应当得出**我们**对"民族自决权"的彻底民主主义的、革命的、**同**为社会主义而立即斗争的总任务**相适应的**定义。为了这种权利，为了真正承认这种权利，压迫民族的社会民主党人应当提出被压迫民族有分离的自由这一要求，否则，所谓承认民族平等和工人的国际团结，实际上就只能是一句空话，只能是一种欺人之谈。被压迫民族的社会民主党人则应当把被压迫民族的工人同压迫民族的工人的团结一致和打成一片摆到首位，否则，这些社会民主党人就会不由自主地成为**一贯**出卖人民和民主的利益、**一贯**准备兼并和压迫其他民族的这个或那个民族的**资产阶级**的同盟者。

19世纪60年代末期某些人对民族问题的提法可以作为一个有教益的例子。同任何阶级斗争和社会主义革命的思想格格不入的小资产阶级民主派，为自己描绘了自由平等的民族在资本主义制度下和平竞争的乌托邦。蒲鲁东主义者从社会革命的直接任务出发，根本"否认"民族问题和民族自决权。马克思嘲笑了法国的蒲鲁东主义，指出了它同法国沙文主义的血缘关系。（"整个欧洲都都可以而且应当安静地坐在那里等待法国老爷们来消灭贫穷"[①]……"他们大概是完全不自觉地把否定民族特性理解为由模范的法国民族来吞并各个民族了"[②]）。马克思曾要求**爱尔兰**从英国**分离**，"即使分离以后还会成立联邦"[③]。他提出这个要求不是从小资产阶级的和

[①] 见《马克思恩格斯全集》第31卷，第224页。——编者注
[②] 见《马克思恩格斯全集》第31卷，第231页。——编者注
[③] 见《马克思恩格斯全集》第31卷，第381页。——编者注

平资本主义的空想出发，不是要"替爱尔兰主持公道"①，而是从**压迫民族即英吉利民族**的无产阶级反对资本主义的革命斗争的利益出发的。这个民族对另一个民族的压迫，限制和损害了**这个**民族的自由。如果**英国**无产阶级不提出爱尔兰有分离的自由这个要求，那**它的**国际主义就不过是伪善的言词。马克思从来不主张建立小国，不笼统主张国家分裂，也不赞成联邦制原则，他认为被压迫民族的分离是走向联邦制的一个步骤，因此不是走向分裂，而是走向政治上和经济上集中的一个步骤，但这是在民主主义基础上的集中。在巴拉贝伦看来，马克思提出爱尔兰分离这个要求，想必是在进行"虚幻的斗争"。而事实上**只**有这种要求才是彻底的革命纲领，只有这种要求才符合国际主义，只有这种要求所维护的集中才**不是**帝国主义**性质**的集中。

当今的帝国主义使大国压迫其他民族成为普遍现象。在大国民族为了巩固对其他民族的压迫而进行帝国主义战争，压迫世界上大多数民族和全球大多数居民的今天，唯有同大国民族的社会沙文主义进行斗争的观点应当成为社会民主党民族纲领中决定性的、主要的、基本的观点。

请看一看社会民主党目前在这个问题上的各种思想派别吧。梦想在资本主义制度下实现民族平等和民族和平的小资产阶级空想主义者已让位于社会帝国主义者。巴拉贝伦犹如同风车搏斗[2]一样地同前者搏斗，结果不由自主地为后者效了劳。社会沙文主义者在民族问题上的纲领是怎样的呢？

他们或者引用类似巴拉贝伦那样的论据来根本否定民族自决权（如库诺、帕尔乌斯和俄国的机会主义者谢姆柯夫斯基、李普曼等人）；或者显然伪善地承认这种权利，就是说恰恰不把它应用于受他们本民族或本民族的军事盟国压迫的那些民族（如普列汉诺夫、海德门、所有亲法爱国主义者以及谢德曼等等）。考茨基的社会沙文主义谎言说得最漂亮，因而对无产阶级也最危险。口头上他**拥护**民族自决，口头上他主张社会民主党"全

---

① 见《马克思恩格斯全集》第32卷，第398页。——编者注

面地〈!!〉和无条件地〈??〉尊重和捍卫民族独立"(《新时代》杂志第33年卷第2册第241页;1915年5月21日)。而**实际上**他使民族纲领顺应占统治地位的社会沙文主义,歪曲和删减民族纲领,不去确切地规定压迫民族的社会党人的责任,甚至公然伪造民主原则,说什么为每个民族要求"国家独立"(staatliche Selbständigkeit)是"非分的"("zu viel")(《新时代》杂志第33年卷第2册,第77页;1915年4月16日)。请看,"民族自治"就够了!!恰恰是帝国主义资产阶级不允许涉及的那个主要问题,即建立在民族压迫之上的**国家疆界**问题,考茨基回避了,他为了讨好帝国主义资产阶级而把最本质的东西从纲领中一笔勾销。资产阶级对什么样的"民族平等"和什么样的"民族自治"都可以允诺,只要无产阶级能够在合法的范围内活动并在国家**疆界**问题上"乖乖地"听命于它就行!考茨基是用改良主义的方式而不是用革命的方式表述社会民主党的民族纲领的。

对于巴拉贝伦的民族纲领,更确切些说,对于他的"我们反对兼并"的**担保**,德国社会民主党执行委员会、考茨基和普列汉诺夫及其一伙都举双手赞成,因为这个纲领并没有揭露居统治地位的社会爱国主义者。就连资产阶级和平主义者也会赞成这个纲领的。巴拉贝伦的漂亮的**总纲领**("反对资本主义的群众革命斗争")对他来说,也象对60年代的蒲鲁东主义者那样,并不是为了依照这个纲领,根据它的精神来制定一个毫不妥协的、彻底革命的民族问题纲领,而是为了在这个问题上替社会爱国主义者扫清道路。在我们所处的帝国主义时代,世界上大多数社会党人属于压迫其他民族并力求扩大这种压迫的民族。因此,如果我们不公开宣布:一个压迫民族的社会党人,无论在和平时期还是在战争时期,不宣传被压迫民族有分离的自由,那他就不是社会主义者,不是国际主义者,而是沙文主义者!一个压迫民族的社会党人如果不违反政府禁令,也就是说在不经书报检查的即秘密的报刊上进行这种宣传,那么他所谓的拥护民族平等就只能是伪善的!——如果我们不这样宣布的话,那我们的"反对兼并的斗争"将始终是一种毫无内容的、社会爱国主义者毫不感到可怕的斗争。

对于尚未完成资产阶级民主革命的俄国，巴拉贝伦只说了下面一段话：

"就连经济非常落后的俄国也通过波兰、拉脱维亚和亚美尼亚的资产阶级的行为表明，把各族人民拘禁在这个"各族人民的牢狱"中的不仅有武装的卫兵，而且还有资本主义扩张的需要，因为对它来说，广大的领土是它借以发展的沃土。"

这不是"社会民主党的观点"，而是自由派资产阶级的观点，不是国际主义的观点，而是大俄罗斯沙文主义的观点。巴拉贝伦虽然同德国社会爱国主义者卓越地进行了斗争，但是看来他对大俄罗斯沙文主义却很不了解。为了从巴拉贝伦这段话中得出社会民主党的原理和社会民主党的结论，应该把这段话修改和补充如下：

俄国是各族人民的牢狱，这不仅是因为沙皇制度具有军事封建性质，不仅是因为大俄罗斯资产阶级支持沙皇制度，而且还因为波兰等民族的资产阶级为了资本主义扩张的利益而牺牲民族自由和整个民主制度。俄国无产阶级若不在现时就彻底地和"无条件地"要求让一切受沙皇制度压迫的民族有从俄罗斯分离的自由，那它就不能领导人民进行胜利的民主革命（这是它的最近任务），也不能同欧洲的兄弟无产者一道为社会主义革命而斗争。我们并不是脱离我们争取社会主义的革命斗争来提这个要求的，而是因为不把这个斗争同所有民主问题，其中包括民族问题的革命提法联系和结合起来，这个斗争就始终只能是一句空话。我们要求民族有自决的自由，**即**独立的自由，**即**被压迫民族有分离的自由，并不是因为我们想实行经济上的分裂，或者想实现建立小国的理想，相反，是因为我们想建立大国，想使各民族接近乃至融合，但是这要在真正民主和真正国际主义的基础上实现；没有分离的自由，这是**不可想象的**。马克思在1869年要求爱尔兰分离，并不是为了制造分裂，而是为了将来爱尔兰能同英国自由结盟，不是"替爱尔兰主持公道"，而是为了英国无产阶级革命斗争的利益；同样，我们认为，俄国社会党人拒绝要求上述意义上的民族自决的自由，那就是对民主主义、国际主义和社会主的直接背叛。

载于《列宁文集》第6卷,1927年俄文版

选自《列宁全集》第27卷,第77~85页

注释:

[1]《革命的无产阶级和民族自决权》一文是用德文写的,写作日期应在1915年10月16日(29日)以后。娜·康·克鲁普斯卡娅把它译成了俄文,译文经列宁校订。本文在《列宁全集》俄文第4版和第5版中都是根据这个译文排印的。《列宁全集》第27卷《附录》中收有列宁用俄文写的《革命的无产阶级和民族自决权》一文初稿片段和提纲片段(见第445~449页)。

[2]同风车搏斗是西班牙作家米·塞万提斯的小说《唐·吉诃德》里的一个故事。一心要做游侠骑士而头脑中充满幻想的唐·吉诃德把田野里的旋转着的风车当成巨人,奋勇上前与之搏斗,结果被打得人仰马翻(见该书第1部第8章)。

《革命的无产阶级和民族自决权》一文材料[1]

(1915年10月16日〔29日〕以后)

……在巴拉贝伦同志看来,"民族自决权"就是回到早已逝去的时代,回到小资产阶级的"分离主义"乌托邦和独立的民族国家间的和平竞争。

巴拉贝伦同志同这种实际上早已死亡、早已被埋葬的敌人(小资产阶级空想主义者)搏斗,就是不知不觉地为在英国、法国、德国以及部分地在俄国居于统治地位的社会沙文主义者效了劳。

我们不能把争取社会主义的群众革命斗争同民族问题上的彻底的革命纲领对立起来。我们应当**把**前者同后者**结合起来**。不能设想社会主义革命只是一条战线上的一次战斗:帝国主义对社会主义。这个革命将是充满尖锐的阶级斗争和各种各样的社会动荡的整整一个时代,是在各种不同的战线上,由各种各样业已成熟并要求彻底摧毁旧关系的经济改革和政治改革引起的一系列会战。在社会革命这一概念**所包含的**这些民主改革之中,民族关系的改革也不能不占据显著地位。革命的无产阶级如果不是现在就在这个问题上**也**捍卫彻底的纲领,将不能完成自己的使命……①

……民族问题的革命纲领。照巴拉贝伦同志说来,似乎社会主义革命

---

① 手稿上"在……看来,'民族自决权'……完成自己的使命……"这几段话被勾掉。——俄文版编者注

只是经济这一条战线上的一次战斗：社会主义对帝国主义。这是不正确的。无产阶级革命将是在**所有**战线上，即在**所有**经济和政治问题上，其中也包括民族问题上进行的一系列会战的整整一个时代。解决所有这些尚未解决的问题所引起的全部冲突，也就导致社会革命。由所有这些改革引起的全部会战加在一起也就导致推翻资产阶级，实现无产阶级专政，确立彻底的民主制，建立社会主义社会。把反对资本主义的革命斗争同民主问题**之一**的民族问题对立起来是荒谬的。无产阶级只有**通过**民主制，只有充分实现民主，才能获得胜利。因此**一切**民主要求，即实行民兵制，人民选举官吏，民族平等，民族自决等等，都应当由反对资本主义的革命斗争这个要求来完成，来统一。不是把这一斗争同个别民主要求对立起来，而是在**每一个**民主问题上给我们的任务作一个同争取社会主义的整个革命斗争**相联系的**、**同样革命的**规定——这才是唯一合乎社会民主主义的问题提法。

巴拉贝伦同志不去规定无产阶级在民族问题上的革命路线，却向我们**担保说**，"我们反对兼并，反对对各民族施加暴力。"这类担保无论在社会沙文主义者那里，还是在考茨基及其一伙那里，也都屡见不鲜。所有这些人都会拒绝巴拉贝伦的公式："反对资本主义的群众革命斗争"，**但会欣然**……

……民族自决是伪善的，如果恰恰不承认受他们本民族压迫的那些民族有这种权利的话，——这里不仅有普列汉诺夫和海德门，而且还有考茨基，他为了谋求同社会沙文主义者的"统一"，说什么为每个民族要求"国家独立"（staatliche Selbständigkeit）是"非分的"（"zu viel"）（《新时代》杂志第33年卷第2册，第77页，1915年4月16日）。他们或者就用类似巴拉贝伦那样的论据来根本否定民族自决权（如库诺、帕尔乌斯、俄国的机会主义者和取消派）。考茨基的立场是对工人阶级最有害最危险的立场，因为他**口头上**承认民族自决，**口头上**承认社会民主党"全面地〈!〉和无条件地〈?〉尊重和捍卫民族独立"（同上，第241页，1915年5月21日），而**实际上**恰恰把这种权利化成一个毫无意义的公式，恰恰是在删

减它,不区分出被压迫民族的社会主义者……①

……1848年以后,根本不是同小资产阶级民主派搏斗(他们那时已被打倒,已被埋葬),而是同**英国**工人中的沙文主义和蒲鲁东的无政府主义搏斗了,蒲鲁东当时"否定"民族问题,几乎同拉狄克现在一样坚决。

马克思在1868年要求爱尔兰从英国**分离**!马克思不仅没有幻想弱小的爱尔兰人民能在强大的、当时已经成为最大的世界性帝国的英国旁边单独生存下去,——不,马克思当时就直接预见到在分离之后必须立即同英国**结成联邦**。马克思一分钟也没有……

……帝国主义的,对**所有**大国和**所有**被它们压迫的民族来说都是迫切的,极其正确的。"大国"民族,即英国人、德国人、法国人、大俄罗斯人径直地和变相地、直接地和间接地压迫世界上的大多数居民,他们现在正在进行**第一次**——而且大概不是最后一次——帝国主义战争,为的是扩大和加强这种压迫,为的是**重新分配**大国的强权、优越地位和特权,使之更加"公平",与各国资本现在的实力更加相称。

现在应当成为**决定性**观点的正是同居于统治地位的、先进的、掌握世界命运的大国民族的沙文主义进行斗争的观点——而决不是"弱小民族的"和"欧洲"各个"角落"的观点。正是**无产阶级**反对资本主义的革命斗争的利益,而决不是弱小民族的利益**要求**大国的社会党人维护被压迫民族的**分离权**(=自决权)。争取社会主义的斗争是**国际革命**无产阶级的斗争。正是因为资本主义**把**全世界**结合成**一个经济机体,所以这个斗争就不能不是国际性的。为了使斗争在事实上,而不只在口头上成为国际性的,就必须使无产阶级不是按照资产阶级的方式反对民族压迫,不是按照……

……的民主派。我们不同于他们,不同于谢德曼分子(他们代表执行委员会"担保说"他们反对兼并)不同于考茨基,他把民族自决的要求变

---

① 手稿上"只有**通过**民主制,只有充分实行民主……不区分出被压迫民族的社会主义者"这几段话被勾掉。——俄文版编者注

成了对资产阶级无害的、资产阶级可以接受的、不承担任何义务的文化（非政治）自决的要求。我们恰恰应当根据先进国家无产阶级革命斗争的观点，提出彻底揭露资产阶级、彻底戳穿它的诡辩、能反映民族自由事业的基本点和主要点的要求，即**分离自由**的要求。这一要求对资产阶级来说是无法接受的——在绝大多数情况下和从充分付诸实现的角度来说，这一要求当然是无法接受的——，但这并不意味着它是个"空想"（只有库诺们及类似他们的帝国主义资产阶级的奴仆才**这样**看，才认为是"空想"！）。不，资产阶级无法接受，意味着我们，革命无产阶级的代表们，不幻想什么资本主义的和平发展，也不散布这类幻想。我们所期待的**正是**通过向群众解释以及在群众面前坚持我们彻底的民主要求，来促进斗争和革命。

不言而喻，要求分离自由决不意味着一般地宣传建立小的民族国家，马克思在1868年要求爱尔兰从英国分离的例子也特别清楚地证明这一点。一方面，它仅仅意味着要始终不渝地以无产阶级的革命性，而不是以资产阶级的动摇性坚持**彻底**的民主主义要求，——并不因为彻底的民主主义会导致社会革命而停步不前，相反正是要从中吸取力量和增强决心，为争取民主而进行坚决斗争。另一方面，它意味着……

……将构成社会主义革命并展示它的全部内容，由于民族压迫也将发生民族冲突。萨韦纳一类的事件将会增多，而不是减少，因此无产阶级的任务就是对于所有这些"事件"不要忽视，而是相反，要使其激化，扩大，**变成**社会主义革命的开端。只有我们提出的关于自决问题的彻底的民主主义纲领能适应这一使命。

小资产阶级民主派和因循守旧的、看不到第二国际破产的深刻程度的社会党人满足于老的公式即"……自决……

……（4）反对兼并（这是连资产阶级和平主义民主派也可以接受的）。

（5）从资本主义制度下"各民族的兄弟团结"的空想的观点来看，**压迫民族**和**被压迫**民族的区别是非本质的。而从反对**和平主义**的革命斗争的观点来看，他们的区别却是本质的。

（6）无论什么样的"平等"，无论什么样的"民族自治"，资产阶级都愿意允诺，只要无产阶级在国家**疆界**问题上象谢德曼那样、象考茨基那样乖乖地听命于他们就行。

载于《列宁文集》第30卷，1937年俄文版

选自《列宁全集》第27卷，第445~449页

注释：

[1] 这是《革命的无产阶级和民族自决权》（见《列宁全集》第27卷，第77~85页）一文初稿的零散篇页，其中部分文字在手稿中被删去。末尾的（4）、（5）、（6）三条是本文提纲的片段。

关于农业中资本主义发展规律的新材料(节选)

第一编

美国的资本主义和农业[1]

(不晚于1915年12月29日〔1916年1月6日〕)

3. 原先蓄奴的南部

吉姆美尔先生写道:美国是一个"根本不知道封建制度为何物,绝对没有封建制度的经济残余的国家"(上述文章,第41页)。这是与事实截然相反的论断,因为**奴隶制**的经济残余同封建制度的经济残余丝毫没有区别,而在美国原先蓄奴的南部,这种残余**至今还很强大**。如果吉姆美尔先生的这个错误可以看作不过是仓促写成的杂志文章中的一个错误,那就不值一提了。然而俄国自由派和民粹派的全部著作都证明,在俄国的**工役**制度问题上,即我国的封建制度残余问题上,它们一贯地、非常顽固地犯着同样的"错误"。

在1861~1865年的国内战争废除奴隶制以前,美国的南部一直是蓄奴地区。南部的黑人至今还占总人口的22.6~33.7%,而北部和西部各地区则不超过0.7~2.2%。在美国全国,黑人平均占人口的10.7%。黑人所处的屈辱地位是无需多说的,美国资产阶级在这方面一点也不比其他国家的资产阶级好些。美国资产阶级在"解放"黑人之后，就竭力在"自由的"、民主共和的资本主义基础上恢复一切可能恢复的东西，做一切可能做到和不可能做到的事情，来最无耻最卑鄙地压迫黑人。为了说明黑人的文化水平，只需举出一个小小的统计数字就够了。在 1900 年，美国白人中的文盲占 6.2%（按 10 岁以上的人口计算），而在黑人中，这个百分比竟高达 44.5%！！高出 6 倍以上！！在北部和西部，文盲占 4~6%（1900 年），而在南部则占 22.9~23.9%！！在国民文化水平方面既然如此屈辱，在法律和日常生活方面总的情况如何，也就可想而知了。

这个可爱的"上层建筑"是在什么样的经济基础上生长出来和存在下去的呢？

在典型俄国式的、"道地俄国式的"**工役制**即**分成制**的基础上。

1910 年，黑人农场有 920883 个，占农场总数的 14.5%。在全体农场主中，佃农占 37%，自耕农占 62.1%，剩下 0.9% 的农场是由管理人经营的。但是，佃农在白人中只占 39.2%，而在黑人中竟占 75.3%！在美国，典型的白人农场主是自己拥有土地的自耕农，而典型的黑人农场主则是佃农。在西部，佃农一共只占 14%。这是一个垦殖开发中的地区，到处是新的、闲置的土地，是小"独立农民"的埃尔多拉多（暂时的、不牢靠的埃尔多拉多）。在北部，佃农占 26.5%，而在南部竟占 49.6%！南部的农场主有一半是佃农。

不仅如此。这里所说的佃农还根本不是欧洲式的、有文化的、现代资本主义意义上的佃农。这里所说的佃农主要是半封建的，或者说是半奴隶制的（这从经济上来讲是同一个东西）**分成制农民**。在"自由的"西部，分成制农民在佃农中占少数（53000 个佃农中有 25000 个）。在老的、早已是人烟稠密的北部，766000 个佃农中有 483000 个分成制农民，即占 63%。在南部，1537000 个佃农中有 **1021000 个分成制农民，即占 66%**。

在 1910 年，自由的、民主共和的美国有 150 万分成制佃农，其中**黑人占 100 万以上**。而且分成制农民在农场主总数中所占的比例不是在降低，而是在不断地、相当迅速地增长。分成制农民在美国农场主总数中所占的百分比，1880 年是 17.5%，1890 年是 18.4%，1900 年是 22.2%，1910 年是 24%。

美国统计学家们在1910年人口普查的结论中写道:"南部的条件一向和北部有些不同,南部有很多佃农农场是那些规模巨大的、产生于国内战争以前的种植园的一部分。"在南部,"靠佃农,主要是黑人佃农经营的制度代替了靠奴隶劳动经营的制度"。"租佃制度的发展在南部最引人注目,那里许多过去由奴隶劳动耕作的大种植园,在很多情况下都已分为许多小的地块,出租给佃农。……在很多情况下,这些种植园直到现在实质上还是作为农业单位经营着,因为佃农受到一定程度的监督,和北部农场里的雇佣工人受到监督多少有点相象。"(上述著作第5卷,第102、104页)

为了说明南部的特点,还必须作个补充:南部的居民纷纷逃往别的资本主义地区和城市去,正象俄国的农民纷纷从最落后和保留农奴制残余最多的中部农业省份、从土皇帝马尔柯夫之流的统治下,逃往俄国资本主义比较发达的地区,逃往都市、各工业省份和南部去的情况一样(见《俄国资本主义的发展》①)。实行分成制的地区,无论在美国或俄国,都是最停滞的地区,都是劳动群众受屈辱和压迫最厉害的地区。对美国的经济和整个社会生活起着十分重大作用的外来移民,都回避南部。在1910年,非美国出生的居民占美国人口的14.5%。但是他们在南部各地区只占1~4%,而在美国其他地区,外来人最少也有13.9%,有的则多达27.7%(新英格兰)。闭塞不通,粗野落后,死气沉沉,一座为"解放了的"黑人设置的监狱——这就是美国南部的写照。在这里,居民的定居率最高,"对土地的依恋心理"最重。南部除一个地区在大规模垦殖开发(中部西南区)以外,其余两个地区有91~92%的居民是土生土长的,而在全国,这样的居民占72.6%,这就是说,居民的流动率要高得多。在整个都是垦殖开发地区的西部,只有35~41%的居民是土生土长的。

---

① 参看《列宁全集》第3卷,第539~544页。——编者注

在南部的没有垦殖开发的两个地区，黑人纷纷外逃：在最近两次人口普查之间的10年内，这两个地区向美国其他地区提供了约60万"黑人"居民。黑人主要是逃往城市。在南部，77~80%的黑人住在农村，而在其他地区只有8~32%。在经济状况上，美国的黑人和俄国中部农业地区的**"前地主"**农民是极其相似的。

1917年在彼得堡由生活和知识出版社印成单行本	选自《列宁全集》第27卷，第156~159页

注释：

[1]《关于农业中资本主义发展规律的新材料。第一编。美国的资本主义和农业》一书是1915年初着手写的。列宁对美国农业统计材料的研究则要早一些。列宁1914年2月14日（27日）给在美国的俄国经济学家伊·阿·古尔维奇的信和1914年5月5日（18日）给在纽约的尼·尼·纳科里亚科夫的信（均见《列宁全集》第46卷）都可以说明这一点。1915年底，列宁写完本书后，把手稿寄给在彼得格勒的马·高尔基，以便由他交孤帆出版社出版。在和手稿同时寄出的信（见《列宁全集》第47卷）中列宁指出，这些材料对于普及和用事实论证马克思主义特别有帮助，同时也表示，他想继续进行这一工作，并出版关于德国的第二编。1914年8月7日，列宁在波罗宁的住所遭到奥地利宪兵搜查时，曾被抄走三个小笔记本，其中有关于德国、奥地利和匈牙利的土地制度的统计数字。这也说明，列宁曾打算写作本书关于德国和奥地利的各编，并已开始动笔。列宁的《现代农业的资本主义制度》一文（见《列宁全集》第19卷，第315~337页）就是专门论述德国资本主义农业的巨著的一个部分。

《关于农业中资本主义发展规律的新材料。第一编。美国的资本主义和农业》一书的准备材料，见《列宁全集》第56卷。

社会主义革命和民族自决权（提纲）

（1916年1～2月）

1. 帝国主义、社会主义和被压迫民族的解放

帝国主义是资本主义发展的最高阶段。在各先进国家里，资本的发展超出了民族国家的范围，用垄断代替了竞争，从而创造了能够实现社会主义的一切客观前提。因此，在西欧和美国，无产阶级推翻资本主义政府、剥夺资产阶级的革命斗争已经提上日程。帝国主义把群众推向这种斗争，因为它使阶级矛盾大大加剧，无论在经济方面或政治方面都使群众的处境日趋恶化——在经济方面，是托拉斯的建立和物价高涨；在政治方面，是军国主义发展，战争频繁，反动势力加强，民族压迫和对殖民地的掠夺不断加剧和扩大。取得胜利的社会主义必将实现充分的民主，因而，不但要使各民族完全平等，而且要实现被压迫民族的自决权，即政治上的自由分离权。任何社会主义政党，如果不能在目前和在革命时期以及革命胜利以后，用自己的全部行动证明它们将做到解放被奴役的民族并在自由结盟的基础上——没有分离自由，自由结盟就是一句谎话——建立同它们的关系，那就是背叛社会主义。

当然，民主也是一种国家形式，它将随着国家的消失而消失，但那只是在取得最终胜利和彻底得到巩固的社会主义向完全的共产主义过渡时候的事。

2. 社会主义革命和争取民主的斗争

社会主义革命不是一次行动，不是一条战线上的一次会战，而是充满着激烈的阶级冲突的整整一个时代，是在一切战线上，也就是说，在经济和政治的一切问题上进行的一系列的会战，这些会战只有通过剥夺资产阶级才能完成。如果认为争取民主的斗争会使无产阶级脱离社会主义革命，或者会掩盖、遮挡住社会主义革命等等，那是根本错误的。相反，正象不实现充分的民主，社会主义就不能胜利一样，无产阶级不为民主而进行全面的彻底的革命的斗争，就不能作好战胜资产阶级的准备。

如果从民主纲领中删去一条，例如删去民族自决这一条，借口这一条在帝国主义时代似乎"不能实现"，或者说是"一种虚幻"，那同样是错误的。民族自决权在资本主义范围内不能实现的论断，可以从绝对的、经济的意义上来理解，也可以从相对的、政治的意义上来理解。

在第一种场合，这个论断在理论上是根本错误的。第一，从这个意义上来讲，在资本主义制度下，诸如劳动货币或消灭危机等等，是不能实现的。但如果认为民族自决**也同样**不能实现，那就完全不对了。第二，即使只举1905年挪威从瑞典分离的例子，也足以驳倒认为民族自决在这个意义上"不能实现"的论断。第三，如果德国和英国稍微改变一下政治上和战略上的相互关系，则今天或明天成立波兰、印度等新国家是完全"可以实现"的，否认这一点是可笑的。第四，金融资本为谋求向外扩张，会"自由"收买和贿赂最自由的民主共和的政府以及任何一个国家哪怕是"独立"国家的由选举产生的官吏。金融资本的统治，也和任何资本的统治一样，是政治民主方面的**任何**改革所不能消灭的；而自决则完全是属于政治民主方面的。但是，政治民主作为阶级压迫和阶级斗争的更自由、更广泛和更明显的**形式**，它的作用是这种金融资本的统治根本无法消除的。因此，从经济意义上来说，关于政治民主的某一种要求在资本主义制度下

"不能实现"的一切说法，归结起来，就是在理论上对资本主义和整个政治民主的一般的、基本的关系作了不正确的判定。

在第二种场合，这个论断是不完全和不确切的。因为不单是民族自决权，就是**一切**根本的政治民主要求，在帝国主义时代，如果说它们"可以实现"，那也只能是不充分地、残缺不全地得到实现，而且是罕见的例外（如1905年挪威从瑞典分离）。一切革命的社会民主党人提出的立即解放殖民地的要求，在资本主义制度下，不经过多次革命，也是"不能实现"的。然而，社会民主党绝不因此而拒绝为实现这**一切**要求立即进行最坚决的斗争，因为拒绝这种斗争只会有利于资产阶级和反动势力；恰恰相反，必须用革命的而不是改良的方式表述并且实现这一切要求；不要局限于资产阶级所容许的合法的框框，而要打破这个框框；不要满足于议会中的演讲和口头抗议，而要发动群众积极行动起来，扩大和加强争取实现任何根本的民主要求的斗争，直到无产阶级向资产阶级发起直接的冲击，也就是说，直到进行社会主义革命，剥夺资产阶级。社会主义革命不但可以因大罢工、街头游行示威、饥民骚乱、军队起义或殖民地暴动而爆发，也可以因德雷福斯案件或萨韦纳事件[1]之类的任何政治危机，或者因就被压迫民族的分离问题举行的全民投票等等而爆发。

帝国主义时代民族压迫的加剧不会使社会民主党放弃为争取民族分离自由而进行的"空想的"（象资产阶级所说的那样）斗争，而是相反，会使社会民主党加紧利用**正是**在这种基础上产生的各种冲突，作为发动群众性行动和反资产阶级的革命行动的导火线。

3. 自决权的意义和它同联邦制的关系

民族自决权只是一种政治意义上的独立权，即在政治上从压迫民族自由分离的权利。具体说来，这种政治民主要求，就是有鼓动分离的充分自由，以及由要求分离的民族通过全民投票来决定分离问题。因此，这种政治民主要求并不就等于要求分离、分裂、建立小国，它只是反对任何民族压迫的斗争的彻底表现。一个国家的民主制度愈接近充分的分离自由,在实际上要求分离的愿望也就愈少愈弱,因为无论从经济发展或群众利益来看,大国的好处是不容置疑的,而且这些好处会随着资本主义的发展而日益增多。承认自决并不等于承认联邦制这个原则。可以坚决反对这个原则而拥护民主集中制,但是,与其存在民族不平等,不如建立联邦制,作为实行充分的民主集中制的唯一道路。主张集中制的马克思正是从这种观点出发,宁愿爱尔兰和英国结成联邦,而不愿爱尔兰受英国人的暴力支配。①

社会主义的目的不只是要消灭人类分为许多小国的现象,消灭一切民族隔绝状态,不只是要使各民族接近,而且要使各民族融合。正因为要达到这个目的,我们一方面应当向群众说明伦纳和奥·鲍威尔的所谓"民族文化自治"[2]这个主张的反动性,另一方面应当要求解放被压迫民族,不是说一些泛泛的、模棱两可的言词,不是唱一些内容空洞的高调,不是把这个问题"搁置起来",到实现社会主义的时候再解决,而是明白确切地规定政治纲领,并且在政治纲领中要特别考虑到压迫民族的社会党人的伪善和胆怯。正如人类只有经过被压迫阶级专政的过渡时期才能导致阶级的消灭一样,人类只有经过所有被压迫民族完全解放的过渡时期,即他们有分离自由的过渡时期,才能导致各民族的必然融合。

4. 对民族自决问题的无产阶级的革命的提法

不仅民族自决这个要求,就是我们最低民主纲领中的**所有各点**,**早在**17世纪和18世纪就已经由小资产阶级提出来了。而且小资产阶级直到现在还在空想地提出这**一切**,因为他们看不见民主制度下的阶级斗争和这种

---

① 参看《马克思恩格斯全集》第31卷,第381、405页。——编者注

斗争的激化，相信"和平的"资本主义。那种欺骗人民的并且为考茨基分子所维护的、在帝国主义时代建立各平等民族和平联盟的主张，就是这样的空想。同这种小市民的机会主义的空想相反，社会民主党的纲领应当指出帝国主义时代基本的、最本质的和必然的现象：民族分为压迫民族和被压迫民族。

压迫民族的无产阶级不能只限于发表一些泛泛的、千篇一律的、任何一个和平主义的资产者都会加以重复的反对兼并、赞成一般民族平等的言词。对于帝国主义资产阶级感到特别"不愉快的"问题，即以民族压迫为基础的国家**疆界**问题，无产阶级不能回避，不能默不作声。无产阶级不能不反对把被压迫民族强制地留在一个国家的疆界以内，这也就是说，要为自决权而斗争。无产阶级应当要求受"它的"民族压迫的殖民地和民族有政治分离的自由。否则无产阶级的国际主义就会始终是一句空话，被压迫民族的工人和压迫民族的工人之间的信任和阶级团结都将无从谈起，那些维护民族自决、却闭口不提受"他们自己的"民族压迫并被强制地留在"他们自己"国家内的民族的改良主义者和考茨基主义者的假面具就始终不会被揭穿。

另一方面，被压迫民族的社会党人必须特别维护和实行被压迫民族的工人与压迫民族的工人的充分的无条件的（包括组织上的）统一。否则在资产阶级的种种诡计、背叛和欺骗下，就不可能捍卫住无产阶级的独立政策和它同其他国家无产阶级的阶级团结。因为被压迫民族的资产阶级经常把民族解放的口号变成欺骗工人的手段：在对内政策上，它利用这些口号去同统治民族的资产阶级达成反动的协议（如在奥地利和俄国的波兰人同反动势力勾结起来，压迫犹太人和乌克兰人）；在对外政策上，它竭力同相互对垒的帝国主义大国之一相勾结，来实现自己的掠夺目的（巴尔干小国政策等等）。

争取民族自由、反对某一帝国主义大国的斗争，在某种情况下可能被另一"大"国利用来达到它的同样的帝国主义目的，这种情况并不能使社会民主党拒绝承认民族自决权，正象资产阶级屡次利用共和制口号来达到政治欺骗和金融掠夺的目的（例如在罗马语国家），并不能使社会民主党人放弃共和制的主张一样。①

5. 民族问题上的马克思主义和蒲鲁东主义

同小资产阶级民主派相反，马克思认为一切民主要求，毫无例外，都不是绝对的东西，而是资产阶级领导的人民群众反封建制斗争的历史表现。在这些要求中，每一项要求在某种情况下都能成为或者会成为资产阶级欺骗工人的工具。在这方面，把政治民主要求之一，即民族自决单独挑出来，同其余的要求对立起来，这在理论上是根本不对的。在实践上，无产阶级只有使自己争取一切民主要求（包括共和制的要求）的斗争服从于自己推翻资产阶级的革命斗争，才能保持住自己的独立。

另一方面，同那些借口"为了社会革命"而"否定"民族问题的蒲鲁东主义者相反，马克思主要着眼于各先进国家无产阶级阶级斗争的利益，而始终把压迫其他民族的民族是不能获得解放的②这个国际主义和社会主义的根本原则放在第一位。正是从德国工人革命运动的利益出发，马克思在1848年要求德国民主派一旦获得胜利以后宣布和实现受德国人压迫的各国人民的自由。[3] 正是从英国工人革命斗争着想，马克思在1869年要求爱尔兰从英国分离，他并且补充说："即使分离以后还会成立联邦"③。马克思正是通过提出这样的要求，真正用国际主义精神教育

---

① 不用说，如果认为从自决权中似乎会得出"保卫祖国"的结论，因而否认民族自决权，那是很可笑的。社会沙文主义者在 1914～1916 年间也同样有理由，即同样不严肃地拿民主派的任何一个要求（如拿它的共和制要求）和反对民族压迫的任何一种提法作借口，为"保卫祖国"辩护。马克思主义肯定在欧洲某些战争中，例如，在法国大革命或加里波第战争中保卫祖国，而否定在 1914～1916 年的帝国主义战争中保卫祖国，这两种结论都是在分析每次战争的具体历史特点后得出的，而决不是从什么"一般原则"或者从纲领的某一条文中得出的。

② 见《马克思恩格斯全集》第18卷，第577页。——编者注
③ 同上，第31卷第381页，第32卷第398～399、625～626页。——编者注

了英国工人。正是这样，他做到了用解决这个历史任务的革命方法来抵制机会主义者，抵制直到今天已经过了半个世纪还没有实现爱尔兰"改良"的资产阶级改良主义。正是这样，马克思做到了与叫嚷小民族的分离自由是空想的、不能实现的，叫嚷不但经济集中而且政治集中都是进步的那些资本辩护士针锋相对，**不是**从帝国主义的角度来坚持这种集中是进步的，坚持各民族不是在暴力的基础上，而是在所有国家的无产者自由联盟的基础上的接近。正是这样，马克思做到了在解决民族问题方面**也**用群众的革命行动抵制那种口头承认而且往往是假装承认民族平等和民族自决的态度。1914～1916年的帝国主义战争以及它所暴露出来的机会主义者和考茨基分子的伪善的奥吉亚斯牛圈[4]，鲜明地证实了马克思这个政策的正确性，这个政策应当成为所有先进国家的榜样，因为现在每个先进国家都在压迫其他民族。①

6. 三类国家对民族自决的态度

在这方面，应当把国家分为三大类：

第一、西欧的先进资本主义国家和美国。资产阶级进步的民族运动在这里早已结束。这些"大"民族每一个都在压迫殖民地的和本国的其他民族。这些统治民族的无产阶级的任务，和19世纪英国无产阶级对爱尔兰的

---

① 常常有人借口马克思对某些民族（如1848年的捷克人）的民族运动持否定态度，来否认根据马克思主义观点必须承认民族自决，例如，最近德国的沙文主义者伦施在《钟声》杂志第8期和第9期上就是这样说的。但这是不对的，因为在1848年，从历史上和政治上都有理由把民族分为"反动的"民族和革命民主的民族。马克思反对前者而维护后者（这里说的是恩格斯的《民主的泛斯拉夫主义》一文〈见《马克思恩格斯全集》中文第1版第6卷，第322～342页〉。列宁是从弗·梅林出版的《卡·马克思、弗·恩格斯和斐·拉萨尔的遗著》中引用这篇文章的，而该书没有注明这篇文章的作者是谁。——编者注），这是对的。自决权是一种民主要求，它自然应当服从总的民主利益。在1848年和以后的年代，总的民主利益首先就是同沙皇制度作斗争。

任务是一样的。①

第二、欧洲东部：奥地利、巴尔干、特别是俄国。在这里，20世纪使资产阶级民主民族运动特别发展起来，使民族斗争特别尖锐起来。这些国家的无产阶级如果不坚持民族自决权，它无论在完成本国资产阶级民主改革方面或帮助其他国家的社会主义革命方面的任务都是不能完成的。在这里，特别困难而又特别重要的任务，就是把压迫民族的工人和被压迫民族的工人的阶级斗争汇合起来。

第三、中国、波斯、土耳其等半殖民地国家和所有殖民地。这些地方的人口共达10亿。在这里，资产阶级民主运动有的刚刚开始，有的远未完成。社会党人不但应当要求无条件地、无代价地立即解放殖民地，——而这个要求在政治上的表现正是承认自决权；社会党人还应当最坚决地支持这些国家的资产阶级民主的民族解放运动中最革命的分子，帮助他们的起义——如有机会，还要帮助他们的革命战争——**反对压迫他们的帝国主义列强**。

7. 社会沙文主义和民族自决

帝国主义时代和1914~1916年的战争，特别提出了在各先进国家反对沙文主义和民族主义的斗争任务。社会沙文主义者，也就是说，那些把"保卫祖国"这个概念应用于反动的帝国主义战争并以此粉饰这场战争的机会主义者和考茨基分子，在民族自决问题上可以分为两大类。

---

① 在某些没有参加1914~1916年战争的小国，如荷兰和瑞士，资产阶级竭力利用"民主自决"的口号为参加帝国主义战争辩护。这是促使这些国家的社会民主党人否定自决的原因之一。人们维护无产阶级的正确政策，即否定在**帝国主义**战争中"保卫祖国"，但用的论据不正确。结果，在理论上歪曲了马克思主义，而在实践上则表现出某种小民族的狭隘性，忘记了被"大国"民族奴役的各民族的**亿万**居民。哥尔特同志在他的《帝国主义、大战和社会民主党》这本出色的小册子中，不正确地否定了民族自决的原则，但是他正**确地运用了**这个原则，因为他要求荷属印度**立即**实行"政治的和**民族的**独立"，并且揭露了拒绝提出这个要求并为这个要求而斗争的荷兰机会主义者。

一类是相当露骨的资产阶级奴仆，他们借口帝国主义和政治集中是进步的而赞成兼并，否认自决权，说它是空想的、虚幻的、小资产阶级的，等等。属于这一类的，有德国的库诺、帕尔乌斯和极端机会主义者，英国的一部分费边派和工联领袖，俄国的机会主义者谢姆柯夫斯基、李普曼、尤尔凯维奇等。

另一类是考茨基分子，其中也包括王德威尔得、列诺得尔及英法等国的许多和平主义者，他们主张同前一类人讲统一，而且在实践上和他们完全一致，他们维护自决权纯粹是口头上的和伪善的，因为他们认为要求政治分离自由是"非分的"（"zu viel verlangt"，这是考茨基在1915年5月21日《新时代》杂志上用的字眼），他们不坚持压迫民族的社会党人必须采取革命的策略，反而抹杀他们的革命义务，为他们的机会主义辩护，帮助他们欺骗人民，对于把没有充分权利的民族强制地留在本国版图内的国家**疆界**问题，他们恰恰避而不谈，等等。

这两类人同样都是机会主义者，他们糟蹋马克思主义，根本理解不了马克思用爱尔兰的例子说明的策略的理论意义和现实迫切性。

至于讲到兼并，这个问题由于战争而变得特别迫切了。但是，什么是兼并呢？不难理解，反对兼并，要么就是归结为承认民族自决，要么就是停留在主张维护现状和敌视**一切**暴力、甚至革命的暴力的和平主义言词上。这种言词根本是虚伪的，是同马克思主义不相容的。

8. 无产阶级在最近将来的具体任务

社会主义革命可能在最近的将来爆发。在这种情况下，无产阶级将面临的刻不容缓的任务，就是夺取政权、剥夺银行和实行其他专政措施。资产阶级，特别是费边派和考茨基分子类型的知识分子，在这种时刻将会千方百计地破坏和阻止革命，强使革命止于有限的民主目标。在无产者已经开始冲击资产阶级政权基础的情况下，如果说**一切**纯民主要求都会在某种意义上起阻碍革命的作用的话，那么，在社会主义革命中，宣布和实现一切被压迫民族的自由（也就是它们的自决权）却非常迫切需要，就象 1848 年德国的或 1905 年俄国的资产阶级民主革命为获得胜利而迫切需要它一样。

然而，爆发社会主义革命，也许还要经过 5 年、10 年或者更多的时间。当务之急是要对群众进行革命教育，使社会沙文主义者和机会主义者无法留在工人政党内，使他们不能取得 1914～1916 年这样的胜利。社会党人应当向群众说明：如果英国社会党人不要求各殖民地和爱尔兰有分离的自由；德国社会党人不要求殖民地、阿尔萨斯人、丹麦人和波兰人有分离的自由，不把直接的革命宣传和群众性的革命行动也扩大到反对民族压迫的斗争方面去，不利用萨韦纳这类事件在压迫民族的无产阶级中进行最广泛的秘密宣传、举行街头游行示威和组织群众性的革命行动；俄国社会党人不要求芬兰、波兰、乌克兰等有分离的自由，如此等等，——这样的社会党人的言行就同沙文主义者一模一样，就同沾满了血污的帝国主义君主政府和帝国主义资产阶级的奴仆毫无二致。

9. 俄国社会民主党和波兰社会民主党及第二国际对自决的态度

俄国革命的社会民主党人和波兰社会民主党人在自决问题上的意见分歧，早在 1903 年的代表大会上就表面化了。这次大会通过了俄国社会民主工党纲领，并且不顾波兰社会民主党代表团的反对，把承认民族自决权的第 9 条列入了这个纲领。此后，波兰社会民主党人从来没有以党的名义再提议把第 9 条从我们党的纲领中删掉，或代以其他条文。

在俄国，被压迫民族占全国人口 57% 以上，总数超过 1 亿人；这些民族多半居住在边区；这些民族的一部分在文化上高于大俄罗斯人。在俄国，政治制度的特点是特别野蛮，具有中世纪性质，资产阶级民主革命还没有完成。因此，在俄国，为了完成自己民主主义的和社会主义的任务，社会民主党必须承认受沙皇制度压迫的民族有从俄国自由分离的权利。我们党在1912年1月重建后，在1913年通过了一项决议[5]，这项决议再次肯定了自决权，并且对其具体含义作了如上的解释。1914～1916年大俄罗斯沙文主义在资产阶级中间和机会主义社会党人（鲁巴诺维奇、普列汉诺夫和《我们的事业》杂志等等）中间的猖獗，更加促使我们坚持这个要求，并且认为否定这个要求的人实际上就是在支持大俄罗斯沙文主义和沙皇制度。我们党声明，它对这种反对自决权的言行决不承担任何责任。

波兰社会民主党在民族问题上的立场的最新表述（波兰社会民主党在齐美尔瓦尔德代表会议上的宣言）包含下列一些思想：

这个宣言痛斥德国政府和其他国家政府把"波兰地区"看作将要到来的赔偿赌博中的抵押品，"**剥夺波兰人民自己决定自己命运的可能**"。"波兰社会民主党坚决而严正地提出抗议，反对**重新瓜分**，反对**把一个完整的国家肢解成几部分**……"宣言斥责那些把……"**解放被压迫民族的事业**"交给霍亨索伦王朝的社会党人。宣言深信只有参加这一即将到来的革命际无产阶级的斗争，争取社会主义的斗争，"**才能打碎民族压迫的枷锁和消灭一切形式的异国统治，保证波兰人民**能够在各民族的联盟中作为**平等的**一员获得全面的自由发展"。宣言认为这场战争"对波兰人"来说是"**双重的骨肉相残的战争**"（1915年9月27日国际社会党委员会公报第2号第15页；俄译文见《国际和战争》文集第97页）。

这些论点同承认民族自决权并没有什么实质上的区别，只不过它们的政治措辞比第二国际的大多数纲领和决议更加含糊不清。如果尝试用确切的政治措辞来表达这些思想并确定它们适用于资本主义制度还是只适用于社会主义制度，那就会更清楚地表明波兰社会民主党人否认民族自决是错误的。

1896年伦敦国际社会党代表大会承认民族自决的决议，应当根据上述各条作一些补充，指出：（1）这一要求在帝国主义时代特别迫切；（2）一切政治民主要求（其中包括这一要求）都有政治条件和阶级内容；（3）必须区分压迫民族的社会民主党人和被压迫民族的社会民主党人的具体任务；（4）机会主义者和考茨基分子承认自决是不彻底的，纯粹口头上的，因而从政治意义上来说是伪善的；（5）社会民主党人，尤其是大国民族（大俄罗斯人、英美人、德国人、法国人、意大利人、日本人等等）的社会民主党人，如不维护受"他们的"民族压迫的那些殖民地和民族的分离自由，实际上就是和沙文主义者一致；（6）必须使争取实现这一要求和一切根本的政治民主要求的斗争，服从于推翻资产阶级政府和实现社会主义的直接的群众革命斗争。

把某些小民族的观点，尤其是波兰社会民主党人（他们反对波兰资产阶级用民族主义口号欺骗人民，结果却走到了错误地否定自决的地步）的观点搬到第二国际中来，在理论上是错误的，是用蒲鲁东主义代替马克思主义，而在实践上则意味着不由自主地支持大国民族的最危险的沙文主义和机会主义。

俄国社会民主工党中央机关报
《社会民主党人报》编辑部

附言：在刚刚出版的1916年3月3日的《新时代》杂志上，考茨基公开向最肮脏的德意志沙文主义的代表奥斯特尔利茨伸出基督徒的和解之手。但为了向兴登堡和威廉二世效劳，却承认**俄属**波兰有这种自由，考茨基否认哈布斯堡王朝的奥地利的被压迫民族有分离自由，这是考茨基主义自我揭露的再好不过的事例！

载于1916年4月《先驱》杂志第2期　　选自《列宁全集》第27卷，第254～268页

注释：

[1] 德雷福斯案件是指1894年法国总参谋部尉级军官犹太人阿·德雷福斯被法国军界反动集团诬控为德国间谍而被军事法庭判处终身服苦役一事。法国反动集团利用这一案件煽动反犹太主义和沙文主义，攻击共和制和民主自由。在

事实证明德弗雷斯无罪后,当局仍坚决拒绝重审,引起广大群众强烈不满。法国社会党人和资产阶级民主派进步人士(包括埃·左拉、让·饶勒斯、阿·法朗士等)发动了声势浩大的要求重审这一案件的运动。在社会舆论压力下,1899年瓦尔德克-卢梭政府撤销了德雷福斯案件,由共和国总统赦免了德雷弗斯。但直到1906年7月,德弗雷斯才被上诉法庭确认无罪,恢复了军职。

萨韦纳事件发生在阿尔萨斯的萨韦纳市。1913年11月,由于一个普鲁士军官粗暴侮辱阿尔萨斯人,该市爆发了当地居民(大多数是法国人)反对普鲁士军阀压迫的怒潮。关于这一事件,详见列宁的《萨韦纳》一文(《列宁全集》第24卷)。

[2] 民族文化自治是奥地利社会民主党人奥·鲍威尔和卡·伦纳制定的资产阶级民族主义的解决民族问题的纲领。俄国孟什维克取消派和崩得分子都提出过民族文化自治的要求。列宁对民族文化自治的批判,见《关于民族问题的批评意见》、《论"民族文化"自治》(《列宁全集》第24卷)、《论民族自决权》(《列宁全集》第25卷,第223~285页)等著作。斯大林的《马克思主义和民族问题》一文(见《斯大林全集》第2卷,第289~358页)也批判了民族文化自治。

[3] 这一论点是恩格斯在《布拉格起义》一文中提出的(见《马克思恩格斯全集》第5卷,第95页)。列宁从弗·梅林出版的《卡·马克思、弗·恩格斯和斐·拉萨尔的遗著》一书中引用了这一论点,而该书没有注明《布拉格起义》一文的作者是谁。

[4] 奥吉亚斯牛圈出典于希腊神话。据说古希腊西部厄利斯的国王奥吉亚斯养牛3000头,30年来牛圈从未打扫,粪便堆积如山。奥吉亚斯的牛圈常被用来比喻藏垢纳污的地方。

[5] 指列宁起草并由1913年9月23日~10月1日(10月6日~14日)在波罗宁举行的有党的工作者参加的俄国社会民主工党中央委员会会议通过的关于民族问题的决议(见《列宁全集》第24卷和《苏联共产党代表大会、代表会议和中央全会决议汇编》第1分册,人民出版社,1964,第405~407页)。

《社会主义革命和民族自决权》提纲的短记

(1916年1~2月)

人类将如何达到阶级的消灭，以及如何达到以后的各民族的融合，二者之间有着某种共同点。这就是：只有被压迫阶级专政的过渡阶段才能导致阶级的消灭。只有被压迫民族的真正的解放，民族压迫的真正根除，才能导致各民族的融合，而检验这种真实性的政治上的标准，恰恰就在于有无分离自由。分离自由是反对愚蠢的小国制和民族隔绝状态的最好的和唯一的**政治**手段，而值得人类庆幸的是，这种隔绝状态正不可抗拒地为资本主义的整个发展所打破。

译自《列宁文集》第30卷，俄文版，第128页

选自《列宁全集》第27卷，第269页

在伯尔尼国际群众大会上的演说[1]（节选）

（1916年1月26日〔2月8日〕）

同志们！欧洲大战逞狂肆虐已经一年零六个多月了。战争每拖长一月，每拖长一天，工人群众就更加认清齐美尔瓦尔德宣言说的是真理："保卫祖国"之类的词句不过是资本家骗人的话。现在一天比一天显得更清楚：这是一场**资本家、大强盗的战争**，他们之间所争吵的不过是谁能分到更多的赃物，掠夺更多的国家，蹂躏和奴役更多的民族。

说起来似乎令人难以置信，特别是对于瑞士的同志们，然而这一点却是千真万确的，这就是：在我们**俄国**也一样，不但血腥的沙皇政府，不但资本家，而且一部分所谓的社会党人或过去的社会党人，也说俄国进行的是"防御性战争"，俄国不过是抵抗德国的入侵。其实全世界都知道，沙皇政府压迫俄国境内人数达一亿以上的其他民族已经有好几十年，俄国对中国、波斯、亚美尼亚和加里西亚实行强盗政策也已经有好几十年了。**无论是俄国、德国或其他任何一个大国，都没有权利谈什么"防御性战争"**，因为一切大国所进行的都是帝国主义的、资本主义的战争，强盗的战争，压迫其他弱小民族的战争，保证资本家利润的战争，资本家可以从群众水深火热的处境中，从无产阶级的流血牺牲中榨取亿万纯金的收入。

4年以前，1912年11月，当战争显然日益逼近的时候，世界各国的社会党人的代表在巴塞尔举行了国际社会党代表大会，那时已经无可怀疑：即将到来的战争是大国之间、大强盗之间的战争，战争的罪责应当由**所有**

大国的政府和资本家阶级承担。全世界的社会党**一致**通过的巴塞尔宣言也公开说出了这个真理。**巴塞尔宣言没有一个字提到"防御性战争"，提到"保卫祖国"**。它一无例外地抨击**所有**大国的政府和资产阶级。它公开说，这场战争是最大的犯罪行为，工人认为互相残杀是犯罪行为，战争的惨祸和工人对此的愤慨，必然引起**无产阶级革命**。

后来战争真的爆发了，于是大家都看到，巴塞尔宣言对这次战争性质的判断是正确的。但是，社会党组织和工人组织并没有一致地照巴塞尔决议办，而是发生了分裂。现在我们都看到，世界所有国家的社会党组织和工人组织都分成了两大阵营。一小部分人，就是那些领袖、干事和官吏，背叛了社会主义，站到各国政府一边。另一部分人，包括觉悟的工人群众，则继续聚集自己的力量，为反对战争、实现无产阶级革命而斗争。

载于《伯尔尼哨兵报》，1916年2月9日，第33号

选自《列宁全集》第27卷，第245~246页

注释：

[1] 列宁的这个演说是在国际社会党扩大委员会会议期间在伯尔尼民众文化馆举行的国际群众大会上作的。除列宁外，在大会上讲话的还有维·埃·莫迪利扬尼（意大利）、克·格·拉柯夫斯基（罗马尼亚）和罗·格里姆（瑞士）。

论俄国当前的口号：
没有兼并的和约和波兰独立

（1916年2月16日〔29日〕）

"和平主义和抽象地宣扬和平，是愚弄工人阶级的形式之一。……在今天，宣传和平而不同时号召群众采取革命行动，那只能是散布幻想，腐蚀无产阶级，使他们相信资产阶级的仁爱，使他们充当交战国秘密外交的玩物。"我们党的伯尔尼决议就是这样写的（见《社会民主党人报》第40号和《社会主义与战争》）①。

许多人（在俄国侨民中间，而不是在俄国工人中间）反对我们对和平问题的观点，可是他们从来不花一点力气去分析一下这些论点。它们在理论上是无法反驳的，而在今天，由于我国事态的骤然变化，它们更在实践上得到了特别清楚的证实。

大家知道，在思想上受到组织委员会支持的彼得格勒取消派-合法派的报纸《工人晨报》，在第1号上就采取了社会沙文主义的"护国主义"立场。它刊载了彼得格勒的和莫斯科的社会沙文主义者的"护国主义"宣言。在这两个宣言里，也都表达了"没有兼并的和约"的思想，而且《工人晨报》第2号还特别突出了这个口号，用黑体字排印，称它为"保证国

---

① 见《列宁全集》第26卷，第167~168、340页。——编者注

家摆脱困境的方针"。他们说，有人说我们是沙文主义者，这是多么可恶的诽谤啊！我们完全承认"没有兼并的和约"这个最"民主"的、甚至是"真正社会主义的"口号！

毫无疑问，血腥的尼古拉的忠臣现在提出这样的口号，对于尼古拉是很有利的。沙皇政府在地主和资本家的支持下，派兵掠夺和奴役加里西亚（更不必说瓜分土耳其等等的条约了）。同样掠夺成性的德国帝国主义者，派兵打退了俄国强盗，不仅把他们赶出了加里西亚，而且赶出了"俄属波兰"。（为了两个集团的利益，成千上万的俄国和德国的工人和农民死于战场。）这样，"没有兼并的和约"这个口号便成了沙皇政府"秘密外交的"神奇"玩物"。他们说，我们受欺侮了，被掠夺了，波兰被人从我们手中给夺走了，我们反对兼并！

扮演沙皇政府奴仆的角色，多么合乎《工人晨报》的社会沙文主义者的"胃口"，这从该报第1号上的《波兰侨民》一文中看得特别清楚。这篇文章写道："由于过去几个月的战争，在波兰广大人民的意识中产生了要求独立的深切愿望。"在战前，这种愿望当然是没有的！！"在波兰民主派的广大阶层的社会意识中，要求波兰民族独立的群众〈显然印错了，应当是：主张，思想等〉胜利了……""在俄国民主派的面前，不断地、充分地提出了波兰的问题……""俄国自由派"拒绝对"波兰独立"这些棘手的问题给以直截了当的回答……

当然啦！血腥的尼古拉、赫沃斯托夫、切尔诺科夫、米留可夫及其一伙完全赞成波兰独立，他们**现在**衷心地赞成波兰独立，因为现在这个口号**实际上**的含义是**打败**从俄国手中夺走波兰的德国。请注意，"斯托雷平工党"[1]的创立者**在战前**是根本反对民族自决的口号、反对波兰有分离的自由的。为了达到替沙皇压迫波兰辩护这一高尚的目的，还抬出了机会主义者谢姆柯夫斯基。而现在，当波兰从俄国手里被夺走的时候，他们又**赞成**波兰"独立"了（对德国独立，关于这一点他们谦虚地不置一词……）。

社会沙文主义者先生们，你们骗不了俄国有觉悟的工人！你们在1915年提出波兰独立和没有兼并的和约这个"十月党人的"口号[2]，实际上是向沙皇政府献媚，沙皇政府正是在现在，在1916年2月，恰好需要用"没有兼并的和约"（把兴登堡赶出波兰）和波兰独立（对威廉独立，而对尼古拉二世依附）这样一些漂亮动听的话来掩饰**它**进行的战争。

没有忘记自己纲领的俄国社会民主党人的看法不同。他会说：俄国民主派——首先是而且主要是指大俄罗斯的民主派，因为只有他们在俄国始终享有语言的自由——无疑**成了受益者**，因为俄国**现在**没有压迫波兰，没有把波兰强留在它的版图内。俄国无产阶级无疑是受益的，因为它现在不再压迫一个它昨天帮助压迫过的民族。德国民主派无疑**成了受害者**，因为只要德国无产阶级还容忍德国压迫波兰，它就仍然处于一种比奴隶还坏的地位，处于帮助奴役其他民族的打手地位。受益的无疑地只是德国的容克和资产者。

由此可以得出结论：当**现在**在俄国有人提出"没有兼并的和约"和"波兰独立"的口号时，俄国社会民主党人应当揭穿这是沙皇政府在**欺骗**人民。因为在当前的情况下，这两个口号意味着企图继续打仗，并且为这种企图辩护。我们应当说：决不因为波兰而打仗！俄国人民不愿再做波兰的压迫者！

那么，怎样帮助波兰从德国压迫下解放出来呢？难道我们不应当帮助吗？当然应当，只是帮助的办法不应当是支持沙皇俄国或资产阶级俄国甚至资产阶级共和的俄国进行帝国主义战争，而应当是**支持**德国革命的无产阶级，支持那些同休特古姆分子、考茨基及其一伙的**反革命**工人政党作斗争的德国社会民主党人。不久以前，考茨基特别清楚地证明了自己的反革命性：1915年11月26日，他把街头游行示威叫作"**冒险行为**"（就象司徒卢威在1905年1月9日前说俄国没有革命的人民一样）。而1915年11月30日在柏林举行了万名女工的游行示威！

无论是谁，只要他不是象休特古姆、普列汉诺夫、考茨基那样，而是**真诚地**想承认民族自由，承认民族自决权，那就应当**反对**为了压迫波兰而打仗，就应当**主张现在**受俄国压迫的乌克兰、芬兰等民族有从俄国分离的自由。无论是谁，只要他不愿意**在行动上**做一个社会沙文主义者，就应当只支持各国社会党内那些公开地、直接地、立即在自己国家内部促进无产阶级革命的人。

不要"没有兼并的和约",而要给茅屋和平,对宫廷宣战[3];给无产阶级和劳动者和平,对资产阶级宣战!

载于《社会民主党人报》,1916年2月29日,第51号

选自《列宁全集》第27卷,第276～279页

注释:

[1] 斯托雷平工党是指孟什维克取消派。他们在俄国第一次革命失败以后,顺应斯托雷平反动时期的制度,以放弃俄国社会民主工党的纲领和策略为代价,企图换取沙皇政府准许公开的、合法的所谓"工人"政党存在。

[2] 列宁称这个口号为十月党人的口号,是因为这一口号就其性质来说,是符合十月党人这个工商业资产阶级和大地主的反革命政党的立场的。

[3] 给茅屋和平,对宫廷宣战是18世纪法国资产阶级革命时期的口号,由雅各宾派誓词中的"让暴君死亡,给茅屋和平!"演化而来,后来被19世纪的革命家广泛采用作为革命的口号。无产阶级也接受了这一口号,在俄国十月革命前后有许多革命的政治文章和宣传画使用过它。

致罕丽达·罗兰-霍尔斯特(节选)

(1916年3月8日)

1916年3月8日

亲爱的同志：请原谅我，这样迟才给您复信。我到瑞士的一些城市作报告去了。

我很感激您的亲切的回信。我们的合作今后如不产生摩擦，我将十分高兴。

坦率地说，您和潘涅库克同志，象您说的那样，是"作风正派的人"，这是毫无疑问的。我们不安的是**编辑部条例**突然作了修改。按第一个草案规定，我们有编辑权（编辑部＝您这一派（您＋托洛茨基）和"齐美尔瓦尔德左派"的联盟；而在这个左派常务局里，正如您已经知道的，我们在3票——拉狄克、季诺维也夫和我——之中占了两票）。草案修改后，我们失掉了编辑权，成了撰稿人。我们当然不能对您制定章程的权利提出异议。但是，我们作为撰稿人，总还是想得到某些**权利上的保障**吧？这毕竟是很自然的，不是吗？

我希望这件事现在已经澄清并已得到彻底解决。

一收到您的来信，我就**立即**指示发行员将我们的机关报（《社会民主党人报》是**不定期的报纸**，战争爆发后已从第33号出到第51号）寄给您，您收到没有？

借此机会，讨论一下涉及我们合作的几个重大问题。

（1）我们的提纲（论自决权）已由拉狄克寄给您（阅后请再寄给哥尔特，因为我将给他去信就他的小册子详细谈谈这个问题）。我认为，荷兰—波兰的观点在理论上是极其错误的，在实践上则是小国政策的结果。难道我们为反对旧的和新的**兼并**（什么是兼并呢？）而进行的共同斗争，就不能使我们稍微接近一些吗？德国人、英国人和俄国人的观点总比荷兰人和波兰人的观点重要些（客观上也**正确些**）！哥尔特要求给荷属印度以"民族独立"。好极了！可是要知道这**恰恰**就是自决权！！如果说考茨基和俄国的考茨基分子（包括托洛茨基）对问题的提法不正确，那也只不过又多一条反驳考茨基分子的论据而已！（如果您对这个问题感兴趣，请要求哥尔特把我的信寄给您。我将十分乐意同荷兰马克思主义者更详细地探讨这个问题。）

（2）德国国际派。您是否看过它刊登在格里姆公报第3号上的提纲[1]？

依我看，这是《国际》杂志第1期以后**向右转**的决定性的一步。提纲只字不提反对考茨基"中派"——而这对德国党来说是首要问题。提纲只字不提分裂（奥托·吕勒完全正确。可是，在**他的**文章**发表以后**竟然保持沉默！！）。提纲只字不提**大家都清楚的**那些斗争手段，如建立**秘密**组织等等。

提纲里有一句话："在帝国主义时代，不可能再有民族战争了"！这在理论上是不正确的。殖民战争**就是**民族战争（印度反抗英国等等）。这——在实践上——是**沙文主义**：我们，大国的代表，**禁止**被压迫民族进行民族战争！

我的结论是：国际派想和考茨基分子**同流合污**。对这个提纲不能再作别的解释。还要补充一点：施特勒贝尔竟在《新时代》杂志上**为**伯恩施坦**叫好**！蔡特金在《平等》杂志上**反对**"齐美尔瓦尔德左派"，用一种外交辞令来反对"布尔什维克的宗派主义"（!!）。她的外交辞令如此玄妙，以至谁都弄不懂我们的"宗派主义"**究竟是怎么一回事**！！蔡特金主张在累德堡和"齐美尔瓦尔德左派"之间搞"中庸之道"。但是**怎样**做到这一点，却只字未提。我们的错误在哪里？这个问题至今连一句话、一行字也未提过，尽管瑞士不存在书报检查制度。

除了想和考茨基之流同流合污，您还能对此作别的解释吗？

（3）由您和社会民主党拟订的《草案》[2]（《公报》第3号），我看蹩脚透了。拉狄克本人也无法为这个草案辩解。搞这样一个党纲摘要有什么用呢？是社会主义革命的纲领吗？今天还不需要它，何况在这样的纲领中缺少论述夺取政权的条文。这样的纲领的第6节（1）和第5节（2）非常古怪，第6节（2）也很离奇，因为正是在社会主义革命的情况下，我们才需要民兵来**保卫**新秩序。要知道，我们不是和平主义者。我们不能指望立即在全世界取得胜利（不经过国内战争行吗？不经过战争行吗？）！关于殖民地问题的纲领根本没有。

原文是德文　　　　　　　　　选自《列宁全集》第47卷，第265～267页

注释：

[1] 指刊登在1916年2月29日《伯尔尼国际社会党委员会。公报》第3号上的国际派的提纲，标题是《德国同志们的建议》。

[2] 指革命社会主义者联盟和荷兰社会民主党共同起草的纲领草案。该草案刊登于《伯尔尼国际社会党委员会。公报》第3号。

论"和平纲领"

(1916年2月19日和3月7日〔3月3日和20日〕之间)

社会民主党的"和平纲领"问题,是"齐美尔瓦尔德派"第二次国际代表会议[1]议程上最重要的问题之一。为了使读者一下子就能了解这个问题的真正**实质**,我们不妨引用一下第二国际最有威望的代表人物、各国社会沙文主义者的最有威望的捍卫者考茨基关于这个问题的声明。

"国际在战争时期不是一个合适的工具;它实质上是和平时期的工具……为和平而斗争,在和平时期进行阶级斗争"(1914年11月27日《新时代》杂志)。"迄今为止在第二国际内部制定的所有和平纲领,如哥本哈根、伦敦、维也纳等纲领,都要求承认民族独立,这是十分正确的。这个要求应当成为我们在当前这场战争中的指南针。"(同上,1915年5月21日)

这短短的几句话十分清楚地表明了社会沙文主义者实行国际联合和妥协的"纲领"。谁都知道,休特古姆的朋友和拥护者在维也纳开了会,他们完全按照他的精神行事,在"保卫祖国"的幌子下捍卫德国帝国主义。[2]而法、英、俄三国的休特古姆们也在伦敦开了会,他们也在同样的借口下捍卫"自己"国家的帝国主义。无论伦敦的还是维也纳的社会沙文主义英雄们,其真正的政策都是替参加帝国主义战争辩护,替驱使法国工人和德国工人为了确定哪一国资产阶级应在对别国的掠夺中取得优越地位而互相残杀辩护。说什么我们"承认""民族独立",或者换句话说,承认民族自决,反对兼并等等,都是伦敦和维也纳的英雄们用来掩饰这个真正的政策,用来欺骗工人的**空话**!

非常明显,这种"承认"是十足的谎言,是最无耻的伪善,因为这是替参加这场**双方**都是为了奴役其他民族,而不是为了这些民族的独立而进行的战争辩护。而现在,这位有威望的考茨基,不但不去揭露、戳穿、痛斥这种伪善,反而加以**推崇**。叛变了社会主义的沙文主义者们在欺骗工人方面意向一致,考茨基以此作为第二国际在和平问题上"意向一致"和仍有活力的证明!!!这种伪善本来是一国的、粗俗的、明显的、公然的、工人看得清的,现在考茨基却把它变成国际性的、精巧的、隐蔽的、工人看不清的了。对工人运动来说,考茨基的政策比休特古姆的政策更有害百倍,危险百倍,考茨基的伪善也更恶劣百倍。

而且问题决不在于考茨基一个人,因为俄国的阿克雪里罗得、马尔托夫、齐赫泽,法国的龙格、普雷斯曼,意大利的特雷维斯等人,实际上执行的也是这种政策。这种政策的客观作用在于,它在工人阶级中支持资产阶级的谎言,向无产阶级传播资产阶级的思想。休特古姆和普列汉诺夫都在重复"自己"国家的资本家的资产阶级谎言,这是一目了然的,但是考茨基推崇的**也是这种**谎言,把它奉为"意向一致的"第二国际的"最高真理",这就不那么显而易见了。资产阶级正是需要工人把休特古姆们和普列汉诺夫们看成是有威望的、意向一致的、只是一时意见不合的"社会党人"。资产阶级正是需要用一些关于和平的伪善词句、没有任何约束力的空洞词句来**转移**战争时期工人对于革命**斗争**的注意,用"没有兼并的和约"、民主的和平等等的希望来哄骗工人,安慰工人。

胡斯曼不过是把考茨基的和平纲领通俗化,给它补充了仲裁法庭、对外政策的民主化等等。社会党的和平纲领的头一条和根本的一条,应该是**揭穿**考茨基和平纲领的**伪善**,指出它在**加强**资产阶级对无产阶级的影响。

让我们重提一下遭到考茨基派歪曲的社会主义学说的基本概念吧。战争就是交战大国的统治阶级早在战前推行的政治通过暴力手段的继续。和平也是**同一**政治的继续，它**记下**军事行动所造成的敌对力量对比的变化。战争本身并不改变战前政治的发展方向，而只是**加速**这一发展。

1870～1871年的战争是争取德国的解放和统一这种资产阶级进步的政治（已经延续了几十年）的继续。拿破仑第三被击败和被推翻，加速了德国的解放。那个时代的社会党人提出的不掠夺法国、同共和国签订光荣和约的和平纲领，是对这一进步资产阶级的成果的肯定，是对民主派资产阶级的支持。

可是在1914～1916年的帝国主义战争的条件下机械地"重复"这个例子，却是莫大的笑话。这次战争所继续的是过度成熟的反动的资产阶级掠夺世界、强占殖民地等等的政治。在资产阶级关系的基础上进行的这次战争，**不可能**——因客观情况而不可能——导致任何民主的"进步"，而只会加强和扩大各种压迫，包括民族压迫。不管战争结局如何，结果都是如此。

那次战争加速了朝民主、朝资产阶级进步方向的发展：推翻了拿破仑第三，统一了德国。**这次**战争**只是**加速向社会主义革命的发展。**那时**民主的（资产阶级的）和平纲领有它**客观**的历史基础。而**现在**却**没有**这样的基础，所以关于民主的和平的空喊是资产阶级的谎言，其客观作用就是引诱工人脱离争取社会主义的革命斗争！**那时**社会党人是用民主的和平的纲领来支持当时已经存在的、深刻的、已持续几十年之久的、资产阶级民主**群众**运动（以推翻拿破仑第三、统一德国为目的的）。**现在**社会党人则是用建立在资产阶级关系基础上的民主的和平的纲领来支持力图引诱无产阶级**脱离社会主义**革命的资产阶级对人民的**欺骗**。

正象"保卫祖国"的词句是用欺骗的办法向群众灌输民族解放战争的思想一样，民主的和平的词句是用**迂回的办法**偷运同样的资产阶级谎言！

考茨基派会这样反驳："那就是说，你们没有任何和平纲领；那就是说，你们反对民主的要求。"他们以为粗心的人看不出在这种反驳后面隐藏着一种偷天换日的做法，即以当前已不存在的资产阶级民主任务偷换当前存在的社会主义任务。

我们回答考茨基派说：不，先生们，我们**赞成**民主的要求，**只有**我们**才不是伪善地**为这些要求而斗争，因为客观历史情况不允许把社会主义革命撇在一边而提出这种要求。考茨基及其一伙用来帮助资产阶级欺骗工人的那个"指南针"就是一个例子。

休特古姆和普列汉诺夫在"和平纲领"上是"意向一致的"：反对兼并！主张民族独立！请注意，休特古姆们说得**对**：俄国对波兰、芬兰等的关系是兼并关系。普列汉诺夫也说得对：德国对阿尔萨斯-洛林、塞尔维亚、比利时等的关系也是这种关系。两方面都对，不是吗？于是考茨基就来给德国的休特古姆和俄国的休特古姆"进行调解"！！！

但是，每个头脑清醒的工人一眼就会看出，考茨基也好，**两个休特古姆**也好，都是伪君子。这是很清楚的。要做社会主义者，就不能迁就而要**揭穿**伪善的民主空谈。怎样揭穿呢？很简单：压迫民族的代表人物，无论在战前或战时，都要求受**他自己的**"祖国"压迫的民族有分离的自由，**只有这样**，"承认"民族独立才不是伪善的。

只有这种要求才是符合马克思主义的。马克思曾经从不列颠无产阶级的利益出发，提出过这种要求，他要求给爱尔兰自由，同时设想分离以后可能成立联邦，也就是说，他要求分离的自由，不是为了制造分裂和隔绝状态，而是为了建立比较巩固比较民主的联系。不管在什么情况下，只要存在着被压迫民族和压迫民族，只要不出现那种能区分出革命民主的民族和反动的民族的特殊情况（比如在19世纪40年代就有过这种情况），马克思对爱尔兰的政策就应当是无产阶级政策的范例。而帝国主义恰恰是这样一个时代：这个时代本质的和典型的现象是民族分为压迫民族和被压迫民族，而在欧洲根本不可能区分出反动民族和革命民族。

早在1913年，我们党在关于民族问题的决议里就已经提出，社会民主党人必须在上述意义上使用自决这个概念。1914～1916年的战争完全证明我们是对的。

拿考茨基发表在1916年3月3日《新时代》杂志上的最近一篇文章

来看。他公然声明**同意**奥地利彰明较著的极端的德意志沙文主义者、维也纳沙文主义《工人报》[3]的编辑奥斯特尔利茨的意见，同意不应当"把民族独立和民族主权混为一谈"。换言之，对被压迫民族来说，有在"多民族国家"里的民族自治权就够了，不一定要替他们要求政治独立的平等权利。然而就在这篇文章里，考茨基肯定地说，不能证明"波兰人必须隶属于俄国"！！！

这是什么意思呢？这就是说，虽然俄国是个"多民族国家"，但是为了讨好兴登堡、休特古姆、奥斯特尔利茨及他们一伙，考茨基承认波兰有**从俄国分离的自由**，却闭口不谈波兰人有从德国分离的自由！！！在同一篇文章里，考茨基说法国社会党人背弃了国际主义，因为他们想**通过战争**来取得阿尔萨斯-洛林的自由。至于德国的休特古姆们及其一伙背弃了国际主义，不要求让阿尔萨斯-洛林有**从德国分离的自由**，考茨基却一声不响！

考茨基用"多民族国家"这个词儿——它既可适用于英国，因为有爱尔兰，也可适用于德国，因为有波兰、阿尔萨斯等！——公然替社会沙文主义辩护。考茨基把"反对兼并的斗争"变成了……同沙文主义者讲"**和平的纲领**"，变成了十足的伪善。就在这同一篇文章里，考茨基重复着犹杜什卡[4]式的甜言蜜语："在变动国家疆界时，国际一直要求征得有关居民的同意。"休特古姆及其一伙要求阿尔萨斯人和比利时人"同意"把他们并入德国，奥斯特尔利茨及其一伙要求波兰人和塞尔维亚人"同意"把他们并入奥地利，这难道还不清楚吗？

而俄国的考茨基分子马尔托夫呢？他在格沃兹杰夫分子的《我们的呼声报》（萨马拉）上证明一个无可争辩的真理，即从民族自决这一点还得不出在帝国主义战争中保卫祖国的结论。但是，如果俄国社会民主党人不提出受大俄罗斯人压迫的民族有**分离的自由**这一要求，就是背弃自决的原则，对这一点，马尔托夫却闭口不谈，而这样做也就是同阿列克辛斯基分子、格沃兹杰夫分子、波特列索夫分子、普列汉诺夫分子握手言和！马尔托夫甚至在秘密报刊上也对这一点默不作声！马尔托夫与荷兰人哥尔特争辩。哥尔特虽然不正确地否定了民族自决的原则，却正确地**运用了**这一原则——他提出了荷属印度**政治独立**这一要求,并且揭露不同意这一点的荷兰机会主义者是背叛社会主义。然而马尔托夫却不愿与同他一起担任书记的谢姆柯夫斯基争辩,在1912～1915年间只有谢姆柯夫斯基**一个人**在取消派的报刊上谈论这个问题,**否定**分离权,根本否定自决!

马尔托夫和考茨基同样伪善地"捍卫"自决,同样在掩饰他同沙文主义者**讲和**的愿望,这难道还不清楚吗?

而托洛茨基呢?他竭力**主张**自决,但在他那里这是一句空话,因为他没有提出受**某一**民族社会党人的"祖国"压迫的民族有分离的自由这一要求;他对考茨基和考茨基分子的伪善**默不作声**!

这种"反对兼并的斗争"是对工人的欺骗,而不是对社会民主党人的纲领的**解释**;是**嘴上敷衍**,而不是具体指明国际主义者的责任;是向民族主义的偏见和民族主义的私利让步("我们"大家,资产者和社会沙文主义者,都从"我们的"祖国压迫别的民族中得到"好处"!),而不是同民族主义斗争。

社会民主党的"和平纲领"首先应当揭穿资产阶级、社会沙文主义者和考茨基分子的和平词句的伪善。这是首要的和基本的。否则,我们就是有意无意地充当**欺骗**群众的帮凶。我们的"和平纲领"要求民主派在这个问题上的主要的一条——否定兼并,能够真正实行,而不要流于空谈,能够有助于国际主义的宣传,而不是有利于民族主义的伪善。为此,应当向群众说明:**每个**民族的社会党人,只有要求受本民族压迫的民族有分离的自由,才是真心诚意地否定兼并,**即**承认自决。——作为一个积极的口号,以吸引群众参加革命斗争,以说明用革命手段争取"民主的"和平的必要性,应当提出拒绝支付国债的口号。

最后,我们的"和平纲领"应当说明帝国主义大国和帝国主义资产阶级**不可能**给予民主的和平。民主的和平**必须**去寻求和争取,——但**不是向后看**,到非帝国主义的资本主义或资本主义制度**之下**的各平等民族的联合这种反动的空想里去寻求和争取,而是要**向前看**,到无产阶级社会主义革命中去寻求和争取。在先进的帝国主义国家里,**不经过**在社会主义的旗帜下进行的革命搏斗，任何一个根本的民主要求都不可能比较广泛而巩固地实现。

谁许诺各民族以"民主的"和平，而不同时鼓吹社会主义革命，反而否定争取社会主义革命的斗争，否定在战争期间就要进行这种斗争，谁就是欺骗无产阶级。

载于《社会民主党人报》，1916年3月25日，第52号

选自《列宁全集》第27卷，第282~289页

注释：

[1] 指国际社会党第二次代表会议。国际社会党第二次代表会议（昆塔尔会议）于1916年4月24日在伯尔尼开幕，以后的会议于4月25~30日在瑞士的一个山村昆塔尔举行。出席会议的有来自俄国、德国、法国、意大利、瑞士、波兰、塞尔维亚和葡萄牙等国的40多名代表。出席会议的俄国代表是：以列宁为首的俄国社会民主工党中央委员会的3名代表、孟什维克组织委员会的2名代表和社会革命党左翼的3名代表。

代表会议讨论了下列问题：为结束战争而斗争；无产阶级对和平问题的态度；鼓动和宣传；议会活动；群众斗争；召集社会党国际局。

由于列宁和布尔什维克在会议前做了大量工作，左翼力量在这次会议上比在齐美尔瓦尔德会议上有所增强。在这次代表会议上参加齐美尔瓦尔德左派的有"德国国际社会党人"小组的1名代表、"国际"派的两名代表、法国社会党人昂·吉尔波、塞尔维亚社会民主党人的代表特·卡茨列罗维奇、意大利社会党人扎·梅·塞拉蒂。齐美尔瓦尔德左派在昆塔尔会议上共有代表12名，而在某些问题上可以获得12~19票，即几乎占了半数。这反映了国际工人运动中力量对比发生了有利于国际主义的变化。在昆塔尔会议期间，列宁主持了一系列左派会议，讨论《俄国社会民主工党中央委员会向社会党第二次代表会议提出的提案》。列宁成功地把左派团结了起来，以便在会议上同考茨基主义多数派进行共同的、有组织的斗争。齐美尔瓦尔德左派制定并提出了和平问题的决议草案。这个草案包括了列宁的基本原则。代表会议的

右派多数，被迫在一系列问题上追随左派，但他们继续反对同社会沙文主义者决裂。

会议围绕对召集社会党国际局的态度问题展开了极其激烈的斗争。列宁参加了关于召集社会党国际局问题的委员会。经过左派的努力，会议对一项谴责社会党国际局的工作、但不反对召集社会党国际局的决议作了如下补充：社会党国际局一旦召集，即应召开国际社会党扩大委员会来讨论齐美尔瓦尔德联盟代表的共同行动的问题。代表会议通过了关于为争取和平而斗争问题的决议，并通过了《告遭破产和受迫害的人民书》。由于法国议会党团少数派投票赞成军事拨款，齐美尔瓦尔德左派在代表会议上声明指出这种行为同社会主义、同反战斗争是不相容的。

尽管昆塔尔会议没有通过变帝国主义战争为国内战争、使"自己的"帝国主义政府在战争中失败、建立第三国际等布尔什维主义的基本原则，列宁仍然称这次代表会议的工作是前进的一步。昆塔尔会议促进了国际主义分子的团结。后来经列宁和布尔什维克的倡议，这些国际主义分子组成了第三国际即共产国际的核心。

[2] 指德国和奥匈帝国社会民主党人于1915年4月在维也纳举行的代表会议。这次会议是对"三协约国"社会党人伦敦代表会议（见《列宁全集》第27卷注96）的回答。会议赞同德、奥社会民主党的领导为战争辩护的社会沙文主义立场，赞成"保卫祖国"的口号，并且声称这同工人争取和平的斗争中的国际团结并不矛盾。

[3]《工人报》（《Arbeiter-Zeitung》）是奥地利社会民主党的中央机关报（日报），1889年在维也纳创刊。在第一次世界大战期间，该报采取社会沙文主义立场。

[4] 犹杜什卡是俄国作家米·叶·萨尔蒂科夫-谢德林的长篇小说《戈洛夫廖夫老爷们》中的主要人物波尔菲里·弗拉基米罗维奇·戈洛夫廖夫的绰号（犹杜什卡是对犹大的蔑称）。谢德林笔下的犹杜什卡是贪婪、无耻、伪善、阴险、残暴等各种丑恶品质的象征。

论德国的和非德国的沙文主义

（1916年5月31日〔6月13日〕）

大家知道，德国沙文主义者已把所谓的社会民主主义工人政党（实际上现在已经成了民族主义自由派工人政党）的大多数领袖和官吏控制在自己的影响之下了。至于在多大程度上应当说非德国的沙文主义者，如波特列索夫、列维茨基这帮先生们的情况也是如此，我们接下去就会看到。现在我们不能不先专门谈谈德国的沙文主义者，——公正地说，考茨基也应当包括在内，尽管帕·波·阿克雪里罗得在他的德文小册子中极其热心地和极其错误地为考茨基辩护，说他是"国际主义者"。

德国沙文主义的标志之一，就是"社会党人"——带引号的社会党人——只是谈论别的民族的独立，而把受他们本民族压迫的民族除外。无论是直接说出这一点，还是替说出这一点的人辩护、辩白和掩盖，这中间并没有多大的差别。

例如，德国沙文主义者，也包括帕尔乌斯（他出版一种名叫《钟声》的小型杂志，在这上面常写文章的有伦施、亨尼施和格龙瓦尔德等这帮德国帝国主义资产阶级的"社会党"奴仆），对受英国压迫的民族的独立问题就喋喋不休，津津乐道。德国的社会沙文主义者——口头上的社会主义者，实际上的沙文主义者——和德国资产阶级的一切报刊现在都在声嘶力竭地宣扬英国在它的殖民地的统治是无耻的、残暴的、反动的等等。德国的各种报纸现在都在津津有味地、幸灾乐祸地、兴高采烈地大谈其印度的解放运动。

德国资产阶级为什么幸灾乐祸,这是不难理解的:它希望在印度煽起对英国的不满和反英运动,从而改善自己的军事地位。当然,抱这种希望是很愚蠢的,因为要从一旁,从遥远的地方,用异国的语言去影响一个人口众多的、极其独特的民族的生活,是起不了多大作用的,实在起不了多大的作用,何况这种影响并不是经常不断的,而是偶然的,只是在战争时期。所以,与其说德国帝国主义资产阶级企图影响印度,不如说它想借此自我安慰,想欺骗德国人民,把他们的视线从国内转移到国外。

但是,这里自然而然地产生一个一般理论性问题:这种议论的虚伪性的根源是什么呢?揭穿德国帝国主义者的伪善的正确有效的办法是什么呢?因为要从理论上正确回答虚伪性在哪里的问题,总是会揭露伪善者,他们出于非常明显的原因,想遮盖和掩饰这种虚伪性,给它披上各种华丽辞藻的外衣——各种各样的辞藻,直到国际主义的招牌。伦施们、休特古姆们和谢德曼们口头上都以国际主义者自居,遗憾的是,这帮德国资产阶级的代理人还都是所谓德国"社会民主"党的党员。在评判人们的时候,不应当根据他们的言论,而要根据他们的行动。这是大家早就知道的。在俄国有谁会根据波特列索夫、列维茨基、布尔金这帮先生们的言论去评判他们呢?当然,谁也不会。

德国沙文主义者的虚伪性的根源在于:他们叫嚷说他们同情受他们的敌方英国压迫的民族的独立,而对于受**他们本**民族压迫的那些民族的独立,却谦虚地——有时甚至过于谦虚地——保持沉默。

比如拿丹麦人来说吧。普鲁士把石勒苏益格归并进来时,象其他所有"大"国一样,也占据了一部分丹麦人居住的地方。这显然是侵犯了这些居民的权利,因为奥地利根据1866年8月23～30日签订的布拉格和约,把自己统治石勒苏益格的"权利"让给了普鲁士,但和约中规定,关于石勒苏益格北部的居民是否愿意并入丹麦的问题,应当通过自由投票来征求他们的意见,如果答复是肯定的,那就应当并入丹麦。可是普鲁士并没有这样做,而在1878年取消了这些对它十分"不愉快的"条款。

弗·恩格斯对于大国民族的沙文主义并不是漠不关心的，他曾经特别指出普鲁士这一侵犯弱小民族权利的事①。然而，目前德国的社会沙文主义者虽然口头上承认民族自决，就象考茨基口头上也承认这一点一样，而实际上，当问题牵涉到"自己的"民族实行的民族压迫时，他们却从来也不为被压迫民族的解放进行彻底的坚决的民主宣传。"问题的症结"就在这里。关于沙文主义和揭露沙文主义的问题的关键就在这里。

在我们这里，很多人都挖苦说，《俄国旗帜报》[1]的所作所为往往象是《普鲁士旗帜报》。但是，问题并不只限于《俄国旗帜报》，因为我们的波特列索夫、列维茨基这帮先生们也是完全照着伦施、考茨基这帮人的原则精神发表议论的。例如，只要看一看取消派的《工人晨报》，就会发现这样一些完全是"普鲁士的"，确切些说，是国际沙文主义的论调和议论方法。不管打着什么样的民族的招牌，不管用什么样的和平主义的词句来掩饰，沙文主义就是沙文主义。

载于《保险问题》杂志1916年5月31日第5期（总第54期）

选自《列宁全集》第27卷，第320～322页

注释：

[1]《俄国旗帜报》（《Русское Знамя》）是黑帮组织俄罗斯人民同盟的机关报，1905～1917年在彼得堡出版。

---

① 参看《马克思恩格斯全集》第21卷，第490页。——编者注

笔 记

"o"

("奥米克隆")（节选）

马克思：1878年写的关于国际的文章。关于民族自决的意见

| 卡·马克思 1878： | 在《Die Neue Zeit》①，XX，1，第585页（1901～2）上，登载了麦·巴赫泽的**卡·马克思在1878年**用英文写的一篇文章：《乔治·豪厄尔先生的国际工人协会史》。[1] |

马克思极其鄙视这个豪厄尔（他是一个典型的自由派工人政客），纠正了他对国际的一系列错误论断，马克思说，他自己是《法兰西内战》一书的作者并且早就在《The Daily News》② 上发表了这一著作，马克思还谈到"国际"向新的"高级"形式的过渡以及其他一些意见。马克思在文章中还写道：

"顺便说一下，我荣幸地向总委员会陈述的一项议程〈1865年代表会议的〉是这样写的：'必须在**运用民族自决权原则**的基础上，并通过在民主和社会主义基础上恢复波兰的办法，来消除俄国佬在欧洲的影响。'"

---

① 《新时代》杂志。——原编者注
② 《每日新闻报》。——原编者注

（第 586 页）（（1878 年 8 月 4 日《世俗纪事》[2]第 10 卷，No. 5。"自由思想派－共和派"的杂志。女出版人哈里埃特·罗曾经是国际的成员。））

（（黑体是我用的。））

注意：马克思（1865）和（和 1878）论**民族**自决

选自《列宁全集》第 54 卷，第 649～650 页

注释：

[1] 见《马克思恩格斯全集》第 19 卷，第 163～169 页。

[2]《世俗纪事》全称为《世俗纪事和自由思想进步年鉴》(《The Secular Chronicle and Record of Free Thought Progress》)，是英国的具有无神论和共和倾向的杂志，由第一国际成员哈里埃特·罗在伦敦出版。

论尤尼乌斯的小册子

（1916年7月）

一本社会民主党的论述战争问题的小册子，没有迁就卑鄙的容克的书报检查，终于在德国秘密地出版了！作者显然属于党的"左翼激进"派，署名尤尼乌斯（拉丁文的意思是：年轻人），书名是《社会民主党的危机》。在附录里还刊印了"关于国际社会民主党的任务的提纲"，这个提纲已经提交伯尔尼国际社会党委员会（ИСК）并刊载在该委员会公报的第3号上。[1]提纲是"国际"派[2]起草的。该派在1915年春天出了一期名叫《国际》[3]的杂志（其中载有蔡特金、梅林、罗·卢森堡、塔尔海默、敦克尔、施特勒贝尔等人的文章），在1915～1916年冬天召开了德国各个地区的社会民主党人的会议，通过了这个提纲。

作者在1916年1月2日写的引言中说，这本小册子写于1915年4月，在刊印时"未作任何修改"。一些"外部情况"的干扰，使这本小册子没有能早日出版。这本小册子与其说是阐明"社会民主党的危机"，不如说是分析战争，驳斥那些说这场战争具有民族解放性质的奇谈怪论，证明这场战争无论从德国或其他大国方面来说都是帝国主义战争，并且对正式的党的行为进行革命的批评。尤尼乌斯这本写得非常生动的小册子，在反对已经转到资产阶级和容克方面去的德国旧社会民主党的斗争中，毫无疑问，已经起了而且还会起巨大的作用，因此，我们衷心地向作者表示敬意。

对于熟悉1914～1916年在国外用俄文刊印的社会民主党著作的俄国读者来说，尤尼乌斯的小册子根本没有提供任何新东西。人们在读这本小册子的时候，如果把这位德国的革命马克思主义者的论据，同例如我们党的中央委员会的宣言（1914年9～11月）①伯尔尼决议（1915年3月）②以及许多关于决议的评论中所阐明的东西加以对照，那就只会深信尤尼乌斯的论据很不充分，而且他犯了两个错误。在对尤尼乌斯的缺点和错误进行批评以前，我们必须着重指出，我们这样做是为了进行马克思主义者不可缺少的自我批评，并且全面地检查那些应当成为第三国际思想基础的观点。尤尼乌斯的小册子，总的说来，是一部优秀的马克思主义著作，很可能，它的缺点在一定程度上带有偶然性。

尤尼乌斯的小册子的主要缺点，以及它比合法的（虽然出版以后立即遭到查禁的）《国际》杂志直接倒退了一步的地方，就是对社会沙文主义（作者既没有使用这个术语，也没有使用社会爱国主义这个不太确切的说法）同机会主义的联系只字未提。作者完全正确地谈到德国社会民主党的"投降"和破产、它的"正式领袖们"的"背叛"，但没有继续前进。而《国际》杂志已经对"中派"即考茨基主义进行了批评，对它毫无气节、糟蹋马克思主义和对机会主义者卑躬屈膝的行为理所当然地大加嘲笑。这个杂志**已开始**揭露机会主义者的真面目，例如，公布了一件极其重要的事实：1914年8月4日机会主义者提出了最后通牒，声明他们已经决定在**任何情况下都**投票**赞成**军事拨款。无论是在尤尼乌斯的小册子里，还是在提纲中，都既**没有**提到机会主义，也**没有**提到考茨基主义！这在理论上是不正确的，因为不把"背叛"同机会主义这个有悠久历史，即有第二国际全部历史的**派别**联系起来，就无法**说明**这种"背叛"。这在政治实践中是错误的，因为不弄清公开的机会主义派（列金、大卫等）和隐蔽的机会主义派（考茨基之流）这**两个派别**的意义和作用，那就既不能了解"社会民主

---

① 见《列宁全集》第26卷，第12～19页。——编者注
② 见《列宁全集》第26卷，第163～169页。——编者注

党的危机",也不能克服它。这和例如奥托·吕勒在1916年1月12日《前进报》上发表的一篇历史性的文章[4]相比,是倒退了一步,因为吕勒在那篇文章中直接地、公开地论证了德国社会民主党的分裂是**不可避免的**(《前进报》编辑部只是重复考茨基的甜蜜的、伪善的词句来回答他,并没有找到任何一个真正的论据来否认**已经**存在两个党、而且无法把它们调和起来的事实)。这是极不彻底的,因为在"国际"派的提纲第12条里已经**直接**提到,"各主要国家的社会党的正式代表机构"已经"背叛"并且"转到资产阶级帝国主义政策的立场上",因而必须成立"新"国际。显然,谈论让德国旧社会民主党或对列金、大卫之流抱调和态度的党加入"新"国际,那是非常可笑的。

"国际"派为什么倒退了一步,我们不得而知。德国整个革命的马克思主义派的最大缺点,就是缺少一个团结一致的、不断贯彻自己的路线并根据新的任务教育群众的秘密组织,这样的组织无论对机会主义或对考茨基主义都一定会采取明确的立场。这一点所以必要,尤其是因为德国革命社会民主党人最后的两家日报,即《不来梅市民报》[5]和不伦瑞克《人民之友报》[6]现在已经被夺走了,这两家报纸都转到考茨基分子那边去了。**只有**一个派别即"德国国际社会党人"(I.S.D.)[7]还坚守自己的岗位,这是任何人都清楚的。

看来,"国际"派中的某些人又滚到无原则的考茨基主义的泥潭里去了。例如,施特勒贝尔竟在《新时代》杂志[8]上拍起伯恩施坦和考茨基的马屁来了!就在前几天,即1916年7月15日,他在报纸上发表一篇题为《和平主义与社会民主党》的文章,为考茨基的最庸俗的和平主义进行辩护。至于尤尼乌斯,他是最坚决反对考茨基的"废除武装"、"取消秘密外交"等等异想天开的计划的。在"国际"派中可能有两派:一派是革命的,另一派则向考茨基主义方面摇摆。

尤尼乌斯的第一个错误论点写进了"国际"派的提纲第5条:"……在这猖狂的帝国主义的时代(纪元),不可能再有任何民族战争。民族利益只是欺骗的工具,以便让劳动人民群众为其死敌——帝国主义效劳……"以这个论点结尾的第 5 条，一开头就说明了**这场**战争是帝国主义战争。根本否认民族战争，这可能是疏忽大意，或者是在强调**这场**战争是帝国主义战争而不是民族战争这个完全正确的思想时偶然说了过头话。但是，既然也可能有相反的情况，既然因有人胡说**这场**战争是民族战争，许多社会民主党人就错误地否认**任何**民族战争，所以不能不谈一谈这个错误。

尤尼乌斯强调"帝国主义环境"在**这场**战争中有决定性的影响，他说塞尔维亚背后有俄国，"塞尔维亚民族主义背后有俄国帝国主义"，并且说如果荷兰参战**也**是属于帝国主义性质的，因为第一，它要保卫自己的殖民地；第二，它会成为**帝国主义**联盟之一的成员国。这是完全正确的。就**这场**战争来说，这是不容争辩的。而且尤尼乌斯在这里特别强调指出：在他看来，最重要的是同"目前支配着社会民主党政策的""民族战争的幽灵"（第 81 页）进行斗争，所以不能不认为他的论断既是正确的，又是完全恰当的。

如果说有错误的话，那只是在于：夸大了这个真理，离开了必须具体这个马克思主义的要求，把对这场战争的估计搬到了帝国主义下可能发生的一切战争上去，忘记了**反对**帝国主义的民族运动。为"再也不可能有民族战争"这个论点辩护的唯一理由是：世界已经被极少数帝国主义"大"国瓜分完了，因此任何战争，即使起初是民族战争，也会由于触犯某一帝国主义大国或帝国主义联盟的利益而**转化**为帝国主义战争（尤尼乌斯的小册子第 81 页）。

这个理由显然是不正确的。不言而喻，马克思主义辩证法的基本原理是：自然界和社会中的一切界限都是有条件的和可变动的，没有**任何一种**现象不能在一定条件下转化为自己的对立面。民族战争**可能**转化为帝国主义战争，**反之亦然**。例如，法国大革命的几次战争起初是民族战争，而且确实是这样的战争。这些战争是革命的：保卫伟大的革命，反对反革命君主国联盟。但是，当拿破仑建立了法兰西帝国，奴役欧洲许多早已形成的、大的、有生命力的民族国家的时候，法国的民族战争便成了帝国主义战争，而这种帝国主义战争**又反过来**引起了**反对拿破仑帝国主义的民族解放战争**。

只有诡辩家才会以一种战争**可能**转化为另一种战争为理由，抹杀帝国主义战争和民族战争之间的差别。辩证法曾不止一次地被用作通向诡辩法的桥梁，在希腊哲学史上就有过这种情况。但是，我们始终是辩证论者，我们同诡辩论作斗争的办法，不是根本否认任何转化的可能性，而是在**某一事物**的环境和发展中对它进行具体分析。

至于说1914～1916年的这场帝国主义战争会转化为民族战争，这种可能性极小，因为代表**向前**发展的阶级是无产阶级，它在客观上力图把这场帝国主义战争转化为反对资产阶级的国内战争，其次还因为两个联盟的力量相差并不很大，而且国际金融资本到处造成了反动的资产阶级。但是，也不能宣布说这种转化是**不可能的**。**假如**欧洲无产阶级今后20来年还是软弱无力，**假如**目前这场战争的**结局**是拿破仑那样的人获得胜利，而许多有生命力的民族国家遭到奴役，**假如**欧洲以外的帝国主义（首先是日本和美国帝国主义）也能维持20来年，比如说没有由于发生日美战争而转到社会主义，那就可能在欧洲发生伟大的民族战争。这将是欧洲**倒退**几十年。这种可能性不大。但这并**不是**不可能的，因为设想世界历史会一帆风顺、按部就班地向前发展，不会有时出现大幅度的跃退，那是不辩证的，不科学的，在理论上是不正确的。

其次，在帝国主义时代，殖民地和半殖民地方面进行的民族战争不仅很有可能，而且是**不可避免的**。在殖民地和半殖民地（中国、土耳其、波斯），有将近10亿人口，即世界人口**一半以上**。那里的民族解放运动或者已经很强大，或者正在发展和成熟。任何战争都是政治通过另一种手段的继续。殖民地**反对**帝国主义的民族战争**必然**是它们的民族解放政治的继续。这种战争**可能**导致现在的帝国主义"大"国之间的帝国主义战争，但是也可能不导致，这要取决于许多情况。

例如，英法两国为了争夺殖民地打过七年战争[9]，也就是说，进行过帝国主义战争（这种战争无论在奴隶制的基础上和原始资本主义的基础上，还是在现代高度发达的资本主义的基础上都可能发生）。法国被打败，并且丧失了自己的一部分殖民地。几年以后，又发生了北美合众国反对英国一国的民族解放战争[10]。法国和西班牙当时自己仍占据着今天美国的某些部分，但出于对英国的仇恨，也就是说，为了自己的帝国主义利益，却同举行起义反对英国的合众国缔结了友好条约。法军同美军一起打英国人。我们看到这是一场民族解放战争，在这场战争中，帝国主义竞争是一个没有多大意义的附带因素，这同我们在1914～1916年战争中所看到的情况恰恰相反（在奥塞战争中，民族因素同决定一切的帝国主义竞赛相比，没有多大的意义）。由此可见，死板地运用帝国主义这个概念，并且由此得出"不可能"发生民族战争的结论，那是多么荒谬。比如波斯、印度和中国联合起来进行反对某些帝国主义大国的民族解放战争，是完全可能的而且可能性很大，因为它是从这些国家的民族解放运动中产生的，至于这种战争是否转化为目前帝国主义大国之间的帝国主义战争，这要取决于很多具体情况，担保这些情况一定会出现，那是很可笑的。

第三，即使在欧洲也不能认为民族战争在帝国主义时代不可能发生。"帝国主义时代"使目前这场战争成了帝国主义战争，它必然引起（在社会主义到来以前）新的帝国主义战争，它使目前各大国的政策成了彻头彻尾的帝国主义政策，但是，这个"时代"**丝毫不排斥**民族战争，例如，小国（假定是被兼并的或受民族压迫的国家）**反对**帝国主义大国的民族战争，它也不排斥东欧大规模的民族运动。例如，尤尼乌斯对奥地利的判断是很有见地的，他不仅估计到"经济"因素，而且估计到特殊的政治因素，指出"奥地利没有内在的生命力"，认为"哈布斯堡王朝并不是资产阶级国家的政治组织，而只是由几个社会寄生虫集团组成的松散的辛迪加"，"奥匈帝国的灭亡在历史上不过是土耳其崩溃的继续，同时也是历史发展过程的要求"。至于某些巴尔干国家和俄国，情况也并不好些。如果各"大"国在这场战争中都弄得筋疲力竭，或者如果革命在俄国取得胜利，则完全可能发生民族战争，甚至胜利的民族战争。帝国主义大国的干涉实际上并**不是**在一切条件下都能实现的，这是一方面。而另一方面，如果有人"轻率地"说：小国反对大国的战争是没有希望的，那就必须指出：没有希望的战争也是战争；其次，"大国"内部的某些现象——如发生革命——可以使"没有希望的"战争成为很"有希望的"战争。

我们所以详细地分析所谓"再也不可能有民族战争"这个不正确的论点，不仅是因为它在理论上显然是错误的。第三国际只有在非庸俗化的马克思主义基础上才能建立起来，因此，"左派"如果对马克思主义理论漠不关心，那当然是极其可悲的。而且这个错误在政治实践中也是极其有害的：人们会从这一错误出发去进行"废除武装"的荒谬宣传，因为似乎除了反动的战争以外再也不可能有任何战争；人们从这一错误出发会对民族运动持更荒谬的和简直是反动的漠视态度。当欧洲的"大"民族——压迫许多小民族和殖民地民族的民族——的成员，以貌似学者的姿态声称"再也不可能有民族战争"的时候，这种漠视态度就是沙文主义！**反对帝国主义大国的民族战争不仅是可能的和可能性很大，而且是不可避免的、进步的、革命的，诚然**，为了取得**胜利**，或者需要被压迫国家众多居民（我们举例提到的印度和中国就有几亿人口）的共同努力，或者需要国际形势中某些情况**特别**有利的配合（例如，帝国主义大国由于大伤元气、由于彼此打仗和对抗而无力进行干涉，如此等等），或者需要某一大国的无产阶级**同时**举行起义反对资产阶级（我们列举的情况中的最后一种对于无产阶级的胜利是最理想和最有利的）。

不过必须指出，如果责难尤尼乌斯对民族运动漠不关心，那是不公正的。他至少已经指出，社会民主党党团的罪过之一，就是对喀麦隆一个土著领袖因"叛变"（显然是因为他在战争爆发时企图举行起义）而被处死刑一事默不作声，他在另一个地方还专门（向列金先生、伦施先生以及诸如此类的仍把自己算作"社会民主党人"的坏蛋们）强调指出，殖民地民族也是民族。他极其肯定地说："社会主义承认每个民族都有独立和自由的权利，都有独立掌握自己命运的权利"；"国际社会主义承认自由、独立、平等的民族的权利，但是，只有它才能建立这样的民族，只有它才能实现民族自决权。而这个社会主义的口号〈作者说得很正确〉也和其他一切口号一样,不是为现存的事物辩护,而是指出道路,促使实行革命的、改造的、积极的无产阶级政策"(第77页和78页)。因此,谁要是认为一切左派德国社会民主党人都象某些荷兰和波兰的社会民主党人那样,囿于狭小的眼界和面目全非的马克思主义,连社会主义下的民族自决也加以否认,那就大错特错了。荷兰人和波兰人犯**这个**错误的**特殊**的根源,我们在别处还要谈到。

尤尼乌斯的另一个错误论断,同保卫祖国问题有关。这是帝国主义战争期间一个重大的政治问题。尤尼乌斯使我们更加深信,我们党对这个问题的提法是唯一正确的:在这场帝国主义战争中,无产阶级反对保卫祖国,是**因为**这场战争具有掠夺、奴役和反动的性质,是**因为**有可能和有必要用争取社会主义的国内战争来对抗帝国主义战争(并竭力变帝国主义战争为国内战争)。尤尼乌斯一方面很好地揭露了目前这场战争的帝国主义性质,指出它不同于民族战争;可是另一方面,又犯了非常奇怪的错误,企图牵强附会地把民族纲领同**目前这场非**民族的战争扯在一起!这听起来几乎令人难以置信,但却是事实。

资产阶级拼命叫喊外国"入侵",以便欺骗人民群众,掩盖战争的帝国主义性质,而带有列金和考茨基色彩的官方社会民主党人为了讨好资产阶级,特别热心地重复着这个"入侵"的论据。考茨基现在向那些天真而轻信的人保证说(包括通过俄国的组委会分子[11]斯佩克塔托尔),他从1914年年底就转到反对派方面来了,然而他却继续援引这个"论据"!尤尼乌斯竭力驳斥这个论据,举了一些历史上极有教益的例子,来证明"入侵和阶级斗争在资产阶级历史上,并不象官方的神话所说的那样,是互相矛盾的,而是两者互为手段和表现的"。例子是:法国波旁王朝曾请求外国入侵以反对雅各宾党人,1871年,资产者曾请求外国入侵以反对巴黎公社。马克思在《法兰西内战》中写道:

旧社会还能创造的最高英雄伟绩不过是民族战争,而这种战争现在表明是政府玩弄的十足的欺骗勾当,这种欺骗勾当的唯一目的不过是要推迟阶级斗争,当阶级斗争变成内战的熊熊火焰时,这种欺骗勾当也就被抛在一边了。"①

尤尼乌斯在引证1793年的例子时写道:"法国大革命是一切时代的典型例子。"他由此得出结论说:"因此,历来的经验证明,不是戒严状态,而是唤起人民群众的自尊心、英雄气概和道德力量的忘我的阶级斗争,才是保卫国家、抵御外敌的最好办法。"

尤尼乌斯的实际结论是:

"是的,社会民主党人有责任在严重的历史危机时保卫自己的国家。而社会民主党国会党团的重大罪过,也正在于它在1914年8月4日的宣言里庄严地宣布:'我们决不会在危急时刻不起来保卫我们的祖国',同时却又自食其言。它在最危急的时刻**没有起来**保卫祖国。因为在这个时刻它对祖国的首要义务是:向祖国指出这场帝国主义战争的真实内幕,揭穿掩盖这种危害祖国行为的爱国主义的和外交的种种谎言;大声地明确地声明,对德国人民来说,这场战争无论胜负都是灾难;竭力反对用实行戒严来扼杀祖国;宣布必须立即武装人民,让人民来决定战争与和平的问题;坚决要求在整个战争期间不断(连续)召开人民代表会议,以保证人民代表机关对政府、人民对人民代表机关的严格监督;要求立刻废除对一切政治权利的限制,因为只有自由的人民才能胜利地保卫自己的国家;最后,要用爱国主义者和民主主义者1848年的原来的真正民族的纲领,用马克思、恩格斯和拉萨尔的纲领,即统一的大德意志共和国的口号,来对抗帝国主义的战争纲领——旨在保存奥地利和土耳其,也就是保存欧洲和德国反动势力

---

① 见《马克思恩格斯全集》第17卷,第383页。——编者注

的纲领。这就是应当在全国面前展开的旗帜，它才是真正民族的、真正解放的旗帜，而且既符合德国的优良传统，也符合无产阶级的国际阶级政策"……"可见，所谓祖国利益和无产阶级的国际团结难以兼得，是悲剧性的冲突促使我们的国会议员怀着'沉重心情'站到了帝国主义战争的方面，这纯粹是一种想象，是一种资产阶级民族主义的虚构。相反地，无论在战争时期或和平时期，国家利益和无产阶级国际的阶级利益都是完全协调的，因为无论战争或和平都要求极其有力地展开阶级斗争，极其坚决地维护社会民主党的纲领。"

尤尼乌斯的论断就是如此。这些论断显然是错误的，我国沙皇制度的公开的和隐蔽的奴仆普列汉诺夫和契恒凯里先生，也许甚至还有马尔托夫和齐赫泽先生，都会幸灾乐祸地抓住尤尼乌斯的话，不去考虑理论上的真理，而是考虑如何脱身、灭迹、蒙蔽工人，因此，我们必须比较详细地来说明尤尼乌斯的错误的**理论**根源。

他建议用民族纲领来"对抗"帝国主义战争。他建议先进阶级要面向过去，而不要面向未来！1793年和1848年，无论在法国、德国或整个欧洲，**客观**上提上日程的都是**资产阶级**民主革命。同这种**客观**的历史情况相适应的，是"真正民族的"纲领，即当时民主派的民族的**资产阶级**纲领，在1793年，资产阶级和平民中最革命的分子曾经实行过这种纲领；而在1848年，马克思也代表整个先进的民主派宣布过这种纲领。当时**在客观上**同封建王朝战争相对抗的是革命民主战争、民族解放战争。那个时代的历史任务的内容就是这样的。

现在，对欧洲各先进的大国来说，**客观情况**不同了。要向前发展——如果撇开可能的、暂时的后退不说——只能走向**社会主义**社会，走向**社会主义革命**。从向前发展的观点看来，从先进阶级的观点看来，**客观上**能够对抗帝国主义资产阶级战争、高度发达的资本主义的战争的，只有**反对资产阶级**的战争，也就是说，首先是无产阶级和资产阶级争夺政权的国内战争，因为**没有**这种战争，就**不能**真正前进，其次是在一定的特殊条件下可能发生的保卫社会主义国家、反对资产阶级国家的战争。所以说，有些布尔什维克（好在只是个别的，并且立即被我们抛到号召派[12]那边去了）准备采取有条件地保卫祖国的观点，即在俄国革命胜利和共和制胜利的条件下保卫祖国的观点，他们虽然忠于布尔什维主义的**词句**，却背叛了它的**精神**；因为卷入欧洲各先进大国的帝国主义战争的俄国，即使有共和制的形式，它进行的也**还是**帝国主义战争！

尤尼乌斯说阶级斗争是对付入侵的最好手段，这只是运用了马克思辩证法的一半，他在正确的道路上迈出一步之后，马上又偏离了这条道路。马克思的辩证法要求对每一特殊的历史情况进行具体的分析。说阶级斗争是对付入侵的最好手段，这**无论**对推翻封建制度的资产阶级**或**对推翻资产阶级的无产阶级来说，都是正确的。正因为这对**任何**阶级压迫来说都是正确的，所以这**太一般化**，因而用在目前这种**特殊**的场合就**不够**了。反对资产阶级的国内战争**也是**一种阶级斗争，只有这种阶级斗争才会使欧洲（整个欧洲，而不是一个国家）避免入侵的危险。要是在1914～1916年间存在"大德意志共和国"的话，那它还会进行**同样**的帝国主义战争。

尤尼乌斯几乎得出了正确的答案和正确的口号：要进行争取社会主义、反对资产阶级的国内战争，但他似乎害怕彻底说出全部真理，而**向后**转了，陷入了在1914、1915、1916年间进行"民族战争"的幻想。如果不从理论方面，而纯粹从实践方面来看问题，那么尤尼乌斯的错误也是很明显的。德国的整个资产阶级社会、包括农民在内的各个阶级，都是**拥护**战争的（在俄国大概**也是**这样，至少是大多数富裕农民和中等农民以及很大一部分贫苦农民，显然都被资产阶级帝国主义所迷惑）。资产阶级武装到了牙齿。在这种情况下，"宣布"成立共和国、建立常设国会、由人民选举军官（"武装人民"）等等的纲领，**实际上**就是"宣布"（具有**不正确的革命纲领的！**）**革命**。

尤尼乌斯在这里说得完全对：革命是不能"制造"的。革命在1914～1916年间提上了日程，革命潜伏在战争中，并从战争中**发展起来**。应当以革命阶级的名义"**宣布**"这一点，大胆地彻底地指出**它**的纲领：争取实现社会主义，而在战争时代，没有反对反动透顶的、罪恶的、使人民遭受无法形容的灾难的资产阶级的国内战争，这是不可能的。应当周密考虑出系统的、彻底的、实际的、**不论革命危机以何种速度发展都是绝对可行的**、适合于日益成熟的革命的行动。我们党的决议中已经指出这些行动：（1）投票反对军事拨款；（2）打破"国内和平"；（3）建立秘密组织；（4）举行士兵联欢；（5）支持群众的一切革命行动。① **所有**这些步骤的顺利实现，**必然**会导致国内战争。

宣布伟大的历史性的纲领，毫无疑问，有巨大的意义，但不是宣布旧的、对1914~1916年来说已过了时的德国民族纲领，而是要宣布无产阶级国际主义和社会主义的纲领。你们资产者为了掠夺而打仗；我们**一切**交战国工人向你们宣战，为社会主义而战，——这就是没有象列金、大卫、考茨基、普列汉诺夫、盖得、桑巴之流那样背叛了无产阶级的社会党人在1914年8月4日的国会演说中应当讲的内容。

看来，尤尼乌斯的错误可能是由双重错误的想法造成的。毫无疑问，尤尼乌斯是坚决反对帝国主义战争和坚决**拥护**革命策略的，不管普列汉诺夫先生们对尤尼乌斯的"护国主义"怎样幸灾乐祸，都抹杀不了这个**事实**。对于这种可能的和很有可能的诽谤，必须立即直截了当地给以回击。

但是，第一，尤尼乌斯没有完全摆脱德国社会民主党人、即使是左派社会民主党人的"环境"，那些人害怕分裂，害怕彻底说出革命的口号。② 这种害怕心理是错误的，德国左派社会民主党人应当消除而且**一定会消除**这种心理。他们在同社会沙文主义者的斗争过程中**一定会做到**这一点。他

---

① 见《列宁全集》第26卷，第166页。——编者注
② 尤尼乌斯谈到"胜利还是失败"这个问题时的议论，也有同样的错误。他的结论是：二者都不好（破产、军备扩充，等等）。这不是革命无产阶级的观点，而是和平主义的小资产者的观点。如果说到无产阶级的"革命干预"——虽然，无论尤尼乌斯或"国际"派的提纲都谈到这一点，可惜太一般化了——那就**必须从别**的观点提出问题：（1）不冒失败的危险，能不能进行"革命干预"？（2）不冒同样的危险，能不能打击**本**国的资产阶级和政府？（3）我们不是向来都说，而反动战争的历史经验不是也表明，失败会促进革命阶级的事业吗？

们正在坚定不移地、**一心一意地**同**本国**社会沙文主义者作斗争,他们同马尔托夫和齐赫泽这班先生的重大的、原则的根本区别就在这里。因为马尔托夫和齐赫泽这班先生(和斯柯别列夫一样)一只手摇着旗帜,向"各国的李卜克内西"致敬,另一只手却和契恒凯里和波特列索夫亲热拥抱!

第二,看来,尤尼乌斯想实现一种同孟什维克的臭名昭著的"阶段论"相类似的东西,想从革命纲领"最方便的"、"通俗的"、能为**小资产阶级**所接受的那一头**做起**。这好象是打算"蒙哄历史",蒙哄那些庸人。据说,谁也不会反对保卫真正祖国的**最好**办法,而真正的祖国就是大德意志共和国,保卫的最好办法**就是**建立民兵、常设国会等等。据说,这样的纲领一旦被采纳,它便会自然而然地导致下一个阶段,即社会主义革命。

大概就是这种推论自觉或半自觉地确定了尤尼乌斯的策略。不用说,这种推论是错误的。尤尼乌斯的小册子令人感觉到他是**一个孤独者**,他没有一批秘密组织中的同志,而秘密组织是习惯于透彻地考虑革命口号并经常用这些口号教育群众的。不过这种缺点——忘记这一点是很不对的——并不是尤尼乌斯个人的缺点,这是德国**所有**左派的软弱性造成的,因为他们被考茨基的虚伪、学究气、对机会主义者的"友好"这些卑鄙的东西从四面八方包围着。尤尼乌斯的拥护者**虽然**孤独无援,但是已经能够**着手**印发秘密传单并同考茨基主义作战了。他们也一定能够继续沿着正确的道路前进。

载于《〈社会民主党人报〉文集》第1辑,1916年10月

选自《列宁全集》第28卷,第1~15页

注释:

[1] 这个提纲即《指导原则》(见《列宁全集》第28卷注2),载于1916年2月《伯尔尼国际社会党委员会。公报》第3号,标题为《德国同志们的建议》。它规定了第一次世界大战期间德国左派社会民主党人在一些重要的理论和政治问题上的立场。

国际社会党委员会（I. S. K.）是齐美尔瓦尔德联盟的执行机构，在1915年9月5～8日举行的国际社会党第一次代表会议（齐美尔瓦尔德会议）上成立。组成委员会的是罗·格里姆、奥·莫尔加利、沙·奈恩以及担任译员的安·巴拉巴诺娃。委员会设在伯尔尼。齐美尔瓦尔德代表会议后不久，根据格里姆的建议，成立了国际社会党扩大委员会，参加扩大委员会的是同意齐美尔瓦尔德会议决议的各党的代表。代表俄国社会民主工党中央委员会参加扩大委员会的是列宁、伊·费·阿尔曼德和格·叶·季诺维也夫。

《伯尔尼国际社会党委员会。公报》（《Internationale Sozialistische Komission zu Bern. Bulletin》）是国际社会党委员会的机关报，于1915年9月～1917年1月在伯尔尼用德、法、英三种文字出版，共出了6号。

[2] 国际派即斯巴达克派是德国左派社会民主党人的革命组织，于第一次世界大战初期形成，创建人和领导人有卡·李卜克内西、罗·卢森堡、弗·梅林、克·蔡特金、尤·马尔赫列夫斯基、莱·约吉希斯（梯什卡）、威·皮克等。1915年4月，卢森堡和梅林创办了《国际》杂志，这个杂志是团结德国左派社会民主党人的主要中心。1916年1月1日，全德左派社会民主党人代表会议在柏林召开，会议决定正式成立组织，取名为国际派。代表会议通过了一个名为《指导原则》的文件，作为该派的纲领，这个文件是在卢森堡主持和李卜克内西、梅林、蔡特金参加下制定的。1916年该派曾出版秘密刊物《政治书信》，署名斯巴达克，因此该派也被称为斯巴达克派。1917年4月，斯巴达克派加入了德国独立社会民主党，但保持组织上和政治上的独立。斯巴达克派在群众中进行革命宣传，组织反战活动，领导罢工，揭露世界大战的帝国主义性质和社会民主党机会主义领袖的叛卖行为。斯巴达克派在理论和策略问题上也犯过一些错误，列宁曾屡次给予批评和帮助。1918年11月，斯巴达克派改组成为斯巴达克联盟，12月14日公布了联盟的纲领。1918年底，联盟退出了独立社会民主党，并在1918年12月30日～1919年1月1日举行的全德斯巴达克派和激进派代表会议上创建了德国共产党。

[3] 《国际》杂志（《Die Internationale》）是罗·卢森堡和弗·梅林创办的关于马克思主义实践与理论问题的刊物，第1期于1915年4月出版。这期杂志在杜塞尔多夫印刷，印了9000份。杂志纸型曾寄给在伯尔尼的罗·格里姆，由他翻印后向瑞士及其他国家传播。该杂志是公开出版的，第1期出版后立即被

查禁。1918年德国十一月革命后复刊。1933年阿·希特勒上台后作为非法刊物继续秘密出版。1939年停刊。

[4] 指1916年1月12日《前进报》第11号登载的奥·吕勒的声明《论党的分裂》。他在声明中指出德国社会民主党的分裂是不可避免的。《前进报》编辑部在发表吕勒声明的同时发表了一篇编辑部文章，声称尽管把吕勒的声明全文照登，但它认为声明中所提出的争论问题不仅为时过早，而且完全是无的放矢。

《前进报》(《Vorwärts》)是德国社会民主党的中央机关报（日报），于1876年10月在莱比锡创刊，编辑是威·李卜克内西和威·哈森克莱维尔。1878年10月反社会党人非常法颁布后被查禁。1890年10月反社会党人非常法废除后，德国社会民主党哈雷代表大会决定把1884年在柏林创办的《柏林人民报》改名为《前进报》（全称是《前进。柏林人民报》），从1891年1月起作为中央机关报在柏林出版，由威·李卜克内西任主编。恩格斯曾为《前进报》撰稿，帮助它同机会主义的各种表现进行斗争。1895年恩格斯逝世以后，《前进报》逐渐转入党的右翼手中。它支持过俄国的经济派和孟什维克。第一次世界大战期间持社会沙文主义立场。1933年停刊。

[5] 《不来梅市民报》(《Bremer Bürger-Zeitung》)是德国社会民主党报纸（日报），于1890～1919年出版。1916年以前是不来梅左派社会民主人的报纸。1916年，德国社会民主党中央施加压力，迫使当地党组织改组该报编辑部。同年该报转到了考茨基分子和谢德曼分子手里。

[6] 《人民之友报》(《Volksfreund》)是德国社会民主党报纸（日报），1871年在不伦瑞克创刊。1914～1915年该报实际上是德国左派社会民主人的机关报。1916年该报转到了考茨基分子手里。

[7] "德国国际社会党人"(I.S.D.)是第一次世界大战期间围绕着在柏林出版的《光线》杂志而组成的德国左派社会民主党人集团，它公开反对战争和机会主义，在同社会沙文主义派和中派划清界限方面持最彻底的立场。在齐美尔瓦尔德会议上，该集团代表尤·博尔夏特在齐美尔瓦尔德左派的决议草案上签了名。但该集团与群众缺乏广泛联系，不久就瓦解了。

[8] 《新时代》杂志(《Die Neue Zeit》)是德国社会民主党的理论刊物，1883～1923年在斯图加特出版。1890年10月前为月刊，后改为周刊。1917年10月

以前编辑为卡·考茨基，以后为亨·库诺。1885～1895年间，杂志发表过马克思和恩格斯的一些文章。恩格斯经常关心编辑部的工作，并不时帮助它纠正背离马克思主义的倾向。为杂志撰过稿的还有威·李卜克内西、保·拉法格、格·瓦·普列汉诺夫、罗·卢森堡、弗·梅林等国际工人运动活动家。《新时代》杂志在介绍马克思主义基本理论、宣传俄国1905～1907年革命等方面做了有益的工作。随着考茨基转到机会主义立场，1910年以后，《新时代》杂志成了中派分子的刊物。在第一次世界大战期间，它持中派立场，实际上支持社会沙文主义者。

[9] 指1756～1763年以英国、普鲁士、汉诺威为一方和以法国、俄国、奥地利、萨克森、瑞典、西班牙为另一方在欧洲、美洲、印度和海上进行的战争，史称七年战争。这次战争的结果之一是，英国获得了法属北美殖民地并确立了在印度的优势，成为海上霸主。

[10] 指1775～1783年美国独立战争。

[11] 组委会分子是指俄国孟什维克组织委员会的拥护者。

组织委员会（简称组委会）是1912年在取消派的八月代表会议上成立的俄国孟什维克的领导中心。第一次世界大战期间，组委会采取了社会沙文主义立场，站在沙皇政府方面为战争辩护。组委会先后出版过《我们的曙光》、《我们的事业》、《事业》、《工人晨报》、《晨报》等报刊。1917年8月孟什维克党选出中央委员会以后，组委会的职能即告终止。除了在俄国国内活动的组委会外，在国外还有一个组委会国外书记处。这个书记处由帕·波·阿克雪里罗得、伊·谢·阿斯特罗夫－波韦斯、尔·马尔托夫、亚·萨·马尔丁诺夫和谢·尤·谢姆柯夫斯基组成，持和中派相近的立场，实际上支持俄国的社会沙文主义者。书记处的机关刊物是《俄国社会民主工党组织委员会国外书记处通报》，1915年2月～1917年3月在日内瓦出版，共出了10号。

[12] 号召派是指《号召报》集团的拥护者。《号召报》集团是1915年9月由孟什维克和社会革命党人组成的，持极端的社会沙文主义立场。该集团于1915年10月～1917年3月在巴黎出版周报《号召报》。《号召报》的领导人有格·瓦·普列汉诺夫、格·阿·阿列克辛斯基、伊·布纳柯夫、尼·德·阿夫克森齐耶夫等。

关于自决问题的争论总结

（1916年7月）

齐美尔瓦尔德左派[1]的马克思主义杂志《先驱》[2]第2期（1916年4月《Vorbote》第2期）上刊载了分别由我们中央机关报《社会民主党人报》[3]编辑部和波兰社会民主党反对派机关报《工人报》[4]编辑部署名的赞成和反对民族自决的两个提纲[5]。读者在前面可以找到转载的前一提纲和翻译的后一提纲。在国际范围内，如此广泛地提出这个问题，几乎还是第一次。20年以前（1895～1896年），即1896年伦敦国际社会党代表大会以前，代表三种不同观点的罗莎·卢森堡、卡·考茨基和波兰"独立派"（波兰独立的拥护者，波兰社会党），在德国马克思主义杂志《新时代》上进行的讨论[6]中，仅仅提出了波兰问题。据我们所知，到现在为止，只有荷兰人和波兰人比较系统地讨论过自决的问题。我们希望《先驱》杂志能够推动英国人、美国人、法国人、德国人、意大利人来讨论这个目前如此迫切的问题。公开拥护"自己的"政府的普列汉诺夫之流、大卫之流或者暗中维护机会主义的考茨基分子（包括阿克雪里罗得、马尔托夫、齐赫泽等人）所代表的正式的社会主义，在这个问题上说了这么多谎话，所以在今后很长时期内，必然是一方面他们拼命装聋作哑和回避问题，另一方面工人则要求对"该死的问题"给以"直接的回答"。关于国外社会党人之间各种观点的斗争进程，我们将尽力及时地报道给读者。

对我们俄国社会民主党人来说，这个问题还有特别重要的意义。这场争论是1903年和1913年争论[7]的继续；这个问题在战争时期曾经在我们的党员中引起某些思想波动[8]；由于格沃兹杰夫工党即沙文主义工党的一些著名领袖，如马尔托夫和齐赫泽，玩弄种种诡计以回避问题的本质，这个问题更加尖锐了。因此，对国际范围内已经展开的争论作一个哪怕是初步的总结，是很必要的。

从提纲中可以看出，我们的波兰同志就我们的某些论点，如有关马克思主义和蒲鲁东主义[9]的论点，对我们作了直接的回答。但在多数情况下他们不是直接地回答我们，而是提出**自己的**相反的论断，间接地回答我们。现在我们来研究一下他们间接的和直接的回答。

1. 社会主义和民族自决

我们曾经断定，在社会主义制度下如果拒绝实行民族自决，那就是背叛社会主义。他们回答我们说："自决权不适用于社会主义社会。"这是根本的分歧。分歧的根源在哪里呢？

我们的论敌反驳说："我们知道，社会主义一定会消灭任何民族压迫，因为它将消灭造成民族压迫的阶级利益……"在争论**政治**压迫形式**之一**，即一个民族把另一个民族强制地留在本国疆界以内的问题时，谈论消灭民族压迫的**经济**前提，谈论这种早已尽人皆知和无可争辩的条件有什么用呢？这简直是企图回避政治问题！下面的议论使我们更加相信这一估计：

> 我们没有任何根据可以假定，社会主义社会中的民族会具有经济政治单位的性质。它非常可能只具有文化和语言单位的性质，因为社会主义文化圈的地域划分——如果将存在这种划分的话——只能按生产的需要来进行，并且这一划分问题显然不应当由掌握自己全部权力的各个民族单独解决（象"自决权"所要求的那样），而应当由一切有关的公民来**共同决定**……

后面这个用**共同决定**代替**自决**的论点,波兰同志非常欣赏,以致他们在自己的提纲里重复了**三次**!然而再三重复并不能把十月党人[10]的这个反动论点变成社会民主党人的论点。因为所有反动分子和资产者都准许被强制留在本国疆界内的民族在下议院内享有"共同决定"国家命运的权利。威廉二世也准许比利时人在德国下议院内享有"共同决定"德意志帝国命运的权利。

我们的论敌竭力回避的正是有争论的,即专门提出讨论的分离权的问题。这令人可笑,更令人可悲![11]

我们的提纲的第1条指出解放被压迫民族的前提就是在政治方面实行双重改革:(1)各民族完全平等。关于这一点没有争论,这只同国内发生的事情有关;(2)政治上的分离自由。① 这同确定国界有关。**仅仅**这一点有争论。可是我们的论敌恰恰对这一点默不作声。他们对国界问题乃至国家问题,都不愿加以考虑。这是一种同1894~1902年间的旧"经济主义"[12]相仿的"帝国主义经济主义"。旧"经济主义"曾经断定,资本主义已经胜利,**因此**政治问题无关紧要。帝国主义已经胜利,**因此**政治问题无关紧要!这种取消政治的理论,是同马克思主义根本敌对的。

马克思在批判哥达纲领时写道:"在资本主义社会和共产主义社会之间,有一个从前者变为后者的革命转变时期。同这个时期相适应的也有一个政治上的过渡时期,这个时期的国家只能是无产阶级的革命专政。"② 直到现在,这个真理对社会主义者说来,还是无可争辩的,而这个真理就包含着对**国家**的承认——直到胜利了的社会主义转变为完全的共产主义为止。恩格斯关于国家**消亡**的名言是大家都知道的。我们在提纲第1条中特意着重指出,民主是一种国家形式,它也将随着国家的消亡而消亡。只要我们的论敌还没有用某种"取消国家"的新观点来代替马克思主义,他们的论断就是完全错误的。

---

① 见《列宁全集》第27卷,第254页。——编者注
② 见《马克思恩格斯全集》第19卷,第31页。——编者注

他们不谈国家（**也就是说**不谈确定国**界**！），而谈"社会主义文化圈"，也就是故意选择一种含糊到把一切有关国家的问题都抹杀掉的说法！这是一种可笑的同义反复；如果没有国家，当然也就没有国界问题。那时**整个**民主政治纲领都是不必要的了。国家一旦"消亡"，共和国也就不再存在。

我们在提纲第5条（注释）① 中曾提到德国沙文主义者伦施的文章，他在自己的文章里，引证了恩格斯的《波河与莱茵河》一文中一段有趣的话。恩格斯在那篇文章中顺便提到："那些大的、有生命力的欧洲民族"在吞并许多小的、没有生命力的民族的历史发展过程中，其疆界愈来愈靠居民的"语言和共同感情"来确定。恩格斯把这种疆界叫作"自然疆界"②。大约在1848～1871年间，在进步的资本主义时代，欧洲的情况就是这样的。现在，反动的帝国主义资本主义愈来愈经常地**打破**这些以民主方式确定的疆界。现在有种种迹象说明，帝国主义会把欧洲和世界其他各洲的一些**不够**民主的疆界，许多兼并的地方，遗留给将取代它的社会主义。胜利了的社会主义在一切方面恢复和彻底实行充分的民主时，难道会拒绝以**民主方式**确定国界吗？难道会不愿意考虑居民的"共同感情"吗？只要提出这些问题，就能清楚地看到，我们的波兰同事是怎样从马克思主义滚向"帝国主义经济主义"的。

老的"经济主义者"把马克思主义弄得面目全非，他们教导工人说，在马克思主义者看来，"只有""经济"因素才重要。新的"经济主义者"或者认为取得了社会主义胜利的民主国家将没有疆界（类似没有物质的"感觉的复合"），或者认为疆界将来"只"根据生产需要来确定。实际上，**这些**疆界将以民主方式，即依照居民的意志和"共同感情"来确定。资本主义强奸这种共同感情，从而给各民族的接近增加了新的困难。社会主义组织**没有**阶级压迫的生产，保证国家**全体**成员的福利，从而为发扬居民的"共同感情"提供**充分的余地**，正因为这样才能促进和大大加速各民

---

① 见《列宁全集》第27卷，第260～261页。——编者注
② 见《马克思恩格斯全集》第13卷，第298页。——编者注

族的接近和融合。

为了让读者放下这个笨重的"经济主义",休息一下,我们援引一个没有参加我们争论的社会主义著作家的论点。这位著作家便是奥托·鲍威尔,他也有自己的"癖好",即"民族文化自治"[13],但是,他对一系列极重要的问题却说得很对。例如,在《民族问题和社会民主党》一书第29节里,他极其正确地指出,民族意识掩盖了**帝国主义**政策。在第30节《社会主义和民族原则》里,他说:

> 社会主义公团永远不能强制一些民族成为自己的成员。试设想一下那些拥有全部民族文化财富的、充分和积极参加立法和管理工作的、并且配备有武装的人民群众吧,——难道能够强制这样的民族服从异族的社会机构的统治吗?任何国家政权都以武装力量为基础。由于巧妙的机制,现在的人民军队同从前的骑士军队和雇佣军队一样,仍然是一定的人物、家族、阶级手中的工具。而社会主义社会民主公团的军队无非是武装的人民,因为它是由具有高度文化的人组成的,他们自愿地在公共的工厂里工作,并且充分地参与各个方面的国家生活。在这种情况下,异族统治的任何可能性都会消失。

这说得很对。在资本主义制度下,要消灭民族的(以至一切政治的)压迫是**不可能**的。为此**必须**消灭阶级,也就是说,实行社会主义。但是,以经济为基础的社会主义决不完全归结于经济。要铲除民族压迫,必须有社会主义生产这个基础,但是,在这个基础上**还**必须有民主的国家组织、民主的军队等等。无产阶级把资本主义改造成社会主义之后,就**会**造成完全铲除民族压迫的**可能**。"只有"——"只有"!——在各方面都充分实行民主,直到按照居民的"共同感情"确定国界,直到有分离的充分自由,这种可能才会变为**现实**。也只有在这个基础上,才能**在实际上**消除民族间的任何细微的摩擦和不信任,加速民族的接近和融合,其结果便是国家**消亡**。这就是马克思主义的理论,而我们的波兰同事却错误地离开了它。

2. 在帝国主义时代民主是否"可以实现"?

波兰社会民主党人过去反对民族自决的一切论战，都是建立在民族自决在资本主义制度下"不能实现"这个论据上的。早在1903年，在俄国社会民主工党第二次代表大会纲领委员会里，我们火星派就嘲笑过这种论据，并且说这是在重复（臭名昭著的）"经济派"那种面目全非的马克思主义。我们在自己的提纲里特别详细地谈到了这个错误，整个争论的理论基础就在这里，而波兰同志不愿（或者无法？）答复我们的**任何一个**论点。

说自决在经济上是不可能的，那就应当用经济分析来加以证明，就象我们用经济分析来证明禁用机器或使用劳动货币等等是办不到的那样。可是谁也不想作这种分析。没有人会武断地说：在资本主义制度下"劳动货币""作为例外"可以在哪怕是一个国家内通行，就象一个小国在最猖狂的帝国主义的时代，可以作为例外甚至不经过战争和革命就实现不能实现的自决一样（1905年的挪威[14]）。

一般地说，政治民主仅仅是资本主义**之上的**上层建筑的可能的（虽然对"纯粹"的资本主义来说在理论上也是正常的）**形式**之一。正如事实所表明的，不论资本主义或帝国主义都是在**各种**政治形式中发展的，并且使**所有**这些形式服从于自己。因此，说民主的**一种**形式和**一个**要求"不能实现"，在理论上是根本不正确的。

对这些论据波兰同事都没有答复，因此只能认为在这一点上的争论已经结束。为了明确起见，我们曾作过极其具体的论断：现在由于这场战争的战略等等因素，便否认波兰的复兴"可以实现"，这是"可笑"的。可是没有得到答复。

波兰同志只是**重复**显然不正确的论断（第2节第1条），他们说："在异族地区的归并问题上，政治民主的形式已被排除；公开的暴力起决定作用……资本决不会让人民来解决自己的国界问题……"似乎"资本"能

"让人民"来选举**它的**为帝国主义效劳的官吏!或者,一些重大的民主问题,如用共和制代替君主制、用民兵代替常备军等,似乎不通过"公开的暴力"也**完全**可以得到根本解决!波兰同志主观上想要"加深"马克思主义,但是,他们做得很不成功。**客观上**,他们的所谓不能实现云云是一种机会主义,因为这必须有一个不言而喻的前提:不进行一系列的革命就"不能实现",正象在帝国主义时代,**整个**民主及其**一切**要求都不能实现那样。

波兰同事只有一次,即在第2节第1条末尾谈到阿尔萨斯时,抛弃了"帝国主义经济主义"的立场,在分析民主的一种形式的问题时作了具体的答复,而不是泛泛地援引"经济"因素。但是这种分析恰恰是错误的!他们写道:如果**一部分**阿尔萨斯人不征求法国人的意见,"强迫"他们把阿尔萨斯并入法国,尽管有部分阿尔萨斯人倾向于德国人,这样就有引起战争的危险,这是"分立主义的、不民主的"!!!这种糊涂观念是十分可笑的,因为自决的前提(这是显而易见的,而且我们已经在提纲里特别强调过)是有从压迫国家**分离**的自由;至于**并入**某一国家必须先征得**该国**的同意,这在政治上"通常是"不讲的,正象在经济上不说资本家"同意"取得利润或者工人"同意"取得工资一样!说这种话是可笑的。

如果是一个马克思主义的政治家,那么在谈到阿尔萨斯时,就应当抨击德国社会党的恶棍,因为他们不为争取阿尔萨斯的分离自由而斗争,应当抨击法国社会党的恶棍,因为他们同想用暴力吞并整个阿尔萨斯的法国资产阶级妥协;应当抨击这两种恶棍,因为他们都为"自己"国家的帝国主义效劳,害怕出现一个单独的即使是很小的国家;并且应当指出,承认自决的社会主义者,**用什么方式**可以在几个星期内就解决问题而又不违背阿尔萨斯人的意志。这一切都不谈,而谈论法兰西族阿尔萨斯人"强迫"法国接受自己,会带来多么大的危险,真是莫名其妙。

3. 什么是兼并？

这个问题我们在自己的提纲（第7条）①里已经十分明确地提出来了。波兰同志**没有**回答这个问题，他们**回避了**这个问题，却强调说：（1）他们反对兼并，（2）解释他们为什么反对。这当然是一些很重要的问题。不过这是**另外**一些问题。如果我们多少还关心我们的原则在理论上的周密性及其提法的明确性，我们就不能**回避**什么是兼并这个问题，因为这个概念在我们的政治宣传鼓动中已经在使用。在同事之间的讨论中回避这个问题，不能作别的解释，只能说是放弃立场。

为什么我们提出这个问题呢？这在我们提出这个问题时就已经说明了。因为"反对兼并就是承认自决权"。兼并的概念通常含有：（1）暴力的概念（强制归并）；（2）异族压迫的概念（归并"**异族**"地区等等）；有时含有（3）破坏现状的概念。这几点我们在提纲中已经指出，我们的这些意见并没有受到批评。

试问：社会民主党人能不能笼统地反对暴力呢？显然不能。这就是说，我们反对兼并并不是因为兼并是一种暴力，而是由于其他原因。同样地，社会民主党人也不能主张维持现状。你们不管怎样兜圈子，总避不开这个结论：兼并是**违反民族自决**，是**违背居民意志**来确定国**界**。

反对兼并**意味着**赞成自决权。"反对把任何民族强制地留在一个国家的疆界以内"（我们在提纲第4条里②**也**特地用了这种意思相同而措辞略有改变的提法，而波兰同志在这里对我们的**答复**是**十分清楚的**，他们在自己提纲第1节第4条开头就声明他们"反对把被压迫民族强制地留在兼并国的疆界以内"），这**也就是**赞成民族自决。

我们不想作字眼上的争论。如果有一个党在它的纲领里（或者在人人

---

① 见《列宁全集》第27卷，第263~264页。——编者注
② 见《列宁全集》第27卷，第259页。——编者注

都应当执行的决议里，问题不在于形式）说，它反对兼并①，反对把被压迫民族强制地留在**它的**国家疆界以内，那么，我们就宣布我们同这样的党在原则上完全一致。死抠"自决"这个**字眼**，那是愚蠢的。要是我们党内有人想用这样的精神来改变我们党纲第9条的**字眼**、措辞，那我们认为同**这种**同志的意见分歧完全不是原则性的！

问题仅仅在于我们的口号要有政治上的明确性和理论上的周密性。

特别是现在，由于战争的关系，这个问题的重要性是谁都不会否认的。然而在口头上争论这个问题时曾有这样一种论点（我们在报刊上没有看到这种论点）：**抗议**某件坏事，并不一定意味着承认排斥这种坏事的肯定概念。这个论点分明是站不住脚的，因此，显然没有在任何报刊上出现。如果有一个社会党宣称，它"反对把被压迫民族强制地留在兼并国的疆界以内"，那么，它一旦执政，**就必须拒绝强制**留住这些民族。

我们丝毫也不怀疑：如果明天兴**登堡**对俄国取得一半胜利，而这个一半胜利表现为成立一个新的波兰国家（因为英、法两国想要稍微削弱沙皇政府），这从资本主义的和帝国主义的经济规律来看，是完全"能够实现"的，如果后天社会主义革命在彼得格勒、柏林和华沙取得胜利，那么，波兰的社会主义政府就将同俄国和德国的社会主义政府一样，拒绝把例如乌克兰人"强制地留在""波兰国家疆界以内"。如果《工人报》编辑部的成员参加这个政府，他们无疑会牺牲自己的"提纲"，从而推翻"自决权不适用于社会主义社会"的"理论"。如果我们不是这样考虑，那我们提到日程上来的，就不是和波兰社会民主党人进行同志般的讨论，而是象对待沙文主义者那样，同他们作无情的斗争。

假定我到欧洲任何城市的街上去当众声明，以后又在报纸上声明，"抗议"人们不让我买人作奴隶。毫无疑问，人们有权利把我看作一个奴

---

① 卡·拉狄克在《伯尔尼哨兵报》（瑞士社会民主党的机关报，1893年在伯尔尼创刊。1909～1918年，罗格里姆任该报主编。第一次世界大战初期，该报发表过卡·李卜克内西、弗·梅林及其他左派社会民主党人的文章。从1917年起，该报公开支持社会沙文主义者。——编者注）上发表的一篇文章里用过"反对新旧兼并"这样的提法。

隶主，看作奴隶制原则或制度的拥护者。我对奴隶制的赞同表现为抗议这一否定形式，而不是表现为肯定形式（"我赞成奴隶制"），这也欺骗不了任何人。政治"抗议"**完全**等于政治纲领，这是显而易见的事，对此居然还要加以解释，真是令人感到有点难为情。无论如何，我们坚信，如果我们说，第三国际将不容许那些竟然能把政治抗议和政治纲领分开并且把这两者对立起来等等的人有立足之地，那我们至少不会遭到齐美尔瓦尔德左派（不是说一切齐美尔瓦尔德派，因为其中还有马尔托夫和其他考茨基分子）的"抗议"。

我们不愿在字眼上争论，我们衷心地希望波兰社会民主党人尽快地正式提出建议，取消我们的（也是**他们的**）党纲中的第9条以及国际纲领（1896年伦敦代表大会的决议）中的有关条文，并对有关"新旧兼并"和"把被压迫民族强制地留在兼并国的疆界以内"的政治思想提出**自己的**定义。我们现在谈下面一个问题。

4. 赞成兼并还是反对兼并？

波兰同志在自己提纲的第1节第3条里极其肯定地声明，他们反对任何兼并。可惜，我们在同一节的第4条里又遇到一种不得不认为是兼并主义的论断。这一节是从下面这句……如何说得委婉些呢？……奇怪的话开始的：

> 社会民主党反对兼并、反对把被压迫民族强制地留在兼并国的疆界以内的出发点是**一概拒绝保卫祖国**〈黑体是原作者用的〉，因为在帝国主义时代，保卫祖国就是保卫本国资产阶级压迫和掠夺异族的权利……

这是什么话？这怎样理解呢？

"反对兼并的出发点**是一概拒绝保卫祖国**……"但是要知道，任何民族战争和任何民族起义都可以叫作而且至今一直**普遍地**叫作"保卫祖国"!我们反对兼并,**但是**……对这一点我们是这样理解的:我们反对被兼并者**为**摆脱兼并者而进行的战争,我们反对被兼并者为摆脱兼并者而举行的起义!这难道不是兼并主义的论断吗?

提纲的作者用如下理由说明自己的……奇怪的论断:"在帝国主义时代"保卫祖国就是保卫本国资产阶级压迫异族的权利。但是,这种说法**仅仅**对于帝国主义战争,也就是说,对于帝国主义大国或大国集团**之间**的战争是正确的,因为交战**双方**不但都压迫"异族",而且进行战争是**为了决定**由谁压迫**更多的**异族!

看来,提纲的作者完全不是象我们党那样地提出"保卫祖国"的问题。我们反对在**帝国主义**战争中"保卫祖国"。这无论在我们党中央委员会的宣言或伯尔尼决议①中都已经说得一清二楚,伯尔尼决议已转载在用德文和法文出版的《社会主义与战争》[15]的小册子里。我们在自己的提纲中(第4条和第6条的注释)②也曾**两次**着重指出这一点。显然,波兰提纲的作者**根本**拒绝保卫祖国,就是说,**在民族战争中也**拒绝保卫祖国,也许他们认为"在帝国主义时代"民族战争是**不可能的**。我们说"也许",是因为波兰同志在自己的提纲里并**没有**说明这种看法。

这种看法在德国"国际"派的提纲和尤尼乌斯的小册子里已经明显地表露出来了,关于这本小册子,我特地写了一篇文章③。这里要对在那篇文章里所说的作一点补充,因为有人会把那些被兼并地区或国家反对兼并国的民族起义只叫作起义,而不叫作战争(我们已经听到过这种反对意见,所以在这里加以引用,虽然我们认为这种名词上的争论无关紧要)。但不管怎么样,未必有人敢于否认:被兼并的比利时、塞尔维亚、加里西亚、亚美尼亚会把它们反对兼并国的"起义"叫作"保卫祖国",而且叫

---

① 见《列宁全集》第26卷,第12~19页和第163~169页。——编者注
② 同上,第27卷,第260页和第262页。——编者注
③ 同上,第28卷,第1~15页。——编者注

得正确。这么说来，波兰同志**反对**这种起义的理由是：在这些被兼并的国家内**也**有资产阶级，它**也**压迫异族，或者更确切地说，它可能压迫异族，因为这里只谈到"它的压迫**权利**"。因此，用来评价某次战争或某次起义的，不是它的**实际**社会内容（被压迫民族反对压迫民族、争取解放的斗争），而是目前被压迫的资产阶级可能行使的它的"压迫**权利**"。假定说，比利时将在1917年被德国兼并，而在1918年举行起义，争取自己的解放，那么波兰同志就会反对起义，其理由是比利时资产阶级有"压迫异族的权利"！

这种议论既没有一点马克思主义的气味，又没有一点革命的气味。我们如果不背叛社会主义，那就**应当**支持反对我们主要敌人即大国资产阶级的**任何**起义，只要这不是反动阶级的起义。如果我们拒绝支持被兼并地区的起义，那在客观上我们会成为兼并主义者。正是在"帝国主义时代"——即将开始的社会革命的时代，无产阶级今天要竭力支持被兼并地区的起义，以便明天或者同时进攻被这种起义削弱的"大"国资产阶级。

可是波兰同志在兼并主义方面走得更远。他们不但反对被兼并地区的起义，而且反对这些地区**用任何方式**，即使用和平的方式恢复独立！请听：

> 社会民主党对帝国主义的压迫政策所造成的后果不负任何责任，它同这些后果作最尖锐的斗争，**但是决不赞成在欧洲树立新的界碑或恢复被帝国主义拆除的界碑**。（黑体是原作者用的）

现在德国和比利时、俄国和加里西亚之间的"界碑已被帝国主义拆除"。国际社会民主党竟然应当根本反对无论用什么样的方式恢复这些界碑。1905年，"在帝国主义时代"，当挪威自治议会宣布从瑞典分离时，瑞典反动派曾鼓吹瑞典对挪威开战，由于瑞典工人的反抗和迫于国际帝国主义的形势，这场战争没有打成，——当时社会民主党似乎应当反对挪威分离,因为这无疑等于"在欧洲树立新的界碑"!!

这已经是直接的公开的兼并主义。这用不着反驳,它已不攻自破。没有一个社会党敢采取这样的立场:"总的说来,我们反对兼并,但是对于欧洲,一旦兼并已经完成,我们就准许或容忍这种兼并……"

现在只需谈一谈这个错误的理论根源,这个错误使我们的波兰同志落到了这种极为明显的……"不可思议的地步"。把"欧洲"视为例外是没有根据的,关于这一点我们下面再讲。提纲中的以下两句话说明了这个错误的另一些根源:

> ……凡是在已形成的资本主义国家被帝国主义车轮辗压过的地方,为社会主义准备条件的资本主义世界的政治和经济集中,都是通过帝国主义压迫的残酷形式进行的……

这样替兼并作辩护,是司徒卢威主义[16],而不是马克思主义。记得上世纪90年代俄国情况的俄国社会民主党人,都很了解司徒卢威、库诺、列金这班先生们歪曲马克思主义的这种共同手法。关于德国的司徒卢威分子,即所谓"社会帝国主义者",波兰同志提纲的另一条(第2节第3条)专门写道:

> ……(自决口号)使社会帝国主义者有可能通过证明这个口号的幻想性质,说我们反对民族压迫的斗争是没有历史根据的感伤情绪,从而破坏无产阶级对社会民主党纲领的科学根据的信任……

这就是说,作者认为德国司徒卢威分子的立场是"科学的"!我们表示祝贺。

这种奇怪的论据吓唬我们说,伦施、库诺、帕尔乌斯之流比我们正确。但是,一件"小事情"就完全驳倒了这种论据,那就是伦施之流是始终如一的人,伦施在沙文主义的德文杂志《钟声》[17]第8~9期合刊上

（我们在自己的提纲中特意提到这两期），试图证明自决口号"没有科学根据"（波兰社会民主党人显然承认伦施的**这种**论点是无可反驳的，这在我们所引证的他们提纲的论断中可以看得很清楚……），**同时**也试图证明反对兼并的口号同样"没有科学根据"！！

因为伦施很了解我们给波兰同事指出的那个简单的道理，即"承认"自决同"抗议"兼并既没有"经济或政治上的"区别，也没有一般逻辑上的区别。但是，波兰同事却不愿意回答这一点。如果波兰同志认为伦施之流反对自决的论据是无可反驳的，那就不能不承认如下**事实**：伦施之流也使用**所有**这些论据来反对同兼并作斗争。

作为我们波兰同事所有论断的基础的理论错误，使他们成了**并非始终如一的兼并主义者**。

5. 为什么社会民主党反对兼并？

从我们的观点来看，答案是很清楚的：因为兼并违反民族自决，换句话说，它是民族压迫的一种形式。

从波兰社会民主党人的观点来看，需要**特别**说明我们为什么反对兼并，这些说明（提纲第1节第3条）却不可避免地使作者陷入了一系列新的矛盾。

他们引用两个论据来"证明"为什么我们（不顾伦施之流的有"科学根据的"论点）反对兼并。第一个论据是：

   ……有人说，为了保证胜利了的帝国主义国家的军事安全，在欧洲实行兼并是必要的，社会民主党拿如下的事实反对这种论断：兼并只能加剧对抗，从而增加战争的危险……

这样来答复伦施之流是不够的，因为他们的主要论据不是兼并在军事上的必要性，而是兼并**在经济上的**进步性，兼并意味着帝国主义条件下的集中。如果波兰社会民主党人既承认**这种**集中的进步性，拒绝在欧洲恢复被帝国主义拆除了的界碑，同时又**反对**兼并，那么这里的逻辑何在呢？

其次，兼并会加剧**哪种**战争的危险呢？不是帝国主义战争，因为这种战争是由别的原因引起的；目前帝国主义战争中的主要对抗，无疑是英德之间和俄德之间的对抗。这里无论过去和现在都不存在兼并。这是指加剧**民族**战争和民族起义的危险。但是，怎么能一方面宣称"在帝国主义时代"民族战争是**不可能的**，而另一方面又提出民族战争的危险呢？这是不合逻辑的。

第二个论据。

兼并"在统治民族的无产阶级和被压迫民族的无产阶级之间造成一道鸿沟"……"被压迫民族的无产阶级会同本民族的资产阶级联合起来，并且把统治民族的无产阶级看作敌人，无产阶级不是进行反对国际资产阶级的国际阶级斗争，而是会发生分裂和思想上的蜕化……"

这些论据我们完全同意。但是，在同一个问题上同时提出两个相互排斥的论据，这是否合乎逻辑呢？在提纲第1节第3条里，我们看到上述论据，即认为兼并造成无产阶级的**分裂**，紧接着在第4节里却告诉我们：在欧洲必须反对取消已经完成的兼并，必须"教育被压迫民族和压迫民族的工人群众去共同进行斗争"。如果说，取消兼并是一种反动的"感伤情绪"，那就**不能**这样来论证：兼并会在"无产阶级"之间挖一道"鸿沟"，造成它的"分裂"，相反地，必须把兼并看作各民族无产阶级**接近**的条件。

我们说：为了使我们能够完成社会主义革命和推翻资产阶级，工人应当更加紧密地团结起来，而争取自决即反对兼并的斗争会促进这种紧密的团结。我们是始终如一的。而波兰同志们认为欧洲的兼并是"不能取消的"，认为民族战争是"不可能的"，这是自己打自己的嘴巴，因为他们正是**拿**民族战争的论据来"反对"兼并的！正是用兼并会给各民族工人的接近和融合**造成困难**这种论据来反对兼并的！

换句话说，为了反对兼并，波兰社会民主党人不得不到**他们**根本否定的理论行囊中去找论据。

在殖民地问题上，这一点表现得更清楚。

6. 在这个问题上是不是可以把殖民地同"欧洲"对立起来？

我们的提纲已经说明：在资本主义制度下，要求立刻解放殖民地，如同实行民族自决、由人民选举官吏、建立民主共和国等一样，"是不能实现的"（也就是说，不经过一系列的革命是不能实现的，没有社会主义是不能巩固的）；而另一方面，要求解放殖民地，无非就是"承认民族自决"。

波兰同志对这两个论点中的任何一个都置之不理。他们企图把"欧洲"和殖民地区别开。他们成为并非始终如一的兼并主义者，仅仅表现在欧洲的问题上：他们拒绝取消兼并，因为兼并已经完成。而对于殖民地，他们提出无条件的要求："从殖民地滚出去！"

俄国社会党人应当要求："从土耳其斯坦、希瓦、布哈拉等地滚出去"，但是，如果他们要求让波兰、芬兰、乌克兰等地也有同样的分离自由，据说，那他们就会陷入"空想主义"、"非科学的""感伤情绪"等等。英国社会党人应当要求："从非洲、印度、澳大利亚滚出去"，但不是从爱尔兰滚出去。作这种显然错误的区别能有什么理论根据呢？这个问题是不能回避的。

反对自决者的主要"立足点"是："不能实现"。拿"经济和政治集中"作根据也是要表达同样的思想，只是说法稍有不同而已。

显然，集中**也**是通过吞并殖民地进行的。殖民地和欧洲各民族，至少和欧洲大多数民族在经济上的差别首先在于：殖民地已卷入**商品**交换，但是还没有卷入资本主义**生产**。帝国主义改变了这种情况。帝国主义也是**资本**输出。资本主义生产愈来愈迅速地被移植到殖民地。殖民地无法摆脱对欧洲金融资本的依附。从军事观点来看，也和从扩张观点来看一样，殖民地的分离，一般说来，只有随着社会主义才能实现，而在资本主义制度下，或者作为例外，或者要付出代价——在殖民地和宗主国中进行一系列革命和起义——才能实现。

欧洲大部分附属民族（虽然不是全部，阿尔巴尼亚人以及俄国的许多异族人就不是这样）的资本主义比殖民地发达一些。正是这一点才引起对民族压迫和兼并的更大的反抗！也正是由于这个原因，在任何政治条件下，其中包括在分离的条件下，资本主义的发展在欧洲要比在殖民地较有**保证**……关于殖民地波兰同志说（第1节第4条）："在那里，资本主义还面临着独立发展生产力的任务……"在欧洲这更加明显：资本主义在波兰、芬兰、乌克兰、阿尔萨斯发展生产力的势头、速度、独立程度无疑都比在印度、土耳其斯坦、埃及以及其他地道的殖民地高。在商品生产的社会里，无论独立的发展或任何一种发展，没有资本都是不可能的。欧洲各附属民族既有**自己的**资本，又有根据各种条件取得资本的方便的机会。殖民地却没有或者几乎没有**自己的**资本；在金融资本的环境下，殖民地如果不接受政治屈从的条件，就不能取得资本。由于这一切，要求立即无条件地解放殖民地究竟是什么意思呢？从庸俗的、面目全非的"马克思主义"所说的"空想"一词的含义来说，这个要求更"空想"得多，这难道还不明显吗？而司徒卢威、伦施、库诺这些先生们，正是从这种含义上使用空想这个词的，遗憾的是，继他们之后还有波兰同志。在这里，所有不符合普通人习惯的东西，其中包括一切革命的事物，都被理解成"空想主义"。但是**各**种革命运动，包括民族革命运动，在欧洲的环境下比在殖民地更可能，更易于实现，更顽强，更自觉，更不容易征服。

波兰同志说（第1节第3条）：社会主义"能给不发达的殖民地民族以**无私的文化援助，而不是统治**他们"。这完全正确。但是，有什么根据认为转向社会主义的大民族、大国家不能通过"无私的文化援助"来吸引欧洲被压迫的小民族呢？正是波兰社会民主党人所"**给予**"殖民地的这种分离自由，会吸引欧洲有文化和有政治**要求**的被压迫的小民族同社会主义大国实行联合，因为大国一旦实行社会主义，那将意味着一天少劳动若干小时，一天多挣若干**工资**。力争摆脱资产阶级桎梏的劳动群众，为了取得这种"文化援助"，一定会竭尽全力**争取**同先进的社会主义大民族实行联合和融合，只要昨天的压迫者不伤害长期被压迫的民族的自尊心这种高度民主的感情，并且给后者以各方面的平等权利，包括建设国家、尝试建立"自己的"国家的平等权利。在资本主义制度下，这种"尝试"意味着战争、隔绝、封闭以及享有特权的小民族（荷兰、瑞士）的狭隘的利己主义。在社会主义制度下，由于上述纯粹经济上的考虑，劳动群众本身决不会赞成封闭；而政治形式的多样化，退出一个国家的自由，建设国家的尝试，——这一切，在任何国家消亡以前，都将是丰富的文化生活的基础，加速各民族自愿接近和融合这一过程的保证。

波兰同志把殖民地同欧洲区别开并且对立起来，于是陷入自相矛盾的境地，这种矛盾一下子就推翻了他们所有的错误论点。

7. 马克思主义还是蒲鲁东主义？

波兰同志破例地不用间接方式，而用直接方式来反驳我们引证马克思对爱尔兰分离问题所持的态度。他们的反对意见究竟是什么呢？在他们看来，援引马克思在1848～1871年间所持的**立场**，"没有丝毫价值"。他们发表这个异常愤怒而坚决的声明的理由是：马克思"同时"也反对"捷克人和南方斯拉夫人等等"要求独立的愿望[18]。

正因为这种理由特别站不住脚，所以讲话才特别怒气冲冲。照波兰马克思主义者说来，马克思不过是一个"同时"谈了两种截然相反的意见的糊涂虫而已！这完全不符合事实，这完全不是马克思主义。波兰同志提出要作"具体"分析的要求，**但自己并不照着去做**，正是这种要求使我们必须考察一下，马克思对不同的具体的"民族"运动采取不同的态度，是不是从**同**一个社会主义世界观出发的。

大家知道，马克思主张波兰独立，是从**欧洲**民主派反对沙皇政府的势力和影响——可以说是反对沙皇政府的无限权力和压倒一切的反动影响——的斗争利益出发的。这个观点的正确性在1849年就得到了最明显的和事实上的证实,当时俄国农奴主的军队镇压了匈牙利的民族解放和革命民主的起义[19]。从那时起到马克思逝世,甚至更晚一点,到1890年沙皇政府同法国勾结,企图发动反动战争来反对**不是帝国主义的**而是民族独立的德国时,恩格斯始终主张首先要同沙皇政府作斗争。因此,而且仅仅因为如此,马克思和恩格斯曾反对捷克人和南方斯拉夫人的民族运动。任何人如果不是为了鄙弃马克思主义才注意马克思主义,只要查阅一下马克思和恩格斯在1848～1849年间所写的东西,就可以知道,马克思和恩格斯当时把在欧洲充当"俄国前哨"的"一整批反动民族"同德意志人、波兰人、马扎尔人等"革命民族"直接地明确地**区分开来**。这是事实。**当时**指出这个事实,**无疑**是正确的,因为在1848年各革命民族为自由奋斗,自由的主要敌人是沙皇政府,而捷克人等确实是反动民族,是沙皇政府的前哨。

如果想忠于马克思主义,那就应当**具体地**分析这个具体的例子。这个例子向我们说明什么呢?它只说明:(1)欧洲几个大民族和最大民族的解放利益高于各个小民族解放运动的利益;(2)民主要求应当从全欧洲(现在应当说从世界范围)来看,而不应当孤立地来看。

如此而已。这里丝毫也没有否定波兰人常常忘记而马克思**始终**遵守的那个起码的社会主义原则:压迫其他民族的民族是不能获得解放的①。马克思当时所处的是沙皇政府在国际政治方面具有压倒一切的影响的时代,如果那种具体形势以如下形式重演,即有几个民族开始实行社会主义革命(象1848年在欧洲开始实行资产阶级民主革命那样),而**其他**民族却是资产阶级反动势力的主要支柱,那我们还是应当主张同后面这些民族进行革命战争,"粉碎"它们,摧毁它们的一切前哨,不管那里已经掀起了什么

---

① 见《马克思恩格斯全集》第18卷,第577页。——编者注

小民族的运动。因此，我们决不应当抛弃马克思的策略范例——否则就是口头上信仰马克思主义，实际上同马克思主义决裂——而应当从对它们的具体分析中吸取对未来极为宝贵的教训。民主的某些要求，包括自决在内，并不是什么绝对的东西，而是**世界**一般民主主义（现在是一般社会主义）运动中的**一个局部**。在某些具体场合，局部和整体可能有矛盾，那时就必须抛弃局部。某一国家的共和运动可能只是其他国家教权派或财阀君主派进行阴谋的工具，那时我们就应当**不**支持这个具体的运动，但是，如果根据这一点就从国际社会民主党的纲领中抛弃共和国的口号，那就可笑了。

从1848～1871年到1898～1916年（这里举出的是帝国主义时期最重要的里程碑，即从美西帝国主义战争[20]到欧洲帝国主义大战），具体形势究竟发生了什么变化呢？沙皇政府显然无疑地已不再是反动势力的主要支柱了，第一，因为它受到国际金融资本，特别是法国金融资本的支持；第二，因为发生过1905年革命。当时，大民族国家体系——欧洲各民主国家——与沙皇政府相反，给世界带来的是民主和社会主义。① 马克思和恩格斯没有活到帝国主义时代。现在已经形成了少数（五六个）帝国主义"大"国的体系，其中每个国家都压迫其他民族，而这种压迫是人为地延缓资本主义崩溃的原因之一，是人为地支持统治世界的帝国主义民族中的机会主义和社会沙文主义的原因之一。当时谋求各大民族解放的西欧民主派，是反对沙皇政府利用某些小民族运动来达到反动的目的的。现在沙皇帝国主义同欧洲先进的资本帝国主义在共同压迫许多民族的基础上结成的

---

① 梁赞诺夫在格律恩贝格编的《社会主义历史文汇》（也即《社会主义和工人运动历史文汇》，是奥地利经济学家和历史学家、社会民主党人卡·格律恩贝格编辑出版的杂志，于1910～1930年在莱比锡出版，共出了15卷。——编者注）（1916年第1卷）上发表了恩格斯在1866年写的关于波兰问题的一篇极有趣的文章。恩格斯着重指出，无产阶级必须承认欧洲各大民族的政治独立和"自决"（right to dispose of itself），同时又指出，"民族原则"（特别是波拿巴加以利用的）即把任何一个小民族和这些大民族等量齐观，是荒谬的。恩格斯说，"俄国是大量赃物〈即许多被压迫民族〉的占有者，到清算那一天，它必须退还这些赃物。"（见《马克思恩格斯全集》第16卷，第175页。——编者注）波拿巴政府和沙皇政府都**利用**小民族运动来**反对**欧洲民主运动，使自己得到好处。

联盟，是反对社会主义无产阶级的，而社会主义无产阶级现在已分裂为沙文主义即"社会帝国主义"部分和革命部分。

这就是形势的具体变化，波兰社会民主党人虽然口口声声说必须具体，却恰恰忽视了这种具体变化！可见，在同样一些社会主义原则的**运用**上也有具体变化：**那时**主要是"反对沙皇政府"（并且反对**被它**用来反对民主运动的某些小民族运动），拥护西欧大民族的革命人民；**现在**却要反对帝国主义列强、帝国主义资产阶级以及社会帝国主义者的步调一致的统一战线，**主张**利用**一切**反对帝国主义的民族运动来达到社会主义革命的目的。现在，无产阶级反对整个帝国主义阵线的斗争愈**纯粹**，则"压迫其他民族的民族是不能获得解放的"这一国际主义原则显然也就愈有现实意义。

蒲鲁东主义者**为了**学理主义者所理解的那种社会革命，忽视波兰的国际作用，鄙弃民族运动。现在波兰社会民主党人的做法也完全是学理主义的，他们**破坏**反社会帝国主义者的国际阵线，由于自己在兼并问题上的动摇而（在客观上）帮助社会帝国主义者。因为国际无产阶级斗争阵线在各小民族的具体立场方面恰恰已经改变了：那时（1848～1871年间）小民族的作用是既可能成为"西欧民主派"和革命民族的同盟者，又可能成为沙皇政府的同盟者；而现在（1898～1914年间）小民族已失去了这样的作用；它们今天的作用是"大国民族"寄生性的一个滋生地，因而也是这些民族的社会帝国主义的一个滋生地。现在重要的不是 1/50 或 1/100 的小民族在社会主义革命以前能不能获得解放，而是在帝国主义时代，无产阶级由于种种客观原因分成两个国际阵营，其中之一已被大国资产阶级的残羹剩饭（其中也包括从对小民族的双重或三重剥削中得来的东西）所腐蚀，而另一阵营如果不解放小民族，不用反沙文主义，即反兼并主义，即"自决主义的"精神教育群众，就不能获得解放。

事情的这个最主要的方面被波兰同志忽视了，他们**不是**从帝国主义时代的基本立场出发，不是用国际无产阶级有两个阵营的观点来看问题。

这里还有两个证明他们拥护蒲鲁东主义的明显例子：（1）对 1916 年

爱尔兰起义[21]的态度，这一点下面再谈；（2）提纲（第2节第3条，第3条末尾）说："不应当用任何东西来掩盖"社会主义革命的口号。这正是一种极端反马克思主义的思想，似乎把社会主义革命的口号同在一切问题（包括民族问题）上的彻底的革命立场**联系起来**，就会"掩盖"社会主义革命的口号。

波兰社会民主党人认为我们的纲领是"民族改良主义的"。请对照一下两种实际主张：（1）主张自治（波兰人的提纲第3节第4条）和（2）主张分离自由。要知道，我们双方纲领之间的区别就在这里，而且也仅仅在这里！改良主义的纲领正是前者，而不是后者，这难道还不明显吗？改良主义的变革，就是不破坏统治阶级的政权基础，只是统治阶级在保持其统治的条件下作的一些让步。革命的变革却要破坏政权基础。民族纲领中改良主义的变革**不废除**统治民族的**一切**特权，并**不造成**完全平等，并**不消灭任何**民族压迫。"自治"民族同"有统治权的"民族是不平等的。波兰同志如果不是一贯忽视（象我们的老"经济派"那样）对各种**政治**概念和范畴的分析，就不会看不到这一点。1905年以前，自治的挪威作为瑞典的一部分而享有极广泛的自治权，但是同瑞典并不平等。只有它的自由分离，才**在实际上**表明和证明它享有平等权（这里顺便补充一句，正是这种自由退出，才为在权利平等的基础上更紧密更民主的接近打下了基础）。只要挪威还仅仅实行自治，瑞典贵族就享有**一种**额外特权；分离则不是"削弱"这种特权（改良主义的实质就是**削弱**祸害，而不是消灭祸害），而是把它**彻底消灭**（这是纲领的革命性质的基本标志）。

顺便说一说，自治是一种改良，它和作为革命措施的分离自由根本不同，这是毫无疑问的。可是，大家都知道，改良实际上往往只是走向革命的一个步骤。正是自治使一个被强制留在某一国家疆界以内的民族能够最终被确认为一个民族，能够聚集、认识和组织自己的力量，选择完全适当的时机，以便……用"挪威的"方式**声明**：我们是某某民族或某某边疆区的自治议会，宣布全俄皇帝已经不再是波兰的国王，等等。对此常有这样一种"反驳意见"，说这样的问题不是用声明，而是用战争来解决的。对，在大多数场合都是用战争来解决的（正象大国的管理形式问题在大多数场合只能用战争和革命来解决一样）。可是不妨想一想，对革命政党政治纲领的**这种**"反驳意见"，是否合乎逻辑？难道我们反对**为**正义的和对无产阶级有益的事业、**为**民主和社会主义而进行的战争和革命吗？

"但是，我们不能拥护各个大民族之间的战争，不能拥护为了也许只有1000～2000万人口的某个小民族不可靠的解放而断送2000万人的生命！"当然不能。这并不是因为我们抛弃自己纲领里的完全的民族平等，而是因为**一个**国家的民主运动的利益必须服从**几个和一切**国家的民主运动的利益。假定两大君主国之间有一个小君主国，它的国王因为亲缘及其他种种关系而同两大邻国的君主都有"联系"。其次，假定在这个小国里宣布实行共和制，赶走**它的**君主，那在实际上就意味着两大邻国会为恢复这个小国的某一君主而进行战争。毫无疑问，整个国际社会民主党以及这个小国的社会民主党的一部分真正的国际主义者，在这种场合**下，就会反对用共和制代替君主制**。共和制代替君主制，这并不是一种绝对的东西，而是一种民主要求，它服从整个民主运动的利益（当然，更服从整个社会主义无产阶级的利益）。这种情况想必丝毫不会引起各国社会民主党人之间的意见分歧。但是，假如有一个社会民主党人根据**这一点**就建议根本取消国际社会民主党纲领中的共和国口号，那一定会被认为是一个疯子。人们就会对他说：无论如何不能忘记**特殊**和**一般**在逻辑上的基本区别。

这个例子使我们多少能从另一方面来观察工人阶级的**国际主义**教育问题。这种教育——对于它的必要性和极为迫切的重要性，在齐美尔瓦尔德左派中间是不可能有意见分歧的——在压迫的大民族和被压迫的小民族中，在兼并的民族和被兼并的民族中，能够**具体地相同**吗？

显然不能。要达到使**一切**民族完全平等、亲密接近和进而**融合**的共同目的，显然要走各不相同的具体道路，就拿达到这一页书的中心点的方法来说吧，从它的一边向左走和从相对的一边向右走，都是一样的。如果压迫的、兼并的大民族中的社会民主党人一般地鼓吹民族融合，而哪怕是一分钟忘记了"他的"尼古拉二世、"他的"威廉、乔治、彭加勒等等**也主张和小民族融合**（用兼并手段），忘记了尼古拉二世主张和加里西亚"融合"、威廉二世主张和比利时"融合"等等，那么，这样的社会民主党人在理论上就是可笑的学理主义者，在实践上就是帝国主义的帮凶。

在压迫国家里，对工人的国际主义教育的重心必须是宣传并且要工人坚持被压迫国家有分离的自由。不这样，就**没有**国际主义。如果压迫民族的任何一个社会民主党人**不**进行这种宣传，那么我们就可以而且应当鄙视他，把他看作帝国主义者，看作坏蛋。这是绝对的要求，尽管在实现社会主义以前，分离只有千分之一的**机会**可能和"能够实现"。

我们必须教育工人"漠视"民族的差别，这是无可争辩的。但不是**兼并主义者**的那种漠视。压迫民族的成员对于小民族按照它们的共同感情究竟属于**他的**国家还是属于**邻国**，还是属于它们自己这个问题，应当抱"漠视"态度。他如果不抱这种"漠视"态度，就**不是**社会民主党人。要作一个社会民主党人国际主义者，就**不**应当只为本民族着想，而应当把一切民族的利益、一切民族的普遍自由和平等置于**本民族之上**。这在"理论"上大家都是同意的，但是在实践上有人恰恰表现出兼并主义者的漠视态度。祸根就在这里。

相反地，小民族的社会民主党人应当把自己鼓动工作的重心放在我们总的提法中的**另一**句话上：各民族的"**自愿联合**"。他**既**可以赞成本民族的政治独立，**又**可以赞成本民族加入邻近的某个国家，这都不违背他作为国际主义者的义务。可是，他在任何场合都应当**反对**小民族的狭隘性、封闭性和隔绝状态，而主张顾全整体和大局，主张局部利益服从整体利益。

不仔细考虑问题的人，会以为压迫民族的社会民主党人坚持"**分离**自由"而被压迫民族的社会民主党人坚持"**联合**自由"是"矛盾的"。可是，只要稍微思索一下就可以知道，没有而且不可能有达到国际主义和民族融合的**其他**道路，**摆脱现在的**状况而达到这个目的的其他道路。

现在我们来谈一谈荷兰和波兰社会民主党的**特殊**境况。

8. 荷兰和波兰社会民主党人国际主义者立场中的特殊与一般

毫无疑问，反对自决的荷兰和波兰的马克思主义者是国际社会民主运动中优秀的革命者和国际主义者。但是，正象我们看到的那样，他们的理论上的论断全是一大堆错误，没有一个一般性论断是正确的，除了"帝国主义经济主义"，什么也没有！怎么**会**这样呢？

这决不是因为荷兰同志和波兰同志的主观素质特别差，而是因为他们的国家所处的客观条件**特殊**。这两个国家（1）在现代大国"体系"中都是孤立无援的小国；（2）在地理上都处于竞争最激烈的、势力强大的帝国主义掠夺者（英国和德国；德国和俄国）之间；（3）这两个国家对过去**自己**曾是强盛的"大国"的时代怀念极为强烈，其传统极为深刻：荷兰曾经是一个比英国更强盛的殖民大国，波兰曾经是一个比俄国和普鲁士更有文化和更强盛的大国；（4）这两个国家直到现在还保持着压迫异族的特权：荷兰资产者拥有极富庶的荷属印度；波兰地主压迫乌克兰的和白俄罗斯的"农奴"，波兰资产者压迫犹太人，等等。

在爱尔兰、葡萄牙（它有一个时期曾被西班牙兼并）、阿尔萨斯、挪威、芬兰、乌克兰、拉脱维亚边疆区、白俄罗斯边疆区及其他许多地方，都找不到由这四个特殊条件结合而成的独特境况。而问题的**全部实质**正在于这种独特性！当荷兰和波兰社会民主党人用**一般**论据，即关于一般帝国主义、一般社会主义、一般民主制、一般民族压迫的论据来反对自决时，真可以说他们是错上加错，一错再错。但是，只要一抛开一般论据的这层显然错误的**外壳**，从荷兰和波兰独特的**特殊**条件的角度来看问题的**实质**，他们的独特的立场就是**可以理解的**而且是完全合乎情理的。可以说（不怕成为奇谈怪论），当荷兰和波兰的马克思主义者口沫飞溅地反对自决时，他们所说的并不完全是他们想要说的，换句话说，他们想要说的并不完全是他们所说的。①

我们在提纲里已经举了一个例子。② 哥尔特反对**自己的**国家实行自决，但是**赞成**受"他的"民族压迫的荷属印度实行自决！我们认为，同德国的考茨基、我国的托洛茨基和马尔托夫**那种**在口头上假装承认自决的人相比，他是较忠诚的国际主义者和较接近我们的志同道合者，这难道有什么奇怪吗？根据马克思主义一般的和基本的原则，无疑有义务为受"我自己的"民族压迫的民族的分离自由而斗争，但是完全没有必要恰恰把荷兰的独立放在首位，荷兰的缺点主要就是狭隘的、守旧的、自私的、愚蠢的封闭性：让全世界都燃烧吧，这与我们无关，"我们"满足于自己过去的猎获和它的极其丰富的"余产"——东印度，其余的事情与"我们"毫不相干！

另一个例子：波兰社会民主党人卡尔·拉狄克，由于在大战爆发之后在德国社会民主党内为国际主义进行坚决的斗争，建立了很大的功绩。他在《民族自决权》一文（载于1915年12月5日《光线》杂志[22]第3年卷第3期，该杂志由尤·博尔夏特主编，是左翼激进派的月刊，被普鲁士书报检查机关查禁）中，激烈地反对自决。顺便说说，他**仅仅**引用了荷兰和波兰权威者的话来为自己辩护，并且除了其他的论据以外还提出这样一个论据：自决会助长"社会民主党似乎必须支持争取独立的任何斗争"这种思想。

从**一般**理论的观点来看，这种论据简直令人气愤，因为它显然不合逻辑：第一，如果不使局部服从整体，那就没有而且也不可能有任何一个局部的民主要求不致被滥用；我们既不必支持争取独立的"任何"斗争，也不必支持"任何"共和运动或反神父运动。第二，没有而且也不可能有**任**

---

① 提醒一下，**所有**波兰社会民主党人在自己的齐美尔瓦尔德宣言（指波兰代表团在1915年国际社会党齐美尔瓦尔德代表会议上的宣言。宣言抗议沙俄、德国和奥地利三国政府的压迫政策。——编者注）中都**承认一般**的自决，仅仅在措辞上有些不同。

② 见《列宁全集》第27卷，第262页。——编者注

何一个反对民族压迫的提法不带有**同样的**"**缺点**"。拉狄克本人在《伯尔尼哨兵报》（1915年第253号）上就曾用过"反对新旧兼并"的提法。任何一个波兰民族主义者都将理所当然地从这个提法中"得出"结论："波兰已被兼并，我反对兼并，**也就是说**我赞成波兰独立。"记得罗莎·卢森堡在1908年写的一篇文章[23]里发表过这样的意见：用"反对民族压迫"这个提法就够了。但是，任何一个波兰民族主义者都会说，**而且完全有权利**说，兼并是民族压迫的形式**之一**，**因而**，如何如何。

撇开这**些**一般的论据不谈，拿波兰的**特殊**条件来说：**现在**波兰的独立不经过战争或革命是"不能实现"的。如果仅仅为了复兴波兰而赞成全欧战争，那就意味着充当最坏的一种民族主义者，把少数波兰人的利益放在要遭受战争折磨的几亿人的利益之上。可是，例如"弗腊克派"[24]（波兰社会党右派）就正是这样的，他们只是口头上的社会主义者，波兰社会民主党人要比他们正确千百倍。**现在**，在**毗邻**的帝国主义大国处于**目前这种**关系的形势下提出波兰独立的口号，实际上就是追求空想，陷入狭隘的民族主义，忘记了全欧革命或至少是俄国和德国革命这个前提。这就象1908～1914年间在俄国把结社自由作为独立的口号提出来一样，意味着追求空想，在客观上帮助斯托雷平工党[25]（现在是波特列索夫—格沃兹杰夫工党，其实是一样的货色）。但是，如果把社会民主党纲领中结社自由的要求完全去掉，那就是发疯！

第三个例子，也许是最重要的一个例子。在波兰人的提纲里（第3节第2条末尾）有一段话是反对波兰成为独立缓冲国这种主张的，说这是"一些没有力量的小集团的空想。要是这个主张得以实现，那就意味着建立一个小小的残缺不全的波兰国家，它会成为这个或那个大国集团的军事殖民地，成为它们军事利益和经济利益的玩物，成为受外国资本剥削的地区和未来战争的战场"。这一切如果是用来**反对现在**提出波兰独立的口号，那是很**正确的**，因为仅仅波兰一国的革命不会带来任何变化，反而会使波兰群众不去注意**主要方面**，即他们的斗争同俄国和德国无产阶级斗争的联系。现在波兰无产阶级本身只有同邻国无产者**共同**进行斗争，反对**狭隘的**

波兰民族主义者，才能帮助社会主义和自由的事业，**包括波兰**自由的事业，这不是奇谈怪论，而是事实。波兰社会民主党人在反对波兰民族主义者的斗争中的巨大的历史功绩，是不能否认的。

但是，那些从**当前**时代的波兰**特殊**条件来看是正确的论据，如果当成**一般性**的论据，那显然就不正确了。一旦发生战争，波兰就会成为德国和俄国之间的战场，这不能成为反对在两次战争的间隔时期争取更广泛的政治自由（从而也争取政治独立）的理由。关于受外国资本剥削、充当外国利益的玩物的考虑，也是如此。波兰社会民主党人现在不能提出波兰独立的口号，因为作为国际主义派无产者的波兰人，在这方面不可能有**任何**作为，而只能象"弗腊克派"那样，对帝国主义君主国**之一**俯首帖耳。可是，俄国和德国的工人将成为兼并波兰的参加者（这意味着教德国和俄国的工人农民去干最卑鄙的野蛮勾当，同意充当残杀异族人民的刽子手）还是波兰将获得独立，这对他们并**不**是无关紧要的。

当前的状况的确非常混乱，但摆脱这种状况的出路还是有的，这就是**所有**参加讨论的人都做国际主义者：俄国和德国的社会民主党人要求给波兰以无条件的"分离**自由**"，而波兰社会民主党人则为大小国家的无产阶级斗争的团结而奋斗，在当前时期或目前阶段不提波兰独立的口号。

9. 恩格斯给考茨基的信

当考茨基还是马克思主义者的时候，他在自己的小册子《社会主义与殖民政策》（1907年柏林版）中发表了恩格斯1882年9月12日写给他的信，这封信对于我们感到兴趣的问题有重大的意义。下面就是这封信的主要部分：

……依我看，真正的殖民地，即欧洲人占据的土地——加拿大、好望角和澳大利亚，都会独立的；相反地那些只是被征服的、由土著人居住的土地——印度、阿尔及利亚以及荷兰、葡萄牙、西班牙的领地，无产阶级不得不暂时接过来，并且尽快地引导它们走向独立。这一过程究竟怎样展开，还很难说。印度也许会，甚至很可能会闹革命，既然争取解放的无产阶级不能进行殖民战争，那就必须容许它这样做，那时自然不会没有种种破坏。但是，这类事情是任何革命都免不了的。在其他地方，如阿尔及利亚和埃及，也可能发生同样情况，**这对我们来说**当然是最好不过的事情。我们在自己家里将有足够的工作要做。只要欧洲和北美一实行改造，就会产生巨大的力量和做出极好的榜样，使各个半文明国家自动地跟着我们走，单是经济上的需要就会促成这一点。至于这些国家要经过哪些社会和政治发展阶段才能同样达到社会主义的组织，我认为我们今天只能作一些相当空泛的假设。不过有一点是肯定的：**胜利了的无产阶级不能强迫任何异族人民接受任何替他们造福的办法，否则就会断送自己的胜利**。当然，这决不排除各种各样的自卫战争。……①

恩格斯根本没有设想"经济"因素自己会直接排除一切困难。经济变革会使**一切**民族**倾向**于社会主义，但是同时也可能发生革命（反对社会主义国家的）和战争。政治适应经济是必然要发生的，但是不会一下子发生，不会顺利地、简单地、直接地发生。恩格斯认为只有一个绝对国际主义的原则是"肯定的"，他把这个原则运用于**一切**"异族"，也就是说，不仅仅运用于殖民地民族，这个原则就是：强迫他们接受替他们造福的办法，就会断送无产阶级的胜利。

无产阶级决不会仅仅因为它完成了社会革命就变成圣人，保险不犯错误和没有弱点。可是，可能犯的各种错误（以及自私自利——企图骑在别人头上），必然会使它认识这个真理。

我们所有的齐美尔瓦尔德左派都确信，考茨基在1914年离开马克思主

---

① 见《马克思恩格斯全集》第35卷，第353页。——编者注

义转到维护沙文主义以前也曾经确信，社会主义革命完全可能**在最近的**将来发生，正如同一个考茨基有一次所说的那样，就在"旦夕之间"。民族的恶感不会很快消失；被压迫民族对压迫民族的憎恨（也是完全正当的）暂时还会**存在**；只有社会主义胜利**以后**，在各民族间彻底确立了完全的民主关系**以后**，它才会消散。我们如果想忠于社会主义，现在就应当对群众进行国际主义教育，但是在压迫民族中不宣传被压迫民族有分离的自由，就不能进行这种教育。

10. 1916年的爱尔兰起义

我们的提纲是在这次起义以前写的。这次起义应当作为检验理论观点的材料。

反对自决的人的观点所得出的结论是：受帝国主义压迫的小民族的生命力已经消耗殆尽，它们不能起任何反对帝国主义的作用，支持它们纯粹的民族愿望不会导致任何结果，等等。1914～1916年间的帝国主义战争的经验用**事实**驳斥了这种结论。

战争对西欧各民族，对整个帝国主义来说，是一个危机时期。每次危机都抛开了俗例，撕破了外壳，扫清了一些过时的东西，揭示了更深刻的动力和力量。从被压迫民族的运动的角度来看，危机究竟揭露了些什么呢？殖民地有过多次的起义尝试，当然，压迫民族在战时书报检查机关的协助下，竭力加以掩饰。然而大家还是知道：英国人曾在新加坡残暴地镇压过自己的印度军队的起义；在法属安南（见《我们的言论报》[26]）和德属喀麦隆（见尤尼乌斯的小册子①）也有过起义的尝试；在欧洲，一方面，爱尔兰举行的起义，被不敢让爱尔兰人服普遍义务兵役的"爱好自由的"英国人用死刑平定下去了；另一方面，奥地利政府以"叛逆罪"把捷克议

---

① 见《列宁全卷》第28卷，第8～9页。——编者注

会一些议员判处死刑，并且以同样的"罪名"把捷克整整几个团的官兵枪决了。

当然，这里所举的例子是极不完全的。但是它们仍然可以表明：**由于帝国主义的危机，无论**在殖民地**或**在欧洲都燃起了民族起义的火焰；尽管有残忍的威胁和镇压，民族感情上的好恶还是表现出来了。但是要知道，帝国主义的危机还远没有达到它发展的顶点：帝国主义资产阶级的强大势力还没有被摧毁（打得"精疲力竭"的战争可以做到这一点，不过现在还没有做到）；帝国主义大国内部的无产阶级运动还十分薄弱。一旦战争打得精疲力竭，或者即使在一个大国中资产阶级政权在无产阶级斗争的打击下动摇起来，象1905年沙皇政权那样，那时情况将会怎样呢？

1916年5月9日，齐美尔瓦尔德派以及一些左派的机关报《伯尔尼哨兵报》就爱尔兰起义发表了一篇文章，题目是《好景不常》，署名卡·拉·。爱尔兰起义被说成是十足的"盲动"，据说因为"爱尔兰问题是土地问题"，农民由于实行改良而安定下来了，现在民族主义运动是"纯粹城市小资产阶级的运动，虽然闹得很凶，但是没有深厚的社会基础"。

这种学理主义和书呆子式的奇怪评价，同俄国民族主义自由派、立宪民主党人A.库利舍尔先生的评价（1916年4月15日《言语报》[27]第102号）相吻合，这是毫不奇怪的，因为库利舍尔先生也骂这次起义是"都柏林盲动"。

许多同志不了解，他们否认"自决"，轻视小民族的民族运动，是陷入了什么样的泥潭，但愿他们象俗语所说的"因祸得福"，现在帝国主义资产阶级代表的评价竟同社会民主党人的评价"偶然"相吻合，这总会使他们睁开眼睛吧！！

只有当起义的尝试仅仅暴露出一批密谋分子或荒唐的狂热者，并没有激起群众丝毫的同情的时候，才可以在科学的意义上使用"盲动"这个词。爱尔兰的民族运动进行了几百年，经历了各个不同的阶段和各种阶级利益的结合，这个运动的表现之一，就是在美国召开了群众性的爱尔兰民族代表大会（1916年3月20日《前进报》），主张爱尔兰独立；它还表现为，一部分城市小资产阶级**和一部分工人**经过长期的群众鼓动、游行示威、封闭报馆等等之后进行了巷战。谁把**这样的**起义叫作盲动，谁就是最凶恶的反动分子，或者是根本想象不到社会革命是一种活生生的现象的学理主义者。

因为，如果认为没有殖民地和欧洲弱小民族的起义，没有**带着种种偏见的**一部分小资产阶级的革命爆发，没有那些不自觉的无产阶级或半无产阶级群众反对地主、教会、君主和民族等等压迫的运动，社会革命也是**可以设想的**，——如果这样认为，那就意味着**放弃社会革命**。一定要有一支队伍在这一边排好队，喊道："我们赞成社会主义"，而另一支队伍在那一边排好队，喊道："我们赞成帝国主义"，这才会是社会革命！只有持这种迂腐可笑的观点，才会骂爱尔兰起义是"盲动"。

谁要是等待"纯粹的"社会革命，谁就**一辈子**也等不到，谁就是不懂得真正革命的口头革命家。

俄国 1905 年的革命是资产阶级民主革命，它是由居民中**一切**具有不满情绪的阶级、集团和分子的一系列的会战构成的。其中包括带有最荒谬的偏见和抱着最模糊的、最稀奇古怪的斗争目的的群众，领取日本津贴的小集团，以及投机分子和冒险分子等等。但是**客观上**，群众运动打击了沙皇制度，为民主制扫清了道路，因此，觉悟的工人领导了这个运动。

欧洲的社会主义革命，**不可能**是别的什么，而只能是所有一切被压迫者和不满者的群众性斗争的爆发。一部分小资产阶级和落后的工人，必然会参加这种斗争，——没有他们的参加就**不可能有群众性的**斗争，就不可能有**任何革命**——他们同样必然地会把自己的偏见、反动的幻想、弱点和错误带到运动中来。可是**客观上**他们将向**资本**进攻，所以觉悟的革命先锋队，先进的无产阶级，只要体现出各式各样的、五光十色的、复杂的、表面上分散的群众性斗争的这一客观真理，就能统一和指导这个斗争，夺取政权，夺取银行，剥夺大家所憎恨的（虽然憎恨的原因各不相同！）托拉斯并实现其他的专政措施，这些措施加在一起就能最后推翻资产阶级和取得社会主义的胜利，而社会主义的胜利决不是一下子就会"清除掉"小资产阶级的渣滓的。

波兰人的提纲（第1节第4条）中说，社会民主党"应当利用殖民地的新兴资产阶级反对欧洲帝国主义的斗争**来加剧欧洲的革命危机**"（黑体是原作者用的）。

在**这**方面，把欧洲和殖民地对立起来是决不容许的，这难道还不明白吗？**欧洲**各被压迫民族的斗争能导致起义和巷战、破坏军队铁的纪律和戒严状态，这种斗争将比在遥远的殖民地大大发展起来了的起义有力得多地"加剧欧洲的革命危机"。爱尔兰起义给予帝国主义资产阶级政权的打击，其政治意义要比亚洲和非洲所给予的同样有力的打击大一百倍。

法国沙文主义报纸不久前报道说，秘密杂志《自由比利时》[28]第80期已在比利时出版。当然，法国沙文主义报纸常常造谣，可是这个消息却近乎事实。沙文主义的和考茨基主义的德国社会民主党，战争爆发两年以来并没有为自己创办一种自由刊物，奴颜婢膝地忍受战时书报检查机关的束缚（只有左翼激进派分子避开检查出版了一些小册子和传单，这是值得赞扬的），与此同时，一个被压迫的文明民族，却以创办革命反抗的刊物来回答空前残暴的军事压迫！历史的辩证法是这样的：小民族在反帝斗争中无力成为**独立**的因素，却起一种酵母、霉菌的作用，帮助反帝的**真正力量**即社会主义无产阶级登上舞台。

在目前战争中，各国总参谋部都处心积虑地利用敌人阵营中的每个民族运动和革命运动，德国人利用爱尔兰的起义，法国人利用捷克的运动等等。从他们的观点来看，他们这样做是完全正确的。如果不利用敌人的最小弱点，不抓住一切机会，尤其是如果不能预先知道某个地方的火药库会在什么时候以怎样的力量发生"爆炸"，那就不能严肃地对待严肃的战争。如果在无产阶级争取社会主义的伟大解放战争中，我们不能利用反对帝国主义的**任何一种**灾难的**一切**人民运动来加剧和扩大危机，那我们就是很糟糕的革命家。如果我们一方面再三声明"反对"任何民族压迫，而另一方面却把被压迫民族某些阶级中最活跃和最有知识的一部分人反对压迫者的英勇起义叫作"盲动"，那我们就会把自己降低到与考茨基分子同样愚蠢的水平。

爱尔兰人的不幸，就在于他们的起义时机不合适，——当时欧洲无产阶级起义的条件**还**没有成熟。资本主义并没有被安排得如此协调，以致起义的各个源泉会不遭到挫折和失败而立刻自行汇合起来。相反地，正是在不同的时间、不同的地点爆发的各种各样的起义，保证整个运动的广度和深度；群众只有通过不适时的、局部的、分散的、因而也是遭到挫折的革命运动，才能取得经验，获得教训，集合力量，找到自己的真正领袖——社会主义的无产者，从而为总攻击作准备，正象各次罢工、各城市的和全国性的游行示威、军队哗变、农民暴动等等为1905年的总攻击作了准备一样。

11. 结束语

同波兰社会民主党人的不正确的论断相反，民族自决的要求在我们党的鼓动工作中所起的作用，并不亚于武装人民、教会同国家分离、由人民选举官吏以及被庸夫俗子们称为"空想的"其他各点。相反地，1905年以后民族运动的活跃自然也使我们的鼓动工作活跃起来了，如1912～1913年的许多文章和1913年我们党的决议，这个决议对事物的**本质**作了确切的、"反考茨基主义的"（即对纯口头上的"承认"决不调和的）规定①。

当时就已经出现了一个不容回避的事实：各民族的机会主义分子，如乌克兰人尤尔凯维奇、崩得分子李普曼、波特列索夫之流的俄国奴仆——谢姆柯夫斯基，都**拥护**罗莎·卢森堡**反对**自决的论据！这位波兰女社会民主党人仅仅是对波兰运动的**特殊**条件所作的不正确的理论概括，立刻在实际上，在更广泛的环境中，在并非一个小国而是一个大国的条件下，在国际的而不是小小波兰的范围内，**客观**上成了对大俄罗斯帝国主义的机会主义的支持。政治**思潮**（和个别人的观点不同）的历史证明了我们的纲领的

---

① 见《列宁全集》第24卷，第60～62页。——编者注

正确性。

现在露骨的社会帝国主义者,如伦施之流,既直接反对自决,又直接反对否定兼并。考茨基分子则假惺惺地承认自决,在我们俄国走这条道路的有托洛茨基和马尔托夫。他们**两人**也和考茨基一样,口头上赞成自决。实际上呢?如果拿托洛茨基在《我们的言论报》上发表的《民族和经济》一文来看,就可看到他惯用的折中主义:一方面,经济使各民族融合,另一方面,民族压迫又使各民族分离。结论呢?结论应当是:流行的伪善态度仍然没有被揭穿,鼓动工作没有生气,没有触及主要的、根本的、本质的、接近实际的问题,即对于受"我的"民族压迫的民族应持什么态度的问题。马尔托夫及其他国外书记宁愿干脆忘掉——多么有利的健忘!——他们的同事和伙伴谢姆柯夫斯基反对自决的斗争。马尔托夫在格沃兹杰夫分子的合法报刊(《我们的呼声报》[29])上写过**赞成**自决的文章,证明了自决**并**不要求参加帝国主义战争等等这个无可争辩的真理,但是回避了——他在秘密的自由刊物上也回避了这一点!——主要的问题:俄国**即使在和平时期**,在更加野蛮的、中世纪的、经济落后的、军事官僚式的帝国主义基础上,也打破了民族压迫的世界纪录。俄国社会民主党人如果象普列汉诺夫、波特列索夫这班先生那样"承认"民族自决,而不去为受沙皇制度压迫的民族的分离自由而斗争,那**实际上**就是帝国主义者,就是沙皇制度的走狗。

不管托洛茨基和马尔托夫主观的"**善良**"愿望如何,他们在客观上都是以他们模棱两可的态度支持俄国社会帝国主义。帝国主义时代把所有"大"国变成了许多民族的压迫者,而帝国主义的发展也必然会使国际社会民主党在民族自决问题上的思潮划分得更加清楚。

载于《〈社会民主党人报〉文集》第1辑,1916年10月

选自《列宁全集》第28卷,第16~57页

注释：

[1] 齐美尔瓦尔德左派是根据列宁倡议建立的国际组织，于1915年9月4日，即国际社会党第一次代表会议（齐美尔瓦尔德会议）开幕的前一天，在出席代表会议的左派社会党人召开的一次会议上成立。齐美尔瓦尔德左派这一名称，则是1915年11月该组织出版刊物《国际传单集》时开始正式使用的。齐美尔瓦尔德左派的最初参加者即9月4日会议的出席者为：俄国社会民主工党中央委员会代表列宁和格·叶·季诺维也夫，瑞士代表弗·普拉滕，德国国际社会党人组织主席尤·博尔夏特，拉脱维亚边疆区社会民主党中央委员会代表扬·安·别尔津，波兰王国和立陶宛社会民主党边疆区执行委员会主席卡·伯·拉狄克，瑞典代表卡·霍格伦，挪威代表图·涅尔曼。9月4日这次会议听取了列宁关于世界战争的性质和国际社会民主党策略的报告，制定了准备提交代表会议的决议和宣言草案。在代表会议上，齐美尔瓦尔德左派批评了多数代表的中派和半中派观点，提出了谴责帝国主义战争、揭露社会沙文主义者叛卖行为和指出积极进行反战斗争的必要性等决议案。他们的决议案被中派多数所否决，但是经过斗争，决议案中的一些重要论点仍写入了代表会议的宣言。齐美尔瓦尔德左派对宣言投了赞成票，并在一个特别声明中指出了宣言的不彻底性。齐美尔瓦尔德左派声明，它将留在齐美尔瓦尔德联盟内宣传自己的观点和在国际范围内进行独立的工作。齐美尔瓦尔德左派选举了由列宁、季诺维也夫和拉狄克组成的领导机关——执行局。在1916年4月国际社会党第二次代表会议（昆塔尔会议）上，齐美尔瓦尔德左派力量有所发展，它在40多名代表中占了12名，它的一系列提案得到半数代表的赞成。1917年初，随着齐美尔瓦尔德右派公开背叛，列宁向左派提出了同齐美尔瓦尔德联盟决裂的问题。参加齐美尔瓦尔德左派的一些国家的社会民主党人，在建立本国共产党方面起了重要的作用。

关于齐美尔瓦尔德左派，参看列宁的《第一步》和《1915年9月5～8日国际社会党代表会议上的革命马克思主义者》（见《列宁全集》第27卷，第42～52页）等文。

[2]《先驱》杂志（《Vorbote》）是齐美尔瓦尔德左派的理论机关刊物，用德文在伯尔尼出版，共出了两期：1916年1月第1期和同年4月第2期。该杂志的

正式出版人是罕·罗兰-霍尔斯特和安·潘涅库克。列宁参与了杂志的创办和把第 1 期译成法文的组织工作。杂志曾就民族自决权和"废除武装"口号问题展开讨论。杂志刊载过列宁的《机会主义与第二国际的破产》和《社会主义革命和民族自决权（提纲）》两文。

[3]《社会民主党人报》(《Социал-Демократ》)是俄国社会民主工党秘密发行的中央机关报。1908 年 2 月在俄国创刊，第 2~32 号（1909 年 2 月~1913 年 12 月）在巴黎出版，第 33~58 号（1914 年 11 月~1917 年 1 月）在日内瓦出版，总共出了 58 号，其中 5 号有附刊。根据俄国社会民主工党第五次代表大会选出的中央委员会的决定，该报编辑部由布尔什维克、孟什维克和波兰社会民主党人的代表组成。列宁是该报实际上的领导者。1911 年 6 月孟什维克尔·马尔托夫和费·伊·唐恩退出编辑部，同年 12 月起《社会民主党人报》由列宁主编。该报先后刊登过列宁的 80 多篇文章和短评。在斯托雷平反动时期和新的革命高涨年代（1907~1914 年），该报同取消派、召回派和托洛茨基分子进行了斗争，宣传了布尔什维克的路线，加强了党的统一和党与群众的联系。第一次世界大战期间，该报同国际机会主义、民族主义和沙文主义进行了斗争，团结了各国坚持国际主义立场的社会民主党人，宣传了列宁在战争、和平和革命等问题上提出的口号，联合并加强了党的力量。该报在俄国国内和国外传播很广，影响很大。列宁高度评价《社会民主党人报》在世界帝国主义大战期间的功绩，他写道："任何一个觉悟的工人，如果想**了解**国际社会主义革命思想的发展及其在 1917 年 10 月 25 日的第一次胜利"，该报所发表的文章"是不可不看的"（见《列宁全集》第 34 卷，第 116 页）。

[4]《工人报》(《Gazeta Robotnicza》)是波兰王国和立陶宛社会民主党华沙委员会的秘密机关报，1906 年 5~10 月先后在克拉科夫和苏黎世出版，由亨·多姆斯基（卡缅斯基）主编，出了 14 号以后停刊。1912 年波兰社会民主党分裂后，出现了两个华沙委员会。两个委员会所办的机关报都叫《工人报》，一家是由华沙的总执行委员会的拥护者办的，出了 4 号，另一家是由在克拉科夫的反对派华沙委员会办的，出了 11 号（最后两号是作为波兰王国和立陶宛社会民主党边疆区执行委员会机关报在苏黎世出版的）。波兰王国和立陶宛社会民主党两派合并后，《工人报》在 1918 年 8 月还出了 1 号。

[5] 由《社会民主党人报》编辑部署名的提纲题为《社会主义革命和民族自决

权》，是列宁写的（见《列宁全集》第 2 版第 27 卷，第 254~268 页）。由《工人报》编辑部署名的提纲题为《关于帝国主义和民族压迫》，是卡·拉狄克写的。这两个提纲都发表于《先驱》杂志第 2 期并转载于《〈社会民主党人报〉文集》第 1 辑。

[6] 《新时代》杂志上关于民族问题的讨论是在第二国际伦敦代表大会召开前夕进行的。争论是由罗·卢森堡的文章《德国和奥地利的波兰社会主义运动的新潮流》（载于《新时代》杂志 1895~1896 年卷第 32 期和第 33 期）引起的。卢森堡在该文中批评了波兰社会党领袖们的民族主义立场。她同时指出分别处在奥地利、德国和沙皇俄国统治下的波兰的各个部分与这些国家在经济上有着紧密的联系，认为波兰的社会党人不应当要求波兰独立。她并因此对民族自决权的要求一般持否定态度。

埃·黑克尔代表波兰社会党右翼在《新时代》杂志第 37 期发表题为《社会主义在波兰》的文章，反驳卢森堡的观点。黑克尔维护波兰社会党领袖们的立场，坚持要国际在自己的纲领中承认波兰独立的要求。卢森堡在《新时代》杂志第 41 期又发表了《波兰的社会爱国主义》一文，作为对黑克尔文章的答复。

卡·考茨基在《新时代》杂志第 42 期和第 43 期上发表了题为《波兰完了吗?》的长文，提出了第三种观点。他同意卢森堡的看法，认为只有民主派在俄国取得胜利，波兰才会获得民族解放，但同时坚决反对卢森堡关于波兰社会民主党人不应该提出波兰独立的要求这一论点。他指出，从社会党人的观点看来，在有民族压迫的情况下忽视民族解放的任务是绝对错误的。考茨基认为波兰必须恢复，因为这"第一是正义的，第二会给俄国反动派以打击"。

这次讨论后不久举行的国际社会党伦敦代表大会通过了《工人阶级的政治行动的决议》。决议说："代表大会宣布，它主张一切民族有完全的自决权，它同情现在受到军事的、民族的或其他的专制制度压迫的一切国家的工人；大会号召所有这些国家的工人加入全世界有觉悟的工人队伍，以便和他们一起为打倒国际资本主义、实现国际社会民主党的目标而斗争。"列宁认为这一决议"完全直截了当地、不容许丝毫曲解地承认一切民族都有完全的自决权；另一方面，又同样毫不含糊地号召工人**在国际范围内统一他们的阶级斗争**"

(见《列宁全集》第 25 卷，第 261 页）。

[7] 1903 年，在俄国社会民主工党第二次代表大会筹备期间和在代表大会上，由于讨论《火星报》编辑部制定的俄国社会民主工党纲领草案，曾就民族自决权这一要求展开了争论。列宁在《火星报》上发表的《论亚美尼亚社会民主党人联合会的宣言》和《我们纲领中的民族问题》两文（见《列宁全集》第 7 卷，第 87～90 页和第 218～226 页）阐明了俄国马克思主义者火星派关于这个问题的立场。在代表大会纲领委员会中，围绕着纲领草案第 8 条（在正式通过的纲领中是第 9 条）所表述的民族自决权的要求，展开了激烈的斗争。波兰社会民主党人认为这个要求帮了波兰民族主义分子的忙，建议代之以民族文化自治的要求。崩得分子当时没有直接反对民族自决，但也建议用民族文化自治的论点对这一条加以补充。崩得分子还提出了建党的联邦制原则。代表大会否决了波兰社会民主党人和崩得分子的主张，通过了关于民族自决的条款和跨民族的建党原则。

1913～1914 年，一方面由于民族解放运动的高涨，另一方面由于大国沙文主义和地方民族主义的增强，民族问题的争论再度发生。孟什维克取消派、崩得分子、乌克兰机会主义分子一致反对马克思主义的民族问题纲领，反对民族自决直到分离的权利的要求，而坚持民族文化自治这一民族主义要求。罗·卢森堡在这个问题上也采取了不正确的立场，她在《民族问题和自治》（1908～1909 年）一文及其他著作中企图论证从俄国社会民主工党纲领中删掉关于民族自决权这一条款的必要性。列宁在《关于民族问题的批评意见》（见《列宁全集》第 24 卷，第 120～154 页）和《论民族自决权》（同上，第 25 卷，第 223～285 页）等著作中批评了机会主义者的民族主义立场和卢森堡的观点。

[8] 指 1915 年春尼·伊·布哈林在俄国社会民主工党国外支部伯尔尼代表会议上的发言和 1915 年秋布哈林、格·列·皮达可夫和叶·波·博什联名提出的提纲《论民族自决权的口号》。列宁在《论正在产生的"帝国主义经济主义"倾向》、《对彼·基辅斯基（尤·皮达可夫）〈无产阶级和金融资本时代的"民族自决权"〉一文的回答》、《论面目全非的马克思主义和"帝国主义经济主义"》（见《列宁全集》第 28 卷，第 98～107、108～114、115～170 页）等文中批评了他们的观点。

[9] 蒲鲁东主义是以法国无政府主义者皮·约·蒲鲁东为代表的小资产阶级社会主义流派,产生于19世纪40年代。蒲鲁东主义从小资产阶级立场出发批判资本主义所有制,把小商品生产和交换理想化,幻想使小资产阶级私有制永世长存。蒲鲁东主义反对任何国家和政府,否定任何权威和法律,宣扬阶级调和,反对政治斗争和暴力革命。马克思在《哲学的贫困》这部著作中,对蒲鲁东主义作了彻底的批判。马克思对蒲鲁东主义者在民族问题上的立场的批判,可参看他1866年6月7日和6月20日给恩格斯的信(见《马克思恩格斯全集》第31卷,第224页和第230~231页)。

[10] 十月党人是俄国十月党的成员。十月党(十月十七日同盟)代表和维护俄国大工商业资本家和按资本主义方式经营的大地主的利益,属于自由派右翼。该党于1905年11月成立,名称取自沙皇1905年10月17日宣言。十月党的主要领导人是大工业家和莫斯科房产主亚·伊·古契柯夫和大地主米·弗·罗将柯,活动家有彼·亚·葛伊甸、德·尼·希波夫、米·亚·斯塔霍维奇、尼·阿·霍米亚科夫等。十月党完全拥护沙皇政府的对内对外政策。第一次世界大战期间,它曾号召支持政府,后来参加了军事工业委员会的活动,同立宪民主党等组成"进步同盟",主张把帝国主义的掠夺战争进行到最后胜利,并通过温和的改革来阻止人民革命和维护君主制。二月革命后,该党参加了资产阶级临时政府。十月革命后,十月党人反对苏维埃政权,在白卫分子政府中担任要职。

[11] 这是俄国诗人米·尤·莱蒙托夫《给亚·奥·斯米尔诺娃》(1840年)一诗中的诗句。原诗反映了诗人因斯米尔诺娃对其诗作未置一词而产生的怅然心情。列宁在转义上借用这两句诗来嘲讽论敌。

[12] 经济主义是19世纪末~20世纪初俄国社会民主党内的机会主义思潮,是国际机会主义的俄国变种,其代表人物是康·米·塔赫塔廖夫、谢·尼·普罗柯波维奇、叶·德·库斯柯娃、波·尼·克里切夫斯基、亚·萨·皮凯尔(亚·马尔丁诺夫)、弗·彼·马赫诺韦茨(阿基莫夫)等。经济派主张工人阶级只进行争取提高工资、改善劳动条件等等的经济斗争,认为政治斗争是自由派资产阶级的事情。他们否认工人阶级政党的领导作用,崇拜工人运动的自发性,否认向工人运动灌输社会主义意识的必要性,维护分散的和手工业的小组活动方式,反对建立集中的工人阶级政党。经济主义有诱使工人

阶级离开革命道路而沦为资产阶级政治附庸的危险。

列宁对经济派进行了始终不渝的斗争。他在《俄国社会民主党人抗议书》（见《列宁全集》第4卷，第144~156页）中尖锐地批判了经济派的纲领。列宁创办的《火星报》在同经济主义的斗争中发挥了重大作用。列宁的《怎么办？》一书（见《列宁全集》第6卷，第1~183页）从思想上彻底地粉碎了经济主义。

[13] 民族文化自治是奥地利社会民主党人奥·鲍威尔和卡·伦纳制定的资产阶级民族主义的解决民族问题的纲领。俄国孟什维克取消派和崩得分子都提出过民族文化自治的要求。列宁对民族文化自治的批判，见《关于民族问题的批评意见》、《论"民族文化"自治》、《论民族自决权》（《列宁全集》第24卷第120~154页和第180~184页，第25卷第223~285页）等著作。

[14] 挪威于1814年被丹麦割让给瑞典，同瑞典结成了瑞挪联盟，由瑞典国王兼挪威国王。1905年7月，挪威政府宣布不承认瑞典国王奥斯卡尔二世为挪威国王，脱离联盟，成为独立王国。

[15]《社会主义与战争（俄国社会民主工党对战争的态度）》这本小册子是列宁和格·叶·季诺维也夫在1915年7~8月即国际社会党第一次代表会议（齐美尔瓦尔德会议）召开的前夜合写的。列宁撰写了小册子的主要部分（第1章和第3、4章的一部分）并且审订了全书。小册子在附录部分收载了俄国社会民主工党中央委员会的宣言《战争和社会民主党》、列宁的文章《俄国社会民主工党国外支部代表会议》及代表会议决议、有党的工作者参加的俄国社会民主工党中央委员会波罗宁会议关于民族问题的决议。列宁把这部著作称为"对我们党的决议的注释，也就是对决议的通俗的说明"。

《社会主义与战争》最初于1915年8月用俄文和德文出版，并且散发给了参加齐美尔瓦尔德会议的代表。齐美尔瓦尔德会议以后，小册子又在法国用法文出版，并在挪威左派社会民主党人的机关刊物上用挪威文全文发表。列宁还曾多次尝试用英文在美国出版，但未能实现。1917年十月革命后，《社会主义与战争》由彼得格勒工人红军代表苏维埃于1918年在彼得格勒出版。

[16] 司徒卢威主义即合法马克思主义，是19世纪90年代出现在俄国自由派知识分子中的一种思想政治流派，其主要代表人物是彼·伯·司徒卢威。司徒卢

威主义利用马克思经济学说中能为资产阶级所接受的个别论点为俄国资本主义的发展作论证。在批判小生产的维护者民粹派的同时，司徒卢威赞美资本主义，号召人们"承认自己的不文明并向资本主义学习"，而抹杀资本主义的阶级矛盾。列宁锐敏地看出司徒卢威主义是国际修正主义的萌芽，它必然要发展成为资产阶级的民族自由主义。在第一次世界大战期间，司徒卢威是俄罗斯帝国主义的思想家，用虚假的借口为掠夺战争、兼并和民族压迫辩护。

[17] 《钟声》杂志（《Die Glocke》）是德国社会民主党党员、社会沙文主义者亚·李·帕尔乌斯办的刊物（双周刊），1915～1925年先后在慕尼黑和柏林出版。

[18] 这是恩格斯《民主的泛斯拉夫主义》一文（见《马克思恩格斯全集》第6卷，第322～342页）里的论点。这篇文章载于1849年2月14～15日《新莱茵报》，其确切作者在列宁撰写此文时尚未查清。

[19] 指沙皇尼古拉一世派军队镇压1848～1849年匈牙利资产阶级革命一事。匈牙利当时处在奥地利帝国（哈布斯堡王朝）统治之下，奥地利皇帝就身兼匈牙利国王。争取民族独立和反对封建制度的匈牙利革命以1848年3月15日佩斯起义为开端，得到全国广泛响应。1849年4月14日，在匈牙利革命军队战胜奥地利帝国的入侵军队之后，匈牙利议会通过了《独立宣言》，正式宣布成立匈牙利共和国。奥地利皇帝弗兰茨-约瑟夫一世于4月21日向俄国求援。5月，俄国干涉军14万人侵入了匈牙利。匈牙利革命受到两面夹击而遭到失败。8月13日，匈牙利军队向俄国干涉军司令伊·费·帕斯凯维奇投降。

[20] 指1898年美国对西班牙发动的战争。1898年4月，在古巴摆脱西班牙殖民统治的起义取得决定性胜利时，美国借口其战舰"缅因号"在哈瓦那港口被炸沉而对西班牙宣战，向西属殖民地发动进攻。7月，西班牙战败求和，12月在巴黎签订和约。西班牙将其殖民地菲律宾、关岛、波多黎各割让给美国。古巴形式上取得独立，实际上成为美国的保护国。列宁称这场战争为重新瓜分世界的第一次帝国主义战争。

[21] 指1916年4月24～30日爱尔兰人民争取摆脱英国统治的民族解放起义。爱尔兰工人阶级及其武装组织——以詹姆斯·康诺利为首的爱尔兰市民军在起

义中起了最积极的作用，小资产阶级和知识界的代表也参加了起义。起义的中心是都柏林，4月24日起义者在那里宣布爱尔兰共和国成立，并组成了临时政府。起义遭到英国军队的残酷镇压。几乎全部起义领袖包括身受重伤的康诺利都被枪决，一般参加者则被大批驱逐出国。这次起义促进了爱尔兰解放斗争的发展。

[22]《光线》杂志（《Lichtstrahlen》）是德国社会民主党人左派集团"德国国际社会党人"的机关刊物（月刊），1913～1921年在柏林不定期出版。尤·博尔夏特任该杂志主编，参加杂志工作的还有安·潘涅库克、安·伊·巴拉巴诺娃等人。

[23] 指罗·卢森堡的《民族问题和自治》一文。该文发表在《社会民主党评论》杂志1908年第6、7、8～9、10期和1909年第12、14～15期。

[24] 弗腊克派即波兰社会党——"革命派"，原为波兰社会党内的右派，1906年波兰社会党分裂后成为独立的政党，自1909年重新使用波兰社会党的名称。它强调通过武装斗争争取波兰独立，但把这一斗争同无产阶级的阶级斗争割裂开来。从第一次世界大战开始起，该党的骨干分子参加了约·皮尔苏茨基站在奥德帝国主义一边搞的军事政治活动（成立波兰军团）。在战争期间，以皮尔苏茨基为首一批领导骨干脱离该党。1917年俄国二月革命后，该党转而对德奥占领者采取反对立场，开展争取建立独立的民主共和国和进行社会改革的斗争。1918年波兰社会党参加创建独立的资产阶级波兰国家。1919年同原普鲁士占领区的波兰社会党和原奥地利占领区的加里西亚和西里西亚波兰社会民主党合并。该党不反对地主资产阶级波兰对苏维埃俄国的武装干涉，并于1920年7月参加了所谓国防联合政府。1926年该党支持皮尔苏茨基发动的政变，同年11月由于拒绝同推行"健全化"的当局合作而成为反对党。

[25] 斯托雷平工党是人们对孟什维克取消派的一种称呼，因为该派在俄国第一次革命失败以后，顺应斯托雷平反动时期的制度，以放弃俄国社会民主工党的纲领和策略为代价，企图换取沙皇政府准许公开的、合法的"工人"政党存在。

[26]《我们的言论报》（《Наше Слово》）是孟什维克的报纸（日报），1915年1月～1916年9月在巴黎出版，以代替被查封的《呼声报》。列·达·托洛茨

基是该报编辑之一。

[27]《言语报》(《Речъ》)是俄国立宪民主党的中央机关报（日报），1906年2月23日（3月8日）起在彼得堡出版，实际编辑是帕·尼·米留可夫和约·弗·盖森。积极参加该报工作的有马·莫·维纳维尔、彼·德·多尔戈鲁科夫、彼·伯·司徒卢威等。1917年二月革命后，该报积极支持临时政府的对内对外政策，反对布尔什维克。1917年10月26日（11月8日）被查封。后曾改用《我们的言语报》、《自由言语报》、《时代报》、《新言语报》和《我们时代报》等名称继续出版，1918年8月最终被查封。

这里提到的 A. 库利舍尔发表在1915年4月15日《言语报》第202号上的文章，题为《都柏林叛乱》。文中说，爱尔兰民族主义分子"借助于德国的金钱"准备了"这次都柏林盲动"。

[28]《自由比利时》杂志（《Libre Belgique》)是比利时工人党在第一次世界大战期间办的秘密刊物，1915~1918年在布鲁塞尔出版。

[29]《我们的呼声报》(《Наш Голос》)是俄国孟什维克的合法报纸（周报），1915~1916年在萨马拉出版。该报采取社会沙文主义立场。

关于波兰社会民主党人在齐美尔瓦尔德代表会议上的宣言[1]

（1916年7月）

从波兰社会民主党在齐美尔瓦尔德的这个宣言中可以看出，波兰社会民主党人在反对民族自决权时想要说的并不完全是他们所说的。他们想要说的是，并非任何争取民族独立的运动都值得社会民主党支持。这是无可争辩的，因为任何民主要求都服从于无产阶级阶级斗争的总的利益，而决不是什么绝对的东西，还因为在争夺对其他民族的统治权的帝国主义竞争的时代，被压迫国家的资产阶级同某个压迫国家的资产阶级结成公开的和秘密的联盟是可能的。

译自《列宁全集》俄文第5版第30卷，第369页

选自《列宁全集》第28卷，第58页

注释：

[1] 这段文字写在单独一张纸上，大概是《关于自决问题的争论总结》一文的相应段落（见《列宁全集》第28卷，第45页。——编者注）的另一稿。

无产阶级革命的军事纲领[1]（节选）

（1916年8月9日〔22日〕以前）

在荷兰、斯堪的纳维亚和瑞士，在同社会沙文主义者编造的在这场帝国主义战争中"保卫祖国"的谎言作斗争的革命社会民主党人中间，有人主张取消社会民主党的最低纲领中的"民兵制"或"武装人民"这项旧条文，而代之以"废除武装"的新条文。《青年国际》杂志[2]已经就这个问题展开讨论，并且在第3期上发表了一篇主张废除武装的编辑部文章。很遗憾，罗·格里姆最近的提纲[3]也对废除武装这一思想作了让步。《新生活》杂志[4]和《先驱》杂志展开了讨论。

现在我们就来研究一下主张废除武装的人的论点。

一

基本的论点是：要求废除武装，就是最明确、最坚决、最彻底地表示反对任何军国主义和任何战争。

可是，主张废除武装的人的基本错误恰恰在于这个基本论点。社会主义者如果还是社会主义者，就不能反对任何战争。

第一，社会主义者从来不是，而且永远不可能是革命战争的反对者。各帝国主义"大"国的资产阶级已经反动透顶了，所以我们认为**这个资产阶级**现在进行的战争是反动的、奴隶主的、罪恶的战争。而**反对这个资产**

阶级的战争的情形又是怎样的呢？例如，受这个资产阶级压迫和支配的民族或殖民地民族争取自身解放的战争的情形又是怎样的呢？我们在"国际"派的"提纲"第5条中看到这样一种说法："在这猖狂的帝国主义的时代，不可能再有任何民族战争。"这显然是不正确的。

20世纪这个"猖狂的帝国主义"世纪的历史，充满了殖民地战争。但是我们欧洲人，压迫世界大多数民族的帝国主义者，从自己固有的卑鄙的欧洲沙文主义出发称之为"殖民地战争"的，往往是这些被压迫民族的民族战争或民族起义。帝国主义最基本的特性之一恰恰在于，它加速最落后的国家中的资本主义的发展，从而扩大和加剧反对民族压迫的斗争。这是事实。由此必然得出结论：帝国主义势必经常产生民族战争。**尤尼乌斯**在自己的小册子里赞成上述"提纲"，并说：在帝国主义时代，任何反对一个帝国主义大国的民族战争，都会导致同这个大国竞争的另一个帝国主义大国的介入，因此，任何民族战争也会转化为帝国主义战争。但是这个论点也是不正确的。这种情形是**可能的**，但并不总是如此。在1900~1914年间，许多次殖民地战争走的就不是这条道路。如果我们声称，例如在当前这场战争结束以后（假如这场战争将以各交战国打得筋疲力竭而告结束），"不可能"有"任何"进步的革命的民族战争，如中国同印度、波斯、暹罗等国联合进行的反对大国的战争，那简直是可笑的。

否认在帝国主义条件下有发生民族战争的任何可能性，在理论上是不正确的，而且显然不符合历史事实，在实践上则无异于欧洲沙文主义：我们属于压迫欧洲、非洲、亚洲等数亿人的民族，我们应当对各个被压迫民族说，它们进行反对"我们"这些民族的战争是"不可能的"！

第二，国内战争也是战争。谁承认阶级斗争，谁就不能不承认国内战争，因为在任何阶级社会里，国内战争都是阶级斗争的自然的——在一定的情况下则是必然的——继续、发展和尖锐化。所有的大革命都证实了这一点。否认或忘记国内战争，就意味着陷入极端的机会主义和背弃社会主义革命。

第三，在一国取得胜利的社会主义决不能一下子根本排除一切战争。

相反地，它预计到会有战争。资本主义的发展在各个国家是极不平衡的。而且在商品生产下也只能是这样。由此得出一个必然的结论：社会主义不能**在所有**国家**内**同时获得胜利。它将首先在一个或者几个国家内获得胜利，而其余的国家在一段时间内将仍然是资产阶级的或资产阶级以前的国家。这就不仅必然引起摩擦，而且必然引起其他各国资产阶级力图打垮社会主义国家中胜利的无产阶级的直接行动。在这种情况下发生的战争，从我们方面来说就会是正当的和正义的战争。这是争取社会主义、争取把其他各国人民从资产阶级压迫下解放出来的战争。恩格斯在1882年9月12日给考茨基的信中直接承认**已经胜利了的**社会主义有进行"自卫战争"的**可能性**①，他说得完全正确。他指的正是胜利了的无产阶级进行自卫以反对其他各国的资产阶级。

只有在我们推翻、彻底战胜并剥夺了全世界的而不只是一国的资产阶级之后，战争才会成为不可能的。如果我们恰恰回避或掩饰最重要的事情，即镇压资产阶级的反抗——在向社会主义**过渡**时最艰巨、最需要进行的斗争，那么，从科学的观点来看便是完全不正确的、完全不革命的。"社会"神父和机会主义者总是情愿幻想未来的和平社会主义，而他们与革命社会民主党人不同的地方恰恰在于，他们不愿设想，不愿考虑为实现这个美好的未来而进行的残酷的阶级斗争和阶级**战争**。

我们决不应该受别人的言词的欺骗。例如，很多人痛恨"保卫祖国"这个概念，因为露骨的机会主义者和考茨基主义者用这个概念来遮盖和掩饰资产阶级在**这场**强盗战争中所说的谎话。这是事实。但不能由此得出结论说，我们应当不再考虑政治口号的意义。认可在这场战争中"保卫祖国"，就意味着认为这场战争是符合无产阶级利益的"正义"战争，——如此而已，再没有别的意义。因为在任何战争中都不排除入侵。否定被压迫民族**方面**在它们**反对**帝国主义大国的战争中"保卫祖国"，或者否定胜

---

① 见《马克思恩格斯全集》第35卷，第353页。——编者注

利了的无产阶级方面在它反对资产阶级国家的某个加利费的战争中"保卫祖国",那简直是愚蠢的。

如果忘记任何战争都不过是政治通过另一种手段的继续,那在理论上是完全错误的;现在的帝国主义战争是两个大国集团的帝国主义政治的继续,而这种政治是由帝国主义时代各种关系的总和所产生和培育的。但是这个时代又必然产生和培育反对民族压迫斗争的政治和无产阶级反对资产阶级斗争的政治,因此就可能有而且必然会有:第一,革命的民族起义和战争;第二,无产阶级反对资产阶级的战争和起义;第三,这两种革命战争的汇合等等。

载于1917年9月和10月《青年国际》杂志第9期和第10期

选自《列宁全集》第28卷,第86~89页

注释:

[1]《无产阶级革命的军事纲领》一文(列宁在通信中称之为《论废除武装》)是用德文写的。根据列宁1916年8月间给格·叶·季诺维也夫的信(见《列宁全集》第2版第47卷),本文应写于1916年8月9日以前。本文原拟在瑞士、瑞典和挪威的左派社会民主党人的刊物上发表,但是当时没有刊登出来。同年9月,列宁用俄文加以改写,以《论"废除武装"的口号》为题发表于1916年12月出版的《〈社会民主党人报〉文集》第2辑(见《列宁全集》第28卷,第171~181页)。

本文最初的德文原稿到1917年9月和10月,才在国际社会主义青年组织联盟的机关刊物《青年国际》杂志的第9期和第10期上发表出来。杂志编辑部给文章加了如下按语:"现在,当列宁成为一位大家谈得最多的俄国革命活动家的时候,下面登载的这位钢铁般的老革命家的一篇阐明他的大部分政治纲领的文章,会引起人们特殊的兴味。本文是列宁1917年4月离开苏黎世前不久送交本刊编辑部的。"《无产阶级革命的军事纲领》这一标题看来是《青年国际》杂志编辑部加的。

[2]《青年国际》杂志(《Jugend-Internationale》)是靠拢齐美尔瓦尔德左派的国际

社会主义青年组织联盟的机关刊物，于1915年9月~1918年5月在苏黎世出版，威·明岑贝格任编辑。列宁对它的评价，见《青年国际（短评）》一文（《列宁全集》第28卷，第287~291页）。1919~1941年，该杂志是青年共产国际执行委员会的机关刊物。

[3] 指罗·格里姆拟的关于军事问题的提纲。该提纲载于1916年7月14日和17日《格留特利盟员报》第162号和第164号。

由于瑞士被卷入战争的危险日益增大，瑞士社会民主党内就对战争的态度问题展开了一场争论。根据瑞士社会民主党执行委员会1916年4月的委托，该党著名活动家格里姆、古·弥勒、沙·奈恩、保·伯·普夫吕格尔等分别在《伯尔尼哨兵报》、《民权报》、《格留特利盟员报》上发表文章或提纲，表明自己对这一问题的见解。列宁密切注视这场争论的发展。他对争论材料的批注，见《列宁文集》俄文版第17卷。

[4]《新生活》杂志（《Neues Leben》）是瑞士社会民主党的机关刊物（月刊），1915年1月~1917年12月在伯尔尼出版。该杂志宣传齐美尔瓦尔德右派的观点，从1917年初起采取社会沙文主义的立场。

论正在产生的"帝国主义经济主义"倾向[1]

（1916年8～9月）

1894～1902年间的旧"经济主义"发表过如下的议论。民粹派被驳倒了。资本主义在俄国胜利了。这就是说，不必去考虑政治革命了。实际结论是：或者是"工人搞经济斗争，自由派搞政治斗争"，这是向右跳。或者是以总罢工代替政治革命来实行社会主义变革。这是向左跳，这是90年代末一个俄国"经济派"在他所写的一本现在已被人遗忘的小册子里提出来的。[2]

现在新"经济主义"正在产生，它的议论也有类似的两种跳跃："向右"——我们反对"自决权"（即反对解放被压迫民族，反对同兼并作斗争，——这一点他们还没有完全考虑到或者没有统统说出来）。"向左"——我们反对最低纲领（即反对为争取改良和争取民主而斗争），因为这同社会主义革命相"矛盾"。

自从这种正在产生的倾向在某些同志面前，即在1915年春天伯尔尼会议[3]上暴露出来以后，已经过去一年多了。幸而，当时只有一个遭到**普遍**反对的同志直到会议结束时还坚持这些"帝国主义经济主义"的思想，并且写了一个专门的"提纲"加以表述。当时没有**任何人**同意这个提纲。

后来还有两个人同意这位同志的反对自决的提纲[4]（他们没有意识到，这个问题同上述"提纲"总的立场有不可分割的联系）。而"荷兰人的纲领"[5]于1916年2月在《国际社会党委员会。公报》第3号上一发表,便立刻显露出这种"误解",因而又促使原"提纲"的作者把他的全部"帝国主义经济主义"完完整整地重新端出来,而不仅仅是用来解释一个似乎是"个别的"条文。

绝对有必要再一次警告有关的同志:他们已经陷入泥潭,他们的"思想"无论是同马克思主义或者是同革命的社会民主党都毫无共同之处。再把问题"隐瞒"下去是不能容许的,因为这就意味着助长思想上的混乱,并且使这种混乱向最坏的方面发展:说话吞吞吐吐,闹"私人"纠纷,搞没完没了的"摩擦"等等。相反地,我们的责任是无条件地和坚决地主张必须仔细考虑和彻底弄清已经提出的问题。

《社会民主党人报》编辑部在关于自决的提纲①(用德文刊印,按《先驱》杂志第2期的校样)中,特意用不涉及个人的然而是极其详尽的形式把问题提出来,特别强调自决问题同争取改良和争取民主这个一般问题的联系,强调不允许忽视政治方面等等。原提纲("帝国主义经济主义")的作者,在他对编辑部的自决提纲所提的意见中赞同荷兰人的纲领,这样他本人就特别清楚地表明:自决问题决不象代表正在产生的这种倾向的作者们所提的那样,是一个"局部的"问题,而是一个一般的和基本的问题。

齐美尔瓦尔德左派的代表在1916年2月5～8日召开的伯尔尼国际社会党委员会会议[6]上收到了荷兰人的纲领。这个左派的任何一个成员,连拉狄克也不例外,都不赞成这个纲领,因为它把"剥夺银行"、"废除商业税"、"取消第一院"等等这样一些条文胡乱拼凑在一起。齐美尔瓦尔德左派的全体代表一致地、三言两语地——甚至没有发言,只是耸耸肩膀——就把这个显然完全不适用的荷兰人的纲领抛开了。

1915年春天拟订的原提纲的作者却很喜欢这个纲领,他说:"实际上,

---

① 见《列宁全集》第27卷,第254～268页。——编者注

我并没有说过更多的东西"（1915年春），"荷兰人**考虑得很周到**"："**他们在经济方面——剥夺银行和大生产**"（企业），"**在政治方面——成立共和国等等。完全正确！**"

其实，荷兰人并不是"考虑很周到"，而是提出一个完全**没有经过考虑**的纲领。俄国倒霉的地方就是，我们当中的某些人在最新的杰作中所抓住的恰恰是这种没有经过考虑的东西……

1915年提纲的作者认为，《社会民主党人报》编辑部自相矛盾，因为它"自己"在第8条（《具体任务》）中，也提出了"剥夺银行"，甚至还加上"刻不容缓"的字眼（和"专政措施"）。1915年提纲的作者，回忆起1915年春天伯尔尼的争论时，不满地惊叹道："为了这一点我在伯尔尼挨了多少骂啊！"

这位作者忘记了或者没有注意到一件"小事情"，就是《社会民主党人报》编辑部在第8条中明明分析了**两种**情况：第一种情况是社会主义革命已经**开始**。其中写道，那时就要"刻不容缓地剥夺银行"等等。第二种情况是社会主义革命**没有**开始，那时就要等一等再谈这些好事情。

因为前面所谈的那种社会主义革命**现在**显然还没有开始，所以荷兰人的纲领是荒谬的。而提纲的作者在"**加深**"问题时，又回到（"每次都在这个地方……"[7]）他过去的错误：把政治要求（如"取消第一院"？）变成"**表述社会革命的政治措辞**"。

作者在原地踏步整整一年之后，又回到他过去的错误。这是他倒霉的"关键"所在，因为他弄不清楚**怎样把已经到来的帝国主义同争取改良的斗争、同争取民主的斗争联系起来**——正如已经寿终正寝的"经济主义"当时不善于把已经到来的资本主义同争取民主的斗争联系起来一样。

由此，就产生了民主要求在帝国主义时代"不能实现"这个问题上的十足的糊涂思想。

由此，就轻视当前、现在、此刻以及任何时候的政治斗争，这对于马克思主义者是不能容许的（只有出自工人思想派[8]的"经济派"之口才是适当的）。

由此，就产生了那种从**承认**帝国主义而"堕落"到替帝国主义**辩护**的劣根性（正如已经寿终正寝的"经济派"从承认资本主义而堕落到替资本主义辩护一样）。

如此等等，等等。

要详细分析1915年提纲的作者对《社会民主党人报》编辑部关于自决的提纲所提的意见中的一切错误是完全不可能的，因为**每句话都不正确**！根本不能写几本小册子或著作来答复这些"意见"，因为"帝国主义经济主义"的倡导者整年都在原地踏步，根本不愿费心思周密地完整地阐明他们所说的"我们的意见分歧"是什么，如果他们想严肃地对待政治问题的话，这本来是他们对党的不容推卸的义务。

我只限于简单扼要地指出：作者是怎样运用他的基本错误，或者说是怎样"追加"错误的。

作者认为我自相矛盾，因为1914年我（在《启蒙》杂志[9]上）曾经写过，"到**西欧社会党人纲领里**"① 去找自决是荒唐的，而在1916年我却声称自决是特别需要的。

作者没有考虑一下（!!），那些"纲领"是在1875年、1880年、1891年写的[10]！

下面按照（《社会民主党人报》编辑部关于自决的提纲）各条谈一谈作者所提的意见：

第1条。作者还是抱着"经济派"的那种态度：不愿看到和提出**政治**问题。**因为**社会主义将为消灭政治上的民族压迫打下经济基础，**所以**我们的作者不愿意表述我们在这方面的**政治任务**！这简直是可笑的！

因为胜利了的无产阶级并不否定反对其他国家的资产阶级的战争，**所以**作者不愿意表述我们在民族压迫方面的政治任务!! 这一切都是完全违反马克思主义和逻辑的例子；或者说是"帝国主义经济主义"基本错误的

---

① 见《列宁全集》第25卷，第234页。——编者注

逻辑表现。

第2条。反对自决的人被推说"不能实现"的借口完全弄糊涂了。

《社会民主党人报》编辑部向他们说明了"不能实现"可能有的**两种**意义以及他们在**两种**情况下的错误。

1915年提纲的作者，甚至不打算提出**自己**对"不能实现"的看法，也就是说，**接受**我们的解释，即在这里有人把两种不同的东西混淆了起来，他却**坚持这种糊涂思想**！！

他把危机同"帝国主义的""政治"联系起来，我们的这位政治经济学家**忘记了**，危机在帝国主义**以前**就存在！……

编辑部解释过，谈论自决在经济上不能实现，是胡说八道。作者**没有**回答，**没有**声明，他认为自决**在经济上**不能实现；他退出了争论阵地，跳到政治方面（"还是"不能实现），尽管已经清清楚楚地向他说明，在帝国主义时代，**在政治上**共和国也完全和自决一样地"不能实现"。

作者在这里逼得无路可走，又"跳了"一次：他认为共和国和全部最低纲领都仅仅是"表述社会革命的政治措辞"！！！

作者不坚持自决"在经济上"不能实现，而跳到政治方面。他把政治上的不能实现推广到全部最低纲领。这里除"**帝国主义经济主义**"的**逻辑**以外，既没有丝毫马克思主义，也没有丝毫逻辑。

作者想**悄悄地**（他本人并没有考虑过也没有拿出过任何完整的东西，没有花点功夫去草拟自己的纲领）抛弃社会民主党的最低纲领！他整年原地踏步，这是毫不足怪的！！

关于同**考茨基主义**作斗争的问题，也不是一个局部性的，而是当代的**一个一般的和根本的问题**：作者**没有理解**这个斗争。正如"经济派"把反对民粹派的斗争变成了对资本主义的辩护一样，作者也把反对考茨基主义的斗争变成了对帝国主义的辩护（这也适用于第3条）。

考茨基主义的错误在于：它在这样的时刻竟用改良主义的方式提出那些只能用革命方式提出的要求（而作者误认为考茨基主义的错误，就在于提出这些要求本身，正象"经济派"把反对民粹主义的斗争"理解"为

"打倒专制制度"就是民粹主义那样)。

考茨基主义的错误在于：它使**正确的**民主要求倒退，退到和平的资本主义，而不是使之前进，向社会革命前进（而作者误认为这**些**要求是不正确的）。

第3条。参看前面谈的。关于"联邦制"问题，作者**也**避而不谈。还是那个"经济主义"的同一个基本错误：不善于提出**政治**问题。①

第4条。作者翻来复去地说："从自决中得出的就是保卫祖国。"这里他的错误在于，他想把否定保卫祖国变成**死板公式**，认为它**不是**根据**这场**战争的具体的历史特点得出的，而是"一般地"得出的结论。这不是马克思主义。

早就告诉过作者，并且他也没有反驳这一点：试给反对民族压迫或不平等的斗争想出一种可以**不为**"保卫祖国"作辩护的表述来。这一点您是做不到的。

这是不是说，如果根据民族压迫**可以**得出保卫祖国的结论，我们就反对同民族压迫作斗争呢？

不是。因为我们并不是"一般地"反对"保卫祖国"（见我们党的决议②），而是反对用这种骗人的口号来**粉饰**这场**帝国主义**战争。

作者**想要**（但是不能；他在这里也是整整一年白费心思……）**根本**不正确地、**非历史地**提出"保卫祖国"的问题。

作者关于"二元论"的言论表明，他**不了解**什么是一元论，什么是二元论。

如果我把鞋刷子同哺乳动物"统一"起来，这能算是"一元论"吗？

如果我说，要走向目的地 a，应该是：

---

① 作者写道："我们不怕四分五裂，我们不维护国界。"请对这一点作出确切的政治表述！！关键也就在于**你们做不到这一点**；"经济主义者"对**政治民主**问题的盲目无知妨碍你们这样做。
② 见《列宁全集》第26卷，第163～165页。——编者注

$$ⓒ\longrightarrow \underset{.}{a}\longrightarrow ⓑ$$

由ⓑ点向左走，而由ⓒ点向右走，这难道是"二元论"吗？

压迫民族和被压迫民族的无产阶级在民族压迫方面所处的地位是不是一样的呢？不，不一样，无论在**经济、政治、思想**或**精神等等方面**都不一样。

这是什么意思呢？

这就是说，从**不同**的出发点朝**一个**目的地（民族融合）走时，有的人将**这样**走，有的人将**那样**走。否认这一点，就是把鞋刷子和哺乳动物统一起来的"一元论"。

"向被压迫民族的无产者谈这一点〈**赞成自决**〉**不**合适"，作者对编辑部提纲竟作这样的"理解"。

这真可笑！！提纲中**丝毫**没有说过**这类**的话。作者不是没有读完，就是完全没有动脑筋。

第 5 条。见前面对考茨基主义的分析。

第 6 条。作者被告知，全世界有三种**类型**的国家。作者"表示反对"，想找"一个例外"。这是诡辩术①，而不是政治。

您想找出"例外"："比利时怎么样"？

请看列宁和季诺维也夫的小册子[11]：其中说，如果具体的战争是另外一种战争，我们就会**主张**保卫比利时（甚至**用战争**来保卫）。②

您不同意这点吗？

请说出来！！

您没有仔细考虑过社会民主党**为什么**反对"保卫祖国"的问题。

我们反对的理由，并非您所认为的那样，因为您对问题的提法（是枉费心机，而不是提法）是非历史的。这就是我对作者的答复。

---

① "诡辩术"（"казуистика"）这个词是从"例外"（"казус"）这个词变来的，它的本义是中世纪烦琐哲学和神学中用一般教条来解释例外的决疑法。——原编者注

② 见《列宁全集》第 26 卷，第 328～329 页。——编者注

我们维护争取推翻民族压迫的战争，不维护双方都是为了加强民族压迫而进行的这场帝国主义战争。把这称作"诡辩"，就是使用"伤人的"字眼，而**丝毫不加思索**。

作者**想要**把"保卫祖国"的问题提得"左一点"，结果（已经整整一年）全是胡说八道！

第7条。作者**批评道**："完全没有涉及'和约条件'的问题"。

看，这是一种什么样的批评：没有涉及我们在这里根本没有提出的问题！！

但是要知道，在这里却"涉及了"和提出了"帝国主义经济主义者"这次同荷兰人和拉狄克都闹不清的**兼并**问题。

或者您否定**反对新旧兼并**这个刻不容缓的口号——（这个口号在帝国主义时代"不能实现"的可能性并不亚于自决；在欧洲也和在殖民地一样）——那您对帝国主义的辩护就会由隐蔽而转为公开。

或者您承认这一口号（象拉狄克在报刊上做的那样），——那您就是以一种名义承认了民族自决！！

第8条。作者宣扬"西欧范围的布尔什维主义"（他补充说，"不是您的立场"）。

我不认为抓住"布尔什维主义"这个字眼不放有什么意义，因为我认识**这样一些**"老布尔什维克"，所以千万别这样宣扬。我只能说，我深信作者所宣扬的"西欧范围的布尔什维主义"不是布尔什维主义，也不是马克思主义，而还是那个旧"经济主义"的一个小小的变种。

整整一年宣扬**新布尔什维主义**并且仅仅如此而已，——我认为这是极不能容忍、极不严肃、极没有党性的行为。难道还不到时候，不该**仔细考虑**并且给同志们拿出一篇东西来，有条有理、完完整整地说明这种"西欧范围的布尔什维主义"吗？

作者没有证明也无法证明殖民地同欧洲被压迫民族的区别（就这个问题来说）。

——

荷兰人和波兰社会民主党否定自决，**不完全**是甚至主要不是糊涂思想（因为哥尔特以及波兰人的齐美尔瓦尔德声明事实上都承认了自决），而是他们这两个**民族**（有**悠久**传统并有**大国主义**野心的小民族）的**特殊**地位的产物。

机械地不加批判地模仿和效法别人在同欺骗人民的民族主义资产阶级数十年斗争中积累的东西，是极其轻率和幼稚的。可是人们**恰恰**模仿了不应模仿的东西！

载于《布尔什维克》杂志1929年第15期

选自《列宁全集》第28卷，第98~107页

注释：

[1]《论正在产生的"帝国主义经济主义"倾向》一文是列宁在《社会民主党人报》编辑部收到尼·伊·布哈林对《社会主义革命和民族自决权》这一提纲的意见后写的，当时没有发表。

这篇文章和后面的《对彼·基辅斯基（尤·皮达可夫）〈无产阶级和金融资本时代的"民族自决权"〉一文的回答》、《论面目全非的马克思主义和"帝国主义经济主义"》两篇文章，都是针对布哈林、格·列·皮达可夫和叶·波·博什的"帝国主义经济主义"思想而写的。

[2]指阿·阿·萨宁的《谁来实现政治革命？》一文。该文发表于乌拉尔社会民主党小组在1899年出版的《无产阶级斗争》文集第1辑，后由基辅委员会以小册子形式翻印。萨宁站在经济主义的立场上，反对建立工人阶级的独立政党，否认政治革命的必要性，认为在俄国实行社会主义变革是直接任务，而这一变革可以通过总罢工来完成。

[3]指俄国社会民主工党国外支部代表会议。

俄国社会民主工党国外支部代表会议于1915年2月14~19日（2月27~3月4日）在伯尔尼举行。会议是在列宁的倡议下召开的，实际上起了全党代表会议的作用。

参加代表会议的有俄国社会民主工党中央委员会、中央机关报——《社

会民主党人报》、社会民主党妇女组织以及俄国社会民主工党巴黎、苏黎世、伯尔尼、洛桑、日内瓦、伦敦等支部和博日小组的代表。列宁作为俄国社会民主工党中央委员会和中央机关报的代表出席代表会议，并领导了代表会议的全部工作。

列入代表会议议程的问题是：各地工作报告；战争和党的任务（对其他政治集团的态度）；国外组织的任务（对各集团的共同行动和共同事业的态度）；中央机关报和新报纸；对"侨民团体"事务的态度（流亡者"侨民团体"的问题）；国外组织委员会的选举；其他事项。

列宁就战争和党的任务这一主要议题作了报告，阐明了俄国社会民主工党中央委员会宣言《战争和俄国社会民主党》中的论点。从蒙彼利埃支部特别是博日小组在代表会议之前通过的决议可以看出，布尔什维克各支部的某些成员还不懂得列宁关于国内战争问题的提法。他们反对使"自己的"政府失败的口号，提出和平的口号，并且不了解与中派主义斗争的必要性和重要性。经过代表会议的讨论，列宁的提纲得到了一致的支持。正如列宁在正文里指出的，只有尼·伊·布哈林仍坚持博日小组决议的观点，并在自己的提纲中反对民族自决权以及整个最低纲领的要求，宣称这些要求和社会主义革命是"矛盾"的。列宁后来在1916年3月（11日以后）给亚·加·施略普尼柯夫的信中对布哈林的提纲作了尖锐的批评（见《列宁全集》第47卷）。

代表会议根据列宁的报告通过的决议，规定了布尔什维克党在帝国主义战争条件下的任务的策略。

代表会议还通过了《俄国社会民主工党国外组织的任务》、《对"侨民团体"事务的态度》、《关于为中央机关报募捐》等决议。代表会议选出了新的国外组织委员会。

列宁高度评价伯尔尼代表会议的意义，并且作了很大努力来广泛宣传会议的决议。代表会议的主要决议和列宁写的决议引言刊载于1915年3月16（29）日《社会民主党人报》第40号，而且收入了用俄文和德文出版的《社会主义与战争》这本小册子的附录。伯尔尼代表会议的决议还用法文印成单行本，分发给齐美尔瓦尔德会议的代表和国际社会民主党左派。代表会议的全部决议，见《苏联共产党代表大会、代表会议和中央全会决议汇编》第1分册，人民出版社，1964，第419～429页。

[4] 指1915年11月尼·伊·布哈林草拟的提纲《论民族自决权的口号》。这一提纲由布哈林、格·列·皮达可夫和叶·波·博什共同署名寄给《社会民主党人报》编辑部。

[5] 指罕·罗兰-霍尔斯特写的荷兰左派纲领草案，该草案发表于1916年2月29日《伯尔尼国际社会党委员会。公报》第3号，标题是《荷兰革命社会主义联盟和社会民主工党纲领草案》，署名的有：罗兰-霍尔斯特、费舍、戴·怀恩科普、谢顿。

[6] 指1916年2月5～9日在伯尔尼举行的国际社会党扩大委员会会议。出席这次会议的有来自德国、俄国、意大利、挪威、奥地利、波兰、瑞士、保加利亚、罗马尼亚等国的22名代表。会议的组成表明力量对比的变化有利于左派，但是多数与会者仍是中派。

列宁积极地参加了会议的工作，起草了《关于召开社会党第二次代表会议的决议草案》和代表团关于会议代表资格条件的建议（见《列宁全集》第2版第27卷，第240～242页），并代表布尔什维克和波兰王国和立陶宛社会民主党边疆区执行委员会声明反对邀请卡·考茨基，胡·哈阿兹和爱·伯恩施坦参加国际社会党第二次代表会议。

会议通过了《告所属政党和团体书》。这封通告信采纳了布尔什维克和左派社民主党人的一些修改意见，谴责了社会党人参加资产阶级政府、在帝国主义战争中"保卫祖国"以及投票赞成军事拨款等行为，指出必须支持工人运动和组织反对帝国主义战争的群众性的革命行动，但没有提出与社会沙文主义和机会主义决裂的要求。齐美尔瓦尔德左派的代表在表决时声明，虽然他们并不是对通告信的每一条都感到满意，但还是投赞成票，因为它比齐美尔瓦尔德会议的决议前进了一步。

会议也讨论了列宁提出的《关于召开社会党第二次代表会议的决议草案》，通过了它的一系列条文，同时确定了召开国际社会党第二次代表会议的日期。

[7] 这句话出自俄国作家伊·费·哥尔布诺夫的故事《在驿站》：一个驿站马车夫自吹赶了15年车，对山坡很熟悉，却老是把车赶翻，翻车以后还满不在乎地逗趣说："你看，每次都在这个地方……"

[8] 工人思想派是俄国的经济派团体，于1897年10月～1902年12月先后在彼得

堡、柏林、华沙和日内瓦等地出版《工人思想报》。工人思想派宣传露骨的机会主义观点，反对工人阶级的政治斗争，把工人阶级的任务局限于经济性质的改良，反对建立马克思主义的无产阶级政党，主张成立工联主义的合法组织，并且贬低革命理论的意义，硬说社会主义意识可以从自发运动中产生。

列宁在《俄国社会民主党中的倒退倾向》一文和《怎么办?》一书（见《列宁全集》第4卷第209~238页和第6卷第1~183页）中，以及在《火星报》上发表的一些文章中批判了工人思想派的观点。

[9]《启蒙》杂志（《Просвещение》）是俄国布尔什维克的合法的社会政治和文学月刊，1911年12月~1914年6月在彼得堡出版，一共出了27期。该杂志是根据列宁的倡议，为代替被沙皇政府封闭的布尔什维克刊物——在莫斯科出版的《思想》杂志而创办的，受以列宁为首的国外编辑委员会的领导。出版杂志的实际工作，由俄国国内的编辑委员会负责。在不同时期参加国内编辑委员会的有：安·伊·乌里扬诺娃-叶利扎罗娃、列·米·米哈伊洛夫、米·斯·奥里明斯基、А. А. 里亚比宁、马·亚·萨韦利耶夫、尼·阿·斯克雷普尼克等。从1913年起，《启蒙》杂志文艺部由马·高尔基领导。《启蒙》杂志作为布尔什维克的机关刊物，曾同取消派、召回派、托洛茨基分子和资产阶级民族主义者进行过斗争，登过列宁的28篇文章。第一次世界大战前夕，《启蒙》杂志被沙皇政府封闭。1917年秋复刊后，只出了一期（双刊号），登载了列宁的《布尔什维克能保持国家政权吗?》和《论修改党纲》两篇著作。

[10] 指法国工人党1880年的纲领（勒阿弗尔纲领）、德国社会民主党1875年的纲领（哥达纲领）和1891年的纲领（爱尔福特纲领）。

[11] 指《社会主义与战争》。见《列宁全集》第28卷注28。

对彼·基辅斯基(尤·皮达可夫)《无产阶级和金融资本时代的"民族自决权"》一文的回答[1](节选)

(1916年8~9月)

战争正如人们的生活中或各民族的历史上的任何危机一样,使一些人灰心丧气,也使另一些人受到锻炼和教育。

在社会民主党人关于战争以及由战争引起的思考方面,也可以看出这一真理。比较深入地考虑在高度发达的资本主义基础上发生的帝国主义战争的原因和意义,考虑社会民主党由于战争而面临的策略任务,考虑社会民主运动中的危机的原因等等——这是一回事。让战争**压制**自己的思想,**在**战争的恐怖印象和惨痛后果或战争特性的**压抑**下不再去思索和分析——这是另一回事。

"帝国主义经济主义"对**民主**的鄙视态度,就是人的思维受到战争的**压制**或**压抑**的表现形式之一。彼·基辅斯基没有觉察到,战争所造成的这种受到压抑而惊慌失措的情绪和不加分析的态度,象一根红线一样贯穿在他的全部议论中。既然我们面临的是这样一场残忍的大厮杀,那还谈什么保卫祖国!既然到处都是粗暴的镇压,那还谈什么民族权利!看看人们怎样对待"独立的"希腊,就知道民族自决和"独立"是怎么一回事了![2]既然为了军阀的利益,到处都在践踏一切权利,那还谈论和考虑"权利"干什么!既然在这次战争期间,最民主的共和国和最反动的君主国之间已经没有细微的差别了，根本不存在任何差别了，在我们周围连一点差别的痕迹也看不到了，那还谈论和考虑共和国干什么！

当有人向彼·基辅斯基指出，他已被吓坏了，已糊涂到否认一般民主的地步时，他很生气。他愤愤不平，并且反驳说：我决不反对民主，而只反对**一个**我认为是"不好的"民主要求。不管彼·基辅斯基怎样生气，怎样硬要我们（或许也要他本人）"**相信**"他决不"反对"民主，但是他的**议论**——或者确切地说，他在议论中不断犯的**错误**——**证明**恰恰与此相反。

保卫祖国，在帝国主义战争中是一句骗人的话，但在民主的和革命的战争中决不是一句骗人的话。在战争期间谈论"权利"似乎是可笑的，因为**任何**战争都是用公开的和直接的暴力代替权利，但决不能因此忘记，过去历史上曾经有过（恐怕将来也还会有，而且一定会有）民主的和革命的战争，这种战争虽然在战时用暴力代替了任何"权利"和任何民主，但按其社会内容和后果来说，是为民主事业**因而**也是为社会主义事业**服务**的。希腊的例子似乎可以"驳倒"任何民族自决，但是，如果愿意进行思考、分析和权衡，而不是听到震耳欲聋的话声就发晕，被战争的骇人听闻的印象所吓倒，那么，这个例子丝毫不比嘲笑共和国——由于在这场战争期间，"民主的"、最民主的共和国，不仅法国，而且连美国、葡萄牙和瑞士都建立了和正在建立和俄国完全一样的军阀暴政而嘲笑共和国——更严肃和更有说服力。

帝国主义战争正在抹掉共和国和君主国之间的差别，这是事实。但是因此就否定共和国，或者哪怕是对它采取鄙视态度，那就意味着自己被战争吓倒，让战争的惨祸**压抑**自己的思想。许多拥护"废除武装"口号的人（罗兰-霍尔斯特、瑞士的一些年轻人和斯堪的纳维亚的"左派"[3]等）就是这样议论的，他们说：请看，在这场战争中，共和国的民兵和君主国的常备军之间有什么差别呀？军国主义**到处**都在干着多么可怕的勾当啊！在这样的时候还谈论革命地利用军队或民兵干什么？

这都是**同一个**思路，同一个理论的和政治实践的错误。彼·基辅斯基没有觉察到这个错误，在自己的文章中处处犯了这个错误。他**认**为他仅仅反对自决，他**想**仅仅反对自决，可是**结果**——同他的意愿和认识相反，可笑之处就在这里！——却是：他所引用的论据**无一**不可以根据同样的理由用来反对一般民主！

他的一切可笑的逻辑错误和一切糊涂观念——不仅在自决问题上而且在保卫祖国、离婚和一般"权利"的问题上——的真正根源，就在于他的思想受到了战争的**压抑**，因而马克思主义对一般民主的态度被根本歪曲了。

帝国主义是高度发达的资本主义；帝国主义是进步的；帝国主义**是**对民主的否定；"就是说"，民主在资本主义制度下"不能实现"。帝国主义战争是对一切民主的粗暴破坏，无论在落后的君主国中或在先进的共和国中都是一样；"就是说"，谈论"权利"（即谈论民主！）毫无用处。"只"能以社会主义去"对抗"帝国主义战争；"出路"仅仅在于社会主义；"就是说"，在最低纲领中，即在资本主义制度下，提出民主口号就是一种欺骗或幻想，就是模糊、推迟社会主义变革的口号等等。

这就是彼·基辅斯基没有意识到的、但确实是他的一切不幸的真正根源。这就是他的**基本的**逻辑错误，这个错误正因为是基本的，而又没有被作者意识到，所以就象破烂的自行车轮胎一样，随时都会"**放炮**"，一会儿在保卫祖国的问题上"冒出来"，一会儿在离婚问题上"冒出来"，一会儿在关于"权利"的一句绝妙的（就对"权利"的鄙视深度和不懂事理的深度来说）话中"冒出来"，说什么：要谈到的**不是**权利，**而是**破坏世世代代的奴隶制！

说出这样的话，就表明不了解资本主义和民主之间、社会主义和民主之间的关系。

一般资本主义特别是帝国主义把民主变为幻想，同时，资本主义又造成群众中的民主意向，建立民主设施，使得否定民主的帝国主义和渴望民主的群众之间的对抗尖锐化。不能用任何最"理想的"民主改造，而只能用经济变革来推翻资本主义和帝国主义，但是无产阶级如果不在争取民主的斗争中受到教育，就不能实现经济变革。不**夺取银行**，不废除生产资料**私有制**，就不能战胜资本主义，但是如果不组织全体人民对从资产阶级手里夺来的生产资料进行民主管理，不吸收全体劳动群众，即无产者、半无产者和小农来民主地组织自己的队伍、自己的力量和参加国家的管理，就不能实现这些革命措施。帝国主义战争可以说是对民主的三重否定（一、任何战争都是用暴力代替"权利"；二、帝国主义本身就是对民主的否定；三、帝国主义战争使共和国完全等同于君主国），但是反对帝国主义的社会主义起义的兴起和发展，同民主的反抗和义愤的增长有着**不可分割**的联系。社会主义导致**任何**国家的消亡，因而也导致任何民主的消亡，但是社会主义不**通过**无产阶级专政是不能实现的，无产阶级专政把对付资产阶级即少数居民的暴力同**充分**发扬民主结合起来，而民主就是**全体**居民群众真正平等地、真正普遍地参与一切**国家**事务，参与解决有关消灭资本主义的一切复杂问题。

彼·基辅斯基正是被这些"矛盾"弄糊涂了，因为他忘记了马克思主义关于民主的学说。形象地说，战争已经把他的思想压抑到了这种地步，以致他只发出"冲出帝国主义"的鼓动喊声，而不去进行任何思考，只发出"从殖民地滚出去"的喊声，而不去分析一下文明民族"从殖民地""撤出"，这在经济上和政治上究竟意味着**什么**。

马克思主义解决民主问题的方法就在于，进行阶级斗争的无产阶级要**利用一切**民主设施和反资产阶级的意向，为无产阶级战胜资产阶级和推翻资产阶级作好准备。这种利用不是一件容易的事情，"经济派"、托尔斯泰主义者[4]等人往往认为，这似乎是对"资产阶级的"和机会主义的观点所作的一种不正当的让步，正如彼·基辅斯基认为，"在金融资本时代"坚持民族自决，似乎是对资产阶级观点所作的一种不正当的让步一样。马克思主义教导说，拒绝利用由资产阶级建立的和被资产阶级歪曲的**目前**资本主义社会中的民主设施，——这样去"同机会主义作斗争"，就是向机会主义**彻底投降**！

一个既指出尽快摆脱帝国主义战争的出路，又指出我们反对帝国主义战争的斗争同反对机会主义的斗争的**联系**的口号,就是争取社会主义的**国内战争**。只有这个口号正确地估计到了战争时期(战争旷日持久并有发展成整个战争"时代"的危险!)的特点,以及同和平主义、合法主义和迁就"自己的"资产阶级这样一种机会主义针锋相对的我们的活动的全部性质。此外,反对资产阶级的国内战争,是贫苦群众**用民主方式**组织和进行的反对少数有产者的战争。国内战争也是战争,因此它必不可免地要用暴力代替权利。但是,为了多数人的利益和权利而采用的暴力,其性质不同:它践踏的是剥削者即资产阶级的"权利",如果不用民主的方式组织军队和"后方",这样的暴力是**不能实行的**。国内战争要立即并首先用暴力剥夺银行、工厂、铁路和大田庄等等。但正是**为了**剥夺这一切,必须由人民来选举一切官吏,由人民来选举军官,使同资产阶级作战的军队同居民群众**打成一片**;在支配食品,即生产和分配食品方面实行充分的民主,等等。国内战争的目的是要夺取银行和工厂等等,消除资产阶级反抗的任何可能性,消灭**它的**军队。但是,如果在这种战争进程中,不同时在**我们的军队里**和**我们的**"后方"不断地实行和扩大民主,那么,**无论**从纯粹军事方面**还是**从经济**或**政治方面来说,这个目的都是不能达到的。我们现在向群众说(而群众也本能地感到我们说的话是正确的):"有人在欺骗你们,让你们为了帝国主义资本主义去打仗,他们用伟大的民主口号掩饰这场战争"。"你们应当而且一定会用**真正**民主方式和为了真正实行民主和社会主义这一目的,去进行**反对**资产阶级的战争。现在的战争用暴力和经济上的依附关系把各民族联合和"融合"成不同的集团。但是**我们**在自己的反对资产阶级的国内战争中,**不是**用卢布的力量,**不是**用棍棒的力量,不是用暴力,而是通过**自愿**的协商,用劳动者反对剥削者的共同**意志**把各民族联合和融合起来。宣布各民族一律平等,对于资产阶级来说是一种欺骗,对于我们来说却是一句真话,它有助于迅速地把一切民族争取到我们方面来。如果不切实建立各民族之间的**民主的**关系,因而也没有国家分离的自由,各民族的工人和劳动群众就**不可能**进行反对资产阶级的国内战争。

通过利用资产阶级的民主制，达到以社会主义的和彻底民主的方式把无产阶级组织起来，去反对资产阶级和机会主义。别的道路是没有的。别的"出路"都**不**是出路。马克思主义不知道别的出路，正象实际生活不知道别的出路一样。我们应当把各民族的自由分离和自由联合纳入这条道路，而不应当避开它们，不要怕这会"玷污""纯净的"经济任务。

载于《无产阶级革命》杂志 1929 年第 7 期

选自《列宁全集》第 28 卷，第 108～114 页

注释：

[1] 这篇文章是对格·列·皮达可夫（彼·基辅斯基）1916 年 8 月写的《无产阶级和金融基本时代的"民族自决权"》一文的答复，手稿上有列宁的批注："基辅斯基论自决的文章和列宁对它的回答"。这篇文章原拟和皮达可夫的文章一起在《〈社会民主党人报〉文集》第 3 辑发表。稍后，列宁又写长文《论面目全非的马克思主义和"帝国主义经济主义"》（见《列宁全集》第 28 卷，第 115～170 页）来代替这篇文章。《〈社会民主党人报〉文集》第 3 辑因经费不足没有出成，这些文章当时也就没有发表。

　　列宁曾把自己的这篇答复寄给皮达可夫。他在 1916 年 11 月 7 日给伊·费·阿尔德曼的信里提到过这件事（见《列宁全集》第 47 卷）。

[2] 第一次世界大战中，协约国为使希腊参战而对它施加了种种压力。它们用武力侵占希腊的一部分领土，派军舰封锁希腊，最后制造政变，迫使希腊国王君士坦丁一世逊位。1917 年 6 月，希腊宣布站在协约国一边参战。

[3] 指荷兰左派社会民主党人罕·罗兰-霍尔斯特的文章《民兵制还是裁军？》，该文发表于 1915 年 10～11 月和 12 月瑞士《新生活》杂志第 10～11 期合刊和 12 期。

　　这里说的"瑞士的一些年轻人"主要是指国际社会主义青年组织联盟的机关刊物《青年国际》杂志，在该杂志周围聚集着一些瑞士左派社会民主党人。在《青年国际》杂志第 3 期上曾发表一篇题为《人民军队还是废除武装？》的编辑部文章。

斯堪的纳维亚（瑞典和挪威）左派社会民主党人在这一问题上的态度，反映在卡·基尔布姆《瑞典社会民主党和世界大战》和阿·汉森《挪威现代工人运动的几个问题》这两篇文章里。两文均发表于《〈社会民主党人报〉文集》第 2 辑。

[4] 托尔斯泰主义者是 19 世纪末～20 世纪初在列·尼·托尔斯泰的宗教哲学学说影响下产生的一种宗教空想主义社会派别。托尔斯泰主义者主张通过宗教道德的自我完善来改造社会，宣传"博爱"和"不以暴力抗恶"。列宁指出：托尔斯泰主义者正好是把托尔斯泰学说中最大的缺点变成了教条。

论面目全非的马克思主义和"帝国主义经济主义"[1]（节选）

（1916年8~9月）

在当前社会主义运动的大危机中，马克思主义者坚决反对社会沙文主义并站在革命国际主义方面，如果"帝国主义经济主义"在他们中间传播开来，那就是对我们这个派别和我们党的一个最严重的打击，因为这会从内部，从它自己的队伍中败坏党，把党变成面目全非的马克思主义的代表者。因此，我们必须从彼·基辅斯基文章中数不胜数的错误里至少找出几个最主要的错误来加以详细讨论，尽管这样做"枯燥乏味"，常常不得不十分浅显地重复那些细心而善于思考的读者早在我们1914年和1915年的文献中就已知道和明白了的起码道理。

我们先从彼·基辅斯基议论的"中心"点谈起，以便使读者能够立刻抓住"帝国主义经济主义"这个新派别的"实质"。

1. 马克思主义对战争和"保卫祖国"的态度

彼·基辅斯基自己相信并且要读者相信，他只是"不同意"民族自决，即我们党纲的第9条。他非常气忿地试图驳回对他的如下指责：他在民主问题上根本背离了**全部**马克思主义，在某个根本问题上成了马克思主义的"叛徒"（用意恶毒的引号是彼·基辅斯基加的）。然而问题的实质在于，当我们的作者一开始谈论他仿佛是在局部的个别的问题上有不同意见时，当他一拿出论据和理由等等时，就立刻可以发现，他恰恰完全同马克思主义背道而驰。就拿彼·基辅斯基文章中的第 2 条（即第 2 节）来说吧。我们的作者宣布，"这个要求〈即民族自决〉会直接〈!!〉导致社会爱国主义"，他还解释说，保卫祖国这个"背叛性的"口号是"可以完全符合〈!〉逻辑地〈!〉从民族自决权中推导出来的……"结论。在他看来，自决就是"认可法国和比利时社会爱国主义者的背叛行为，他们正在拿起武器保卫这种独立〈法国和比利时的民族国家的独立〉，也就是说，他们正在做'自决'拥护者仅仅在谈论的事情……""保卫祖国是我们最凶恶的敌人的武器库中的货色……""我们实在无法理解，怎么能**同时**既反对保卫祖国又主张自决，既反对祖国又保卫祖国。"

彼·基辅斯基就是这样写的。他显然没有理解我们关于反对在当前这场战争中保卫祖国这个口号的决议。我们只好把这些决议中写得一清二楚的地方提出来，再一次把这些明明白白的俄语含义讲清楚。

1915 年 3 月，我们党在伯尔尼代表会议上通过了一项以《关于保卫祖国的口号》为题的决议。这项决议一开始就说："**当前战争的真正实质就在于**"什么什么。

这里讲的是**当前**战争。用俄语不能说得比这更清楚的了。"真正实质"这几个字表明，必须把假象和真实、外表和本质、言论和行动区别开来。关于在这场战争中保卫祖国的说法，把 1914～1916 年间的帝国主义战争，为瓜分殖民地和掠夺他国领土等等而进行的战争伪装成民族战争。为了不致留下歪曲我们观点的一丝一毫的可能性，决议还专门补充了一段话，论述"**真正的**民族战争"，"**特别**〈请注意，特别不是仅仅的意思!〉是 1789～1871 年间发生的"民族战争。

决议说明，这些"真正"的民族战争，"其基础""是长期进行的大规模民族运动，反对专制制度和封建制度的斗争，推翻民族压迫……"①

看来，不是很清楚了吗？目前的帝国主义战争是由帝国主义时代的种种条件造成的，这就是说，它不是偶然的现象，不是例外的现象，不是违背一般常规的现象。在这场战争中讲保卫祖国就是欺骗人民，因为**这不是民族战争**。在**真正的民族战争**中，"保卫祖国"一语则**完全不是**欺骗，**我们决不反对**。这种（真正的民族）战争"特别是"在1789～1871年间发生过。决议丝毫不否认现在也有发生这种战争的可能性，它说明应当怎样把真正的民族战争同用骗人的民族口号掩饰起来的帝国主义战争区别开来。也就是说，为了加以区别，必须研究战争的"基础"是不是"长期进行的大规模民族运动"，"推翻民族压迫"。

关于"和平主义"的决议直截了当地说："社会民主党人不能否认革命战争的积极意义，这种战争不是帝国主义战争，而是象〈请注意这个'象'〉1789～1871年期间那样为推翻民族压迫……而进行的战争。"② 如果我们不承认民族战争在今天也是可能的，那么我们党1915年的决议会不会把1789～1871年间发生过的战争作为例子来谈论民族战争，并且指出我们并不否认那种战争的积极意义呢？显然不会。

列宁和季诺维也夫的小册子《社会主义与战争》，是对我党决议的解释或通俗的说明。在这本小册子的第5页上写得非常清楚："社会主义者无论过去或现在"都**只是**在"推翻异族压迫"这个意义上"承认保卫祖国或防御战争的合理性、进步性和正义性"。举了一个例子：波斯反对俄国**"等等"**，并且指出："这些战争就都是正义的、防御性的战争，而不管是谁首先发动进攻。任何一个社会党人都会希望被压迫的、附属的、主权不完整的国家战胜压迫者、奴隶主和掠夺者的'大'国。"③

小册子是在1915年8月出版的，有德文和法文版本。彼·基辅斯基对

---

① 见《列宁全集》第26卷，第164～165页。——编者注
② 见《列宁全集》第26卷，第168页。——编者注
③ 见《列宁全集》第26卷，第324页。——编者注

它很熟悉。无论彼·基辅斯基或任何别的人,都从没有向我们表示过异议,既没有反对关于保卫祖国的口号的决议,也没有反对关于和平主义的决议,也没有反对小册子中对这些决议的解释,一次也没有!既然彼·基辅斯基从1915年3月起并没有反对我们党对战争的看法,而目前,在1916年8月,却在一篇论述自决的文章中,也就是在一篇仿佛是关于局部问题的文章中暴露出对**整个**问题的惊人无知,那么试问,我们说这位著作家根本不懂马克思主义,这是不是诽谤他呢?

彼·基辅斯基把保卫祖国的口号叫作"背叛性的"口号。我们可以平心静气地告诉他,谁如果只机械地重复口号,不去领会它的意义,对事物不作深入的思考,仅仅死记一些词句而不分析它们的含义,那么,**在这样的人**看来,**任何**口号都是而且将永远是"背叛性的"。

一般地说,"保卫祖国"是什么意思呢?它是不是经济学或政治学等等领域中的某种科学的概念呢?不是的。这只是**替战争辩护**的一种最流行的、常用的、有时简直是庸俗的说法。仅仅如此而已!庸人们可以替**一切**战争辩护,说什么"我们在保卫祖国",只有这种行为才是"背叛性的",而马克思主义不会把自己降低到庸俗见解的水平,它要求历史地分析每一次战争,以便弄清楚能不能认为**这次**战争是进步的、有利于民主或无产阶级的,**在这个意义上**是正当的、正义的等等。

如果不善于历史地分析每一次战争的意义和内容,保卫祖国的口号就往往是对战争的一种庸俗的不自觉的辩护。

马克思主义作了这样的分析,它指出:**如果**战争的"真正实质",**譬如说**在于推翻异族压迫(这对1789~1871年间的欧洲来说是**特别**典型的),那么,从被压迫国家或民族方面说来,这场战争就是进步的。**如果**战争的"真正实质"是重新瓜分殖民地、分配赃物、掠夺别国领土(1914~1916年间的战争就是这样的),那么保卫祖国的说法就是"欺骗人民的弥天大谎"。

怎样找出战争的"真正实质",怎样确定它呢?战争是政治的继续。应当研究战前的政治,研究正在导致和已经导致战争的政治。如果政治是帝国主义的政治，就是说，它保护金融资本的利益，掠夺和压迫殖民地以及别人的国家，那么由这种政治产生的战争便是帝国主义战争。如果政治是民族解放的政治，就是说，它反映了反对民族压迫的群众运动，那么由这种政治产生的战争便是民族解放战争。

庸人们不懂得战争是"政治的继续"，因此他们只会说什么"敌人侵犯"，"敌人侵入我国"，而不去分析战争是**因为什么**、**由什么**阶级、**为了什么政治目的**进行的。彼·基辅斯基完全降低到这种庸人的水平，他说：看，德国人占领了比利时，可见，从自决观点看来，"比利时的社会爱国主义者是正确的"；或者说：德国人占领了法国的一部分领土，可见，"盖得可以得意了"，因为"打到本民族〈而不是异族〉居住的领土上来了"。

在庸人们看来，重要的是军队在**什么地方，现在**打胜仗的是谁。在马克思主义者看来，重要的是双方军队可能互有胜负的**这场**战争是**因为什么**而进行的。

当前这场战争是因为什么而进行的呢？这一点在我们的决议中已经指出来了（根据交战国在战前**几十年**中实行的**政治**）。英、法、俄是为了保持已夺得的殖民地和掠夺土耳其等等而战。德国是为了夺取殖民地和独自掠夺土耳其等等而战。假定德国人甚至拿下巴黎和彼得堡，那么这场战争的性质会不会因此而改变呢？丝毫不会。那时德国人的目的——更重要的是他们在胜利后推行的政治——是夺取殖民地，统治土耳其，夺取异族的领土，例如波兰等等，而决不是要对法国人或俄国人建立异族压迫。当前这场战争的真正实质不是民族战争，而是帝国主义战争。换句话说，战争的起因不是由于其中一方要推翻民族压迫，而另一方要维护这种压迫。战争是在两个压迫者集团即两伙强盗之间进行的，是为了确定怎样分赃、由谁来掠夺土耳其和各殖民地而进行的。

简单地说，**在帝国主义大国**（即压迫许多别的民族，迫使它们紧紧依附于金融资本等等的大国）**之间**进行的或同它们**结成联盟**进行的战争，是帝国主义战争。1914～1916年间的战争就是这种战争。在**这场**战争中，"保卫祖国"是欺人之谈，是替战争辩护。

被压迫者（例如殖民地人民）为**反对**帝国主义列强即实行压迫的大国而进行的战争，是真正的民族战争。这种战争在今天也是可能的。遭受民族压迫的国家为反对实行民族压迫的国家而"保卫祖国"，这不是欺人之谈，所以社会主义者**决不反对**在**这样的**战争中"保卫祖国"。

民族自决也就是争取民族彻底解放、争取彻底独立和反对兼并的斗争，社会主义者如果还是社会主义者，就**不能拒绝这种**斗争，——不管它采取什么形式，直到起义或战争为止。

彼·基辅斯基以为他是在反对普列汉诺夫，据他说，正是普列汉诺夫指出了民族自决同保卫祖国的联系！彼·基辅斯基**相信了**普列汉诺夫，以为这种联系**确实象**普列汉诺夫所描绘的**那样**[2]。彼·基辅斯基既然相信了普列汉诺夫，于是就害怕起来了，认为必须否认自决，以便摆脱普列汉诺夫的结论……对普列汉诺夫太轻信了，同时也太害怕了，可是普列汉诺夫到底错在哪里，却一点也没有**考虑**！

社会沙文主义者为了把这场战争说成是民族战争，就拿民族自决作借口。同他们斗争的唯一正确的方法，就是要指出这场战斗并不是为了民族解放，而是为了确定由哪一个大强盗来压迫**更多的**民族。如果竟然否认**真正**为了民族解放而进行的战争，那就是对马克思主义的最大歪曲。普列汉诺夫和法国社会沙文主义者拿法国的共和制作为借口，来替"保卫"法国共和制、反对德国君主制辩护。如果象彼·基辅斯基那样推论，那么我们就应当反对共和制或反对**真正**为了捍卫共和制而进行的战争！！德国社会沙文主义者拿德国的普选制和普遍识字的义务教育作借口，来替"保卫"德国反对沙皇制度辩护。如果象基辅斯基那样推论，那么我们就应当或者反对普选制和普遍识字的教育，或者反对**真正**为了维护政治自由使之不被剥夺而进行的战争！

卡·考茨基在1914～1916年间的战争以前是马克思主义者，他的一系列极为重要的著作和言论将永远是马克思主义的典范。1910年8月26日，考茨基在《新时代》杂志上曾就日益迫近的战争写道：

德英之间一旦发生战争，其争端将不是民主制度，而是世界霸权，即对全世界的剥削。在这个问题上，社会民主党人是不应当站在本国剥削者方面的。(《新时代》杂志第28年卷第2册，第776页)

这是精彩的马克思主义的表述，它同我们的表述完全一致，它彻底揭穿了离开马克思主义而去为社会沙文主义辩护的**今天**的考茨基，它十分清楚地阐明了马克思主义如何对待战争的原则（我们还要在刊物上谈到这个表述）。战争是政治的继续；因此，既然有争取民主的斗争，也就**可能**有争取民主的战争；民族自决只是民主要求之一，它和其他民主要求根本没有任何区别。简单地讲，"世界霸权"是帝国主义政治的内容，而帝国主义政治的继续便是帝国主义战争。拒绝在民主的战争中"保卫祖国"，**即**拒绝参加民主的战争，这是荒谬的，这跟马克思主义毫无共同之处。把"保卫祖国"的概念运用于帝国主义战争，即把帝国主义战争说成是民主的战争，从而粉饰帝国主义战争，这就等于欺骗工人，投到反动资产阶级方面去。

2. "我们对新时代的理解"

引号里的这句话是彼·基辅斯基说的，他常常提到"新时代"。然而遗憾的是，在这里他的论断也是错误的。

我们党的一些决议说，这场战争是由帝国主义时代的一般条件造成的。我们运用马克思主义正确地指出了"时代"和"这场战争"的相互关系：要做一个马克思主义者，就必须具体地评价每一次战争。为什么在各大国之间——其中有许多国家在1789～1871年间曾经领导过争取民主的斗争——竟会而且必然会发生帝国主义战争，即按其政治意义来说是极端反动的、反民主的战争呢？要了解这一点，就必须了解帝国主义时代的一般条件，即各先进国家的资本主义已变为帝国主义的一般条件。

彼·基辅斯基完全曲解了"时代"和"这场战争"之间的这种关系。照他说来，要**具体地**谈，就是谈论"时代"！这恰巧不对。

1789～1871年那个时代，对于欧洲说来是一个特殊时代。这是无可争辩的。不了解那个时代的一般条件，就不能了解对于那个时代来说特别典型的任何一次民族解放战争。这是不是说，那个时代的**一切**战争都是民族解放战争呢？当然不是。这样说是极其荒谬的，是用可笑的死板公式代替对每一次战争的具体研究。在1789～1871年间，既发生过殖民地战争，也发生过压迫许多其他民族的反动帝国之间的战争。

试问，能不能从先进欧洲（以及美国）的资本主义已经进入帝国主义新时代这一事实得出结论说，现在只可能发生帝国主义战争呢？作这样的论断是荒谬的，这是不善于把某一具体现象和该时代可能发生的各种现象的总和区别开来。时代之所以称为时代，就是因为它包括所有的各种各样的现象和战争，这些现象和战争既有典型的也有不典型的，既有大的也有小的，既有先进国家所特有的也有落后国家所特有的。象彼·基辅斯基那样只是泛泛地谈论"时代"，而回避这些具体问题，这就是滥用"时代"这个概念。为了不作无稽之谈，我们现在从许多例子中举出一个例子。但是首先必须指出，有**一个**左派集团，即德国的"国际"派，曾经在《伯尔尼执行委员会公报》第3期（1916年2月29日）中发表了一个提纲，并在第5条中作了如下一个显然错误的论断："在这猖狂的帝国主义的时代，**不可能再有任何**民族战争。"我们在《〈社会民主党人报〉文集》中分析过这个论断①。这里只须指出，虽然一切关心国际运动的人老早就熟悉这个论点（我们早在1916年春天伯尔尼执行委员会扩大会议上就反对过这个论点），可是直到现在**没有一个派别**重述过这个论点，接受过这个论点。彼·基辅斯基在1916年8月写他那篇文章时，也没有说过一句同这种论断或类似论断精神一致的话。

之所以必须指出这一点，是因为如果有人发表过这种论断或类似论断，那才谈得上理论上的分歧。既然**没有**提出过任何类似的论断，那我们只好说：这并不是对"时代"的另一种理解，不是什么理论上的分歧，而

---

① 见《列宁全集》第28卷，第4～9页。——编者注

只是随口说出的一句话，只是滥用了"时代"这个词。

例如，彼·基辅斯基在他那篇文章的开头写道："它〈自决〉岂不是同在火星上免费得到10000俄亩土地的权利一样吗？对于这个问题，只能十分具体地，同对今天整个时代的估计联系起来加以回答。要知道，在发展当时那种水平的生产力的最好形式——民族国家的形成时代，民族自决权是一回事，在这种形式即民族国家形式已经成为生产力发展的桎梏时，民族自决权则是另一回事。在资本主义和民族国家确立的时代与民族国家正在灭亡、资本主义本身也处在灭亡前夜的时代之间，有很大的距离。抛开时间和空间而作'泛泛'之谈，这不是马克思主义者的事情。"

这段议论是歪曲地运用"帝国主义时代"这一概念的标本。正因为这个概念是新的和重要的，所以必须同这种歪曲作斗争！有人说民族国家的形式已经成为桎梏等等，这是指什么呢？是指各先进资本主义国家，首先是指德国、法国和英国，由于这些国家参加了这场战争，这场战争才首先成为帝国主义战争。在**这些**过去特别是在1789～1871年间曾经引导人类前进的国家里，民族国家形成的过程已经结束了，在**这些**国家里民族运动已经一去不复返了，要想恢复这种运动只能是荒谬绝伦的反动空想。法兰西人、英吉利人和德意志人的民族运动早已结束，在**那里**提到历史日程上来的是另一个问题：已获得解放的民族变成了压迫者民族，变成了处在"资本主义灭亡前夜"、实行帝国主义掠夺的民族。

而其他民族呢？

彼·基辅斯基象背诵记得烂熟的规则那样，重复说马克思主义者应当"具体地"谈问题，但他自己并不**运用**这条规则。我们在自己的提纲中特意提供了具体回答的范例，可是彼·基辅斯基却不愿意把我们的错误给我们指出来，如果他在这里发现了错误的话。

我们的提纲（第6条）指出，为了具体起见，在自决问题上至少应当区分三类不同的国家。（显然，在一个总的提纲里不能谈到每一个别的国家。）第一类是西欧（以及美洲）的各先进国家，在那里，民族运动是**过去的事情**。第二类是东欧，在那里，民族运动是**现在的事情**。第三类是半殖民地和殖民地，在那里，民族运动在很大程度上是**将来的事情**。①

这对不对呢？彼·基辅斯基本应把他的批评指向**这里**。然而他甚至没有觉察到，理论问题究竟**何在**！他没有看到，只要他还没有驳倒我们提纲（第6条）中的上述论点（要驳倒它是不可能的，因为它是正确的），他的关于"时代"的议论就象一个人"挥舞"宝剑而不出手攻击。

> 他在文章的末尾写道："同弗·伊林的意见相反，我们认为，对于多数〈！〉西欧〈！〉国家来说，民族问题还没有解决……"

这岂不是说，法兰西人、西班牙人、英吉利人、荷兰人、德意志人、意大利人的民族运动并没有在17、18、19世纪或更早的时候完成吗？在文章开头，"帝国主义时代"这个概念被曲解成这样：似乎民族运动已经完成，而不仅是在西欧各先进国家里已经完成。同一篇文章的结尾却说，**正是**在西欧国家"民族问题"还"没有解决"！！这岂不是思想混乱吗？

在西欧各国民族运动是早已过去的事情。在英、法、德等国，"祖国"已经唱完自己的歌了，已经扮演过自己的历史角色了，**也就是说**，在那里，不可能再有进步的、能唤起新的人民群众参加新的经济生活和政治生活的民族运动了。在那里，提到历史日程上来的问题，不是从封建主义或从宗法制的蒙昧状态过渡到民族进步，过渡到文明的和政治上自由的祖国，而是从已经过时的、资本主义过度成熟的"祖国"过渡到社会主义。

东欧的情况则不同。譬如，对乌克兰人和白俄罗斯人来说，只有梦幻

---

① 见《列宁全集》第27卷，第262～263页。——编者注

中住在火星上的人才会否认：这里的民族运动还没有完成，这里**还**正在唤醒民众掌握本族语言和本族语言的出版物（而这是资本主义获得充分发展、交换彻底渗入最后一家农户的必要条件和伴随物）。在这里，"祖国"**还**没有唱完自己的全部历史之歌。在这里，"保卫祖国"**还**可能是保卫民主、保卫本族语言和政治自由、反对压迫民族、反对中世纪制度，而今天英吉利人、法兰西人、德意志人和意大利人说什么在这场战争中保卫祖国，则是撒谎，因为他们实际上保卫的并**不是**本族语言，**不是**本民族发展的自由，而是他们作为奴隶主的权利、他们的殖民地、他们的金融资本在别国的"势力范围"等等。

在半殖民地和殖民地，民族运动的历史比在东欧还要年轻一些。

所谓"高度发达的国家"和帝国主义时代是指**什么**；俄国的"特殊"地位（彼·基辅斯基的文章第2章第4节的标题）以及并非俄国一国的"特殊"地位究竟**何在**；民族解放运动**在什么地方**是骗人的鬼话，**在什么地方**是活生生的和具有进步意义的现实，——对于这一切彼·基辅斯基一无所知。

3. 什么叫作经济分析？

反对自决的人的种种议论的焦点，就是借口说在一般资本主义或帝国主义的条件下它"不能实现"。"不能实现"这几个字，常常在各种各样的和不明确的意义上被使用。因此，我们在自己的提纲中要求象在任何一次理论争论中都必须做到的那样：弄清楚所谓"不能实现"是什么意思。我们不仅提出了问题，还作了解释。说**一切**民主要求在帝国主义时代"不能实现"，是指不经过多次革命在政治上难以实现或者不能实现。

说自决不能实现是指在经济上不可能，那是根本不对的。

我们的论点就是如此。理论分歧的焦点就在这里，这是我们的论敌在任何稍微严肃一点的争论中都必须十分重视的问题。

现在就来看一看彼·基辅斯基关于这个问题是怎样议论的吧。

他坚决反对把不能实现解释为由于政治原因而"难以实现"。他直接用经济上不可能这层意思来回答问题。

他写道："这是不是说，自决在帝国主义时代不能实现，如同劳动货币在商品生产下不能实现一样呢？"彼·基辅斯基随即回答说："是的，是这个意思！因为我们谈的正是'帝国主义'和'民族自决'这两个社会范畴之间的逻辑矛盾，如同劳动货币和商品生产这另外两个范畴之间存在着的逻辑矛盾一样。帝国主义是自决的否定，任何魔术家都无法把自决和帝国主义结合起来。"

不管彼·基辅斯基用以挖苦我们的"魔术家"这个字眼多么吓人，我们还是应当向他指出，他根本不懂什么叫作经济分析。"逻辑矛盾"——当然，在正确的逻辑思维的条件下——**无论**在经济分析中**或**在政治分析中都是不应当有的。因此，在恰恰应当作经济分析**而不是**作政治分析的时候，搬出**一般**"逻辑矛盾"来搪塞，这无论如何是不适当的。**无论**经济因素**或**政治因素都属于"社会范畴"。可见，彼·基辅斯基虽然一开始就斩钉截铁地回答说，"是的，是这个意思"（就是说，自决不能实现，如同劳动货币在商品生产下不能实现**一样**），可是后来他实际上只是兜圈子，而没有作出经济分析。

怎样证明劳动货币在商品生产下不能实现呢？通过经济分析。这种分析也同一切分析一样，不容许有"逻辑矛盾"，它运用的是经济的而且**仅仅是**经济的（而不是一般"社会的"）范畴，并且从中得出劳动货币不能实现的结论。在《资本论》第1章中，根本没有谈到什么政治、政治形式或一般"社会范畴"，这里所分析的**只是**经济因素，商品交换和商品交换的发展。经济分析表明（当然是用"逻辑"推理的方法），在商品生产下劳动货币不能实现。

彼·基辅斯基根本不想进行经济分析！他把帝国主义的经济本质同它的政治趋势**搅在一起**，这一点从他那篇文章第一节第一句话里就可以看出来。这句话是：

> 工业资本是前资本主义的生产和商业借贷资本的合成物。借贷资本曾为工业资本效劳。现在资本主义克服了各种形式的资本，产生一种最高级的、统一的资本即金融资本，因此，整个时代都可以称为金融资本时代，而与这种资本相应的对外政策体系便是帝国主义。

从经济上来看，这整个定义都毫无用处，因为全是空话，而没有确切的经济范畴。但是现在我们不可能详细地谈这个问题。重要的是彼·基辅斯基把帝国主义称为"对外政策体系"。

第一，这实质上是错误地重述考茨基的错误思想。

第二，这纯粹是而且仅仅是给帝国主义下的政治定义。彼·基辅斯基想用帝国主义是"政策体系"这个定义来回避他曾经答应要作的**经济**分析，当时他说过，自决在帝国主义时代不能实现，即在经济上不能实现，如同劳动货币在商品生产下不能实现"**一样**"！①

考茨基在同左派争论时说：帝国主义"仅仅是对外**政策体系**"（即兼并政策体系），决不能把资本主义的某一经济阶段，某一发展梯级称为帝国主义。

考茨基错了。当然，作字眼上的争论是不明智的。禁止在这种或那种意义上使用帝国主义这个"字眼"是不可能的。但是，如果要进行讨论，就必须把概念弄清楚。

从经济上来看，帝国主义（或金融资本的"时代"，问题不在于字眼）

---

① 彼·基辅斯基是否知道，马克思用一个多么不礼貌的字眼来称呼这样的"逻辑手法"？我们**决不**对彼·基辅斯基**使用**这个不礼貌的字眼，但不得不指出：把恰恰在进行争论的东西、恰恰还必须要加以证明的东西随心所欲地塞进某一概念的**定义**中去，——马克思把这称之为"骗子手法"。

  再说一遍，我们**不**对彼·基辅斯基使用马克思的这个不礼貌的用语。我们只是揭示他的错误的根源。（以上的文字在手稿上被勾去了。——俄文版编者注）

是资本主义发展的最高阶段，即这样一个阶段，此时生产已经达到巨大的和极为巨大的规模，以致**垄断代替了自由竞争**。帝国主义的**经济**本质就在于此。垄断既表现为托拉斯、辛迪加等等，也表现为大银行的莫大势力、原料产地的收买和银行资本的集中等等。一切都归结于经济垄断。

这种新的经济即垄断资本主义（帝国主义就是垄断资本主义）的政治上层建筑，就是**从民主转向政治反动**。民主适应于自由竞争。政治反动适应于垄断。鲁·希法亭在他的《金融资本》一书中说得好："金融资本竭力追求的是统治，而不是自由。"

把"对外政策"和一般政策分开，或者甚至把对外政策和对内政策对立起来，是根本错误的、非马克思主义的、非科学的想法。帝国主义无论在对外或对内政策中，都同样力求破坏民主，实行反动。从这个意义上说，帝国主义无疑就是对**一般民主**即**一切民主**的"否定"，而决不是对种种民主要求中的**一个要求**即民族自决的"否定"。

帝国主义既然"否定"民主，**同样**也"否定"民族问题上的民主（即民族自决）。所谓"同样"，也就是说它力求破坏这种民主。在帝国主义时代实现这种民主与在帝国主义时代实现共和制、民兵制、由人民选举官吏等等，在同样的程度、同样的意义上更加困难（同垄断前资本主义相比）。根本谈不上"在经济上"不能实现。

大概，使彼·基辅斯基在这里犯错误的还有这样一个情况（除了完全不懂经济分析的要求而外）：从庸人的观点看来，所谓兼并（即在违反居民意志的情况下吞并异族地区，即破坏民族自决）也就是金融资本向更广阔的经济领土"扩展"（扩张）。

不过，用庸人的概念是不能研究理论问题的。

从经济上说，帝国主义就是垄断资本主义。为了垄断一切，不仅要从国内市场（本国市场）上，同时还要从国外市场上，从全世界上把竞争者排除掉。"在金融资本的时代"，有没有甚至在别国内排除竞争的**经济上的**可能性呢？当然有，这种手段就是使竞争者在金融上处于依附地位，收买其原料产地以至全部企业。

美国的托拉斯是帝国主义即垄断资本主义经济的最高表现。为了排除竞争者，托拉斯不限于使用经济手段，而且还常常采取政治手段乃至刑事手段。但是，如果认为用纯粹经济的斗争方法在经济上不能实现托拉斯的垄断，那就大错特错了。相反地，现实处处证明这是"可以实现"的：托拉斯通过银行破坏竞争者的信用（托拉斯老板就是银行老板，因为收买了股票），托拉斯破坏竞争者的原料运输（托拉斯老板就是铁路老板，因为收买了股票），托拉斯在一定时期内把价格压低到成本以下，不惜为此付出数以百万计的代价，以便迫使竞争者破产，从而**收买**他的企业和原料产地（矿山、土地等等）。

这就是对托拉斯的实力和对它们的扩张所作的纯经济分析。这就是实行扩张的纯经济的途径：**收买**企业、工厂、原料产地。

一国的大金融资本也随时可以把别国即政治上独立的国家的竞争者的一切收买过去，而且它向来就是这样做的。这在经济上是完全可以实现的。不带政治"兼并"的经济"兼并"是**完全**"可以实现"的，并且屡见不鲜。你们在关于帝国主义的著作里随时都可以看到这样的说法，例如：阿根廷实际上是英国的"商业殖民地"，葡萄牙实际上是英国的"附庸"，等等。这是对的，因为在经济上依附英国银行，对英国负有债务，当地的铁路、矿山、土地被英国收买，等等，——这一切都使上述国家在经济意义上被英国所"兼并"，但是并没有破坏这些国家的政治独立。

这些国家的政治独立就叫作民族自决。帝国主义力图破坏这种独立，因为在实行政治兼并的情况下，经济兼并往往更方便，更便宜（更容易收买官吏、取得承租权、实行有利的法令等等），更如意，更稳妥，——就象帝国主义力图用寡头政治代替一般民主一样。但是说什么在帝国主义时代自决**在经济上**"不能实现"，这简直是胡说八道。

彼·基辅斯基用一种非常随便和轻率的方法来回避理论上的困难，用德语来说这叫作"信口开河"，即青年学生在饮酒作乐时常有的（也是很自然的）胡吹乱扯。请看下面这个例子。

他写道："普选制、八小时工作制以至共和制，**从逻辑**上说都是和帝国主义相容的，尽管帝国主义极不喜欢〈！！〉它们，所以实现起来就极为困难。"

诙谐的字眼有时可以使学术著作增色，假如在谈论一个重大问题时，**除了**这些字眼，还从经济和政治方面对种种概念进行分析的话，我们决不反对所谓帝国主义并不"喜欢"共和制这种信口开河的说法。彼·基辅斯基用信口开河代替这种分析，掩盖缺乏分析。

"帝国主义不喜欢共和制"这句话是什么意思呢？为什么会这样呢？

共和制是资本主义社会的政治上层建筑的可能形式之一，而且在现代条件下是最民主的形式。说帝国主义"不喜欢"共和制，这就是说帝国主义和民主之间有矛盾。很有可能，彼·基辅斯基"不喜欢"或者甚至"极不喜欢"我们的这个结论，但这个结论是不容置疑的。

其次，帝国主义和民主之间的这一矛盾是怎样一种性质的呢？是逻辑矛盾还是非逻辑矛盾呢？彼·基辅斯基用"逻辑"这个字眼时，却没有想一想，因而也没有觉察到，这个字眼在这里**恰好**是用来替他**掩盖**他所谈论的**问题**（既掩盖读者的耳目，也掩盖作者的耳目）！这个问题就是经济同政治的关系，帝国主义的经济条件和经济内容同政治形式之一的关系。在人的推论中出现的一切"矛盾"，都是逻辑矛盾；这是空洞的同义反复。彼·基辅斯基用这种同义反复来回避问题的**实质**：这是两种**经济**现象或命题之间的"**逻辑**"矛盾（1）？还是两种**政治**现象或命题之间的"逻辑"矛盾（2）？或者是**经济**现象或命题同**政治**现象或命题之间的"逻辑"矛盾（3）？

要知道，问题的实质就在这里，因为提出的是在某种政治形式下在经济上不能实现还是可以实现的问题！

彼·基辅斯基如果不避开这个实质，他大概就会看到，帝国主义同共和制之间的矛盾，是最新资本主义（即垄断资本主义）的经济同一般政治民主之间的矛盾。因为彼·基辅斯基永远也不能证明，有哪一项重大的和根本的民主措施（由人民选举官吏或军官、实行最充分的结社集会自由等等），与共和制相比，同帝国主义之间的矛盾较小一些（也可以说，更为帝国主义所"喜欢"）。

所以我们得出的正是**我们在提纲中所坚持的那个论点：帝国主义同所有一切**政治民主都是矛盾的，都是有"逻辑"矛盾的。彼·基辅斯基"不喜欢"我们的这个论点，因为它打破了彼·基辅斯基的不合逻辑的结构，但是有什么办法呢？有些人仿佛要驳斥某些论点，其实暗中恰恰搬出这些论点，说什么"帝国主义不喜欢共和制"，这难道能够令人容忍吗？

其次，为什么帝国主义不喜欢共和制呢？帝国主义怎样把自己的经济同共和制"结合起来"呢？

彼·基辅斯基没有考虑这个问题。现在我们不妨向他提一下恩格斯讲过的下面一段话。这里谈的是民主共和国。问题是这样提出的：在这种管理形式下财富能不能实行统治呢？就是说，问题正是关于经济和政治之间的"矛盾"。

恩格斯回答说："……民主共和国已经不再正式讲什么〈公民之间的〉财产差别了。在这种国家中，财富是间接地但也是更可靠地运用它的权力的：其形式一方面是直接收买官吏〈美国是这方面的典型例子〉，另一方面是政府和交易所结成联盟……"①

这就是对于民主在资本主义制度下"可以实现"的问题所作的经济分析的范例，而自决在帝国主义制度下"可以实现"的问题，只是这个问题的一小部分！

民主共和国"在逻辑上"是同资本主义矛盾的，因为它"正式"宣布富人和穷人平等。这是经济制度和政治上层建筑之间的矛盾。帝国主义和共和制之间存在着同样的矛盾，而且这种矛盾被加深和加剧了，因为垄断代替了自由竞争，使一切政治自由都更加"难以"实现。

---

① 见《马克思恩格斯全集》第21卷，第197页。——编者注

资本主义怎样和民主结合起来呢？通过间接地行使资本的无限权力！为此可以采取两种经济手段：（1）直接收买；（2）政府和交易所结成联盟。（在我们的提纲中，这一点是用如下的话表述的：在资产阶级制度下，金融资本可以"随意收买和贿赂任何政府和官吏"）。

既然商品生产、资产阶级、货币权力统治一切，因此在任何一种管理形式下，在任何一种民主制度下，收买（直接的或通过交易所）都是"可以实现"的。

试问，在帝国主义代替了资本主义，即垄断资本主义代替了垄断前的资本主义以后，我们所考察的这种关系起了什么变化呢？

唯一的变化就是交易所的权力加强了！因为金融资本是最大的、发展到垄断地步的、同银行资本融合起来的工业资本。大银行正在同交易所融合起来，吞并交易所。（在关于帝国主义的著作中常常谈到交易所的作用下降，但这只是从任何一个大银行本身就是交易所这个意义上说的。）

其次，既然一般"财富"完全能够通过收买和通过交易所来实现对任何民主共和国的统治，那么，彼·基辅斯基怎么能断言拥有亿万资本的托拉斯和银行的巨大财富，不能"实现"金融资本对别国，即对政治上独立的共和国的统治而不陷入可笑的"逻辑矛盾"呢？？

怎么？在别国内收买官吏"不能实现"吗？或者"政府和交易所结成联盟"，这仅仅是与本国政府结成联盟吗？

*　　　*　　　*

读者从这里可以看出，为了剖析和通俗地说明10行糊涂文字，需要写大约10个印刷页。我们不能这样详尽地分析彼·基辅斯基的每个论断——真的，他没有一个论断不是糊涂的！——而且也没有这个必要，因为对主要的问题已经作了分析。剩下的我们将大略提一下。

4. 挪威的例子

挪威在1905年即在帝国主义最猖狂的时代，"实现了"似乎是不能实现的自决权。因此,"不能实现"的说法不仅在理论上是荒谬的,而且也是可笑的。

彼·基辅斯基想反驳这一点,他挖苦我们是"唯理论者"(同这有何相干?唯理论者仅限于下论断,而且是抽象的论断,而我们指出了最具体的事实!彼·基辅斯基使用"唯理论者"这个外国字眼,恐怕正如他在自己文章的开头以"精炼的形式"提出自己的见解时使用"精炼的"这个词一样……怎样说得更委婉一些呢?……一样地不那么"恰当"吧?)

彼·基辅斯基责备我们说,在我们看来"重要的是现象的外表,而不是真正实质"。那么我们就来考察一下真正实质吧。

反驳一开始就举了一个例子,说颁布反托拉斯法的事实并不能证明禁止托拉斯是不能实现的。完全正确,只是例子举得不恰当,因为它是**驳斥**彼·基辅斯基的。法律是一种政治措施,是一种政治。任何政治措施也不能禁止经济。不管波兰具有什么样的政治形式,不管它是沙皇俄国的一部分还是德国的一部分,不管它是自治区还是政治上独立的国家,这都不能禁止或消除波兰对帝国主义列强金融资本的依附和后者对波兰企业股票的收买。

挪威在1905年所"实现"的独立,仅仅是政治上的独立。它并不打算触及也不可能触及经济上的不独立。我们的提纲所说的正是这一点。我们指出,自决仅仅涉及政治,因此甚至提出经济上不能实现的问题,也是错误的。而彼·基辅斯基却搬出政治禁令对经济无能为力的例子来"反驳"我们!"反驳"得太妙了!

其次。

单凭一个甚至许多个关于小企业战胜大企业的例子,还不足以驳倒马克思的如下正确论点:资本主义发展的整个进程都伴随着生产的积聚和集中。

这个论点也是以一个不恰当的**例子**为根据的。选择这样的例子，是为了转移人们（读者和作者）对争论的真正实质的注意。

我们的提纲指出，从劳动货币在资本主义制度下不能实现那种意义上来说自决在经济上不能实现，是不正确的。能够证明**劳动货币**能够实现的"例子"一个也举不出来。彼·基辅斯基默认我们在这一点上是正确的，因为他转而去对"不能实现"作**另外的**解释。

他为什么不直截了当地说出来呢？为什么不公开地、确切地提出**自己的**论点，说"自决就其经济上的可能性来说在资本主义制度下不能实现，它是同发展进程相抵触的，因而是反动的或者只是一个例外"呢？

因为作者只要一公开说出他的相反的论点，立刻就会揭穿自己，所以他只好遮遮掩掩。

无论我们的纲领或爱尔福特纲领，都承认经济集中和大生产战胜小生产的规律。彼·基辅斯基隐瞒了一个事实，即两者都不承认政治集中或国家集中的规律。如果这同样是或者也算是一个规律，那么彼·基辅斯基为什么不加以阐述并建议把它补充到我们的纲领中去呢？他既然发现了国家集中这个新规律，发现了这个具有实际意义的、可以使我们纲领消除错误结论的规律，却又让我们保留一个不好的和不全面的纲领，他这样做对吗？

彼·基辅斯基对这个规律没有作任何表述，也没有建议要补充我们的纲领，因为他隐隐约约地感到，那样一来他就会成为笑柄。如果把这种观点公开表现出来，除大生产排挤小生产的规律之外又提出一个大国排挤小国的"**规律**"（与前一规律联在一起或相提并论），那时，人人都会对这种"帝国主义经济主义"的妙论哈哈大笑！

为了说明这一点，我们只向彼·基辅斯基提一个问题：为什么不带引号的经济主义者**不谈**现代托拉斯或大银行的"瓦解"，不谈这种瓦解是可能的和能够实现的呢？为什么甚至一个带引号的"帝国主义经济主义者"也不得不承认大国瓦解是可能的和能够实现的，并且这还不仅是一般瓦解，而是例如，"小民族"（请注意这一点！）从俄国分离出去（彼·基辅斯基论文的第2章第4节）呢？

最后，为了更清楚地说明我们的作者扯到哪里去了，为了向他提出警告，我们必须指出，我们大家都公开承认大生产排挤小生产的规律，谁也不怕把"小企业战胜大企业"的个别"例子"叫作反动现象。直到现在还**没有一个**反对自决的人敢把挪威同瑞典分离叫作反动现象，虽然从1914年起我们就在著作中提出了这个问题。①

只要还保持着例如手工作业台，大生产就不能实现；认为使用机器的工厂可以"瓦解"为手工工场，那是极端荒谬的。建立大帝国的帝国主义趋势完全可以实现，并且在实践中常常通过一些在政治意义上独立自主的国家建立帝国主义联盟的形式来实现。这种联盟是可能的，它不仅表现为两国金融资本的经济结合，同时也表现为在帝国主义战争中的军事"合作"。**在**帝国主义**条件下**，民族斗争、民族起义和民族分离是完全"可以实现"的，并且已见诸行动，甚至变得更加剧烈，因为帝国主义不是阻止资本主义的发展和人民群众民主意向的增长，而是**加剧**这种民主意向和托拉斯的反民主意向之间的对抗。

只有从"帝国主义经济主义"即面目全非的马克思主义的观点出发，才可以忽视帝国主义政治中的下列特殊现象：一方面，当前的帝国主义战争告诉我们一些事例，依靠金融联系和经济利益能使政治上独立的小国卷进大国之间的斗争（英国和葡萄牙）。另一方面，破坏无论在经济上或政治上都比自己的帝国主义"庇护者"软弱得多的小民族方面的民主制，结果不是引起起义（如爱尔兰），便是使整团整团的官兵投向敌方（如捷克人）。在这种情况下，从金融资本的观点来看，为了不使"自己的"军事行动有遭到破坏的危险，给予**某些**小民族以尽可能多的民主自由乃至实行国家独立，这不仅是"可以实现"的，而且对托拉斯，对**它们的**帝国主义政治，对**它们的**帝国主义战争，**有时**是**直接有利的**。忘记政治的和战略的

---

① 见《列宁全集》第25卷，第253～259页。——编者注

相互关系的特点，不管适当不适当，一味背诵"帝国主义"这个记得烂熟的词，这决不是马克思主义。

关于挪威，彼·基辅斯基告诉我们说，第一，它"向来就是一个独立国家"。这是不对的，这种错误只能用作者的信口开河满不在乎和对政治问题的不重视来解释。挪威在1905年以前**不**是独立国家，它只享有非常广泛的自治权。瑞典只是**在挪威同它分离以后**才承认挪威是一个独立的国家。如果挪威"向来就是一个独立国家"，那么瑞典政府就不可能在1905年10月26日向外国宣布，它现在承认挪威是一个独立国家。

第二，彼·基辅斯基用许多引文来证明：挪威朝西看，瑞典则是朝东看；在前者"起作用"的主要是英国金融资本，在后者——是德国金融资本，等等。他由此便得出一个扬扬得意的结论："这个例子〈即挪威〉完全可以纳入我们的公式"。

请看，这就是"帝国主义经济主义"的逻辑典范！我们的提纲指出，金融资本可以统治"任何"国家，"哪怕是独立国家"，因此，说什么从金融资本的观点来看"不能实现"自决的一切论断，都是糊涂观念。人们给我们列举一些材料，这些材料都**证实**我们的关于别国金融资本**无论在**挪威分离**以前或在**挪威分离**以后**都始终起作用的论点，——他们却以为这是在**驳斥**我们！！

谈金融资本因而**忘记**政治问题，难道这就是谈论政治吗？

不是。政治问题决不会因为有人犯了"经济主义"的逻辑错误就不再存在。英国金融资本无论在挪威分离以前或分离以后，都一直在挪威"起作用"。德国金融资本在波兰同俄国分离以前，曾经在波兰"起作用"，今后不管波兰处于**怎样的**政治地位，德国金融资本还会"起作用"。这个道理太简单了，甚至叫人不好意思重申，但是，既然有人连这个简单的道理都忘记了，那又有什么办法呢？

关于挪威的这种或那种地位、关于挪威从属瑞典、关于分离问题提出之后工人的态度等政治问题，会不会因此就不存在了呢？

彼·基辅斯基回避了这些问题，因为它们刺痛了"经济派"。但是，在实际生活中，这些问题以前存在，现在仍然存在。在实际生活中提出过这样的问题：不承认挪威有分离权的瑞典工人能不能当社会民主党的党员呢？**不能**。

瑞典贵族当时主张对挪威发动战争，牧师们也是如此。这一事实并不因为彼·基辅斯基"忘记"读挪威人民的历史就不存在。瑞典工人作为社会民主党党员，可以劝告挪威人投票反对分离（挪威于1905年8月13日就分离问题举行了全民投票，结果368200票赞成分离，184票反对分离，参加投票的约占有投票权的人数的80%）。可是，如果瑞典工人象瑞典贵族和瑞典资产阶级那样，否认挪威人有不通过瑞典人、不顾及瑞典人的意愿而自行解决这一问题的权利，那他们就是**社会沙文主义者**，就是**决不容许留在社会民主党内的恶棍**。

对我们的党纲第9条就应该这样来运用，而我们的"帝国主义经济主义者"却试图**跳过**这一条。先生们，你们要跳过去，就非投入沙文主义的怀抱不可！

而挪威工人呢？从国际主义的观点看来，他们是否必须投票**赞成**分离呢？根本不是。他们作为社会民主党党员，可以投票反对分离。他们只有向反对挪威有分离**自由**的瑞典黑帮工人伸出友谊之手，才是违背了自己作为社会民主党党员的义务。

有些人不愿意看到挪威工人和瑞典工人的地位之间的这一起码差别。不过他们既然**避开**我们直截了当地向他们提出的这一极其具体的政治问题，他们也就揭穿了自己。他们默不作声、借词推托，从而让出了阵地。

为了证明在俄国也可能发生"挪威"问题，我们特意提出一个论点：在**纯**军事的和战略的条件下，单独的波兰国家即使**现在**也是完全可以实现的。彼·基辅斯基想要"争论"一下，但是却没有作声！！

我们再补充一句，根据**纯**军事和战略的考虑，在**这场**帝国主义战争的某种结局下（如瑞典并入德国，德国人取得一半胜利），甚至芬兰也完全**可能**成为一个单独的国家，但这并不会破坏金融资本的任何一种业务的

"可实现性",不会使收买芬兰铁路和其他企业股票的事情"不能实现"。①

彼·基辅斯基想用惊人之语来掩饰他所讨厌的政治问题,这是他整篇"议论"的一大特色。他说:"……每一分钟〈在第1章第2节的末尾,一字不差地这样写着〉达摩克利斯剑[3]都可能掉下,断送'独立'工场〈"暗指"小小的瑞典和挪威〉的生机"。

照这么说来,真正的马克思主义想必是这样的:尽管**瑞典**政府曾把挪威从瑞典分离出去叫作"革命措施",但挪威这个独立的国家总共不过存在了10来年。既然我们读过希法亭的《金融资本》一书,并且把他的意思"理解"为"每一分钟"——要说就把话说到底!——小国都可能消失,那么我们又何必去分析由此而产生的**政治**问题呢?又何必去注意我们把马克思主义歪曲成"经济主义",把自己的政策变成了对道地的俄国沙文主义者的言论的随声附和呢?

俄国工人在1905年争取共和国,想必是犯了莫大的错误,因为无论法国的、英国的或其他什么国家的金融资本,早就动员起来要反对它,如果它出现了的话,"每一分钟"都可能用"达摩克利斯剑"将它砍掉!

*　　　*　　　*

"最低纲领中的民族自决要求……不是空想的:它并不同社会发展相抵触,因为它的实现并不会妨碍社会发展。"彼·基辅斯基在其文章中作了关于挪威的"摘录"的那一节里,反驳马尔托夫的这段话。其实他的"摘录"一再**证实**下面这个尽人皆知的事实:挪威的"自决"和分离**并没有阻止**一般的发展,特别是金融资本业务的扩大,**也没有阻止**英国人对挪

---

① 如果在当前战争的一种结局下,在欧洲建立波兰、芬兰等新国家完全"可以实现"(同时丝毫不会破坏帝国主义的发展条件和它的实力,反而会**加强**金融资本的影响、联系和压力),那么,在战争的另一种结局下,建立匈牙利、捷克等新国家**同样**也"可以实现"。英帝国主义者现在已经在谋划自己一旦取得胜利时如何实现这第二种结局。帝国主义时代既不会消灭各民族要求政治独立的意向,也不会消灭这种意向在世界帝国主义关系范围内的"可实现性"。**超出**这一范围,则无论俄国的共和制或世界任何地方的任何巨大的民主改革,不经过多次革命就"不能实现",没有社会主义就不能巩固。彼·基辅斯基对于帝国主义同民主之间的关系,简直是一窍不通。

威的收买!

我们常常见到这样一些布尔什维克,例如1908~1910年间的阿列克辛斯基,他们**恰恰**在马尔托夫讲得正确的时候去反对他!这样的"盟友"千万不能要!

5. 关于"一元论和二元论"

彼·基辅斯基指责我们"对要求作了二元论的解释",他写道:

> 国际的一元论的**行动**,被二元论的**宣传**所代替。

统一的行动是同"二元论"的宣传相对立的,——这听起来似乎完全是马克思主义的、唯物主义的。可惜,我们如果仔细地研究一下,我们就必须说,这和杜林的"一元论"一样,是**口头上的**"一元论"。恩格斯在反对杜林的"一元论"时写道:"如果我把鞋刷子综合在哺乳动物的**统一**体中,那它决不会因此就长出乳腺来。"①

这就是说,只有那些在客观现实中是**统一**的事物、属性、现象和行动,才可以**称为**"统一的"。而我们的作者恰巧忘记了这件"**小事情**"!

第一,他认为我们的"二元论"就在于:我们向被压迫民族工人首先提出的要求(这里只是就民族问题而言),**不同于我们对压迫民族工人的要求**。

为了审查一下彼·基辅斯基在这里的"一元论"是不是杜林的"一元论",必须看一看**客观现实**中的情况是怎样的。

从民族问题的角度来看,压迫民族工人和被压迫民族工人的**实际**地位是不是一样的呢?

---

① 见《马克思恩格斯全集》第20卷,第46页,黑体是列宁用的。——编者注

不，不一样。

（1）**在**经济**上有区别**：压迫民族的资产者用一贯加倍盘剥被压迫民族工人的办法取得**超额利润**，压迫国家的工人阶级有一部分人可以从中分享一点残羹剩饭。此外，经济资料表明，压迫民族工人当"工头"的百分数要比被压迫民族工人**高**，压迫民族工人升为工人阶级**贵族**的百分数也**大**[①]。这是事实。压迫民族工人**在一定程度上**参与**本国**资产阶级掠夺被压迫民族工人（和多数居民）的勾当。

（2）**在**政治**上有区别**：与被压迫民族工人比较，压迫民族工人在政治生活的许多方面都占**特权地位**。

（3）**在**思想**上**或精神**上有区别**：压迫民族工人无论在学校中或在实际生活中，总是受着一种轻视或蔑视被压迫民族工人的教育。例如，凡是在大俄罗斯人中间受过教育或生活过的大俄罗斯人，对这一点**都有体会**。

总之，在客观现实中**处处**都有差别，就是说，在不以个人意志和意识为转移的客观世界中，到处都有"二元论"。

既然如此，我们应当怎样看待彼·基辅斯基的所谓"国际的一元论的行动"这句话呢？

这是一句响亮的空话，如此而已。

国际**实际上**是由**分别**属于压迫民族和被压迫民族的工人组成的，**为了**使国际的行动**统一**，就必须对两种不同的工人进行**不同的**宣传：从真正的（而不是杜林式的）"一元论"观点看来，从马克思的唯物主义观点看来，只能这样谈问题！

例子呢？我们（两年多以前在合法刊物上！）已经举了关于挪威的例子，而且任何人也没有试图反驳我们。在从实际生活中举出的这一具体事例中，挪威工人和瑞典工人的**行动**所以是"一元论的"、统一的、国际主义的，**只是**由于瑞典工人**无条件地**坚持挪威的分离自由，而挪威工人则**有**

[①] 例如，可参看古尔维奇论美国移民和工人阶级状况的一部英文著作（《**移民与劳动**》）。

条件地提出关于这次分离的问题。如果瑞典工人不是**无条件地**赞成挪威人的分离自由，那他们就成了**沙文主义者**，就成了想用暴力即战争把挪威"留住"的瑞典地主们的沙文主义同谋。如果挪威工人**不是有条件地**提出分离问题，即社会民主党党员也可以投票和宣传反对分离，那挪威工人就违背了国际主义者的义务，而陷入了狭隘的、**资产阶级**的挪威民族主义。为什么呢？因为实行分离的是**资产阶级**，而不是无产阶级！因为挪威资产阶级（也同各国资产阶级一样）**总是**力求分裂本国和"异国"的工人！因为在觉悟的工人看来，任何民主要求（其中也包括自决）都要**服从社会主义的最高利益**。譬如说，挪威同瑞典的分离势必或者可能引起英德之间的战争，**由于这种原因**，挪威工人就应当反对分离。而瑞典工人作为社会党人，**只有**在一贯地、彻底地、经常地**反对**瑞典政府而拥护挪威分离**自由**的情况下，才有权利和有可能在类似的场合进行反对分离的宣传。否则，挪威工人和挪威人民就**不相信**而且也**不能**相信瑞典工人的劝告是诚恳的。

反对自决的人倒霉的地方，就在于他们只会拿一些僵死的抽象概念来敷衍了事，而**不敢**彻底分析实际生活中任何一个具体的例子。我们的提纲已经具体指出，在纯军事和战略的种种条件一定的配合下，波兰新国家**现在**是完全"可以实现"的①。无论波兰人或者彼·基辅斯基，对这一点都没有表示过异议。但谁也不愿意**想一想**，从默认我们是正确的这一事实中得出的结论是什么。由此而得出的结论显然是：为了教育俄国人和波兰人采取"统一的行动"，国际主义者**决不能**在两者中间进行同样的宣传。大俄罗斯（和德国）工人应当无条件地赞成波兰的分离自由，否则**在目前**他们**实际上**就成了尼古拉二世或兴登堡的奴仆。而波兰工人**只能**有条件地主张分离，因为想用某个帝国主义资产阶级的胜利来投机（象"弗腊克派"那样），那就意味着充当**它**的奴仆。这种差别是国际的"一元论的行动"的条件，不了解这种差别，就等于不了解为了采取"一元论的行动"来反

---

① 见《列宁全集》第27卷，第256页。——编者注

对比如莫斯科附近的沙皇军队,为什么革命军队必须从下诺夫哥罗德向西挺进,而从斯摩棱斯克向东挺进。

* * *

第二,我们这位杜林式一元论的新信徒指责我们没有注意在社会变革时期"国际的各个民族支部的最紧密的组织上的团结"。

彼·基辅斯基写道:在社会主义制度下,自决将消亡,因为那时国家也将消亡。这句话仿佛是专为反驳我们而写的!但是我们曾经用了**三行字**(我们的提纲的第1条的最后三行)说得清清楚楚:"民主也是一种国家形式,它将随着国家的消失而消失。"① 彼·基辅斯基在他的文章的第3节(第1章)中,用**好几页**篇幅所重复的正是这个真理,——当然是为了"反驳"我们!——而且在重复时加以**歪曲**。他写道:"我们设想并且从来就设想,社会主义制度是一种严格民主〈!!?〉集中的经济体制,在这种体制下,国家作为一部分居民统治另一部分居民的机构将会消失。"这是糊涂观点,因为民主**也**是"一部分居民对另一部分居民"的统治,也是一种国家。作者显然不了解社会主义胜利后国家**消亡**是怎么一回事,这个过程的条件是什么。

不过重要的还是他的有关社会革命时代的"反驳"。作者先拿"自决的信奉者"这个吓人的字眼骂了我们一顿,接着说:"我们设想这个过程〈即社会变革〉将是所有〈!!〉国家的无产者的统一行动,他们将打破资产阶级〈!!〉国家的疆界,拆掉界碑〈这同"打破国界"无关吗?〉,炸毁〈!!〉民族共同体并建立阶级共同体。

请"信奉者"的严峻审判官恕我们直说:在这里讲了一大堆空话,可是根本看不到"思想"。

社会变革不可能是**所有**国家的无产者的统一行动,理由很简单:地球上的大多数国家和大多数居民,直到今天甚至还没有达到或者刚刚开始达

---

① 见《列宁全集》第27卷,第255页。——编者注

到资本主义的发展阶段。关于这点我们在提纲第 6 条中已经讲了①，但是，彼·基辅斯基只是由于不经心或者不善于思考而"没有觉察到"，我们提出这一条并不是无的放矢，而恰恰是为了驳斥那些把马克思主义歪曲得面目全非的言论。**只有**西欧和北美各先进国家才已成熟到可以实现社会主义的地步。彼·基辅斯基在恩格斯给考茨基的一封信[4]（《〈社会民主党人报〉文集》[5]）中可以读到对这种实在的而不只是许愿的"**思想**"的具体说明：幻想什么"**所有**国家的无产者的统一行动"，就是把社会主义推迟到希腊的卡连德日[6]，也就是使它"永无实现之日"。

不是所有国家的无产者，而是少数达到**先进**资本主义发展阶段的国家的无产者，将用统一行动实现社会主义。正因为彼·基辅斯基不懂这个道理，他才犯了错误。在**这些**先进国家（英、法、德等国）里，民族问题早就解决了，民族共同体早已过时了，**在客观上**已不存在"全民族的任务"。因此**现在**只有在这些国家里，才可以"炸毁"民族共同体，建立阶级共同体。

在**不**发达的国家里，在我们（我们的提纲第 6 条中）列为第二类和第三类的国家里，也就是在整个东欧和一切殖民地和半殖民地，情形就不同了。这里的民族通常**还**是受压迫的、资本主义不发达的民族。在这些民族中**客观上**还有全民族的任务，即**民主的**任务，**推翻异族压迫**的任务。

恩格斯曾拿印度作为这些民族的例子，他说，印度可能要进行一次反对胜利了的社会主义的革命②，——因为恩格斯同可笑的"帝国主义经济主义"大不相同，"帝国主义经济主义"认为，在先进国家中取得胜利的无产阶级，不必采取一定的**民主**措施，就可以"自然而然地"消灭各个地方的民族压迫。无产阶级将改造它取得了胜利的那些国家。这不能一下子做到，而且也不能一下子"战胜"资产阶级。我们在自己的提纲中特意着重指出了这一点，而彼·基辅斯基又没有想一想，我们在谈到民族问题的

---

① 见《列宁全集》第 27 卷，第 262～263 页。——编者注
② 见《马克思恩格斯全集》第 35 卷，第 353 页。——编者注

时候强调这一点，究竟是**为了什么**。

当先进国家的无产阶级在推翻资产阶级、击退它的反革命企图的时候，不发达的和被压迫的民族不会等待，不会停止生活，不会消失。既然它们甚至可以利用1915～1916年的这场战争——它同社会革命比较起来不过是帝国主义资产阶级的一次小小的危机——来发动起义（一些殖民地、爱尔兰），那么毫无疑问，它们更会利用各先进国家的国内战争这种**大危机**来发动起义。

社会革命的发生只能是指一个时代，其间既有各先进国家无产阶级同资产阶级的国内战争，又有不发达的、落后的和被压迫的民族所掀起的**一系列**民主的、革命的运动，其中包括民族解放运动。

为什么呢？因为资本主义发展得不平衡，而客观现实使我们看到，除了高度发达的资本主义民族，还有许多在经济上不那么发达和完全不发达的民族。彼·基辅斯基根本没有从不同国家在经济上的成熟程度来考虑社会革命的**客观**条件，所以说，他指责**我们**"臆想出"某地应实行自决，实际上是诿过于人。

彼·基辅斯基煞费苦心地反复重述从马克思和恩格斯的著作中摘来的引文，说我们应当"不是从头脑中臆想出，而是通过头脑从现有的物质条件中发现"使人类摆脱这种或那种社会灾难的手段。每当我读到这些重复的引文时，总是不能不想起臭名昭著的"经济派"，他们是这样无聊地……咀嚼着他们关于资本主义已在俄国获得胜利的"新发现"。彼·基辅斯基想用这些引文来"吓倒"我们，因为据说我们是从头脑中臆想出在帝国主义时代实行民族自决的条件！不过恰巧在同一个彼·基辅斯基那里，我们却读到了如下一段"不小心的自供"：

> 单是我们**反对**〈黑体是原作者用的〉保卫祖国这一事实，就再清楚不过地表明，我们将积极反抗一切对民族起义的镇压，因为我们将以此同我们的死敌——帝国主义进行斗争。（彼·基辅斯基的文章的第2章第3节）

要批评一个有名的作者，要**答复**他，就不能不完整地引用他的文章的论点，哪怕是几个最主要的论点。但是，即使只是完整地引出彼·基辅斯基的一个论点，那也随时都可以发现，他的每一句话都有两三个歪曲马克思主义的错误和疏忽的地方！

（1）彼·基辅斯基没有注意到，民族起义**也**是"保卫祖国"！任何人只要稍微思索一下，都会相信事情正是这样的，因为**任何**"起义的民族"，都是为了"保卫"本民族不受压迫民族的压迫，都是为了保卫自己的语言、疆土和祖国。

一切民族压迫都引起**广大人民群众**的反抗，而遭受民族压迫的居民的一切反抗**趋势**，都是民族起义。如果说我们经常看到（特别在奥地利和俄国），被压迫民族的资产阶级**只是**空谈民族起义，实际上却背着本国人民**而且针对**本国人民，同压迫民族的资产阶级进行反动的交易，那么在这种情形下，革命的马克思主义者不应当批评民族运动，而应当反对缩小这一运动、使之庸俗化和把它歪曲为无谓争吵。顺便指出，奥地利和俄国的很多社会民主党人都忘记了这一点，他们把自己对许多细小的、庸俗的、微不足道的民族纠纷（例如，为了用哪种文字写的街名应当放在街名牌的上边、哪种文字应当放在下边而发生争吵和斗殴）所抱的**正当**的反感，变成否认支持民族斗争。我们不会"支持"摩纳哥某公国成立共和国的喜剧式的把戏，也不会"支持"南美洲一些小国或太平洋某岛屿的"将军们"实行"共和的"冒险，但是我们不能因此就在重大的民主运动和社会主义运动中放弃共和国的口号。我们嘲笑而且应当嘲笑俄国和奥地利各民族间微不足道的民族纠纷和民族争吵，但是我们不能因此就不支持民族起义或一切重大的反民族压迫的全民斗争。

（2）如果在"帝国主义时代"民族起义是不可能的，那么彼·基辅斯基也就无权来谈论民族起义了。如果这种起义是可能的，那么他的一切关于"一元论"、关于我们"臆想出"一些在帝国主义条件下实现自决的例子等等无穷尽的空话，**就统统**不攻自破了。彼·基辅斯基自己在打自己的嘴巴。

如果"我们""积极反抗对民族起义的镇压"（彼·基辅斯基"**自己**"认为这是可能的事情），那么这是什么意思呢？

这就是说，**行动**是双重的，如果用我们这位作者所用的文不对题的哲学术语来说，就是"二元论的"。（a）第一，遭受民族压迫的无产阶级和农民，同遭受民族压迫的资产阶级**一起**采取**反对**压迫民族的"行动"；（b）第二，压迫民族的无产阶级或其中有觉悟的一部分采取**反对**压迫民族的资产阶级和跟着它走的一切分子的"行动"。

彼·基辅斯基讲了许许多多反对"民族联盟"、民族"幻想"、民族主义"毒害"和"煽动民族仇恨"以及诸如此类的话，这全是空话，因为作者既然劝告压迫国家的无产阶级（我们不要忘记，作者认为这个无产阶级是一个了不起的力量）"积极反抗对民族起义的镇压"，他也就是在**煽动**民族仇恨，也就是在**支持**被压迫国家的工人"同资产阶级的联盟"。

（3）如果说在帝国主义条件下民族起义是可能的，那么民族战争也是可能的。从政治上说，这两者之间没有任何重大差别。军事史学家把起义也看作战争，这是完全正确的。彼·基辅斯基由于不加思索，不仅打了自己的嘴巴，而且也打了否认在帝国主义条件下有发生民族战争的**可能性**的尤尼乌斯和"国际"派的嘴巴。而否认这种可能性，就是否认帝国主义条件下民族自决的观点的唯一可以设想的理论基础。

（4）因为——什么是"民族"起义呢？就是力图实现被压迫民族的**政治独立**，即建立**单独**的民族国家的起义。

如果说压迫民族的无产阶级是一个了不起的力量（正如作者对帝国主义时代所预料的和应当预料的那样），那么，这个无产阶级下定决心，"积极反抗对民族起义的镇压"，这**是不是**对建立单独的民族国家的**促进**呢？当然是！

我们这位大胆否认自决"可以实现"的作者居然说，各先进国家的觉悟的无产阶级应当**促进**这个"不能实现的"措施的实现！

（5）**为什么**"我们"应当"积极反抗"对民族起义的镇压呢？彼·基辅斯基只举了一个理由："因为我们将以此同我们的死敌——帝国主义

进行斗争。"这个理由的全部**力量**,就在于"死"这个**有力**的字眼,总之,在作者那里论据的力量被代之以严厉的响亮的词句的力量,被代之以"把木橛钉入资产阶级发抖的躯体"这类符合阿列克辛斯基风格的漂亮话。

但是,彼·基辅斯基的这个论据是**不正确的**。帝国主义同资本主义一样,都是我们的"死"敌。这是事实。但是任何一个马克思主义者都不会忘记,资本主义比封建主义进步,而帝国主义又比垄断前的资本主义进步。这就是说,我们应当支持的**不是**任何一种反对帝国主义的斗争。我们**并不**支持反动阶级反对帝国主义的斗争,我们**并不**支持反动阶级反对帝国主义和资本主义的起义。

这就是说,如果作者承认必须援助被压迫民族的起义("积极反抗"镇压就是援助起义),那么他也就承认民族起义的**进步性**,承认在起义胜利后建立单独的新国家和划定新疆界等等的**进步性**。

作者简直**没有一个**政治论断是可以自圆其说的!

顺便指出,我们的提纲在《先驱》杂志第2期上发表以后爆发的1916年的爱尔兰起义证明,说民族起义**甚**至在欧洲也可能发生,这决不是毫无根据的!

6. 彼·基辅斯基所涉及和歪曲了的其他政治问题

我们在自己的提纲中指出,所谓解放殖民地就是实行民族自决。欧洲人常常忘记殖民地人民**也**是民族,容忍这种"健忘"就是容忍沙文主义。

彼·基辅斯基"反驳"说:

"就无产阶级这个词的本义来说",在纯粹的殖民地"**没有无产阶级**"(第2章第3节末尾)。"既然如此,'自决'是向谁提出的呢?向殖民地的资产阶级?向费拉[7]?向农民?当然不是。**社会党人**〈黑体是彼·基辅斯基用的〉向殖民地提出自决口号，是荒唐的，因为向没有工人的国家提出工人党的口号，根本就是荒唐的。"

不管说我们观点"荒唐"的彼·基辅斯基多么气愤，我们还是不揣冒昧，恭恭敬敬地向他指出：他的论据是错误的。只有臭名昭著的"经济派"才认为，"工人党的口号"**仅仅**是向工人提出的。① 不对，这些口号是向全体劳动居民、向全体人民提出的。我们党纲中的民主要求那一部分（彼·基辅斯基"根本"没有想一想它的意义），是专门向全体人民提出的，因此我们在党纲的这一部分里讲的是"人民"。②

我们估计殖民地和半殖民地有10亿人口，对于我们这个十分具体的说法，彼·基辅斯基根本无意反驳。在这10亿人口中，有7亿以上（中国、印度、波斯、埃及）属于**有**工人的国家。但是，在每个马克思主义者看来，即使向那**些**没有工人而只有奴隶主和奴隶等等的殖民地国家提出"自决"，也不仅**不是**荒唐的，而且是**必须**的。彼·基辅斯基只要略微想一想，大概就会明白这个道理，同时也会懂得，"自决"向来就是"向"被压迫民族和**压迫**民族这**两种**民族提出的。

彼·基辅斯基的另一个"反驳"是：

> 因此，我们向殖民地只限于提出否定的口号，也就是说，只限于由社会党人对本国政府提出"从殖民地滚出去！"的要求。这个在资本主义范围内不能实现的要求，会加剧反对帝国主义的斗争，但是并不违背发展的趋势，因为社会主义社会不会占有殖民地。

---

① 我劝彼·基辅斯基再读一读亚·马尔丁诺夫之流在1899～1901年间所写的东西。他在那里可以为"自己"找到许多论据。
② "民族自决"的某些可笑的反对者反驳我们的理由是："民族"是被分成阶级的！我们常常对这些面目全非的马克思主义者指出，我们在党纲民主要求那一部分里谈的是"人民专制"。

作者不能或者是不愿意多少考虑一下政治口号的理论内容，这简直令人吃惊！难道因为我们不使用理论上精确的政治术语而只用一些鼓动词句，问题就会有所改变吗？说"从殖民地滚出去"，就是用鼓动的词句来避开理论的分析！我们党的任何一个鼓动员，在说到乌克兰、波兰、芬兰等等时，都有权对沙皇政府（"自己的政府"）说"从芬兰等等地区滚出去"，但是，头脑清楚的鼓动员都懂得，不能仅仅为了"加剧"而提出肯定的或否定的口号。只有阿列克辛斯基式的人物才会坚持用"加剧"反对某种祸害的斗争的愿望来为"退出黑帮杜马"这个"否定的"口号作辩护。

加剧斗争是主观主义者的一句空话，他们忘记了：为了说明任何一个口号是正确的，马克思主义要求对**经济**现实、**政治**形势和这一口号的**政治**意义进行精确的分析。翻来复去说这一点，真叫人不好意思，但是既然非这样不可，那又有什么办法呢？

用鼓动性的叫喊来打断对理论问题的理论争辩，这种阿列克辛斯基式的手法我们见得多了，这是拙劣的手法。"从殖民地滚出去"这个口号的政治内容和经济内容有一点而且只有一点：给殖民地民族分离自由，建立单独国家的自由！彼·基辅斯基既然认为帝国主义的**一般**规律妨碍民族自决，使之成为空想、幻想等等，那么，怎能不加思索便认定世界上**多数**民族是这些一般规律中的例外呢？显然，彼·基辅斯基的"理论"不过是对理论的一种讽刺罢了。

在大多数殖民地国家里，都有商品生产和资本主义，都有金融资本的千丝万缕的联系。既然从商品生产、资本主义和帝国主义的**角度看来**，"从殖民地滚出去"是一种"不科学"的，是已经被伦施、库诺等人**自己**"驳倒了"的"空想"要求，那又怎能向各帝国主义国家和政府提出这个要求呢？

作者在议论时没有动过一点**脑筋**！

作者没有想一想，所谓解放殖民地"不能实现"，**仅仅**是指"不经多次革命就不能实现"。他没有想一想，**由于**欧洲实行社会主义革命，解放殖民地是可以实现的。他没有想一想，"社会主义社会"**不仅**"**不会占有**"殖民地，而且也**根本**"**不会占有**"被压迫民族。他没有想一想，在我们所考察的这个问题上，俄国"占有"波兰或土耳其斯坦，这无论在经济上或政治上都是**没有**差别的。他没有想一想，"社会主义社会"愿意"从殖民地滚出去"，**仅仅**是指给它们自由分离的**权利，决**不是指**提倡它们分离**。

由于我们把分离权的问题和我们是不是提倡分离的问题区别开来，彼·基辅斯基就骂我们是"魔术家"，为了向工人"科学地论证"这种见解，他写道：

如果工人问一位宣传员，无产者应当怎样对待独立〈即乌克兰的政治独立〉问题，而他得到的回答是：社会党人争取分离权，但同时进行反对分离的宣传，那么工人会怎样想呢？

我想，我可以对这个问题作出十分明确的答复。这就是，我认为任何头脑清楚的工人都会**想**：彼·基辅斯基**不善于思想**。

每一个头脑清楚的工人都会"想"：正是这位彼·基辅斯基教我们工人喊"从殖民地滚出去"。这就是说，我们大俄罗斯工人应当要求本国政府滚出蒙古、土耳其斯坦和波斯，英国工人应当要求英国政府滚出埃及、印度和波斯等等。但是，难道这就意味着**我们**无产者**想要**同埃及的工人和费拉，同蒙古、土耳其斯坦或印度的工人和农民实行分离吗？难道这就意味着**我们**要劝告殖民地的劳动群众去同觉悟的欧洲无产阶级实行"分离"吗？完全不是这么回事。我们无论过去、现在或将来，一贯主张各先进国家的觉悟工人同**一切**被压迫国家的工人、农民和奴隶最紧密地接近和融合。我们一向劝告而且还将劝告一切被压迫国家（包括殖民地）的一切被压迫阶级**不要**同我们分离，而要尽可能紧密地同我们接近和融合。

如果我们要求本国政府滚出殖民地——不用鼓动性的空喊，而用确切的政治语言来说，就是要求它**给予**殖民地充分的分离**自由**，真正的**自决权**，如果我们一旦夺取了政权，我们自己一定要让这种权利实现，给予这种自由，那么，我们向现在的政府要求这一点而且我们自己在组成政府时将**做到**这一点，这**决**不是为了"提倡"实行分离，相反地，是为了促进和加速各民族的**民主的**接近和融合。我们要尽一切努力同蒙古人、波斯人、印度人、埃及人接近和融合，我们认为做到这一点是我们的义务和**切身利益**之所在，否则，欧洲的社会主义就将是**不巩固的**。我们要尽量给这些比我们更落后和更受压迫的人民以"无私的文化援助"，用波兰社会民主党人的很好的说法来讲，就是帮助他们过渡到使用机器，减轻劳动，实行民主和社会主义。

如果我们要求给予蒙古人、波斯人、埃及人以及所有**一切**被压迫的和没有充分权利的民族以分离自由，那么这决不是因为**我们主张**它们**分离**，而**仅仅是**因为我们主张**自由的**、**自愿的**接近和融合，但不主张强制的接近和融合。**仅仅**是因为这一点！

我们认为，在这方面，蒙古或埃及的农民和工人同波兰或芬兰的农民和工人之间的**唯一**差别，就在于后者发展程度高，他们在政治上比大俄罗斯人更有经验，在经济上更加训练有素，等等。因此，他们大概**很快**就会说服本国人民：他们现在仇恨充当刽子手的大俄罗斯人是合乎情理的，但是把这种仇恨转移到**社会主义**工人和社会主义俄国身上，那就不明智了；经济的利益以及国际主义和民主主义的本能和意识，都要求各民族在社会主义社会中尽快地接近和融合。因为波兰人和芬兰人都是具有高度文化的人，所以他们大概很快就会相信这种说法是正确的，而波兰和芬兰的分离在社会主义胜利以后，可能只实行一个短时期。文化落后得多的费拉、蒙古人和波斯人分离的时间可能要长一些，但是我们要象上面所说的那样，力求通过无私的文化援助来缩短分离的时间。

我们在对待波兰人和蒙古人方面，没有而且也不可能有**任何别的差**别。宣传民族分离自由同**我们**组成政府时坚决实现这种自由，同宣传民族的接近和融合，没有而且也不可能有**任何**"矛盾"。——

——我们确信,任何一个头脑清楚的工人、真正的社会主义者、真正的国际主义者,对于我们和彼·基辅斯基的争论①都会这样"想"的。

一种主要的疑惑象一根红线贯穿着彼·基辅斯基的文章:既然整个发展的趋势是民族**融合**,为什么我们要宣传民族**分离**自由,并且要在掌握政权时实现这种自由呢?我们回答说,其理由也同下面一点一样:虽然整个发展的趋势是消灭社会的一部分对另一部分的暴力统治,但是我们还是宣传并且在我们掌握政权时要实行无产阶级专政。专政就是社会的一部分对整个社会的统治,而且是直接依靠暴力的统治。为了推翻资产阶级并且击退它的反革命的尝试,必须建立无产阶级这个唯一彻底革命的阶级的专政。无产阶级专政问题具有如此重要的意义,以至凡是否认或仅仅在口头上承认无产阶级专政的人都不能当社会民主党的党员。然而不能否认,在某些情况下,作为例外,例如,在某一个小国家里,在它的大邻国已经完成社会革命之后,资产阶级和平地让出政权**是可能的**,如果它深信反抗已**毫无希望**,不如保住自己的脑袋。当然,更大的可能是,即使在各小国家里,不进行国内战争,社会主义也**不会**实现,因此,承认这种战争应当是国际社会民主党的**唯一**纲领,虽然对人使用暴力并不是我们的理想。这个道理只要作**相应的**改变(mutatis mutandis),同样可以适用于各个民族。我们主张民族融合,但是没有分离自由,**目前**便不能从强制的融合、从兼并过渡到自愿的融合。我们承认经济因素的主导作用(这完全正确),但是

---

① 看来,彼·基辅斯基不过是继德国和荷兰的某些马克思主义者之后,**重复**"从殖民地滚出去"这个口号罢了,他不但没有考虑这个口号的理论内容和意义,而且也没有考虑俄国的具体特点。荷兰和德国的马克思主义者局限于"从殖民地滚出去"这个口号,在一定程度上是可以原谅的,因为第一,对多数**西欧**国家说来,民族压迫的**典型**情况就是殖民地压迫,第二,在西欧各国,"殖民地"这个概念是特别清楚、明了和重要的。

而在俄国呢?它的特点恰恰在于:"**我们的**""殖民地"同"**我们的**"被压迫民族之间的差别是不清楚、不具体和不重要的!

对于一个例如用德语写文章的马克思主义者来说,忘记了俄国的**这一**特点,是情有可原的,对于彼·基辅斯基来说,这就不可原谅了。一个不但愿意**重复**而且还愿意**思考**的俄国社会主义者必须懂得,对俄国说来,试图在被压迫民族和殖民地之间找出某种重大的差别,那是特别荒谬的。

象彼·基辅斯基那样加以解释,那就是把马克思主义歪曲得面目全非。甚至现代帝国主义的托拉斯和银行,尽管在发达的资本主义的条件下到处同样不可避免,但在不同国家里其具体形式却并不相同。美、英、法、德这些先进的帝国主义国家的政治形式更加各不相同,虽然它们在本质上是一样的。在人类从今天的帝国主义走向明天的社会主义革命的道路上,同样会表现出这种多样性。一切民族都将走向社会主义,这是不可避免的,但是一切民族的走法却不会完全一样,在民主的这种或那种形式上,在无产阶级专政的这种或那种形态上,在社会生活各方面的社会主义改造的速度上,每个民族都会有自己的特点。再没有比"为了历史唯物主义"而一律用浅灰色给自己描绘这方面的未来,在理论上更贫乏,在实践上更可笑的了:这不过是苏兹达利城的拙劣绘画[8]而已。即使实际情况表明,**在社会主义无产阶级取得初次胜利以前**,获得解放和实行分离的仅占现在被压迫民族的1/500,**在社会主义无产阶级在全球取得最后胜利以前**(也就是说,在已经开始的社会主义革命的大变动时期),实行分离的同样只占被压迫民族的1/500,并且时间极其短暂,——**即使**在这种情况下,我们劝告工人现在不要让压迫民族中不承认和不宣传**一切**被压迫民族有分离自由的社会主义者跨进自己的社会民主党的大门,这无论在理论上或政治实践上都是对的。因为实际上我们不知道而且也不可能知道,在实践中到底有多少被压迫民族需要实行分离,以便贡献自己的一份力量,使得民主的**形式**和向社会主义过渡的**形式**多样化。至于现在否认分离自由,那在理论上是极端虚伪的,在实践上则是替压迫民族的沙文主义者效劳,这一点我们每天都了解到、看到和感觉到。

彼·基辅斯基在给我们前面所引的那段话所作的脚注中写道:"我们强调指出,我们完全赞成'反对暴力兼并……'的要求"。

我们曾经说过,这个"要求"等于承认自决,如果不把这个要求归结为自决,就不可能正确地确定"兼并"这个概念,对我们这个十分明确的说法，作者根本不置可否！大概他认为，为了进行争论只须提出论点和要求就够了，而不必加以证明吧！

他接着写道："……总之，对一系列可以加强无产阶级反帝意识的要求，我们完全接受其**否定**的提法，何况在现存制度的基础上，根本不可能找出相应的**肯定**的提法。反对战争，但是不赞成民主的和平……"

不对，从头到尾都错了。作者读过我们的"和平主义与和平口号"这个决议（小册子《社会主义与战争》第44～45页①），看来，甚至同意这个决议，但显然并没有理解它。我们**赞成**民主的和平，只是提醒工人不要受人欺骗，似乎在现今的资产阶级政府的条件下，如决议中所说，"不经过多次革命"，民主的和平也能实现。我们宣告，"抽象地"宣传和平，即**不考虑各交战国现有**政府的真实阶级本质，尤其是帝国主义本质，那就是蒙蔽工人。我们在《社会民主党人报》（第47号）的提纲中明确指出，在目前这场战争中，如果革命使我们党掌握了政权，党要立刻向各交战国建议缔结民主的和约。②

彼·基辅斯基为了让自己和别人相信他"仅仅"反对自决，并不反对一般民主，竟说我们"不赞成民主的和平"。这岂不可笑？

我们不必再一一分析彼·基辅斯基所举的其他例子了，因为不值得浪费篇幅来反驳这些只会使每个读者付之一笑的、极为幼稚的逻辑错误。社会民主党没有并且也不可能有任何一个"否定的"口号，只是为了"加强无产阶级的反帝意识"，而不肯定地回答社会民主党在自己执政时应当**怎样**解决有关的问题。不同某种肯定的解决办法配合起来的"否定的"口号，不会"加强"只会削弱意识，因为这样的口号是无谓的空谈，空洞的

---

① 见《列宁全集》第26卷，第167页。——编者注
② 见《列宁全集》第27卷，第55页。——编者注

叫喊，没有内容的高调。

彼·基辅斯基不懂得"否定"或痛斥**政治**灾难和**经济**灾难的两种口号之间的区别。这种区别在于：一定的经济灾难是一般资本主义所固有的，不管它具有怎样的政治上层建筑；不消灭资本主义，在经济上就**不可能**消灭这些灾难，举不出任何一个例子来证明可能做到这一点。反之，政治灾难在于违背民主制，"在现存制度的基础上"，即在资本主义制度下，民主制在经济上是完全可能的；在资本主义制度下，作为例外，在一个国家里实现它的这一部分，而在另一个国家里实现它的另一部分。作者又一次没有理解的，恰恰是可能实现一般民主的一般条件！

在离婚问题上也是如此。我们请读者回忆一下，在关于**民族**问题的争论中第一次接触到这个问题的是罗莎·卢森堡。她提出了一个完全合理的见解：我们社会民主党人集中派要维护国内（州或边疆区等等）的自治，就必须坚持由全国政权即全国国会决定重大国务问题，关于**离婚**的立法就属于这样的问题。离婚的例子清楚地表明，谁现在不要求充分的离婚自由，谁就不配作一个民主主义者和社会主义者，因为没有这种自由，被压迫的女性就会惨遭蹂躏，——虽然不难理解，承认有离开丈夫的**自由**，并不等于**号召**所有的妻子都离开丈夫！

彼·基辅斯基"反驳"说：

> 如果在**这种**场合〈即妻子**想**离开丈夫〉，妻子**不能**实现自己的权利〈离婚权利〉，那么这种权利又有什么用处呢？或者，假使这一权利的实现取决于**第三者**的意志，或者更糟糕，取决于向这个妻子"求爱"的人的意志，那又怎么办呢？难道我们要争取宣布**这样**的权利吗？当然不是！

这一反驳表明，他根本不了解**一般**民主同资本主义的关系。使被压迫阶级不能"实现"自己的民主权利的条件，在资本主义制度下是常见的，不是个别情形，而是典型现象。在资本主义制度下，离婚权多半是不能实现的，因为被压迫的女性在经济上受压迫，因为在资本主义制度下，不管有什么样的民主，妇女始终是"家庭女奴"，是被关在卧室、育儿室和厨房里的女奴。在资本主义制度下，选举"自己的"人民法官、官吏、教师、陪审员等等的权利，同样多半是不能实现的，其原因就是工人和农民在经济上受压迫。关于民主共和国，情况也是如此：我们的党纲"宣布"民主共和国为"人民专制"，虽然一切社会民主党人都很懂得，在资本主义制度下，连最民主的共和国也只是导致资产阶级收买官吏，导致交易所和政府结成联盟。

只有根本不会思考或根本不懂马克思主义的人，才会由此得出结论说：共和国毫无用处，离婚自由毫无用处，民主毫无用处，民族自决毫无用处！马克思主义者却懂得，民主**并不**消除阶级压迫，而只是使阶级斗争变得更单纯，更广泛，更公开，更尖锐；我们需要的正是这一点。离婚自由愈充分，妇女就愈明白，使他们作"家庭奴隶"的根源是资本主义，而不是无权。国家制度愈民主，工人就愈明白，罪恶的根源是资本主义，而不是无权。民族平等愈充分（没有分离的自由，这种平等就**不是**充分的），被压迫民族的工人就愈明白，问题在于资本主义，而不在于无权。如此等等。

我们再说一遍：老是讲马克思主义的常识，真叫人不好意思，但是既然彼·基辅斯基不知道，那又有什么办法呢？

彼·基辅斯基关于离婚问题的议论，同组委会的一位国外书记谢姆柯夫斯基的论调（记得是在巴黎《呼声报》[9]上）如出一辙。后者议论道：不错，离婚自由并不等于号召所有的妻子都离开丈夫，但是，如果你向一位太太证明说，夫人，别人的丈夫个个都比您的丈夫强，那就会造成同样的结果！！

谢姆柯夫斯基发表这种议论时忘记了，性情古怪并不违背社会主义者和民主主义者的义务。谢姆柯夫斯基如果要使任何一位太太相信，别人的丈夫个个都比她的丈夫强，那谁也不会认为这就违背了民主主义者的义务；充其量人们只会说：在一个大党里难免有一些大怪人！但是假定有一个否认离婚自由的人，例如向法庭、警察局或教会控告要跟他离婚的妻子，而谢姆柯夫斯基却想替这个人作辩护，并把他叫作民主主义者，那我们相信，谢姆柯夫斯基在国外书记处的多数同事虽然是一些蹩脚的社会主义者，但**甚至**连这些人也不会支持他！

谢姆柯夫斯基和彼·基辅斯基都"谈论了"离婚，都暴露了对问题的无知，回避了问题的实质，因为离婚权也象**所有**一切民主权利一样，在资本主义制度下是难以实现的，有条件的，有限制的，极其表面的，但是尽管如此，任何一个正派的社会民主党人不但不能把否认这一权利的人叫作社会主义者，甚至不能把他们叫作民主主义者。问题的全部实质就在这里。**一切**"民主制"就在于宣布和实现在资本主义制度下只能实现得很少和附带条件很多的"权利"；不宣布这些权利，不立即为实现这些权利而斗争，不用这种斗争精神教育群众，社会主义是**不可能**实现的。

彼·基辅斯基不懂得这一点，又在自己的文章中回避了一个和他所研究的专题有关的重要问题。这个问题就是：我们社会民主党人**怎样**消灭民族压迫呢？彼·基辅斯基讲了一些诸如世界将"洒遍鲜血"之类的空话（这与问题毫不相干），以此敷衍了事。实际上只有一点：社会主义革命什么都会解决！或者象赞成彼·基辅斯基的观点的人常说的那样：自决在资本主义制度下是不可能的，而在社会主义制度下又是多余的。

这种观点在理论上是荒谬的。在政治实践上是沙文主义的。这样看问题就是不了解民主的意义。没有民主，就不可能有社会主义，这包括两个意思：（1）无产阶级如果不通过争取民主的斗争为社会主义革命作好准备，它就不能实现这个革命；（2）胜利了的社会主义如果不实行充分的民主，就不能保持它所取得的胜利，并且引导人类走向国家的消亡。因此，说自决在社会主义制度下是多余的，正像说民主在社会主义制度下是多余的一样，是十分荒谬、十分糊涂的。

自决在资本主义制度下并**不**比一般民主**更加**不可能，在社会主义制度下如果说它是多余的，则一般民主也**同样**是多余的。

经济变革为消灭**各种**政治压迫创造必要的前提。正因为如此，当提出的问题是**怎样**消灭民族压迫时，拿经济变革来支吾搪塞，这是不合逻辑的，不正确的。不实现经济变革，就不能消灭民族压迫。这是无可争辩的。但是，如果仅仅**限于**这一点，那就意味着陷入了可笑而又可怜的"帝国主义经济主义"。

必须实行民族**平等**，宣布、规定和实现各民族的平等"权利"。大概除彼·基辅斯基一个人之外，**所有的人**都会同意这一点。但是，正是在这里有一个人们常常回避的问题：否认有成立自己民族国家的**权利**，不就是否认平等吗？

当然是的。因此，彻底的**即**社会主义的民主派宣布、规定并且要实现这一权利，不这样就没有走向各民族完全自愿的接近和融合的道路。

7. 结论。阿列克辛斯基的手法

我们这里分析过的远不是彼·基辅斯基的全部论断，要**全部**加以分析，就必须写出一篇比本文长四倍的文章，因为作者的论断没有一个是正确的。他文章中**正确的东西**（如果数字没有差错的话），只有一个提供了关于银行数字的脚注。其余的一切，全是胡说八道，其中夹杂着一些空话，如"把木橛钉入发抖的躯体"，"我们不仅要审判凯旋的英雄，还要把他们判处死刑，消灭他们"，"新世界将在痛苦万状的痉挛中诞生"，"这里要谈的不是证书和法律，不是宣布各族人民自由，而是确立真正自由的关系、摧毁世世代代的奴隶制、消灭一般社会压迫特别是民族压迫"等等。

这些空话掩盖和反映出两件"事情"：第一，它们的基础是"**帝国主义经济主义**""**思想**"，这种"帝国主义经济主义"同臭名昭著的1894～1902年间的"经济主义"一样，把马克思主义歪曲得面目全非，对社会主义同民主制的关系一窍不通。

第二，我们在这些空话中亲眼看到阿列克辛斯基手法的再现，关于这一点我们要专门谈一谈，因为在彼·基辅斯基的文章中有整整一节（第2章第5节：《犹太人的特殊地位》），**完全**是按照这种手法写的。

从前，还在1907年伦敦代表大会期间，布尔什维克就屏弃了阿列克辛斯基,当时他为了回答理论上的论据,竟装出一副鼓动家的姿态,大喊大叫,文不对题地使用了一些反对一切剥削和压迫之类的响亮词句。"看啊,这简直是嚎叫了",——当时我们的代表们这样说。然而"嚎叫"并没给阿列克辛斯基带来什么好结果。

现在我们看到,彼·基辅斯基也在照样"嚎叫"。他不知道应当怎样回答提纲所提出的一系列理论问题和论据,于是装出一副鼓动家的姿态,开始大喊大叫,讲一些关于犹太人遭受压迫的空话,虽然每一个多少能够思考的人都明白,无论一般犹太人问题或彼·基辅斯基的一切"喊叫",都同论题根本没有一点关系。

阿列克辛斯基的手法决不会带来什么好结果。

载于 1924 年《星》杂志第 1 期和第 2 期

选自《列宁全集》第 28 卷,第 116 ~ 170 页

注释:

[1]《论面目全非的马克思主义和"帝国主义经济主义"》一文原来准备和格·列·皮达可夫的《金融资本主义时代的无产阶级和"民族自决权"》一起在《〈社会民主党人报〉文集》第 3 辑发表。关于这一点,该文集第 2 辑曾有预告,并且正因为如此,在文章引言部分里写了"上面刊载的彼·基辅斯基的文章"等语(见《列宁全集》第 28 卷,第 116 页)。这篇文章虽因文集第 3 辑未能出版而在当时没有发表,但在侨居国外的布尔什维克和国际左派社会民主党人中仍广为人知。这是因为文章写完后,很快就抄寄给了一些布尔什维克,如尼·达·基克纳泽、维·阿·卡尔宾斯基、伊·费·阿尔曼德等人。现在还保存有这篇文章当时的手抄稿和一份经列宁修改过的打字稿(参看列宁 1916 年 10 月(3 日以后)给亚·加·施略普尼柯夫的信和 1916 年 16 月底~11 月初给基克纳泽的信,均见《列宁全集》第 47 卷)。

[2] 参看格·瓦·普列汉诺夫 1914 年在巴黎出版的《论战争》一书。书中写道:"社会民主党的纲领承认国内各民族有自决权。难道它承认这一点是从每一国家的无产阶级都可以并且应当对自己祖国的命运漠不关心这种考虑出发

的么?"

[3] 达摩克利斯剑出典于古希腊传说:叙拉古暴君迪奥尼修斯一世用一根马尾系着一把利剑挂于自己的宝座上方,命羡慕他的权势和尊荣的达摩克利斯坐在宝座上。达摩克利斯顿时吓得面色苍白,如坐针毡,赶快祈求国王恩准离座。后来人们常用达摩克利斯剑来譬喻时刻存在的威胁或迫在眉睫的危险。

[4] 指恩格斯1882年9月12日给考茨基的信(见《马克思恩格斯全集》第35卷,第351~354页)。列宁在《关于自决问题的争论总结》一文中引用过这封信(见《列宁全集》第28卷,第16~57页);列宁的这篇文章首次发表于1916年10月《〈社会民主党人报〉文集》第1辑。

[5] 《〈社会民主党人报〉文集》(《Сборник Социал-Демократа》)是列宁创办的刊物,由《社会民主党人报》编辑部在日内瓦出版。文集总共出了两辑:1916年10月的第1辑和1916年12月的第2辑。两辑刊载了列宁的下列文章:《社会主义革命和民族自决权(提纲)》、《论尤尼乌斯的小册子》、《关于自决问题的争论总结》、《论"废除武装"的口号》、《帝国主义和社会主义运动中的分裂》、《青年国际》、《为机会主义辩白是徒劳的》、《齐赫泽党团及其作用》。第3辑稿件虽已备齐,但因经费不足,未能出版。这一辑预定发表列宁的《论面目全非的马克思主义和"帝国主义经济主义"》一文。

[6] 希腊的卡连德日意为没有限期。古罗马历法把每月初一称为卡连德日(亦译朔日)。罗马人偿还债务、履行契约等都以卡连德日为限期。希腊历法中根本没有卡连德日。因此,延缓到希腊的卡连德日,就等于说无限期地推迟,永无实现之日。

[7] 费拉是阿拉伯国家的定居农民,农村居民中地位最低的被剥削阶级。

[8] 苏兹达利是俄国弗拉基米尔省的一个县。该县所产圣像质量甚差,但售价低廉,因而大量行销于民间。

[9] 《呼声报》(《Голос》)是孟什维克的报纸(日报),1914年9月~1915年1月在巴黎出版,头5号用《我们的呼声报》的名称。列·达·托洛茨基在该报起领导作用,参加该报工作的也有几个前布尔什维克。该报采取中派立场。1915年1月《呼声报》被法国政府查封,接替它出版的是《我们的言论报》。

列宁提到的谢·尤·谢姆柯夫斯基的文章,是指发表于1915年3月21日《我们的言论报》第45号的《就国家建设问题纸上谈兵》一文。

遇到三棵松树就迷了路(节选)

(1916年9～10月)

如果崩得分子愿意并且善于思考的话,他们就会看到他们在兼并问题上迷了路。走出迷途和糊涂状态的道路只有一条,那就是:接受我们还在1913年就说明了的纲领①。也就是说,为了自觉地和忠实地执行否定兼并的政策,被压迫民族的社会主义者和民主主义者应当在自己的一切宣传鼓动工作中宣布:压迫民族的社会主义者(不管是大俄罗斯人还是德意志人,在对待乌克兰人的态度上还有波兰人,等等)如果不彻底地和无条件地主张受**他们本民族**压迫的(或被强制留住的)民族有分离的自由,那他们就是坏蛋。

载于《列宁文集》第17卷,1931年俄文版

选自《列宁全集》第28卷,第182～183页

---

① 见《列宁全集》第24卷,第234～240页。——编者注

致伊·费·阿尔曼德（节选）

（1916 年 11 月 30 日）

　　总的说来，我觉得，您的论断多少有些片面性和形式逻辑。您抓住《共产党宣言》上的**一句话**（工人没有祖国）①，似乎打算无条件地运用它，**直到否定民族战争**。

　　马克思主义的全部精神，它的整个体系，要求人们对每一个原理只是（α）历史地，（β）只是同其他原理联系起来，（γ）只是同具体的历史经验联系起来加以考察。

　　祖国这个概念要历史地看待。在为推翻民族压迫而斗争的时代，或者确切些说，在这样的**时期**，祖国是一回事；在民族运动早已结束的时期，祖国则是另一回事。关于祖国和保卫祖国的原理**不可能**对"三种类型的国家"（我们关于自决的提纲第 6 条）② 都同样适用，在一切条件下都同样适用。

　　《共产党宣言》指出，工人没有祖国。

　　这是对的。但是，那里**不仅仅**指出这一点。那里还指出，在民族国家形成的时期，无产阶级的作用有些不同。如果只抓住第一个原理（工人没有祖国），而**忘记了**它同第二个原理（工人组织成为民族的阶级，不过这

---

① 见《马克思恩格斯全集》第 4 卷，第 487 页。——编者注
② 见《列宁全集》第 27 卷，第 254～268 页。——编者注

不是资产阶级所理解的那个意思)① 的**联系**，这将是天大的错误。

这种联系是什么呢？我认为，这种联系就是，在**民主**运动中（在这样的时期，在这样的具体情况下）无产阶级不能拒绝支持这个运动（因而，也不能拒绝在民族战争中保卫祖国）。

马克思和恩格斯在《**共产党宣言**》中说：工人没有祖国。可是，同一个马克思曾经不止一次地**号召**进行**民族**战争：马克思在 1848 年，恩格斯在 **1859** 年（恩格斯在《波河与莱茵河》这本小册子的末尾直接激发德国人的**民族**感情，直接号召德国人进行民族**战争**）。**1891** 年，鉴于法国（布朗热）+亚历山大三世反对德国的战争当时已迫在眉睫，恩格斯曾**直接**承认要"保卫祖国"。②

马克思和恩格斯是不是今天说东，明天说西，头脑不清呢？不是的。依我看，在民族战争中承认"保卫祖国"**完全**符合马克思主义。德国**社会民主党人**在 1891 年真的**应该**在反对布朗热+亚历山大三世的战争中保卫祖国，这会是一种独特的**民族**战争。

顺便提一下：我说这些，是在**重复**我在驳斥尤里的文章中说过的东西。不知您为什么对这篇文章只字不提。我觉得，关于您在这里所提出的问题，**恰恰**在该文中有一系列论点透彻地（或者几乎透彻地）说明了我对马克思主义的理解。

从苏黎世发往克拉伦（瑞士） 载于《布尔什维克》杂志 1949 年第 1 期	选自《列宁全集》第 47 卷，第 464～466 页

---

① 见《马克思恩格斯全集》第 4 卷，第 487 页。——编者注
② 见《马克思恩格斯全集》第 13 卷第 297～299 页和第 22 卷第 293～298 页。——编者注

给波里斯·苏瓦林的公开信[1]（节选）

（1916年12月）

苏瓦林说，他想"从马克思主义的观点来考察事实"。

但是，从马克思主义的观点来看，象"非爱国主义"这种一般化的抽象定义，是毫无价值的。祖国、民族——这是历史的范畴。如果在战争时期，问题是要保卫民主或反对民族压迫，我是决不反对这种战争的，如果"保卫祖国"这几个字是指进行这类性质的战争或起义，我并不害怕这几个字。社会主义者永远站在被压迫者一边，因此，他们不会反对以进行反对压迫的民主斗争或社会主义斗争为目的战争。由此可见，否认1793年战争即法国反对反动的欧洲君主国的战争或加里波第战争等等的正当性，那是非常可笑的……如果不愿意承认目前可能爆发的被压迫民族反对它们的压迫者的战争，如爱尔兰人反对英国的起义或摩洛哥反对法国、乌克兰反对俄国的起义等等的正当性，那是同样可笑的……

载于《真理报》（法文），1918年1月27日，第48号（非全文）
全文载于《无产阶级革命》杂志1929年第7期

选自《列宁全集》第28卷，第303页

注释:

[1] 这篇文章是对法国社会党成员、中派分子波·苏瓦林的公开信的答复。苏瓦林的信以《致我们在瑞士的朋友们》为题刊登在1916年12月10日的《中派的人民报》上。

列宁的答复寄给苏瓦林后,苏瓦林于1918年1月把它连同自己加的前言一起交给社会党报纸《真理报》编辑部发表。列宁的答复已排字并由编辑部拼入1月24日该报第45号,但被书报检查机关删去,因此这号报纸出版时开了"天窗","天窗"内只登了标题《一份未发表的文件。列宁的信》和署名"列宁"。过了三天,即1月27日,《给波·苏瓦林的公开信》由编辑部加上小标题发表于《真理报》第48号。在报纸上信文作了许多删节,可是印有列宁此信全文的该报长条校样却保存了下来。列宁的这封信曾按这份校样译成俄文发表于1929年《无产阶级革命》杂志第7期。在《列宁全集》俄文第5版里,这封信也是根据这份校样由法文译成俄文刊印的。

资产阶级的和平主义与社会党人的和平主义[1]（节选）

（1916年12月19日〔1917年1月1日〕）

第二篇（或章）
考茨基与屠拉梯的和平主义

考茨基是第二国际最有威望的理论家，是德国的所谓"马克思主义中派"的最著名的领袖，是在帝国国会中组织了特别党团"社会民主党工作小组"（哈阿兹和累德堡等人）的反对派的代表。现在德国有些社会民主党的报纸登载了考茨基论和平条件的文章，这些文章转述了"社会民主党工作小组"就德国政府提议和谈的著名照会所作的正式声明。这个声明在要求政府提出一定的和平条件的时候，还讲过下面一句值得注意的话：

……要使这份照会〈德国政府的照会〉导致和平，一切国家必须切实放弃兼并别国土地以及把任何国家的人民置于别国政权的政治、经济和军事控制之下的念头……

考茨基转述了这个论点并且加以具体化，他在自己的文章中周密地"证明"，君士坦丁堡不应当归俄国，土耳其不应当成为任何国家的附属国。

261

我们现在就来仔细考察一下考茨基及其伙伴们所提出的这些政治口号和论据。

当问题涉及到俄国即德国的帝国主义竞争者的时候，考茨基就提出一个不是抽象的、"一般的"，而是完全具体的、明确的要求：君士坦丁堡不应当归俄国。他用这种办法来**揭露**俄国的……**真正的**帝国主义阴谋。可是，当问题涉及到德国时，考茨基却**不**揭露**自己的**政府的**具体的**帝国主义阴谋，而只限于表示"一般的"愿望或主张：土耳其不应当成为任何国家的附属国！！因为那个承认考茨基是自己的党员并且任命他担任自己主要的、指导性的理论刊物《新时代》杂志的编辑的政党的多数派正在帮助本国资产阶级和政府进行帝国主义战争。

考茨基的政策，按其实际内容来说，同法国和英国所谓战斗的社会沙文主义者（即口头上的社会主义者，实际上的沙文主义者）的政策究竟有什么区别呢？后者不是也公开揭露德国具体的帝国主义步骤，而对被英国和俄国所侵占的国家或民族则用"一般的"愿望或主张敷衍了事吗？不是对侵占比利时和塞尔维亚大叫大嚷，而对侵占加里西亚、亚美尼亚和非洲殖民地却默不作声吗？

其实，考茨基和桑巴—韩德逊的政策都同样是帮助**自己的**帝国主义政府，都把主要注意力集中在竞争者和敌人的阴谋上，而对于"**自己的**"资产阶级的**同样的**帝国主义步骤则用一些含糊的、一般的词句和善良的愿望加以掩饰。如果我们只是象基督教徒那样把善良的一般词句看作好心，而不揭示其**实际的**政治意义，那我们就不再是马克思主义者，也根本不再是社会主义者了。难道我们不是经常看到，所有帝国主义列强的外交都以娓娓动听的"一般"词句和"民主的"声明自我标榜，借以**掩饰**它们对弱小民族的掠夺、欺凌和压迫吗？

"土耳其不应当成为任何国家的附属国……"如果我仅仅这样说，那么从表面上看，似乎我主张让土耳其有充分的自由。但是实际上我只是重复德国外交家们通常所说的一句话，他们**蓄意**撒谎，口是心非，用这句话来掩盖**目前**德国**既**在经济上**又**在军事上已把土耳其变成自己的附属国的**事**

实！如果我是德国的社会党人，那我所说的"一般的"词句只会对德国外交**有利**，因为这些词句的真正意义是为德国帝国主义**涂脂抹粉**。

……一切国家必须切实放弃兼并以及把任何国家的人民置于……经济控制之下的念头……

多么娓娓动听啊！帝国主义者几千次地"放弃"兼并以及在金融上压迫弱小民族的"念头"，但是难道不应当拿**事实**来加以对照？事实不是证明德、英、法、美等国的每一家大银行都"**控制着**"弱小民族吗？既然在各弱小民族的铁路等企业中的投资已达数十亿之多，那么目前富强国家的资产阶级政府又怎能**在事实上**放弃兼并和对其他民族的经济控制呢？

到底是谁真正反对兼并等等呢？是那些空口说些娓娓动听的话——其客观意义完全等于洒在头顶王冠的强盗和资本主义的强盗头上的基督圣水——的人呢，还是那些向工人解释说不推翻帝国主义资产阶级及其政府就不能制止兼并和金融压迫的人？

关于考茨基所鼓吹的和平主义，还可以看看意大利的实例。

著名的改良主义者菲力浦·屠拉梯1916年12月25日在意大利社会党的中央机关报《前进报》（《Avanti!》）上发表了一篇题名《废话》的文章。他写道，1916年11月22日意大利社会党的一批议员向议会提出了缔结和约的提案。在这个提案中，它"认为英、德两国代表所宣布的原则是一致的，这些原则应当作为可能缔结的和约的基础，它提请政府在美国及其他中立国的调停下开始和谈"。屠拉梯本人这样叙述社会党人的提案的内容。

1916年12月6日，议院"埋葬了"社会党人的提案，将它"延期"讨论。12月12日，德国的首相以自己的名义向国会提出要做的事情，正是意大利社会党人所希望做的事情。12月22日威尔逊发出照会，用菲·屠拉梯的话来说，他"是转述和重复社会党人的提案的想法和理由"。12月23日，其他中立国登上舞台，转述威尔逊的照会。

屠拉梯感叹说：有人责备我们，说我们把自己出卖给德国了；难道威尔逊和各中立国也把自己出卖给德国了吗？

12月17日，屠拉梯在议会中发表了演说，其中有一段话引起了极其巨大的——而且是理所当然的——轰动。据《前进报》报道，原话如下：

"……假定说，进行德国向我们建议的那种讨论，能够大体上解决撤出比利时和法国，复兴罗马尼亚、塞尔维亚以及（要是你们愿意的话）门的内哥罗这样一些问题；我还要向你们补充一句：修改意大利边界，即把那些无疑是属于意大利并且适合于战略保障的地方划归意大利……"刚说到这里，资产阶级的和沙文主义的议院就把屠拉梯的话打断了；全场高呼："妙极了！原来你也想要做到这一切啊！屠拉梯万岁！屠拉梯万岁！……"

屠拉梯似乎感到资产阶级的这种喝采有点不妙，于是就想加以"更正"或"解释"，他说：

……先生们，请不要乱开玩笑。容许民族统一的适宜性和权利是我们向来承认的，这是一回事；为了这个目的而引起战争或为战争辩护，则是另一回事。

无论屠拉梯的这个"解释"，或者《前进报》替他辩护的文章，无论屠拉梯12月21日的一封信，或者某个署名"bb"的在苏黎世的《民权报》上发表的文章，都丝毫"更正"不了事实，都消除不了**屠拉梯露出了马脚**这一事实！……正确些说，露出马脚的不是屠拉梯，而是考茨基和（往下我们就能看到）法国的"考茨基主义者"所代表的整个社会党人的和平主义。意大利的资产阶级报刊抓住了屠拉梯演说中的这段话而欢呼起来，是很有道理的。

上述那位"bb"企图替屠拉梯辩护，说他讲的仅仅是"民族自决权"。

这种辩护实在拙劣！大家知道，"民族自决权"在马克思主义者的纲领中是（而在国际民主派的纲领中向来就是）指保护**被压迫**民族，试问，它同这里的问题有什么相干呢？它同帝国主义战争，即同为瓜分殖民地、为**压迫**其他国家而进行的战争，同进行掠夺和压迫的列强**之间**为着**谁能更多地**压迫他国人民的战争有什么相干呢？

以民族自决为借口来替帝国主义的、不是民族的战争辩护，这同阿列克辛斯基、爱尔威和海德门等人的言论有什么区别呢？他们就是以法国的**共和制**同德国的君主制相对立为借口，尽管大家都知道，这场战争并不是由于共和主义同君主制原则相冲突，而是由于两个帝国主义集团要瓜分殖民地等等而引起的。

屠拉梯解释和申辩说，他**决不**替战争"辩护"。

……

第三篇（或章）
法国社会党人和工会活动家的和平主义

在资产阶级政府未被推翻，资产阶级未被剥夺以前，所谓"一切大小民族都有经济上的自由"，也和空谈在现代社会中**全体**公民，即小农和富农，工人和资本家都有"经济上的自由"一样，是对人民的**欺骗**。如果不谈这一点，只谈"一切大小民族都有经济上的自由"，那岂不是可笑吗？

茹奥和梅尔黑姆一致投票赞成的决议案，从头到尾充满着"资产阶级民族主义"的思想，《前进报》公正地指出了茹奥的这种资产阶级民族主义，但是奇怪的是，它却**没有**看出梅尔黑姆也有这个东西。

资产阶级民族主义者一向是处处玩弄关于**一般的**"各民族的联盟"和"一切大小民族都有经济上的自由"的"一般"词句。社会主义者与资产阶级民族主义者不同，他们过去和现在都说：当**某些**民族（如英吉利和法兰西）在向国外投资，即把**亿万法郎的资本**贷给落后的弱小民族以取得高额利息，而落后的弱小民族在遭受它们的奴役的时候，高谈"大小民族都有经济上的自由"，这是可恶的弥天大谎。

载于《列宁文集》第 2 卷，1924 年俄文版

选自《列宁全集》第 28 卷，第 227～231、236～237 页

注释：

[1]《资产阶级的和平主义与社会党人的和平主义》一文，列宁曾打算在旅美俄侨社会主义者在纽约出版的《新世界报》上刊载，但未实现。文章的前两章改写后发表于 1917 年 1 月 31 日《社会民主党人报》最后一号即第 58 号，所用标题是：《世界政治中的转变》（见《列宁全集》第 28 卷，第 341～349 页）。

关于1905年革命的报告[1]（节选）

（1917年1月9日〔22日〕）

民族解放运动在俄国各被压迫民族中如熊熊烈火燃烧起来了。在俄国，**半数以上，几乎五分之三**（确切地说：**57%**）的居民遭受着民族压迫，他们甚至没有使用母语的自由，他们被强制实行"俄罗斯化"。例如，占俄国几千万居民的穆斯林，当时以惊人的速度——一般说来，那正是各种组织大发展的时代——组成了穆斯林同盟。

为了向到会的人，特别是向青年说明当时俄国的民族解放运动怎样随着工人运动高涨起来，我不妨给你们举一个小小的例子。

1905年12月，在几百个学校里，波兰学生烧毁了所有的俄文书籍、图片和沙皇的肖像，殴打了俄国教员和俄国同学，把他们赶出了学校，并且喊道："滚回俄国去！"各中学的波兰学生还提出了如下的要求："（1）所有的中等学校必须归工人代表苏维埃领导；（2）在各学校召开学生和工人联席会议；（3）准许在各中学穿红色短衫，作为学校属于未来无产阶级共和国的标志"，等等。

运动的浪潮愈高，反动派在反对革命的斗争中就武装得愈卖力、愈坚决。1905年的俄国革命，证实了卡·考茨基基于1902年在他的《社会革命》一书中所写的东西（顺便说一下，他当时还是一个革命的马克思主义者，而不是象现在这样为社会爱国主义者和机会主义者作辩护）。他写道：

267

> ……今后的革命……恐怕不会是突如其来的反对政府的起义，而多半是持久的**国内战争**……

事情果真如此！在今后的欧洲革命中，事情也必将如此！

沙皇政府对犹太人特别仇视。一方面，在革命运动的领袖当中犹太人占的百分比（同犹太居民总人数相比较）特别大。顺便说一下，即使现在犹太人还有这样的功劳：在国际主义派的代表中他们所占的百分比比其他民族大得多。另一方面，沙皇政府很善于利用最无知的居民阶层对犹太人的最卑劣的偏见。于是发生了多半受到警察支持的、甚至由警察直接领导**反犹暴行**——在这个时期，100个城市里有4000多人被打死，10000多人被打成残废——这种对犹太平民以及对他们的妻子儿女所进行的骇人听闻的摧残，引起了整个文明世界对血腥的沙皇政府的强烈的反感。我所指的当然是文明世界真正的民主分子的反感，这样的分子**只能**是社会主义的工人，即无产者。

载于《真理报》，1925年1月22日，第18号

选自《列宁全集》第28卷，第328~330页

注释：

[1] 这个报告是1917年1月9日（22日）列宁在苏黎世民众文化馆用德语向瑞士青年工人作的。为准备这个报告，列宁曾于1916年12月7日（20日）写信给当时住在日内瓦的维·阿·卡尔宾斯基，向他索取所需要的参考书（见《列宁全集》第47卷）。《列宁全集》第28卷《附录》中载有这个报告的提纲（见第395~399页）。报告的其他准备材料见《列宁文集》俄文版第26卷。

世界政治中的转变(节选)

(1917年1月18日〔31日〕)

即使在反革命时期,历史也不是停滞不前的。即使在1914~1916年帝国主义大厮杀(这场大厮杀是过去几十年帝国主义政治的**继续**)时期,历史也向前发展了。世界资本主义在上一世纪的60~70年代是自由竞争的先进的、进步的力量,到了20世纪初期已经变成了**垄断**资本主义即帝国主义,但是它在这次战争期间,无论在使金融资本更加集中方面,或者在向**国家资本主义**转化方面,都大大地**前进**了一步。民族内聚的力量和民族共同感情的意义,在这场战争中,例如,已为爱尔兰人在一个帝国主义集团中的行动以及捷克人在另一个帝国主义集团中的行动所表明。头脑清醒的帝国主义领袖们自言自语地说:我们要实现自己的目的,不扼杀弱小民族当然是不可能的,但是有两种扼杀的方法。有时候,更加稳妥同时也更加有利的方法是,通过建立**政治上**独立的国家,在帝国主义战争中得到真诚的"祖国保卫者",当然,"我们"会设法使这些国家**在金融上**处于依附地位!在帝国主义列强进行大战的时候,做独立国保加利亚的盟国比做附属国爱尔兰的主人更加有利!完成尚未完成的民族改良有时能从内部巩固帝国主义联盟,这一点,例如德帝国主义的特别卑鄙的奴才之一卡·伦纳就正确地估计到了,不用说,卡·伦纳是坚决主张各国社会民主党"统一",特别是同谢德曼和考茨基统一的。

事物的客观进程是朝着既定方向发展的,正如1848年革命和1905年革命的扼杀者在某种意义上都充当了革命的遗嘱执行人一样，帝国主义大厮杀的指挥者**不得不**实行某些国家资本主义的改良和某些民族的改良。

载于《社会民主党人报》，1917年1月31日，第58号

选自《列宁全集》第28卷，第346~347页

致伊·费·阿尔曼德(节选)

(1917年1月19日)

在"保卫祖国"的问题上,据我看来,您一味抽象议论,采取了非历史的观点。我把在反驳尤里的文章中说过的话再说一遍:保卫祖国=替参加**战争**辩护。如此而已。把这一论点推而广之,使它变成"一般原则",那是**可笑**的,非常不科学的。(我将寄上美国的社会主义工人党纲领,其中就有这种可笑的泛泛的议论。)战争是五光十色、千变万化、错综复杂的现象。用泛泛的死公式硬套是不行的。

(一)三种主要类型:被压迫民族同压迫民族的关系(任何战争都是政治的继续;政治是民族之间、阶级之间等等的**关系**)。这种战争从被压迫民族方面来说通常是合理的(不管从军事上说是防御战还是进攻战)。

(二)两个压迫民族之间的关系。争夺殖民地、争夺市场等等的斗争(罗马和迦太基;1914~1917年的英国和德国)。这种战争从**双**方来说通常都是掠夺;民主派(和社会主义运动)对它的态度是遵循下列原则:"两贼相争,但愿两败俱伤……"

(三)第三种类型:各平等民族的**体系**。这个问题要**复杂得多**!!!! 特别是与文明的、比较民主的民族一起还有沙皇制度存在。从1815年到1905年,欧洲的情况(大致上)就是这样。

1891年。法国和德国的殖民政策还微不足道。意大利、日本、美国还**根本没有**殖民地(现在已经有了)。在西欧形成了一个**体系**(这一点要注意!!

要考虑到这一点！！不要忘记这一点！！我们不仅生活在单个的国家中，而且生活在一定的国家**体系**中；无政府主义者忽视这一点情有可原，但我们不是无政府主义者），形成了一个国家**体系**，这些国家大体上是立宪国家、民族国家。与它们**一起**，还存在着强大的、尚未动摇的、革命前的沙皇制度，它几百年来一直掠夺和压迫一切民族，并镇压过 1849 年和 1863 年的革命。

德国（1891 年）是一个具有**先进**的社会主义运动的国家。于是沙皇政府便勾结布朗热主义对这个国家进行威胁！

当时的形势和 1914~1917 年的形势截然不同，现在，沙皇制度被 1905 年事件动摇了，而德国为了称霸世界正在进行战争。完全是**另一**回事！！

把 1891 年的国际形势同 1914 年的国际形势混为一谈，甚至等量齐观，是**极端**的非历史观点。

不久以前，拉狄克这个蠢货在波兰宣言（《波兰解放》）中写道："国家建设"并不是社会民主党的斗争目的。简直愚蠢透顶！这是半无政府主义，半白痴！不，不，我们对国家建设、国家**体系**以及国家间的**相互关系**绝对不是漠不关心的。

恩格斯是"消极的激进主义"之父吗？？不对！根本没有这回事。您什么时候也证明不了这一点。（波格丹诺夫之流曾试图证明，结果只是出了丑。）

在 1914~1917 年的**帝国主义**战争，即**两个**帝国主义联盟之间的战争中，我们应当反对"保卫祖国"，因为：（1）帝国主义是社会主义的前夜；（2）帝国主义战争是盗贼争夺赃物的战争；（3）在**两个**联盟中，都有**先进**的无产阶级；（4）在两个联盟中，社会主义革命都**已经成熟**。只是因为如此，我们才反对"保卫祖国"，**只是**因为如此！！

从苏黎世发往克拉伦（瑞士）
载于《布尔什维克》杂志 1949 年第 1 期

选自《列宁全集》第 47 卷，第 522~524 页

统计学和社会学[1]

(1917年1月)

前 言

奉献给读者的这本论文集,一部分没有发表过,另一部分是收载了曾经在战前各种期刊上发表过的一些文章。本书所探讨的问题,即民族运动的意义和作用,民族运动和国际运动的相互关系等等,当然是目前特别使人注意的问题。人们谈论这个问题时最常见最主要的毛病,就是缺乏历史观点和具体分析。在一般词句的掩饰下偷运各种私货,是一种很常见的现象。因此,我们认为,稍微作一点统计决不是多余的。把我们在战前所说的话和战争的教训作一比较,我们觉得不是没有益处的。本书各篇的理论和观点相同,所以是互相联系的。

作者
1917年1月

民族运动的历史环境

英国谚语说得好:事实是顽强的东西。你看到某位著作家口若悬河地从各种意义、各个角度大谈其"民族原则"的伟大,并且他多半是象民间故事里那个出名的人物看见人家送葬时大喊"但愿你们拉也拉不完"[2]——

样恰当和适宜地运用这个"原则",你就最容易想起这句谚语。

确凿的事实、无可争辩的事实,——这个东西恰恰是这一类著作家最不能忍耐的,但是,为了真正弄清楚常常被人故意混淆起来的复杂而困难的问题,却恰恰是十分必要的。那么,怎样搜集事实呢?怎样确定事实之间的联系和相互依存性呢?

在社会现象领域,没有哪种方法比胡乱抽出**一些个别**事实和玩弄实例更普遍、更站不住脚的了。挑选任何例子是毫不费劲的,但这没有任何意义,或者有纯粹消极的意义,因为问题完全在于,每一个别情况都有其具体的历史环境。如果从事实的**整体**上、从它们的**联系**中去掌握事实,那么,事实不仅是"顽强的东西",而且是绝对确凿的证据。如果不是从整体上、不是从联系中去掌握事实,如果事实是零碎的和随意挑出来的,那么它们就只能是一种儿戏,或者连儿戏也不如。譬如,一个从前严肃、现在也希望人们说他严肃的著作家,竟以蒙古人统治的事实为例来说明20世纪在欧洲发生的某些事件,难道可以认为这只是儿戏吗?把这叫作政治欺骗岂不更正确?蒙古人的统治,这是一个历史事实,这个事实无疑与民族问题有关,正如20世纪的欧洲的许多事实也无疑与民族问题有关一样。但是只有被法国人称为"民族小丑"的少数人,才既以严肃认真自诩,却又妄图用蒙古人统治这个"事实"来说明20世纪的欧洲所发生的事件。

由此得出的结论是显而易见的:应当设法根据准确的和不容争辩的事实来建立一个基础,这个基础可以作为依据,可以用来同今天在某些国家中被恣意滥用的任何"空泛的"或"大致的"论断作对比。要使这成为真正的基础,就必须**毫无例外**地掌握与所研究的问题有关的**全部**事实,而不是抽取个别的事实,否则就必然会发生怀疑,而且是完全合理的怀疑,即怀疑那些事实是随意挑选出来的,怀疑可能是为了替卑鄙的勾当作辩护而以"主观"臆造的东西来代替全部历史现象的客观联系和相互依存关系。要知道,这样的事情是有的……是很常见的。

根据这些理由,我们决定从统计着手,当然,我们完全意识到,在某些宁愿接受"令人鼓舞的谎言"而不肯接受"卑微的真理"[3]的读者中,在某些喜欢在"一般地"谈论国际主义、世界主义、民族主义、爱国主义等等的幌子下偷运政治黑货的著作家中，统计会引起何等深刻的反感。

第一章　作一点统计

一

为了考察真正有关民族运动的**全部**资料，就必须从地球上的**全体**居民着眼。这里有两个特征必须尽量准确地加以确定并且尽量充分地加以研究：第一，各个国家的民族成分是单纯的还是繁杂的；第二，把各个国家（或类似国家的组织，——当是否真正称得上国家这一点尚有疑问时）划分为政治上独立的国家和政治上处于附属地位的国家。

我们引用1916年发表的最新资料，并以两种资料来源为根据：一种是德国的资料，即奥托·许布纳尔的《地理统计表》，另一种是英国的资料，即《政治家年鉴》（《The Statesman's Year-Book》）[4]。应以前者为基础，因为在我们所要研究的问题上，它要完整得多，我们将用后者来进行核对并作一些大都是局部性的订正。

我们先来看一看政治上独立的、最"单纯的"即民族成分单一的国家。这里，首先应当提出的就是一组**西欧**国家，也就是位于俄国和奥地利以西的那些国家。

西欧一共有17个国家，但是，其中有5个国家，民族成分虽然单纯，而按其微不足道的面积来说简直如同玩具。这5个国家就是卢森堡、摩纳哥、马里诺、列支敦士登和安道尔。这5个国家的居民总共只有31万人。毫无疑问，不把它们列入国家总数以内，要更加正确得多。在其余12个国家中，有7个国家的民族成分非常单纯：在意大利、荷兰、葡萄牙、瑞典和挪威，每一个国家的居民的99%都属于一个民族；而在西班牙和丹麦，属于一个民族的居民各占96%。其次，法国、英国、德国这3个国家的民族成分，差不多都是单纯的。在法国，只占居民1.3%的意大利人，是被拿破仑第三违背和假借居民的意志兼并的。在英国，爱尔兰也是被兼并的，爱尔兰的居民有440万人，不到英国居民总数（4680万）的1/10。在德国，居民总数为6490万人，其中的异民族差不多完全和英国的爱尔兰人一样，也是被压迫的民族。这些异民族就是波兰人（5.47%）、丹麦人（0.25%）和阿尔萨斯-洛林人（187万），但在阿尔萨斯-洛林人中间，有一部分人（多大一部分，不清楚）不仅在语言上，而且在经济利益和情感上，都是倾向于德国的。总之，德国约有500万居民属于没有充分权利的、甚至是受压迫的异民族。

西欧只有两个小国——瑞士和比利时——具有混杂的民族成分。瑞士的居民约有400万，其中德意志人占69%，法兰西人占21%，意大利人占8%。比利时的居民不到800万，其中佛来米人约占53%，法兰西人约占47%。但是必须指出，虽然这两个国家的民族成分如此繁杂，那里却没有民族压迫。这两个国家的宪法规定，一切民族都是平等的。在瑞士，这种平等的确被充分付诸实行；而在比利时，对于佛来米人则不是平等看待，虽然佛来米人占居民的一大半，不过这种不平等，不用说同我们所研究的这一类国家以外的各国的情形相比，就是同德国的波兰人或英国的爱尔兰人的遭遇相比，也是微不足道的。因此，顺便说一下，民族问题上的机会主义者奥地利著作家卡·伦纳和奥·鲍威尔所首先提出的"多民族的国家"这个流行术语，仅仅在十分有限的意义上，即假使一方面不忘记这个类型的多数国家的特殊历史地位（这个问题下面我们还要谈到），另一方面不容许用这个术语掩盖真正的民族平等同民族压迫的根本区别，才是正确的。

把上面所研究过的国家加起来构成一组，包括12个西欧国家，共有居民24200万人。在这24200万人之中，只有大约950万人即4%是被压迫的民族（在英国和德国）。如果把这些国家中不属于本国主要民族的一切居民加在一起，则他们的总数大约有1500万，即占6%。

由此可见，总的来看，这组国家的特征是：它们是最先进的资本主义国家，是经济上和政治上最发达的国家。它们的文化水平也是最高的。在民族方面，这些国家中的多数国家的民族成分是完全单纯的，或者几乎是完全单纯的。民族不平等这种特殊的政治现象，在这里所起的作用是很小的。这就是人们经常谈论的那种"民族国家"的类型，不过人们往往忘记了这种类型在人类整个资本主义发展过程中的历史相对性和暂时性。关于这一点，我们在下面还要详细加以说明。

有人问：这种类型是不是只限于西欧国家呢？显然不是。这种类型的全部基本特征，即经济的（资本主义高度的、特别迅速的发展）、政治的（代议制）、文化的和民族的特征，在美洲和亚洲的先进国家——美国和日本也都显示出来了。日本的民族成分很早就已经固定下来，并且是很单纯的，居民中99%以上是日本人。美国的居民只有11.1%是黑人（以及穆拉托人和印第安人），应当把他们列入被压迫的民族，因为他们通过1861～1865年的国内战争所争取到的并为共和国宪法所保证的平等，由于美国从1860～1870年的进步的、垄断前的资本主义转变为最新时代的反动的、垄断的资本主义（帝国主义），实际上在黑人的主要居住区（南部）和在许多方面，已经愈来愈受到限制，这个最新时代的明显的分界线，就是1898年的美西帝国主义战争，即两个强盗瓜分赃物所引起的战争。

美国的居民中白种人占88.7%，其中74.3%是美利坚人，只有14.4%是在国外出生的，也就是从别的国家迁去的。大家都知道，在美国，资本主义的发展具有特别有利的条件并且特别迅速，因此在这里巨大的民族差别的泯灭，统一的"美利坚"民族的形成，比世界上任何一个国家都更加迅速更加彻底。

把美国和日本加到上面所举的西欧国家里，共有14个国家，居民总数为39400万，其中不能享受民族平等权利的约有2600万人，也就是占7%。这里顺便先提一下，正是这14个先进国家中多数国家，在19世纪末和20世纪初，即恰恰是在资本主义变成帝国主义的时期，曾经特别加紧沿着殖民政策的道路前进，由于实行这种政策，这些国家目前在附属国和殖民地国家里"拥有"5亿多居民。

二

一组东欧国家——俄国、奥地利、土耳其（现在把土耳其在地理上算作亚洲国家而在经济上算作"半殖民地"比较合理）和巴尔干的6个小国，即罗马尼亚、保加利亚、希腊、塞尔维亚、门的内哥罗和阿尔巴尼亚——情况显然与上面所讲的根本不同。其中**没有一个**国家的民族成分是单纯的！只有巴尔干的那些小国，才可以称为民族国家，但是不要忘记：即使在这些国家中，异族居民也占5～10%；大批（同该民族总人数相比）罗马尼亚人和塞尔维亚人，住在"自己的"国家以外；总的说来，在巴尔干，按照资产阶级民族的方向进行的"国家建设"，甚至经过可以说是"昨天"的1911～1912年战争也还没有完成。在巴尔干的那些小国中，没有一个象西班牙、瑞典等国**那样的**民族国家。而在东欧所有3个大国中，"自己的"并且是主要的民族，在居民中所占的百分比只有43%。这3个大国中每个国家都有半数以上即57%的居民是属于"异民族的"（用真正的俄语来说即异种的）。如用统计数字来表示，西欧那一组国家和东欧那一组国家的差别如下：

在第一组中，有10个单纯的或差不多单纯的民族国家，它们的居民共有23100万；只有两个国家的民族成分是"繁杂的"，共有居民1150万，但是没有民族压迫，各民族在宪法上和实际上都是平等的。

在第二组中，有6个国家的居民差不多是单纯的，共2300万；有**3个**国家是"繁杂的"或"混杂的"，没有民族平等，共有居民24900万。

总的说来，异族居民（即不属于每个国家主要民族①的居民）的百分比，在西欧是6%，加上美国和日本则为7%，而在东欧，则是53%！②

载于《布尔什维克》杂志1935年第2期

选自《列宁全集》第28卷，第363～370页

---

① 在俄国为大俄罗斯人，在奥地利为德意志人和马扎尔人，在土耳其为土耳其人。
② 手稿到此中断。——俄文版编者注

注释：

[1]《统计学和社会学》是列宁打算用笔名普·皮留切夫公开出版的一本小册子。这一著作未能写完。

　　《列宁全集》第28卷《附录》收有小册子的提纲。小册子的全部准备材料载于《列宁文集》俄文版第30卷，第280～300页。

[2] 见《列宁全集》第28卷注109。

[3] 这里是引用俄国诗人亚·谢·普希金的抒情诗《英雄》中的话。普希金的这首诗采取"诗人"和"友人"对话的形式。诗中的"诗人"认为：拿破仑冒着生命危险去传染病院同患黑死病的士兵握手表示慰问一事，虽经历史学家考证并非事实，但一句"令人鼓舞的谎言"，要比千万个"卑微的真理"更加可贵。此处列宁是反普希金诗原意引用的。

[4]《政治家年鉴》(《The Statesman's Year-Book》) 是英国的一家杂志，1864年起在伦敦出版。

无产阶级在我国革命中的任务(节选)

(无产阶级政党的行动纲领草案)[1]

(1917年4月10日〔23日〕)

土地纲领和民族纲领

14. 在民族问题上,无产阶级政党首先应当坚持宣布并坚持立刻实行的,就是一切受沙皇制度压迫、被强迫并入或被强迫留在俄国疆界内的各大小民族,即被兼并的民族,都享有同俄国分离的充分自由。

没有真正实现分离的自由,任何放弃兼并的声明和宣言都不过是资产阶级对人民的欺骗,或是小资产阶级的天真愿望。

无产阶级政党力求建立尽可能大的国家,因为这对劳动者是有利的;它力求各民族彼此**接近以至进一步融合**,但是它不想通过暴力,而只想通过各民族工人和劳动群众的兄弟般的自由联合来达到这个目的。

俄罗斯共和国愈民主,它组建成为工农代表苏维埃共和国愈顺利,**各民族劳动群众自愿**趋向这种共和国的力量就愈大。

分离的完全自由,最广泛的地方自治(和民族自治),详尽规定保障少数民族权利的办法,——这就是革命无产阶级的纲领。

1917年9月由彼得格勒波涛出版社印成单行本

选自《列宁全集》第29卷,第165~166页

注释：

[1] 有关《无产阶级在我国革命中的任务》这一著作写作和出版情况，见《后记》（《列宁全集》第29卷，第183～185页）。

俄国社会民主工党（布）第七次全国代表会议（四月代表会议）文献[1]（节选）

（1917年4月）

20 关于民族问题的讲话

（1917年4月29日〔5月12日〕）

（1）记　录

自从1903年我党通过党纲以来，我们一再遭到波兰同志的激烈反对。如果你们研究一下第二次代表大会的记录，你们就会发现，我们现在所听到的那些论据，他们在当时就提出来过。波兰社会民主党人退出了那次代表大会，他们认为承认民族自决权是不能接受的。从那时起，我们总是遇到这个问题。在1903年，帝国主义已经出现了，但是在他们的论据中并没有提到帝国主义，因此无论在当时或现在，波兰社会民主党采取这种立场始终是一个奇怪的不可思议的错误：这些人想把我们党的立场变成沙文主义者的立场。

由于俄国长期的压迫，波兰的政策完全是民族主义的，整个波兰民族充满了向莫斯卡里[2]复仇的思想。谁也没有象俄罗斯民族那样压迫过波兰人。俄罗斯民族充当了沙皇扼杀波兰自由的刽子手。没有一个民族象波兰人那样憎恨俄国，那样不喜欢俄国，因此就产生了一种奇怪的现象。波兰的资产阶级使波兰成了社会主义运动的障碍。哪怕全世界遍地烽火，只要波兰自由就行。这种提法当然是对国际主义的嘲笑。自然，波兰现在是在暴力的控制下，但是波兰民族主义者指望俄国来解放波兰，那是背叛国际。波兰民族主义者把自己的观点灌输给了波兰人民，使他们也有了这种看法。

波兰社会民主党的同志们的巨大历史功绩，就在于他们提出了国际主义的口号，他们说：对于我们，最重要的是同其他一切国家的无产阶级结成兄弟联盟，我们决不会去为波兰的解放而战。这是他们的功绩，因此，我们一直认为只有这些波兰社会民主党的同志才是社会主义者。其余的人则是爱国主义者，是波兰的普列汉诺夫们。但是，由于这种特殊的立场，在人们为了拯救社会主义而不得不反对疯狂的病态的民族主义的时候，就产生了一种奇怪的现象：同志们跑来对我们说，我们应当拒绝给波兰自由，拒绝让波兰分离。

为什么我们这些比其他民族压迫着更多民族的大俄罗斯人应当拒绝承认波兰、乌克兰、芬兰的分离权呢？有人建议我们当沙文主义者，因为这样一来我们就可以使社会民主党人在波兰处于有利的地位。我们并不妄图解放波兰，因为波兰人民处在两个有战斗力的国家之间。波兰工人应当这样谈论问题：只有那些认为波兰人民应该获得自由的社会民主党人才是民主主义者，因为在社会党的队伍中不容有沙文主义者；波兰社会民主党人没有对工人这样说，反而说，正因为我们认为同俄国工人结成联盟有利，所以我们反对波兰分离。他们完全有权利这样做。但这些人不想了解，为了加强国际主义，就不需要重复这些话，而是应当在俄国强调被压迫民族有分离的自由，在波兰强调联合的自由。联合的自由是以分离的自由为前提的。我们俄国人应当强调分离的自由，在波兰则应当强调联合的自由。

在这里我们看到一系列的诡辩，结果是把马克思主义完全抛弃了。皮达可夫同志的观点是罗莎·卢森堡观点的重复……（荷兰的例子）……①

---

① 记录上有遗漏。——俄文版编者注

皮达可夫同志这样说，就是自己打自己的嘴巴，因为在理论上他否认分离自由，但对人民却又说：谁否认分离自由，谁就不是社会主义者。皮达可夫同志的话是非常混乱的。在西欧大多数国家，民族问题早已解决。说民族问题已经解决，那是指西欧。皮达可夫同志却把这一点搬到与此毫无关系的东欧来了，因此我们就陷入了可笑的境地。

你们想一想，这有多么糊涂！要知道，芬兰就在我们旁边。皮达可夫同志没有对芬兰问题作具体答复，他完全糊涂了。昨天你们在《工人报》上看到，在芬兰滋长着分离主义。芬兰人跑来说，他们那里的分离主义加强了，因为立宪民主党人不让芬兰完全自治。那里的危机增长了，对罗季切夫总督的不满增长了，而《工人报》写道，芬兰人应当等待立宪会议，因为在立宪会议上芬兰和俄国将达成协议。协议是什么意思呢？芬兰人应当说，他们有权按照自己的意志决定自己的命运，而大俄罗斯人要是否认这种权利，那他就是沙文主义者。如果我们对芬兰工人说，随你们自己怎样决定……①那就是另外一回事了。

皮达可夫同志只是否定我们的口号，说这就是不肯提出社会主义革命的口号，但他自己并没有提出适当的口号来。在"取消国界"的口号下进行社会主义革命的方法是极端荒谬的。我在一篇没有能刊登出来的文章中把这种观点称作"帝国主义经济主义"②。在"取消国界"的口号下进行社会主义革命的"方法"是什么意思呢？我们主张必须有国家，而有国家就得有国界。自然，国家可以有资产阶级政府，而我们需要的是苏维埃。但苏维埃也还是有国界问题。"取消国界"是什么意思呢？无政府状态就从这里开始……在"取消国界"的口号下进行社会主义革命的"方法"，简直是糊涂观点。在社会主义革命成熟、爆发以后，它就会蔓延到别的国家去，我们将帮助这个革命，但怎样帮助，我们还不知道。"社会主义革命的方法"是一句毫无内容的空话。既然还存在资产阶级革命所没有解决

---

① 记录上有遗漏。——俄文版编者注
② 见《列宁全集》第28卷《论正在产生的"帝国主义经济主义"倾向》。——编者注

的问题,我们就主张解决这些问题。我们对分离主义运动是不感兴趣的,是中立的。如果芬兰、波兰、乌克兰同俄国分离,这没有什么不好。这有什么不好呢?谁说不好,谁就是沙文主义者。只有疯子才会继续奉行沙皇尼古拉的政策。要知道挪威已经脱离了瑞典……亚历山大一世和拿破仑曾经把民族当作交换品,皇帝们曾经把波兰当作交换品。难道我们还继续奉行这种皇帝的策略吗?这是抛弃国际主义的策略,是最坏的沙文主义。如果芬兰分离,这又有什么不好呢?在挪威同瑞典分离后,两国人民、两国无产阶级更加互相信任了。瑞典的地主想进行战争,但是瑞典的工人反对战争,他们说:我们不打这种仗。

芬兰人现在仅仅希望自治。我们主张让芬兰完全自由,那他们对俄国民主派就会更加信任,只要实现了这一点,他们就不会分离。当罗季切夫先生到芬兰人那里去为了自治问题讨价还价时,芬兰同志跑来对我们说,我们要自治。人们一齐向他们开火说:"你们等待立宪会议吧。"但我们说:"否认芬兰自由的俄国社会党人就是沙文主义者。"

我们说,国界是根据居民的意志确定的。俄国,不许为争夺库尔兰而打仗!德国,把军队撤出库尔兰!我们就是这样来解决分离问题的。无产阶级不能采取暴力,因为它不应当妨碍各民族的自由。当社会主义革命已经成为现实而不只是一种方法的时候,"取消国界"的口号才是正确的,那时我们就会说:同志们,到我们这里来吧……

关于战争问题,完全是另一回事。必要时我们不会拒绝革命战争。我们不是和平主义者……现在米留可夫在俄国执政,把罗季切夫派到芬兰去,让他在那里恬不知耻地同芬兰人讨价还价,我们说:不,俄罗斯民族,不许对芬兰人采取暴力,因为压迫其他民族的民族是不能获得解放的[①]。在关于伯格比尔的决议中,我们说:撤出军队,让各民族自己独立地解决问题。如果苏维埃明天把政权拿到手里,那就不是"社会主义革命

[①] 见《马克思恩格斯全集》第18卷,第577页。——编者注

的方法"了,那时我们就会说:德国,把军队撤出波兰;俄国,把军队撤出亚美尼亚,——否则就是欺骗。

捷尔任斯基同志在谈到他的被压迫的波兰时对我们说,那里全是沙文主义者。但是关于怎样对待芬兰和乌克兰,为什么没有一个波兰人讲一句话呢?从1903年起,我们对这个问题已经争论得够多了,现在很难再谈了。愿意怎样就怎样吧……谁不赞成这种观点,谁就是兼并主义者,沙文主义者。我们希望所有的民族结成兄弟联盟。只要成立了乌克兰共和国和俄罗斯共和国,它们的联系和信任就会加强。如果乌克兰人看到我们这里是苏维埃共和国,他们就不会分离;如果我们这里是米留可夫共和国,他们就会分离。皮达可夫同志的观点完全自相矛盾,他说,我们反对把其他民族强迫留在疆界内,——其实这就是承认民族自决权。我们决不希望希瓦[3]的农民处在希瓦可汗的统治下。我们将靠我们革命的发展去影响被压迫群众。在被压迫群众中的鼓动工作只能这样做。

一切不承认芬兰和乌克兰自由的俄国社会党人都会陷入沙文主义。无论他们怎样进行诡辩,怎样求助于自己的"方法",他们永远不能证明自己是正确的。

(2) 报道

列宁同志提醒说,波兰社会民主党人在1903年就反对民族自决权,当时提出这个问题还没有联系未来的社会主义革命。他们在民族问题上的特殊立场,是由他们在波兰的特殊地位决定的;沙皇的压迫使波兰资产阶级和小资产阶级的各阶层怀有强烈的民族主义情绪。波兰社会民主党人曾不得不与"社会党人"(波兰社会党)中那些为解放波兰而准备参加欧洲战争的人进行殊死的斗争;并且只有他们,波兰社会民主党人,在波兰工人中间培养了国际主义团结的感情,使波兰工人同俄国工人接近。然而,他们企图把否认自决权的观点强加给**压迫**民族的社会党人,这是极端错误的。这种企图如果得逞,只能导致俄国社会民主党人转到沙文主义立场上去,除此之外,不可能有其他结果。压迫民族的社会党人如果否认被压迫民族的自决权，就会变成沙文主义者，就会支持本国的资产阶级。俄国社会党人应当竭力争取使被压迫民族有**分离的自由**，被压迫民族的社会党人则应当拥护联合的自由，双方都应当通过形式上不同的（实质上相同的）途径达到同一个目的：用国际主义精神把无产阶级组织起来。那些说民族问题在资产阶级制度的范围内已经解决的人们，忘记了以下事实：这个问题仅仅在西欧已经解决（也不是到处），那里居民中的民族单一程度达90%，但不是在东欧，东欧居民中的民族单一程度仅仅为43%。芬兰的例子证明，民族问题实际上已经摆到日程上了，并且必须在支持帝国主义资产阶级和履行国际团结的义务二者之间作出抉择，而要履行国际团结的义务就不允许践踏被压迫民族的意志。孟什维克建议芬兰社会民主党人"等待"立宪会议并同它**共同**解决自治问题，他们实际上是在按俄国帝国主义者的调子说话。

记录载于《列宁全集》俄文第1版第14卷第2册，1921年

报道载于《真理报》，1917年5月2日（15日），第46号

选自《列宁全集》第29卷，第424～430页

21　关于民族问题的决议

（1917年4月27日〔5月10日〕以前）

民族压迫政策是专制制度和君主制遗留下来的，地主、资本家和小资产阶级支持这种政策，是为了维护其阶级特权，分化各民族的工人。现代帝国主义加强了控制弱小民族的趋向，它是加剧民族压迫的新因素。

在资本主义社会里，要消除民族压迫，除非建立最民主的共和制度和国家管理制度，保证一切民族和语言完全平等。

必须承认构成俄国的一切民族都有自由分离和成立独立国家的权利。否认这种权利和不设法保证这种权利的实现，就等于拥护侵略政策或兼并

政策。无产阶级只有承认民族分离权，才能保证各民族工人的充分团结，才能促进各民族真正民主的接近。

目前芬兰和俄国临时政府间的冲突特别清楚地表明：否认自由分离权，就会导致直接继续奉行沙皇政府的政策。

决不允许把民族有权自由分离的问题同某一民族在某个时候实行分离是否适当的问题混为一谈。对于后一问题，无产阶级政党应当根据整个社会发展的利益和无产阶级争取社会主义的阶级斗争的利益，分别不同的场合完全独立地加以解决。

党要求广泛的区域自治，取消来自上面的监督，废除强制性国语，并且根据当地居民自己对于经济条件和生活条件、居民的民族成分等等的考虑来确定自治区域的范围。

无产阶级政党坚决屏弃所谓"民族文化自治"，就是说，反对把原来由国家管理的学校教育事宜等等交给某种民族议会管理。民族文化自治人为地把那些在同一地方居住、甚至在同一企业做工的工人按其所属的"民族文化"分开，也就是加强工人同本民族的资产阶级文化的联系，而社会民主党的任务则是要加强全世界无产阶级的各民族共同的文化。

党要求在宪法中列入一条根本性的法律，宣布任何一个民族的任何特权以及对于少数民族权利的任何侵犯都是没有法律效力的。

工人阶级的利益要求俄国各族工人在统一的无产阶级组织，如政治组织、工会组织、合作-教育组织等等中打成一片。只有各族工人在这种统一的组织中打成一片，无产阶级才有可能进行反对国际资本、反对资产阶级民族主义的胜利斗争。

载于《士兵真理报》，1917年5月3日（16日），第13号增刊

选自《列宁全集》第29卷，第431~432页

注释：

[1] 俄国社会民主工党（布）第七次全国代表会议（四月代表会议）是布尔什维

克党在合法条件下召开的第一次代表会议,1917年4月24~29日(5月7~12日)在彼得格勒举行。

由于中央内部在对革命的估计、革命的前途以及党的任务问题上有分歧,根据中央的一致决定,全党在代表会议召开以前,围绕列宁的《四月提纲》,就这些问题进行了公开争论。这样,地方组织就有可能预先讨论议程中的问题,并弄清普通党员对它们的态度。出席代表会议的有151名代表,其中133名有表决权,18名有发言权,他们代表78个大的党组织的约8万名党员。出席会议的还有前线和后方军事组织的代表,拉脱维亚、立陶宛、波兰、芬兰和爱沙尼亚等民族组织的代表。这次代表会议具有充分的代表性,因而起到了党代表大会的作用。代表会议的议程是:目前形势(战争和临时政府等);和平会议;对工兵代表苏维埃的态度;修改党纲;国际的现状和党的任务;同国际主义的社会民主党组织的联合;土地问题;民族问题;立宪会议;组织问题;各地的报告;选举中央委员会。列宁是主席团的成员,他领导了会议的全部工作,作了目前形势、修改党纲和土地问题等主要报告,发言20多次,起草了代表会议的几乎全部决议草案。斯大林作了民族问题的报告。代表会议以《四月提纲》为基础,规定了党在战争和革命的一切基本问题上的路线,确定了党争取资产阶级民主革命转变为社会主义革命的方针和"全部政权归苏维埃"的口号。列·波·加米涅夫作了关于目前形势的副报告,他和阿·伊·李可夫企图证明俄国资产阶级民主革命还未结束,社会主义革命尚不成熟,认为只能由孟什维克和社会革命党人把持的苏维埃监督资产阶级临时政府。在讨论民族问题时,格·列·皮达可夫反对各民族有自决直至分离的权利的口号。他们的错误观点受到了会议的批判。在讨论国际的现状和党的任务时,会议通过了格·叶·季诺维也夫提出的继续留在齐美尔瓦尔德联盟里和参加齐美尔瓦尔德第三次代表会议的错误决议案,列宁投票反对这一决议案。代表会议以无记名投票选举了党的中央委员会,列宁、季诺维也夫、加米涅夫、弗·巴·米柳亭、维·巴·诺根、雅·米·斯维尔德洛夫、伊·捷·斯米尔加、斯大林、Γ.Φ.费多罗夫共9人当选为中央委员。这次会议的决议,见《苏联共产党代表大会、代表会议和中央全会决议汇编》第1分册,人民出版社,1964,第430~456页。

[2] 莫斯卡里是十月革命前乌克兰人、白俄罗斯人和波兰人对俄罗斯人的蔑称。

[3] 希瓦是 16 世纪初在中亚细亚阿姆河下游建立的一个封建国家（希瓦汗国），居民中有乌兹别克人、土库曼人、卡拉卡尔帕克人等，1873 年被沙皇俄国征服，成为其属国。

修改党纲的材料(节选)

(1917年4~5月)

2 党纲的理论、政治及其他
一些部分的修改草案

第8条的最后一句应该改为：

在一切地方的社会团体和国家机关中，通用本民族的语言；取消强制性国语。

第9条改成：

国内各民族都有自由分离和建立自己的国家的权利。俄罗斯人民共和国不应当用暴力，而只应当通过自愿的协议来吸引其他民族建立共同的国家。各国工人应当团结一致，结成兄弟联盟，不容许对其他民族直接或间接地使用暴力。

4 关于修改党纲的草案

新旧党纲文本

3. 实行广泛的地方自治；在生活习俗和居民成分特殊的地方实行区域自治；取消由国家任命的一切地方的和省的政权机关。

4. 人身和住宅不受侵犯。

5. 信仰、言论、出版、集会、罢工和结社的自由不受限制。

6. 有迁徙和从业的自由。

7. 废除等级制，全体公民不分性别、宗教信仰、种族和民族一律平等。

8. 居民有权受到用本民族语言进行的教育，国家和各级自治机关应拨款开办这类学校，以保证这种权利的实现；每个公民都有在各种会议上讲本民族语言的权利；在一切地方的社会团体和国家机关中，本民族语言和国语地位平等；**取消强制性国语**。

9. 国内各民族都有自决权。

9. 国内各民族都有自由分离和建立自己的国家的权利。俄罗斯人民共和国不应当用暴力，而只应当通过自愿的协议来吸引其他民族建立共同的国家。各国工人应当团结一致，结成兄弟联盟，不容许对其他民族直接或间接地使用暴力。

1917年6月上半月由彼得格勒波涛出版社印成小册子

选自《列宁全集》第29卷，第476~477、486~487页

芬兰和俄国

(1917年4月30日和5月1日〔5月13日和14日〕)

芬兰同俄国的关系问题,已经成了一个迫切的问题。临时政府**没能**满足芬兰人民的要求,虽然他们**现在还**不是要求分离,而只是要求广泛的自治。

最近《工人报》为临时政府不民主的兼并政策作了阐述和"辩护"。它的做法最好不过地"断送了"被辩护者。这确实是一个全国性的根本问题,因此必须十分仔细地加以探讨。

《工人报》第42号写道:"组织委员会认为,芬兰和俄罗斯国家之间的整个关系问题只有由芬兰议会和立宪会议达成协议才能够而且必然得到解决。在此以前,芬兰同志〈组织委员会同芬兰社会民主党人谈过话〉必须记住,如果在芬兰分离的倾向加剧,那就会使俄国资产阶级加强其集中的意图。"

这是资本家,资产阶级,立宪民主党人的观点,但决不是无产阶级的观点。孟什维克社会民主党人抛弃了社会民主党纲领中承认国内各民族都有自决权的第9条[1]。他们实际上已经背弃了这一纲领,正如在以普遍的人民武装代替常备军等问题上一样,实际上已经转到资产阶级方面去了。

资本家,资产阶级,包括立宪民主党在内,从来不承认各民族的政治自决权，即不承认它们有与俄国**分离的自由**。

社会民主党在它1903年通过的党纲的第9条中**承认了**这项权利。

既然组织委员会"劝告"芬兰社会民主党人等待芬兰议会同立宪会议达成"协议"，那也就是说，在这个问题上是转到资产阶级方面去了。只要把**各个**主要阶级和政党的立场作一清晰的比较，就可以完全相信这一点。

沙皇、右派、君主派不赞成芬兰议会同立宪会议达成协议，而赞成芬兰直接受俄罗斯民族支配。共和派资产阶级则主张芬兰议会同立宪会议**达成协议**。觉悟的无产阶级和**忠于**自己纲领的社会民主党人，主张芬兰也和一切没有充分权利的民族一样，有**与俄国分离的自由**。这是一幅真实、鲜明、确切的图画。在根本不能解决任何问题的"达成协议"——因为要是达不成协议，那怎么办呢？——的口号下，资产阶级仍然象沙皇那样进行压服，仍然执行兼并政策。

因为芬兰是在俄国沙皇同扼杀法国革命的拿破仑相互勾结等等的情况下而被兼并的。如果我们真正反对兼并，我们就应当说：**芬兰有分离的自由！**当我们这样说了而且这样做了的时候，**那时**——也只有在那时！——同芬兰达成的"协议"才会是真正自愿的、自由的协议，才能叫作真正的协议，而不是欺骗。

只有双方平等才能达成协议。要使协议真正成为协议而不成为压服的掩饰物，**双方**就必须有真正的平等，即俄国**和芬兰**都有**不**同意的权利。这象白天一样清楚。

只有"分离的自由"才能表现出这种权利，只有享有分离自由的芬兰，才能在是否需要分离的问题上真正同俄国达成"协议"。**没有**这个条件，不承认分离的自由，谁还空谈"协议"，谁就是自欺欺人。

组织委员会本来应当向芬兰人说清楚，它是否承认分离的自由。它和立宪民主党人一样，掩饰这一点，从而背弃了分离的自由。它本来应当抨击俄国资产阶级不让被压迫民族享有分离权的行为，本来应当抨击这种**等同于兼并主义**的行为。可是组织委员会没有这样做，反而攻击芬兰人，警告他们说,"分离的"(本来应当说分离主义的)倾向将加强集中的意图!!换句话说,组织委员会以兼并主义的大俄罗斯资产阶级会得到加强来威胁芬兰人,——这正是立宪民主党人经常采取的手法,罗季切夫之流也正是在这个幌子下推行着**自己的**兼并主义。

这就是对兼并问题的清楚而实际的说明。现在"大家"都在谈论兼并问题,但又害怕一针见血地提出问题。**谁反对分离的自由,谁就是主张兼并。**

历代沙皇都粗暴地实行过兼并政策,依照同他国君主达成的协议(瓜分波兰,同拿破仑进行关于芬兰的交易等等),象地主互相交换农奴那样拿一个民族去交换另一个民族。资产阶级成为共和派以后,则更加巧妙更加隐蔽地实行**同样的**兼并政策,**答应**订立"**协议**",**但却剥夺**真正平等达成协议的唯一实际保证即分离的自由。组织委员会实际上已经转到资产阶级方面去,当了资产阶级的尾巴。(因此,《交易所小报》做得十分正确,它转载了《工人报》的文章的全部主要内容,并赞扬了组织委员会给芬兰人的答复,把这一答复称作"俄国民主派"给予芬兰人的"教训"。《工人报》是配赢得《交易所小报》的这一吻的。)

无产阶级政党(布尔什维克)在自己的代表会议上,在关于民族问题的决议中,再一次确认了分离的自由。[①]

阶级和政党的分野是很明显的。

小资产者让被吓倒了的资产阶级的怪影所吓倒——这就是孟什维克社会民主党人和社会革命党人的政策的实质所在。他们"害怕"分离。觉悟的无产者**不害怕**分离。挪威于1905年自由地与瑞典分离,这样两方面都得到了好处:两个民族互相信任了,彼此自愿接近了,荒诞的有害的摩擦消除了,双方在经济和政治、文化和生活上的**亲善关系**巩固了,两国工人的兄弟联盟加强了。

---

① 见《列宁全集》第29卷,第431页。——编者注

工人和农民同志们！不要向俄国资本家即古契柯夫、米留可夫、临时政府对芬兰、库尔兰、乌克兰等实行的兼并政策让步！不要害怕承认所有这些民族的分离自由。不要用暴力，而只应用真正自愿、真正自由的协议（没有分离的自由，这种协议是**不可能**达成的）来吸引其他民族同大俄罗斯人结成联盟。

俄国愈自由，我们的共和国愈坚决地承认各个非大俄罗斯民族有分离的自由，这些民族就会愈**要**同我们结成联盟，摩擦就会愈少，真正分离的情况就会愈少，某些民族分离的时间就会愈短，归根到底，俄罗斯无产阶级-农民共和国同其他任何民族的共和国结成的兄弟联盟就会愈紧密，愈巩固。

载于《真理报》，1917年5月2日（15日），第46号

选自《列宁全集》第29卷，第468～471页

注释：

[1] 1903年俄国社会民主工党第二次代表大会上通过的纲领的第9条说："国内各民族都有自决权。"（见《苏联共产党代表大会、代表会议和中央全会决议汇编》第1分册，人民出版社，1964，第38页）

　　1917年，在研究修改党纲时，列宁建议对这一条加以补充（见《列宁全集》第29卷，第487页）。

给工厂和团队选出的工兵代表苏维埃代表的委托书[1]

（1917年5月7日〔20日〕以前）

（1）我们的代表应无条件地反对目前这场帝国主义侵略战争。各国（俄国、德国、英国等）资本家是为了追求自己的利润，为了扼杀弱小民族而进行这场战争的。

（2）只要领导俄国人民的还是资本家政府，就决不能支持这个进行侵略战争的政府，一文钱也不给它！

（3）我们的代表应主张立即公布前沙皇尼古拉同英法等国资本家缔结的掠夺性秘密条约（关于扼杀波斯、瓜分土耳其和奥地利等等的条约）。

（4）我们的代表应主张立即废除所有这些条约。俄罗斯人民，工人和农民，不愿意也不会压迫任何一个民族，不愿意也不会把任何一个非俄罗斯（非大俄罗斯）民族强迫留在俄国疆界内。给一切民族以自由，各族工人和农民结成兄弟联盟！

（5）我们的代表应主张俄国政府立即无保留地、不找任何借口、毫不拖延地公开向**一切**交战国建议缔结和约，条件是**毫无例外地**解放**一切**被压迫民族或没有充分权利的民族。

这就是说，大俄罗斯人不再强制留住波兰、库尔兰、乌克兰、芬兰、亚美尼亚以及其他任何一个民族。大俄罗斯人建议一切民族结成兄弟联盟，并根据每个民族的自愿而决不是通过直接或间接的暴力来组成共同的国家。根据这种媾和条件，大俄罗斯人应当立即从加里西亚、亚美尼亚和波斯撤军，让这些民族和其他**一切**民族都有充分的自由来决定：他们是生活在一个单独的国家内，还是愿意和哪个民族就和哪个民族共同生活在一个联盟国家内。

根据这种媾和条件，德国不仅应当毫无例外地放弃战争开始后所侵占的**全部**土地，而且应当放弃它强制留在德国疆界内的民族：丹麦族（石勒苏益格北部各省）、法兰西族（阿尔萨斯和洛林的一部分）、波兰族（波兹南）等。德国应当和俄国同时，立刻从自己所占领的一切地区和上述各个地区撤军，让每个民族自由地通过全民投票来决定：他们是生活在一个单独的国家内，还是**愿意和哪个民族就和哪个民族**共同生活在一个联盟国家内。德国必须绝对无条件地放弃它的全部殖民地，因为殖民地就是被压迫民族。

根据这种媾和条件，英国不仅应立即无条件地放弃在战争开始后所侵占的全部别人的土地（德国在非洲的殖民地等等；土耳其的土地，美索不达米亚等等），而且应当放弃**它的全部殖民地**。英国应当同俄国和德国一样，立即从所侵占的全部土地、它的全部殖民地和爱尔兰撤出自己的军队，让每个民族通过自由投票来决定：它是生活在一个单独的国家内，还是愿意和哪个民族就和哪个民族共同生活在一个联盟国家内。

总之，一切交战国都应当毫无例外地接受根据这些确切条件立即签订和约的建议。**各**国资本家不应当再欺骗人民，口头上答应"没有兼并的和约"（即没有侵占的和约），实际上却保持**自己**兼并的土地，并且为了从对手那里夺取"**他的**"兼并的土地而继续进行战争。

（6）如果政府不郑重地答应立刻向一切民族提出这种立即媾和的条件，不在**两天**之内把它的这种建议公布出来，那么，我们的代表就不应当给予任何支持，不应当投票赞成任何一种公债，不应当把人民的哪怕是一文钱送给**任何一个这样**的政府。

（7）……①

载于《列宁文集》第4卷，1925年俄文版

选自《列宁全集》第30卷，第38~40页

注释：

[1]《给工厂和团队选出的工兵代表苏维埃代表的委托书》是1917年5月7日（20日）《真理报》第51号发表的《选举工兵代表苏维埃代表委托书草案》的基础。《委托书草案》是布尔什维克党在改选苏维埃代表时提出的政纲，对苏维埃的布尔什维克化起了重要作用。

---

① 手稿到此中断。——俄文版编者注

头脑糊涂

(再论兼并)

(1917年5月18日〔31日〕)

民粹主义者和孟什维克的联盟所掌握的《消息报》的编辑们真是糊涂透顶。他们在5月16日《消息报》第67号上试图同《真理报》展开论战,当然采取了"部长式的"恶劣手法,没有指出它的名字。瞧,《真理报》在兼并问题上存在着使人发懵的糊涂**概念**。

对不起,部长公民们和满可以当部长的编辑们,事实终究是事实:**只有我们党才在明确的正式决议中给兼并下了定义。兼并(侵占)就是一个国家把别的民族强迫留在该国疆界内**。任何一个能读懂俄文的人,读了《士兵真理报》第13号的增刊(1917年4月24～29日全国代表会议的决议①)都**不会不懂**这个道理。

《消息报》的民粹主义者和孟什维克编辑们所持的反对意见是什么呢?他们的反对意见无非是:根据我们的观点,"战争一直要打到德国变为勃兰登堡公国……俄国变为莫斯科大公国"!!编辑部教训读者说,兼并"就是用暴力侵占在宣战那一天还属于别国管辖的领土"(简单些说:没有兼并=status quo,即恢复战前原状)。

---

① 见《列宁全集》第29卷,第398页。——编者注

执行委员会中的民粹主义者和孟什维克领袖们，竟把编辑部托付给头脑这样糊涂的人，实在是太不谨慎了。

把**他们**反对我们的意见用到**他们的**定义上去，岂不是"战争一直要打到俄国收回波兰，德国收回多哥和其他非洲殖民地"吗??这显然是荒谬的，不仅理论上是荒谬的，而且实践上也是荒谬的，因为任何一个国家的士兵，都会把发表这种议论的编辑赶走。

他们这种议论有以下几方面的错误：

(1) 兼并的理论性定义包括了"别国"民族，即保持了自己的特点和独立生存的意愿的民族这个概念。同胞们，请你们把这点思考一下；如果还不清楚，就请你们读一读恩格斯和马克思关于爱尔兰、关于德国的丹麦族地区以及关于殖民地的著作，那时你们就会知道你们是弄糊涂了。这与勃兰登堡公国和莫斯科公国毫不相干。(2) 把兼并的**概念**问题和"战争一直要打到什么时候"的问题混为一谈是荒唐的，这就是不理解战争同一定阶级的利益和统治的联系，这就是抛弃**阶级斗争**的观点而采取市侩的"超阶级的"观点。**只要**资本家阶级**还**掌握政权，这个阶级要打到什么时候，各族人民必然会"打到"什么时候。企图用愿望、要求和磋商来摆脱这种情况，那是小资产者的幻想。(3) **只要**资本家**还**掌握政权，**他们的**媾和**必然**是"交换兼并的土地"，例如用亚美尼亚交换洛林，用殖民地交换殖民地，用加里西亚交换库尔兰等等。无知的人们看不见这种情形，是可以原谅的，《消息报》的编辑们看不见这种情形，就不能原谅了。(4) 一旦无产阶级掌握政权（在各地，战争都在导致这个结局），才真正**可能**有"没有兼并的和约"，否则这种和约**是不可能**的。

我党在谈到"没有兼并的和约"时，为了提醒头脑糊涂的人，总是解释说，必须把这个口号同无产阶级革命**紧密**联系起来。只有这样联系起来，这个口号才是需要的，才是正确的。这个口号只是指出**无产阶级革命的路线**，只能促使无产阶级革命发展和成长。谁束手无策地摇摆不定，不知道是对资本家寄予希望好还是对工人革命寄予希望好，谁就一定会在兼并问题上束手无策，稀里糊涂。

附言：5月17日的《人民事业报》附和《消息报》说，"没有兼并"与恢复"原状"这个概念相等。社会革命党人先生们或孟什维克先生们，请你们试试用你们的党、你们的彼得格勒委员会、你们的代表大会的名义，明确地直截了当地把这一点说出来！

载于《真理报》，1917年5月18日（31日），第60号

选自《列宁全集》第30卷，第113~115页

在全俄工兵代表苏维埃第一次代表大会上的讲话[1]（节选）

（1917年6月上旬）

1 关于对临时政府的态度

（1917年6月4日〔17日〕）

你们自己的《消息报》弄糊涂了，不是提议缔结没有兼并和赔款的和约，而是提议保持原状。不，我们不是这样理解"没有兼并"的和约的。其至农民代表大会在这个问题上都比较接近真理，它谈到要建立"联邦"共和国[2]，意思就是说，俄罗斯共和国不想用新的或旧的方式压迫任何一个民族，不想靠强制办法同任何一个民族共处，不论是芬兰也好，乌克兰也好，而陆军部长却对芬兰和乌克兰百般刁难，造成不能容许和无法容忍的冲突。我们所希望的是一个有坚强政权的、统一而不可分割的俄罗斯共和国，但是坚强的政权要靠各民族自愿协议才能建立起来。"革命民主"是庄严的字眼，如今却用到了以卑鄙的刁难使乌克兰和芬兰问题复杂化的政府身上！其实乌克兰和芬兰并不愿意分离，它们只是说，不要把实施起码的民主拖延到召开立宪会议的时候。

载于1917年6月15日和16日（28日和29日）《真理报》第82号和第83号

选自《列宁全集》第30卷，第243页

2 关于战争

（1917年6月9日〔22日〕）

……在你们将要谈到没有兼并的和约的决议中，你们不能说这不是保持原状。你们也不能说这是保持原状，即恢复战前状况。那么，怎么办呢？从英国手里夺走德国的殖民地吗？你们用和平协商的办法试试看！大家都会笑你们的。你们试试不用革命的办法从日本手里夺走它抢去的胶州湾和太平洋岛屿！

你们陷入了不能自拔的矛盾。我们说"没有兼并"，那是说，在我们看来，这个口号只不过是反对全世界帝国主义的斗争的一个从属部分。我们说，我们要解放各个民族，并且从解放本国各个民族开始。你们谈论反兼并的战争和没有兼并的和约，可是你们在俄国国内却继续实行兼并政策。这是闻所未闻的事情。实际上，你们和你们的政府，你们的新部长们在继续对芬兰和乌克兰实行兼并政策。你们对乌克兰代表大会百般刁难，通过你们的部长来禁止乌克兰代表大会开会。[3]这还不是兼并吗？这种政策是对一个民族的权利的侮辱，这个民族因为自己的儿女要使用本民族语言而受尽了沙皇的折磨。这就是害怕出现单独的共和国。在工人和农民看来，这并不可怕。让俄国成为一个自由共和国的联盟吧。工农群众是决不会为阻碍这件事而战的。让每个民族都获得解放吧，首先让那些跟你们一起在俄国进行革命的民族获得解放。如果不那样做，你们就必然使自己落到这样的下场：你们在口头上是"革命民主派"，实际上你们的全部政策却是反革命的政策。

……

不久以前，在莫斯科我们党的报纸上，我们看到一位农民写的信，他阐述了我们的纲领。让我引用这封信中的几句话来结束我的讲话，这些话表明这位农民是怎样理解我们的纲领的。这封信登在莫斯科我们党的报纸《社会民主党人报》[4]第59号上，《真理报》第68号也转载了。这段话是这样的："应该对资产阶级施加更大的压力，把它压得粉碎。这样战争就会结束。如果对资产阶级的压力不够大，那就糟了。"（鼓掌）

载于1917年6月30日、7月1日和2日（7月13、14、15日）《真理报》第95、96、97号

选自《列宁全集》第30卷，第258~264页

注释：

[1] 这是列宁在全俄工兵代表苏维埃第一次代表大会上的两篇讲话。

全俄工兵代表苏维埃第一次代表大会于1917年6月3~24日（6月16日~7月7日）在彼得格勒举行。出席大会的代表共1090名，代表305个工兵农代表联合苏维埃，53个区、州和省苏维埃，21个作战部队组织，8个后方军队组织和5个海军组织。绝大多数代表属于孟什维克-社会革命党人联盟和支持它的一些小集团，当时在苏维埃中占少数的布尔什维克只有105名代表。列入代表大会议程的有革命民主和政权问题、对战争的态度问题、立宪会议的筹备问题、民族问题、土地问题等12项。孟什维克和社会革命党人在会上号召加强军队纪律、在前线发动进攻、支持临时政府，并试图证明苏维埃不能掌握政权。在孟什维克伊·格·策列铁里讲到俄国没有一个政党准备单独掌握全部政权时，列宁代表布尔什维克党即席声明说："有的！"接着在自己的讲话中进一步指出，布尔什维克党时刻准备掌握全部政权。布尔什维克充分利用大会讲台揭露临时政府的帝国主义政策以及孟什维克和社会革命党人的妥协策略，对每个主要问题都提出并坚持自己的决议案。在社会革命党人和孟什维克把持下通过的代表大会决议支持临时政府，赞成前线的进攻，反对政权转归苏维埃。代表大会选出了由320人组成的中央执行委员会，其中绝大多数是社会革命党人和孟什维克。在收载于《列宁全集》第30卷的《大撤退》一文中列宁指出，这次代表大会非常清楚地表明社会革命党人和孟什维克的领袖们已经退出革命（见第278页）。

[2] 这里说的是全俄农民第一次代表大会通过的关于俄国未来政治制度的决议。这次代表大会于1917年5月4~28日（5月17日~6月10日）在彼得格勒举行。

［3］指俄国临时政府陆军部长亚·费·克伦斯基禁止全乌克兰军人代表大会召开一事。这个代表大会不顾禁令于1917年6月5～12日（18～25日）在基辅举行，约有2000名代表出席。大会通过了乌克兰中央拉达颁布的关于乌克兰自治的宣言。

列宁在《乌克兰》以及《乌克兰问题和俄国执政党的失败》两文（见《列宁全集》第30卷，第312～313、319～322页）中批判了临时政府以及孟什维克和社会革命党对乌克兰的政策。

［4］《社会民主党人报》（《Социал-Демократ》）是俄国社会民主工党（布）中央莫斯科区域局和莫斯科委员会的机关报，稍后也是莫斯科郊区委员会的机关报，1917年3月7日（20日）～1918年3月15日在莫斯科出版，总共出了292号。在不同时期参加该报编辑部的有尼·伊·布哈林、米·斯·奥里明斯基、恩·奥新斯基、伊·伊·斯克沃尔佐夫－斯捷潘诺夫、阿·亚·索尔茨、叶·米·雅罗斯拉夫斯基等。1918年3月，由于苏维埃政府和俄共（布）中央由彼得格勒迁至莫斯科，《社会民主党人报》同俄共（布）中央机关报《真理报》合并。

《社会民主党人报》第59号发表的信是农民Г.安德列耶夫写的。

乌克兰

(1917年6月14日〔27日〕)

新的联合的临时政府的政策愈来愈明显地破产了。乌克兰中央拉达[1]颁布并经全乌克兰军人代表大会1917年6月11日通过的关于乌克兰体制的"宣言书",就直截了当地揭露了这一政策,确凿地证明了它的破产。

> 该宣言书宣布:"乌克兰人民在不同整个俄国分离,不同俄罗斯国家断绝关系的条件下,有权在自己的土地上安排自己的生活……确定乌克兰制度的一切法律,只有我们乌克兰的议会才有权颁布;确定整个俄罗斯国家领土上的制度的法律,则应当由全俄议会颁布。"

这些话说得非常明白。这些话极其确切地表明,乌克兰人民现在不愿意同俄国分离。他们要求自治,但是丝毫没有否认"全俄议会"的必要性和它的最高权力。任何一个民主主义者都不会否认乌克兰人的要求是完全合理的,更不用说社会主义者了。任何一个民主主义者也都不会否认乌克兰有同俄国自由分离的**权利**,因为只有无条件地承认这种权利,才有可能宣传乌克兰人和大俄罗斯人结成自由联盟,宣传两个民族**自愿**联合成一个国家。只有无条件地承认这种权利,才能真正同万恶的沙皇制度的过去永远彻底决裂。那时采取了**种种**办法使在语言、居住地区、性格、历史等方面十分接近的各族人民**互相疏远**。万恶的沙皇制度把大俄罗斯人变成屠杀乌克兰人民的刽子手，千方百计地培养乌克兰人民的仇恨心理，使他们去仇恨那些甚至禁止乌克兰儿童用本民族语言讲话和学习的人。

俄罗斯革命民主派要想成为真正革命的真正民主派，就必须同过去这一切决裂，必须使乌克兰工人和农民重新象兄弟一样信任自己，信任俄罗斯的工人和农民。不完全承认乌克兰的权利，包括自由分离的**权利**，就不可能做到这一点。

我们不赞成分裂成许多小国家。我们主张各国工人结成最紧密的联盟，反对"本国的"和其他一切国家的资本家。但正是为了使这个联盟成为自愿的联盟，俄罗斯工人不论在什么事情上片刻都不信任俄罗斯资产阶级和乌克兰资产阶级，现在他们主张让乌克兰人有分离权，同时**不是硬要**他们**接受**自己的友谊，而是平等相待，把他们看作争取社会主义的斗争中的同盟者和兄弟来**赢得这种友谊**。

*　　　*　　　*

恶狠狠的半疯狂的资产阶级反革命分子的《言语报》，对乌克兰人，对他们"擅自"作出的决议进行了粗暴的攻击。"乌克兰人的行为"似乎"是公然的违法行为，应该立即受到严厉的法律制裁"。对于凶相毕露的资产阶级反革命分子的这种攻击，用不着再作任何的说明。打倒资产阶级反革命分子！自由乌克兰的自由农民和工人同革命俄罗斯的工人和农民的自由联盟万岁！

载于《真理报》，1917年6月15日（28日），第82号

选自《列宁全集》第30卷，第312～313页

注释：

[1] 乌克兰中央拉达是1917～1918年乌克兰资产阶级和小资产阶级民族主义政党和团体的联合机关，1917年3月4日（17日）在有乌克兰社会民主工党、乌克兰社会革命党以及各社会团体参加的乌克兰社会联邦党总委员会会议上成立。1917年6月，产生了称为小拉达的执行机关，主席是乌克兰资产阶级思

想家米·谢·格鲁舍夫斯基,副主席是弗·基·温尼琴科和谢·亚·叶弗列莫夫。中央拉达在1917年3月9日(22日)的告乌克兰人民书中号召支持资产阶级临时政府。6月10日(23日),它宣布乌克兰自治,建立了名为总书记处的政府,但很快就同临时政府妥协,赞成将自治问题搁置到召开立宪会议时再解决。十月社会主义革命后,中央拉达于11月7日(20日)宣布自己是乌克兰人民共和国的最高机关,1918年1月11日(24日)宣布乌克兰独立。1917年11月~1918年1月,中央拉达同苏俄人民委员会举行谈判,同时却支持阿·马·卡列金等白卫将军,并违背自己的诺言,不解决土地问题、工人问题及民族问题。中央拉达既向协约国寻求财政上的支持,又同德奥同盟进行秘密谈判。1917年12月,列宁起草的俄罗斯联邦人民委员会告乌克兰人民书(见《列宁全集》第33卷)揭露了中央拉达的反革命面目。12月11~12日(24~25日)在哈尔科夫举行的乌克兰苏维埃第一次代表大会宣布中央拉达不受法律保护。乌克兰人民逐渐认清了中央拉达的反革命政策,于1917年12月~1918年1月在乌克兰全境举行了反对中央拉达的武装起义。1918年1月26日(2月8日)苏维埃军队占领基辅后,中央拉达逃往沃伦。次日它与德奥同盟签订了叛卖性的布列斯特-里托夫斯克条约,并于3月1日与德奥占领军一起返回基辅,成了武装占领者操纵的傀儡。由于中央拉达无力镇压乌克兰的革命运动和往德国调运粮食,1918年4月29日德军指挥部将它解散,而以君主派地主、乌克兰盖特曼帕·彼·斯科罗帕茨基的傀儡政府代之。

可　耻！

(1917年6月15日〔28日〕)

请看,《新生活报》社论作者斯坦尼·沃尔斯基先生今天竟然写出这样的话：

……社会主义在否定大民族有权奴役小民族的同时,从来没有提出要小民族反过来奴役大民族。然而,乌克兰拉达的纲领,至少它的策略,恰恰是在压制整个俄国民主派的意志,否定共同的革命民主活动,用民族仇恨取代阶级斗争……

请看,《新生活报》的小资产阶级空谈家已经摇摆到何等地步,竟宣传起露骨的黑帮思想来了！只有昨天的缅施科夫们和前天的卡特柯夫们才会把乌克兰人希望有自己的议会、自己的部长、自己的军队和自己的财政等等统统称之为乌克兰人对俄罗斯民族的"奴役"！

用甜蜜的、几乎是马克思主义的词句装饰起来的肮脏的大俄罗斯沙文主义——这就是维·切尔诺夫部长、沃尔斯基先生和《工人报》的说教。

载于《真理报》,1917年6月16日(29日),第83号

选自《列宁全集》第30卷,第318页

乌克兰问题和俄国执政党的失败

(1917年6月15日〔28日〕)

在乌克兰问题上，俄国的执政党，即在政府中占多数、在经济上拥有**资本**的莫大势力的立宪民主党人，以及目前在国内拥有明显多数的（但是在政府中、在这个资本主义国家的经济中却是软弱无力的）社会革命党人和孟什维克**都**遭到了明显的失败，而且是在全国范围内，在一个极其重大的问题上遭到了明显的失败。

立宪民主党人即反革命资产者的临时政府，**没有**履行自己起码的民主主义义务，**没有**宣布**赞成**乌克兰自治，**赞成**它有分离的完全自由，而社会革命党人和孟什维克竟容忍了这一切。正如切尔诺夫部长今天在《人民事业报》上所说的那样，乌克兰人的要求还要低得多，他们只要求"临时政府颁布一项特别法令，宣布它**不反对**乌克兰人民有自治权"。这是一个很有节制的、完全合理的要求，而另外的两条要求也是同样很有节制的：(1)乌克兰由当地居民选出一名代表参加俄国中央政府；从下面的事实可以看出这个要求是多么有节制：1897年在俄国，大俄罗斯人占人口的43％，乌克兰人占17％，也就是说，乌克兰人可以要求在16个部长席位中占6个席位，而不是占1个席位！！(2)在乌克兰应该"由当地居民选出1名代表参加俄国中央政府"，——难道还有比这种要求更合理的吗？民主主义者凭什么权利可以违背"不得由上面为地方居民任命一切政权机关"这个已经由理论和民主革命的经验证实了的原则呢？？

临时政府拒绝了这些很有节制的、完全合理的要求,这是反革命分子的空前未有的无耻行为、野蛮的粗暴做法,是大俄罗斯"杰尔席莫尔达"[1]政策的真正表现,而社会革命党人和孟什维克却嘲弄了他们自己的党纲,在政府中容忍了这种行为,并且现在还在自己的报纸上为这种行为辩护!!社会革命党人和孟什维克堕落到了多么可耻的地步!今天他们的机关报《人民事业报》和《工人报》的诡辩是多么可鄙。

混乱、骚动、"民族问题上的列宁派思想"、无政府状态——这就是这两家报纸象野蛮的地主那样向乌克兰人发出的叫嚣。

我们暂且不谈这种叫嚣。实质性的论据是什么呢?

在立宪会议召开以前,不论是乌克兰的疆界,还是它的意愿、征税的权利等等,等等,都无法"正确地"解决——这就是他们唯一的论据。他们要求"保证正确",——《工人报》的一篇社论中的这种说法就是他们的论据的**全部实质**。

但是,先生们,这是反革命分子的明显的谎言、明显的无耻行为,提出这种论据实际上就是帮助货真价实的革命变节者和叛徒!!

"保证正确"……你们就稍微想一想这种说法吧。在俄国的任何地方,**无论在中央政府内**或是在某个地方机关内(除了彼得堡区杜马这样一些小机关以外),**都没有能够**保证正确,甚至显然**没有**什么正确可言。国家杜马和国务会议的存在显然就不"正确"。临时政府的组成显然就不"正确",因为这种组成是对俄国农工兵大多数的意志和觉悟的嘲弄。苏维埃(工农兵代表苏维埃)的组成显然就不"正确",因为这些机关至今还没有订出办法,保证选举严格按照普遍和民主的原则进行,虽然这并不妨碍**我们党和全体工农群众认为它们在目前是人民大多数的意志的最好的表达者**。在俄国到处都不会**而且也不可能**"保证正确",**在以往这样的革命时刻也从来没有能够"保证正确"**,这一点大家都理解,谁也不会要求别的,大家都意识到这是不可避免的。

"我们"**惟独**对于乌克兰要求"保证正确"!

社会革命党人和孟什维克先生们,你们吓昏了,面对以罗将柯和米留可夫、李沃夫和捷列先科、涅克拉索夫和盛加略夫之流为首的大俄罗斯地主和资本家的反革命叫嚣，你们屈服了。你们现在已经完全成为被新出现的（和"暗藏的"）卡芬雅克分子吓倒的人了。

无论在乌克兰人的决议中，还是在他们的要求里，都丝毫没有可怕的东西，丝毫没有无政府状态和混乱。向这些完全合理的、很有节制的要求让步吧，这样，你们在乌克兰享有的威信也不会比在俄国任何地方享有的低，而在俄国，**只有苏维埃**（苏维埃**没有能够**"保证正确"!!）是享有威信的。未来的议会，未来的立宪会议将不单单在乌克兰问题上，而且在**所有**问题上向你们和俄国各族人民"保证正确"，因为目前在俄国，显然在**任何一个**问题上都没有什么"正确"可言。向乌克兰人让步吧，——这才是明智的，否则就会更糟。用强力是留不住乌克兰人的，而只会引起怨恨。向乌克兰人让步吧，——这样你们就能为两个民族的互相信任，为它们之间平等的兄弟般的联合开辟道路！

作为执政党的社会革命党人和孟什维克，已经在乌克兰问题上遭到了失败，因为他们屈从于反革命的、立宪民主党的卡芬雅克分子。

载于《真理报》，1917年6月17日（30日），第84号

选自《列宁全集》第30卷，第319~322页

注释：

[1] 杰尔席莫尔达是俄国作家尼·瓦·果戈理的喜剧《钦差大臣》中的一个愚蠢粗野、动辄用拳头打人的警察。

国家与革命(节选)

马克思主义关于国家的学说与
无产阶级在革命中的任务[1]

(1917年8~9月)

第四章　续前。恩格斯的补充说明

4. 对爱尔福特纲领草案的批判

现在我们回过来讲国家问题。恩格斯在这里作了三方面的特别宝贵的指示:第一是关于共和国问题;第二是关于民族问题同国家结构的联系;第三是关于地方自治。

关于共和国,恩格斯把这点作为批判爱尔福特纲领草案的重点。如果我们还记得当时爱尔福特纲领在整个国际社会民主党中具有怎样的意义,它怎样成了整个第二国际的典范,那么可以毫不夸大地说,恩格斯在这里是批判了整个第二国际的机会主义。

> 恩格斯写道:"草案的政治要求有一个很大的缺点。**这里没有说**〈黑体是恩格斯用的〉**本来应当说的东西。**"①

---

① 见《马克思恩格斯全集》第22卷,第272页。——编者注

接着，恩格斯解释道：德国的宪法实质上是1850年最反动的宪法的抄本；帝国国会，正如威廉·李卜克内西所说的，只是"专制制度的遮羞布"；想在把各小邦的存在合法化、把德意志各小邦的联盟合法化的宪法的基础上实现"将一切劳动资料转变成公有财产"，"显然是荒谬的"。

"谈论这个问题是危险的"，——恩格斯补充说，因为他深知在德国不能在纲领中公开提出建立共和国的要求。但是，恩格斯并不因为这个理由很明显，"大家"都满意，就这样算了。他接着说："但是，无论如何，事情总是要去解决的。这样做是多么必要，正好现在由在很大一部分社会民主党报刊中散布的机会主义证明了。现在有人因害怕反社会党人法[2]重新恢复，或者回想起在这项法律统治下发表的几篇过早的声明，就忽然想要党承认在德国的现行法律秩序下，可以通过和平方式实现党的一切要求。……"①

德国社会民主党人那样行事是害怕非常法重新恢复，——恩格斯把这个主要事实提到首位，毫不犹豫地称之为机会主义，而且指出，正是因为在德国没有共和制和自由，所以幻想走"和平"道路是十分荒谬的。恩格斯非常谨慎，没有束缚自己的手脚。他承认，在有共和制或有充分自由的国家里，和平地向社会主义发展是"可以设想"（仅仅是"设想"！）的，但是在德国，他重复说：

……在德国，政府几乎有无上的权力，帝国国会及其他一切代议机关毫无实权，因此，在德国宣布某种类似的做法，而且在没有任何必要的情况下宣布这种做法，就是揭去专制制度的遮羞布，自己去遮盖那赤裸裸的东西。……②

---

① 见《马克思恩格斯全集》第22卷，第273页。——编者注
② 见《马克思恩格斯全集》第22卷，第273页。——编者注

德国社会民主党把这些指示"束之高阁",党的大多数正式领袖果然就成了专制制度的遮羞者。

……这样的政策归根到底只能把党引入迷途。人们把一般的抽象的政治问题提到首要地位,从而把那些在重大事件一旦发生,政治危机一旦来临就会自行提到日程上来的迫切的具体问题掩盖起来。这除了使党突然在决定性的时刻束手无策,使党在具有决定意义的问题上由于从未进行过讨论而认识模糊和意见不一而外,还能有什么结果呢?……

为了眼前暂时的利益而忘记根本大计,只图一时的成就而不顾后果,为了运动的现在而牺牲运动的未来,这种做法可能也是出于'真诚的'动机。但这是机会主义,始终是机会主义,而且'真诚的'机会主义也许比其他一切机会主义更危险。……

如果说有什么是勿庸置疑的,那就是,我们的党和工人阶级只有在民主共和国这种政治形式下,才能取得统治。民主共和国甚至是无产阶级专政的特殊形式,法国大革命已经证明了这一点。……①

恩格斯在这里特别明确地重申了贯穿在马克思的一切著作中的基本思想,这就是:民主共和国是走向无产阶级专政的捷径。因为这样的共和国虽然丝毫没有消除资本的统治,因而也丝毫没有消除对群众的压迫和阶级斗争,但是,它必然会使这个斗争扩大、展开、明朗化和尖锐化,以致一旦出现满足被压迫群众的根本利益的可能性,这种可能性就必然通过而且只有通过无产阶级专政即无产阶级对这些群众的领导得到实现。对于整个第二国际来说,这也是马克思主义中"被忘记的言论",而孟什维克党在俄国1917年革命头半年的历史则把这种忘却揭示得再清楚不过了。

---

① 见《马克思恩格斯全集》第22卷,第273~274页。——编者注

恩格斯在谈到同居民的民族成分有关的联邦制共和国问题时写道：

"应当用什么东西来代替现在的德国呢？〈它拥有反动的君主制宪法和同样反动的小邦分立制，这种分立制把"普鲁士主义"的种种特点固定下来，而不是使它们在德国的整体中被融解掉〉在我看来，无产阶级只能采取单一而不可分的共和国的形式。联邦制共和国一般说来现在还是美国广大地区所必需的，虽然在它的东部已经成为障碍。在英国，联邦制共和国将是前进一步，因为在这里，两个岛上居住着四个民族，议会虽然是统一的，但是却有三种立法体系同时并存。联邦制共和国在小小的瑞士早已成为障碍，它之所以还能被容忍，只是因为瑞士甘愿充当欧洲国家体系中纯粹消极的一员。对德国说来，实行瑞士式的联邦制，那就是倒退一大步。联邦制国家和单一制国家有两点区别，这就是：每个加盟的邦，即每个州都有它特别的民事立法、刑事立法和法院组织；其次，与国民议院并存的还有联邦议院，在联邦议院中，每一个州无分大小，都以一州的资格参加表决。"在德国，联邦制国家是向单一制国家的过渡，所以不是要使1866年和1870年的"来自上面的革命"又倒退回去，而是要用"来自下面的运动"来加以补充。①

恩格斯对国家形式问题不但不抱冷淡态度，相反，他非常细致地努力去分析的正是过渡形式，以便根据每一个别场合的具体历史特点来弄清各该场合的过渡形式是**从什么到什么**的过渡。

恩格斯同马克思一样，从无产阶级和无产阶级革命的观点出发坚持民主集中制，坚持单一而不可分的共和国。他认为联邦制共和国或者是一种例外，是发展的障碍，或者是由君主国向集中制共和国的过渡，是在一定

---

① 见《马克思恩格斯全集》第22卷，第275页。——编者注

的特殊条件下的"前进一步"。而在这些特殊条件中，民族问题占有突出的地位。

恩格斯同马克思一样，虽然无情地批判了小邦制的反动性和在一定的具体情况下用民族问题来掩盖这种反动性的行为，但是他们在任何地方都丝毫没有忽视民族问题的倾向，而荷兰和波兰两国的马克思主义者在反对"自己"小国的狭隘市侩民族主义的极正当的斗争中，却常常表现出这种倾向。

在英国，无论从地理条件、从共同的语言或从数百年的历史来看，似乎已经把各个小地区的民族问题都"解决了"。可是，甚至在这个国家里，恩格斯也注意到一个明显的事实，即民族问题还没有完全消除，因此他承认建立联邦制共和国是"前进一步"。自然，这里他丝毫没有放弃批评联邦制共和国的缺点，丝毫没有放弃为实现单一制的、民主集中制的共和国而最坚决地进行宣传和斗争。

但是，恩格斯绝对不象资产阶级思想家和包括无政府主义者在内的小资产阶级思想家那样，从官僚制度的意义上去了解民主集中制。在恩格斯看来，集中制丝毫不排斥这样一种广泛的地方自治，这种自治在各个市镇和省自愿坚持国家统一的同时，绝对能够消除任何官僚制度和任何来自上面的"发号施令"。

恩格斯在发挥马克思主义对于国家问题的纲领性观点时写道："……因此，需要单一制的共和国，但并不是象现在法兰西共和国那样的共和国，现在的法兰西共和国同1798年建立的没有皇帝的帝国没有什么不同。从1792年到1798年，法国的每个省、每个市镇，都有美国式的完全的自治权，这是我们也应该有的。至于应当怎样组织自治和怎样才可以不要官僚制，这已经由美国和法兰西第一共和国给我们证明了，而现在又有澳大利亚、加拿大以及英国的其他殖民地给我们证明了。这种省〈州〉的和市镇的自治是比例如瑞士的联邦制更自由得多的制度，在瑞士的联邦制中，州对Bund〈即对整个联邦国家〉

而言固然有很大的独立性，但它对专区和市镇也具有独立性。州政府任命专区区长和市镇长官，这在讲英语的国家里是绝对没有的，而我们将来也坚决不要这样的官吏，就象不要普鲁士的 Landrat 和 Regierungsrat〈专员、县长、省长以及所有由上面任命的官吏〉一样。"根据这一点，恩格斯建议把党纲关于自治问题的条文表述如下："省〈省或州〉、专区和市镇通过由普选选出的官吏实行完全的自治。取消由国家任命的一切地方的和省的政权机关。"①

在被克伦斯基和其他"社会党人"部长的政府封闭的《真理报》[3]（1917年5月28日第68号）上我已经指出过，在这一点上（自然远不止这一点），我国所谓革命民主派的所谓社会党人代表们是如何令人气愤地**背弃民主主义**。② 自然，这些通过"联合"而把自己同帝国主义资产阶级拴在一起的人，对我指出的这些是充耳不闻的。

必须特别指出的是，恩格斯用事实和最确切的例子推翻了一种非常流行的、特别是在小资产阶级民主派中间非常流行的偏见，即认为联邦制共和国一定要比集中制共和国自由。这种看法是不正确的。恩格斯所举的1792～1798年法兰西集中制共和国和瑞士联邦制共和国的事实推翻了这种偏见。真正民主的集中制共和国赋予的自由比联邦制共和国要**多**。换句话说，在历史上，地方、州等等能够享有**最多**自由的是**集中制**共和国，而不是联邦制共和国。

对于这个事实，以及关于联邦制共和国与集中制共和国和关于地方自治这整个问题，无论过去和现在，我们党的宣传鼓动工作都没有充分注意。

5. 1891年为马克思的《内战》所写的导言

但是，恩格斯并没有犯有些马克思主义者在民族自决权问题上所犯的

---

① 见《马克思恩格斯全集》第22卷，第276～277页。——编者注
② 参看《列宁全集》第30卷《一个原则问题（关于民主制的一段"被忘记的言论"）》。——编者注

那种错误:他们说民族自决权在资本主义下是不可能实现的,而在社会主义下则是多余的。这种似乎很巧妙但实际上并不正确的论断,对于**任何一种**民主制度,包括给官吏发微薄薪金的办法在内,都可以套得上,因为在资本主义下彻底的民主制度是不可能的,而在社会主义下则任何民主都是**会消亡**的。

1918年在彼得格勒印成单行本　　　　　　选自《列宁全集》第31卷,第65~75页

注释:

[1]《国家与革命(马克思主义关于国家的学说与无产阶级在革命中的任务)》一书写于1917年8~9月,1918年5月在彼得格勒出版。在此以前,1917年12月17日(30日),《真理报》发表了它的序言和第1章的头两节。

为了撰写关于马克思主义对国家态度问题的著作,列宁于1916年秋和1917年初在苏黎世精心研究了马克思和恩格斯的国家学说,并把收集到的材料汇集成了一本笔记,取名为《马克思主义论国家》(见《列宁全集》第2版第31卷,第130~222页)。因笔记本封面为蓝色,通称"蓝皮笔记"。1917年4月列宁从瑞士回到俄国后,由于忙于革命实际活动,不能立即进行国家问题的著述,但也没有把这一计划完全搁置一边。1917年6月,他曾拟了一张研究马克思主义对国家态度问题的书单,并了解过彼得格勒公共图书馆的工作制度。1917年七月事变后,列宁匿居在拉兹利夫,才得以着手写作《国家与革命》一书。为此他请人把"蓝皮笔记"送到拉兹利夫,后又请人送来了马克思和恩格斯的著作《反杜林论》、《哲学的贫困》和《共产党宣言》(德文版和俄文版)等。8月上旬到芬兰的赫尔辛福斯后,他继续专心写作。按原定计划,本书共7章。列宁写完了前6章,拟了第7章《1905年和1917年俄国革命的经验》的详细提纲和《结束语》的提纲(《列宁全集》第31卷,第230~231、241~242页)。列宁曾写信告诉出版者,如果第7章完稿太晚,或者分量过大,那就有必要把前6章单独出版,作为第1分册。本书最初就是作为第1分册出版的。

在本书手稿的第 1 页上，为了应付临时政府的检查，作者署了一个从未用过的笔名：弗·弗·伊万诺夫斯基。但是这本书到 1918 年才出版，因此也就没有使用这个笔名而用了大家都知道的笔名：弗·伊林（尼·列宁）。1919 年本书再版时，列宁在第 2 章中加了《1852 年马克思对问题的提法》一节。

［2］反社会党人法即《反对社会民主党企图危害治安的法令》，是德国俾斯麦政府从 1878 年 10 月起实行的镇压工人运动的反动法令。这个法令规定取缔德国社会民主党和一切进步工人组织，封闭工人刊物，没收社会主义书报，并可不经法律手续把革命者逮捕和驱逐出境。在反社会党人法实施期间，有 1000 多种书刊被查禁，300 多个工人组织被解散，2000 多人被监禁和驱逐。在工人运动压力下，反社会党人法于 1890 年 10 月被废除。

［3］《真理报》（《Правда》）是俄国布尔什维克的合法报纸（日报），根据俄国社会民主工党第六次（布拉格）全国代表会议的决定创办，1912 年 4 月 22 日（5 月 5 日）起在彼得堡出版。《真理报》经常受到沙皇政府的迫害，曾多次被查封。1914 年 7 月 8 日，即在第一次世界大战前夕，沙皇政府下令禁止《真理报》出版。1917 年二月革命后，《真理报》于 3 月 5 日（18 日）复刊，成为俄国社会民主工党中央委员会和彼得堡委员会的机关报。1917 年七月事变中，《真理报》编辑部于 7 月 5 日（18 日）被士官生捣毁。7 月 15 日（28 日），资产阶级临时政府正式下令封闭《真理报》。7～10 月，该报曾先后改称《〈真理报〉小报》、《无产者报》、《工人日报》、《工人之路报》。1917 年 10 月 27 日（11 月 9 日），《真理报》恢复原名，继续作为俄国社会民主工党中央委员会的机关报出版。1918 年 3 月 16 日起，《真理报》改在莫斯科出版。

革命的任务(节选)

(1917年9月6日〔19日〕)

给各国人民以和平

3. 苏维埃政府应当**立即**向**一切**交战国的人民（即同时向各交战国的政府和工农群众）提出马上根据民主条件缔结全面和约，马上签订停战协定（哪怕停战3个月也好）。

民主和约的主要条件是放弃兼并（侵占），这并不是说各个强国收回自己失去的东西，这样的理解是不正确的；唯一正确的理解是：无论在欧洲或者殖民地，**每一个**民族毫无例外地都有自己决定成立**单独**的国家或者加入任何别的国家的自由和可能。

苏维埃政府既然提出媾和条件，自己就应当立刻履行这些条件，就是应当公布并且废除我们至今受之约束的秘密条约，即沙皇签订的准许俄国资本家掠夺土耳其和奥地利等国的秘密条约。其次，我们有义务立即满足乌克兰人和芬兰人的要求，保证他们以及俄国境内的一切非俄罗斯民族有充分的自由，直到分离的自由；对于**整个**亚美尼亚也要采取同样的原则，我们必须撤离亚美尼亚和我们所占据的土耳其领土，等等。

载于1917年9月26日和27日（10月9日和10日）《工人之路报》第20号和第21号

选自《列宁全集》第32卷，第151～152页

布尔什维克能保持国家政权吗?[1]（节选）

（1917年9月底~10月1日〔14日〕）

  其次，值得注意的是"民族集团"中反对联合的人占了很大的优势：40票对15票。波拿巴主义者克伦斯基之流对俄国没有充分权利的民族采取兼并政策，横施暴力的政策，已经自食其果了。被压迫民族的广大居民群众，即他们中间的小资产阶级群众，对俄国无产阶级的信任超过了对资产阶级的信任，因为历史已经把被压迫民族反对压迫民族、争取解放的斗争提到日程上来了。资产阶级卑鄙地背叛了被压迫民族争取自由的事业，无产阶级则忠于这一事业。

  民族问题和土地问题，是目前俄国小资产阶级群众切望解决的根本问题。这是不容争辩的。在这两个问题上，无产阶级一点也**"没有脱离"**其他阶级。它得到了大多数人民的拥护。在这两个问题上，**只有无产阶级才**能执行坚决的、真正"革命民主的"政策，从而不仅能保证无产阶级政权一下子得到大多数居民的支持，而且能使群众的革命热情真正爆发出来，因为群众将从政府那里第一次看到，不是沙皇制度下那种地主对农民、大俄罗斯人对乌克兰人的残酷压迫，不是共和制度下那种在花言巧语掩盖下继续实行类似政策的意图，也不是挑剔、凌辱、诬蔑、拖拉、阻难和搪塞（也就是克伦斯基赐给农民和各个被压迫民族的一切），而是见诸行动的热烈同情，是反对地主的紧急的革命措施，是立刻恢复芬兰、乌克兰、白俄罗斯和穆斯林等等的**充分**自由。

社会革命党人和孟什维克先生们对这一点非常清楚，因此拉拢合作社派的半立宪民主党人上层分子来帮助自己执行**反对**群众的**反动**民主政策。所以，对于实际政策的某些事项，例如是不是应当立刻把所有地主的土地交给农民委员会，是不是应当满足芬兰人或乌克兰人的某些要求，等等，他们永远不敢征求群众的意见，不敢举行全民投票，甚至不敢在各个地方苏维埃、各个地方组织中进行表决。

正文和后记载于1917年10月《启蒙》杂志第1～2期合刊
再版序言载于1918年彼得格勒出版的本文单行本

选自《列宁全集》第32卷，第292～293页

注释：

　　[1]《布尔什维克能保持国家政权吗？》一文是在维堡写的，最初发表于布尔什维克的理论刊物《启蒙》杂志1917年10月第1～2期合刊。

论修改党纲(节选)

(1917年10月6～8日〔19～21日〕)

八

最后,我应当在这里答复某些同志对草案中的一条所产生的问题,据我所知,这个问题没有在出版物上提出过。这就是关于政治纲领第9条,即关于民族自决权的问题。这一条包括两部分:第一部分对自决权作了新的表述;第二部分的内容不是要求,而是宣言。向我提出的问题是:把宣言摆在这里是否妥当。一般说来,党纲内不应有宣言,但我认为这里的例外是必要的。"自决"一词曾多次引起了曲解,因此我改用了一个十分确切的概念:"自由分离的权利"。俄国革命无产阶级的政党,用大俄罗斯语言进行工作的政党,必须承认分离权,这一点在有了1917年这半年来的革命经验以后,未必再会引起争论了。我们夺得政权之后,会无条件地立刻承认芬兰、乌克兰、亚美尼亚以及任何一个受沙皇制度(和大俄罗斯资产阶级)压迫的民族都享有这种权利。但是从我们方面来说,我们决不希望分离。我们希望有一个尽可能大的国家,尽可能紧密的联盟,希望有尽可能多的民族同大俄罗斯人毗邻而居;我们这样希望是为了民主和社会主义的利益,是为了尽可能多地吸引不同民族的劳动者来参加无产阶级的斗争。我们希望的是**革命无产阶级**的团结和**联合**,而不是分离。我们希望的是**革命的**联合,因此我们不提所有一切国家联合起来的口号,这是因为社会革命只把已经过渡到或正在过渡到社会主义的国家、正在获得解放的殖民地等等联合起来的问题提上日程。我们希望的是**自由的**联合，因此我们必须承认分离的自由（没有分离的自由就无所谓自由的联合）。我们尤其必须承认分离的自由，因为沙皇制度和大俄罗斯资产阶级的压迫在邻近的民族里留下了对所有大俄罗斯人极深的仇恨和不信任；必须用**行动**而不是用言论来消除这种不信任。

但我们是希望联合的，这一点应当说清楚，在一个多民族国家的党的纲领里讲明这一点极为重要，为此，就必须打破惯例，容许提出宣言。我们希望俄罗斯（我甚至想说大俄罗斯，因为这样更正确）人民的共和国能把其他民族**吸引**到自己方面来，但用什么方法呢？不是用暴力，而是完全靠自愿的协议。否则就要破坏各国**工人**的团结和兄弟般的联盟。我们同资产阶级民主派不同，我们提出的口号不是各民族兄弟般的团结，而是各族**工人**兄弟般的团结；因为我们不信任各国资产阶级，认为他们是敌人。

载于1917年10月《启蒙》杂志第1~2期合刊

选自《列宁全集》第32卷，第369~370页

全俄工兵代表苏维埃第二次代表大会文献[1]（节选）

（1917年10月下旬）

2　关于和平问题的报告

（1917年10月26日〔11月8日〕）

和平问题是现时紧要而棘手的问题。这个问题已经讲得很多，写得很多，想必你们大家对这个问题也讨论得不少了。因此让我来宣读一个宣言，这个宣言拟将由你们选出的政府来发表。

和平法令

10月24～25日的革命所建立的、依靠工兵农代表苏维埃的工农政府，向一切交战国的人民及其政府建议，立即就缔结公正的民主的和约开始谈判。

本政府认为，一切交战国中因战争而精疲力竭、困顿不堪、痛苦万状的工人和劳动阶级的绝大多数所渴望的公正的或民主的和约，推翻沙皇君主制以后俄国工农最明确最坚决地要求的和约，就是立即缔结的没有兼并（即不侵占别国领土，不强制归并别的民族）没有赔款的和约。

俄国政府向一切交战国人民建议立即缔结这种和约，并且决心不等到各国和各民族的享有全权的人民代表会议最后批准这种和约的全部条件，就立即毫不迟延地采取一切果断步骤。

本政府根据一般民主派的法的观念,认为凡是把一个没有明确而自愿地表示同意和希望归并的弱民族或小民族并入一个大国或强国,就是兼并或侵占别国领土,不管这种强制归并发生在什么时候,不管这个被强制归并或强制留在该国疆界内的民族的发达或落后程度如何,也不管这个民族是居住在欧洲还是居住在远隔重洋的国家,都是一样。

不管哪个民族被强制留在该国的疆界内,也就是违反这个民族的愿望(不管这种愿望是在报刊上、人民会议上、政党的决议上表示的,或是以反对民族压迫的骚动和起义表示的,都完全一样),不让它有权在归并它的民族或较强的民族完全撤军的条件下,不受丝毫强制地用自由投票的方式决定本民族的国家生存形式问题,这种归并就是兼并,即侵占和暴力行为。

本政府认为,各富强民族为了如何瓜分它们所侵占的弱小民族而继续进行战争,是反人类的滔天罪行,并郑重声明,决心根据上述的、对所有民族都无一例外是公正的条件,立即签订和约,终止这场战争。

同时本政府声明,上述和平条件决非最后通牒式的条件,也就是说,它愿意考虑任何其他和平条件,而只坚持任何交战国都要尽快地提出这种条件,条件要提得极端明确,没有丝毫的含糊和秘密。

本政府废除秘密外交,决意在全体人民面前完全公开地进行一切谈判,并立刻着手无保留地公布地主资本家政府从1917年2月到10月25日所批准和缔结的各项秘密条约。本政府宣布立即无条件地废除这些条约的全部规定,因为这些规定多半是为了替俄国地主和资本家谋取利益和特权,是为了保持和扩大大俄罗斯人所兼并的土地。

载于1917年10月28日(11月10日)《真理报》第171号和《中央执行委员会消息报》第209号;和平法令载于1917年10月27日(11月9日)《真理

选自《列宁全集》第33卷,第9~10页

报》第170号和《中央执行委员会消息报》第208号

注释：

[1] 这是关于全俄工兵代表苏维埃第二次代表大会的一组文献。

全俄工兵代表苏维埃第二次代表大会于1917年10月25～27日（11月7～9日）在彼得格勒斯莫尔尼宫举行，有一些县和省的农民代表苏维埃也派代表参加了这次代表大会。根据代表大会开幕时的统计，到会代表共649人，按党派分，有布尔什维克390人，社会革命党人160人，孟什维克72人，统一国际主义者14人，孟什维克国际主义者6人，乌克兰社会党人7人。

根据全俄工兵代表苏维埃第一次代表大会的决议，这次代表大会本应在9月中旬召开。社会革命党人和孟什维克把持的第一届中央执行委员会对这个决议实行怠工。他们打算用民主会议来代替苏维埃的代表大会。只是由于布尔什维克党团的坚持，中央执行委员会才不得不于9月23日（10月6日）通过决议召开这次代表大会，日期先定在10月20日（11月2日），后来改为10月25日（11月7日）。10月21日（11月3日），布尔什维克党中央开会讨论了代表大会的议程，并委托列宁就政权、战争、土地等问题作报告。

代表大会于10月25日（11月7日）晚10时40分开幕。当时赤卫队、水兵和革命的彼得格勒卫戍部队正在冲击临时政府所在地冬宫。列宁因忙于领导起义，没有出席大会的第一次会议。被选进代表大会主席团的有列宁、弗·亚·安东诺夫-奥弗申柯、尼·瓦·克雷连柯、阿·瓦·卢那察尔斯基等14名布尔什维克，还有波·达·卡姆柯夫、弗·亚·卡列林、玛·亚·斯皮里多诺娃等7名左派社会革命党人和1名乌克兰社会党人。孟什维克和右派社会革命党人拒绝参加主席团，他们把正在进行的社会主义革命称为阴谋，要求与临时政府谈判建立联合政府。孟什维克、右派社会革命党人和崩得分子在断定代表大会的多数支持布尔什维克之后，退出了大会。10月26日（11月8日）凌晨3时许，代表大会听取了安东诺夫-奥弗申柯关于占领冬宫和逮捕临时政府成员的报告，随后通过了列宁起草的《告工人、士兵和农民书》。会议在凌晨5时15分结束。

代表大会第二次会议于10月26日（11月8日）晚9时开始。列宁在会上作了关于和平问题和土地问题的报告。大会一致通过了列宁起草的和平法令，以绝大多数票（有1票反对，8票弃权）通过了列宁起草的土地法令。代表大会组成了工农政府——以列宁为首的人民委员会。由于左派社会革命党人拒绝参加，政府名单上全是布尔什维克。代表大会选出了由101人组成的全俄中央执行委员会，其中布尔什维克62人，左派社会革命党人29人，社会民主党人国际主义者6人，乌克兰社会党人3人，社会革命党人最高纲领派1人。代表大会还决定，农民苏维埃和部队组织的代表以及退出大会的那些集团的代表可以补进全俄中央执行委员会。会议还通过了关于在前线废除死刑、在军队中成立临时革命委员会、立即逮捕前临时政府首脑亚·费·克伦斯基等决定。10月27日（11月9日）凌晨5时15分，代表大会闭幕。

在全俄海军第一次代表大会上的讲话[1]（节选）

（1917年11月22日〔12月5日〕）

记　录

讲到民族问题，列宁同志说，必须指出俄国民族的成分是特别复杂的，在俄国，大俄罗斯人仅占40%左右，而占多数的其余人口则属于其他民族。在沙皇制度下，对其他民族的民族压迫空前残酷和野蛮，它使没有充分权利的民族对君主积下了深仇大恨。对于那些甚至禁止使用本族语言、使人民群众目不识丁的人怀有的这种仇恨，扩大到全体大俄罗斯人身上是不足为奇的。人们认为，享有特权的大俄罗斯人是想给自己保持住尼古拉二世和克伦斯基一心为他们维护的那种优越地位。

有人对我们说，俄国一定会四分五裂，分裂成一些单独的共和国，不过我们用不着害怕这一点。不论有多少独立共和国，我们都不怕。在我们看来，重要的不在于国界划在哪里，而在于保持各民族劳动者的联盟，以便同任何民族的资产阶级作斗争。（热烈鼓掌）

如果芬兰资产阶级购买德国人的武器，来反对本国的工人，我们就建议芬兰工人同俄国的劳动人民联合起来。让资产阶级为了国界进行卑鄙无耻的争吵和讨价还价吧，反正各国和各民族的工人是不会因为这类丑事而分手的。（热烈鼓掌）

用一个不好听的词来说，我们现在正在"征服"芬兰，但是不象国际资本家强盗所干的那样。我们的征服办法是允许芬兰有同我们或同其他国家结成联盟的完全自由，保证完全支持一切民族的劳动人民反对各国的资产阶级。这种联盟不是以条约，而是以被剥削者在反对剥削者的斗争中的团结为基础的。

我们现在都注视着乌克兰的民族运动，我们说，我们绝对赞成乌克兰民族有完全的和无限制的自由。我们应当摧毁旧的、血腥的、肮脏的过去，那时资本家压迫者的俄国充当了屠杀其他民族的刽子手。我们一定要清除这种过去，我们一定要彻底消灭这种过去。（热烈鼓掌）

我们要对乌克兰人说，你们乌克兰人可以按照你们的愿望来安排自己的生活。但我们要向乌克兰工人伸出兄弟之手，并且对他们说，我们将同你们一起为反对你们的和我们的资产阶级而斗争。只有各国劳动者的社会主义联盟才能消灭民族迫害和民族纠纷的一切根源。（热烈鼓掌）

载于《中央执行委员会消息报》，1917年11月25日，第235号

选自《列宁全集》第33卷，第111~113页

注释：

[1] 这是列宁在全俄海军第一次代表大会上作的关于目前形势的讲话。

全俄海军第一次代表大会于1917年11月18~25日（12月1~8日）在彼得格勒举行。大会议程包括关于目前形势问题和关于政权、关于海军中央执行委员会的活动、关于海军部门的改革等问题。大会谴责了由社会革命党人和孟什维克占多数的海军中央执行委员会的活动，指出它背叛了自己的选举人。

大会欢迎海军革命委员会解散海军中央执行委员会的行动。大会批准了成立海军部门管理机构的方案，选出20人参加工兵农代表苏维埃全俄中央执行委员会。

和平谈判纲要[1]

（1917年11月27日〔12月10日〕）

（1）政治谈判和经济谈判。

（2）政治谈判的主要问题和基本原则是：

"没有兼并和赔款。"

（3）兼并的概念：

（a）规定兼并的领土即目前这场战争宣战后归并的土地，是**不合适**的。①

（b）任何领土上的居民，只要最近数十年来（从19世纪后半叶起）对于把他们的领土归并入其他国家或者对于他们在该国的地位表示了不满，这些领土都应宣布为兼并领土，——不管这种不满是表现在书籍报刊上，表现在议会、地方自治机关、会议和类似机关的决议中，或是表现在由被归并领土上的民族运动而引起的国家活动和外交活动中，还是表现在民族的纠纷、冲突和骚动中等等。②

（1）正式承认有关参战国的每个（非统治的）民族都享有自由自决直

---

① 拒绝承认把宣战后归并的土地视为兼并领土的定义。
② 以下是约·维·斯大林写的。——俄文版编者注

至分离和成立独立国家的权利;(2)自决权由自决地区全体居民进行全民投票实现;(3)自决地区的地理界线由本区和邻区以民主方式选出的代表确定;(4)保证实现民族自由自决权的先决条件是:

(a) 从自决地区撤出军队;

(b) 在上述地区安置难民以及战争开始以后由当局迁出的当地居民;

(c) 在该区建立由自决民族以民主方式选举的代表组成的临时管理机构,它有实现 b 款的权利(除其他权利外)

(d) 在临时管理机构下,成立有权互相监督的谈判双方的委员会;

(e) 实现 b、c 二款所需费用,在占领当局提供的特别基金中开支。

载于《列宁文集》第 11 卷,1929 年俄文版

选自《列宁全集》第 33 卷,第 117～118 页

注释:

[1] 1917 年 11 月 27 日(12 月 10 日),人民委员会讨论了给去布列斯特-里托夫斯克同德国进行和平谈判的苏维埃代表团的指示问题。这个文件看来是为此而写的。

布列斯特和平谈判于 1917 年 12 月 9 日(22 日)开始。苏俄代表团首先提出以没有兼并没有赔款的民主和约的原则为谈判基础,德方(以德国为主的同盟国)虚伪地声明同意,但以协约国也承认这些原则为先决条件。随后德方就以协约国拒绝参加谈判为由而宣布其声明失效,并于 1918 年 1 月 5 日(18 日)向苏俄方面提出领土要求(所谓霍夫曼线),将原属俄国的约 15 万平方公里的土地,包括波兰、立陶宛和爱沙尼亚、拉脱维亚的一部分以及乌克兰人和白俄罗斯人居住的大片地区——划出去。苏俄方面要求暂停谈判。

面对德方提出的掠夺性条件,布尔什维克党内在是否签订和约的问题上发生了尖锐分歧。列宁权衡国内和国际形势,主张接受德方的条件,签订和

约,以便得到喘息时机,保卫十月革命成果,巩固苏维埃政权。以尼·伊·布哈林为首的"左派共产主义者"集团坚决反对签订和约,主张对国际帝国主义宣布革命战争。列·达·托洛茨基则主张苏俄应宣布停战、复员军队、但不签订兼并性和约,即所谓不战不和。列宁的主张暂时未能得到中央多数的支持。在这种情况下,列宁在1月11日(24日)中央会议上提出了竭力拖延谈判的提案,以12票对1票获得通过。1月14日(27日),在当时担任谈判代表团团长的托洛茨基动身前往布列斯特-里托夫斯克时,列宁和他约定:"德国人不下最后通牒,我们就一直坚持下去,等他们下了最后通牒我们再让步。"(见《列宁全集》第34卷,第27页)

谈判重新开始后,德方拒绝同乌克兰苏维埃政权的代表团进行谈判,而在1月27日(2月9日)同乌克兰中央拉达代表团签订了和约。根据这个条约,拉达同意向德方提供大量粮食、牲畜等物资,以换取德方的军事援助。德方随后即以最后通牒口气要求苏俄立即接受德方条件。1月28日(2月10日),托洛茨基违背了同列宁的约定,书面声明苏俄宣布停止战争、复员军队、但拒绝在和约上签字,随即退出谈判。德方利用这一点,于2月16日宣布停战协定失效,2月18日发起全线进攻。在十分危急的形势下,布尔什维克党中央经过激烈争论,终于在2月18日晚以7票赞成、5票反对、1票弃权通过了同意签订和约的决定。2月23日上午,苏俄方面收到了德方提出的新的、条件更为苛刻的最后通牒。当天中央会议以7票赞成、4票反对、4票弃权同意签订和约。2月24日晨,全俄中央执行委员会通过决议,接受德方的最后通牒。3月3日,在布列斯特-里托夫斯克签订了和约。根据和约,苏俄共丧失约100万平方公里领土(包括乌克兰),还必须复员全部军队,立即同乌克兰中央拉达签订和约。

1918年11月13日,在德国爆发了革命以后,全俄中央执行委员会通过决定,宣布废除布列斯特和约。

告乌克兰人民书

(1917年12月3日〔16日〕)

根据工人和被剥削劳动群众在争取社会主义的斗争中团结一致、结成兄弟同盟的需要,根据革命民主机关苏维埃、特别是全俄苏维埃第二次代表大会的许多决议对这种原则的承认,俄国社会主义政府即人民委员会再次确认,凡是过去受沙皇政府和大俄罗斯资产阶级压迫的民族都享有自决权,直至这些民族同俄国分离的权利。

因此,我们人民委员会承认乌克兰人民共和国,承认它有权同俄国完全分离或同俄罗斯共和国缔结建立联邦关系或其他类似的相互关系的条约。

我们人民委员会现在就无保留无条件地承认有关乌克兰人民的民族权利和民族独立的一切事项。

我们没有对目前仍为资产阶级所掌握的芬兰资产阶级共和国采取任何步骤来限制芬兰人民的民族权利和民族独立,我们也不会采取任何步骤来限制已经参加或者愿意参加俄罗斯共和国的任何民族的民族独立。

我们谴责拉达[1],因为它在民族主义词句的掩盖下,奉行一种资产阶级的两面派政策,这种政策早已在拉达不承认乌克兰的苏维埃和苏维埃政权这一点上表现出来了(还表现在拉达拒绝乌克兰苏维埃的要求,不肯立即召开乌克兰苏维埃边疆区代表大会)。这种两面派政策使我们不能承认拉达是乌克兰共和国被剥削劳动群众的全权代表,这种政策使拉达最近竟采取了一些意味着排除达成协议的任何可能性的步骤。

这样的步骤是：第一，瓦解前线。

拉达**单方面**发出命令，从前线调动和召回乌克兰部队，从而**在划界以前**破坏了统一的共同战线，而划界只有通过两国政府有步骤地达成协议才能实现。

第二，拉达开始解除驻在乌克兰的苏维埃部队的武装。

第三，拉达支持立宪民主党人和卡列金分子反对苏维埃政权的阴谋和叛乱。拉达显然虚伪地借口"顿河和库班"有什么自治权利，以此来掩护卡列金的违反绝大多数哥萨克劳动者利益和要求的反革命叛乱。拉达允许投奔卡列金的部队过境，却拒绝允许反对卡列金的部队过境。

拉达走上了这条骇人听闻的叛变革命的道路，走上了支持既是俄国各族人民民族独立的死敌又是苏维埃政权死敌的道路，即走上了支持被剥削劳动群众的敌人立宪民主党人和卡列金分子的道路，这样就会迫使我们毫不犹豫地向它宣战，即使拉达是一个已经被完全正式承认和一致公认的最高国家政权机关，即独立的乌克兰资产阶级共和国的最高国家政权机关。

现在鉴于上述一切情况，人民委员会①在乌克兰共和国和俄罗斯共和国的人民的面前，向拉达提出下列问题：

1. 拉达是不是保证放弃瓦解共同战线的活动？

2. 拉达是不是保证今后未经最高总司令同意，不让开往顿河、乌拉尔或其他地方的任何部队过境？

3. 拉达是不是保证协助革命军队同立宪民主党人和卡列金分子的反革命叛乱作斗争？

4. 拉达是不是保证中止一切解除驻在乌克兰的苏维埃军队和工人赤卫队的武装的活动，并立刻把夺去的武器交还给原部队？

---

① 下面是列·达·托洛茨基写的，弗·伊·列宁和约·维·斯大林作了修改。——俄文版编者注

如果在48小时内不能得到对这些问题的满意答复,人民委员会就认为拉达处于公开反对俄罗斯和乌克兰苏维埃政权的战争状态。

载于1917年12月5日(18日)《真理报》第206号和1917年12月6日(19日)《中央执行委员会消息报》第244号

选自《列宁全集》第33卷,第140~142页

注释:

[1] 乌克兰拉达(中央拉达)是1917~1918年乌克兰资产阶级和小资产阶级民族主义政党的联合机关,1917年3月4日(17日)在有乌克兰社会民主工党、乌克兰社会革命党以及各社会团体参加的乌克兰社会联邦党总委员会会议上成立。1917年6月,产生了称为小拉达的执行机关,主席是乌克兰资产阶级思想家米·谢·格鲁舍夫斯基,副主席是弗·基·温尼琴科和谢·亚·叶弗列莫夫。中央拉达在1917年3月9日(22日)的告乌克兰人民书中号召支持资产阶级临时政府。6月10日(23日),它宣布乌克兰自治,建立了名为总书记处的政府,但很快就同临时政府妥协,赞成将自治问题搁置到召开立宪会议时再解决。十月社会主义革命后,中央拉达于11月7日(20日)宣布自己是乌克兰人民共和国的最高机关,1918年1月11日(24日)宣布乌克兰独立。1917年11月~1918年1月,中央拉达同苏俄人民委员会举行谈判,同时却支持阿·马·卡列金等白卫将军,并违背自己的诺言,不解决土地问题、工人问题及民族问题。中央拉达既向协约国寻求财政上的支持,又同德奥同盟进行秘密谈判。12月11~12日(24~25日)在哈尔科夫举行的乌克兰苏维埃第一次代表大会宣布中央拉达不受法律保护。乌克兰人民逐渐认清了中央拉达的反革命政策,于1917年12月~1918年1月在乌克兰全境举行了反对中央拉达的武装起义。1918年1月26日(2月8日)苏维埃军队占领基辅后,中央拉达逃往沃伦。次日,它与德奥同盟签订了叛卖性的布列斯特-里托夫斯克条约,并于3月1日与德奥占领军一起返回基辅,成了武装占领者操纵的傀儡。由于中央拉达无力镇压乌克兰的革命运动和往德国调运粮食,1918年4月29日德军指挥部将它解散,而以君主派地主、乌克兰盖特曼帕·彼·斯科罗帕茨基的傀儡政府代之。

人民委员会关于同拉达举行谈判的决议

(1917年12月19日〔1918年1月1日〕)

人民委员会听取了普罗相同志以农民代表大会代表的身分同拉达官方代表温尼琴科、格鲁舍夫斯基、波尔什等人举行会谈后所作的报告，

——注意到拉达的这些官方代表表示原则上同意和人民委员会就达成一项以如下原则为基础的协议举行谈判，即：人民委员会承认乌克兰人民共和国的独立，拉达承认卡列金及其帮凶是反革命；

——其次注意到：人民委员会一向无条件地承认，包括乌克兰在内的任何民族都有作为独立国家生存的权利；

——如果拉达承认卡列金是反革命，不阻挠对卡列金的战争，那么，任何消除同拉达的战争的尝试，无疑都是好的；①

人民委员会坚信，只有乌克兰贫苦农民、工人和士兵的苏维埃，才能在乌克兰建立一个使各兄弟民族之间不再发生冲突的政权，

同时也认为，为了消除拉达对共同战线、对卡列金反革命叛乱的政策所引起的冲突，同拉达举行切实的谈判是适宜的，特决定：

建议拉达就达成一项以上述原则为基础的协议举行谈判，提出斯摩棱

---

① 下面直到"特决定："是列·达·托洛茨基写的。——俄文版编者注

斯克市或维捷布斯克市作为最适于进行谈判的地点之一。

载于1917年12月21日（1918年1月3日）《真理报》第220号和《中央执行委员会消息报》第257号

选自《列宁全集》第33卷，第186～187页

人民委员会关于
拉达给人民委员会的答复的决定

(1917年12月30日〔1918年1月12日〕)

人民委员会认为拉达的答复极其含糊、模棱两可,简直近乎嘲弄。人民委员会在建议拉达举行和谈的第一个文件①中明确指出的事实,是我们同拉达发生意见分歧的基本原因。也就是说,这个文件说明,拉达对卡列金分子直接或间接的支持,是我们对拉达采取军事行动的绝对正当的理由。在卡列金的周围,麇集了来自俄国各地的地主资产阶级反革命分子。然而,甚至顿河流域的大多数农民和哥萨克劳动者,也显然是反对卡列金的。俄国大多数人,首先是各民族的劳动群众,都承认苏维埃政权,这是有目共睹的事实。就在乌克兰,各劳动阶级争取政权全部归苏维埃的革命运动的规模也愈来愈大,战胜乌克兰资产阶级看来已经为期不远了。

拉达对于是否不再直接和间接地支持卡列金分子的问题避而不答,从而破坏了我们发起的和谈,因此拉达必须对继续进行内战负完全责任。这场内战是由各民族的资产阶级挑起的,但它们毫无希望获胜,因为绝大多数工人、农民和军队都坚决拥护社会主义的苏维埃共和国。

至于乌克兰人的民族要求,即他们的人民共和国的独立,共和国要求

---

① 见《列宁全集》第33卷,第140~142页。——编者注

结成联邦关系的权利,得到了人民委员会的全部承认,不会引起任何争执。

载于1917年12月31日(1918年1月13日)《真理报》第227号和《中央执行委员会消息报》第264号

选自《列宁全集》第33卷,第215~216页

被剥削劳动人民权利宣言[1]

(不晚于1918年1月3日〔16日〕)

立宪会议决定:

一

1. 宣布俄国为工兵农代表苏维埃共和国。中央和地方全部政权属于苏维埃。

2. 俄罗斯苏维埃共和国是建立在自由民族的自由联盟基础上的各苏维埃民族共和国联邦。

二

立宪会议的基本任务是消灭人对人的任何剥削,完全消除社会的阶级划分,无情地镇压剥削者的反抗,建立社会主义的社会组织,使社会主义在一切国家获得胜利,因此决定:

1. 废除土地私有制。宣布全部土地连同一切建筑物、农具和其他农业生产用具均为全体劳动人民的财产。

2. 批准苏维埃关于工人监督和关于最高国民经济委员会的法令,以保证劳动人民对剥削者的统治,并作为使工厂、矿山、铁路及其他生产资料和运输工具完全为工农国家所有的第一个步骤。

3. 批准将一切银行收归工农国家所有，这是使劳动群众摆脱资本压迫的条件之一。

4. 为了消灭社会上的寄生阶层起见，实行普遍劳动义务制。

5. 为了保证劳动群众掌握全部政权和根除剥削者的政权复辟的一切可能，特命令武装劳动者，建立社会主义工农红军，彻底解除有产阶级的武装。

三

1. 金融资本和帝国主义使全世界都淹没在这次空前的罪大恶极的战争的血泊之中，立宪会议表示坚定不移的决心，要把人类从它们的魔掌中拯救出来，因此完全赞同苏维埃政权所执行的下述政策：废除秘密条约，组织目前交战国双方军队中的工农进行最广泛的联欢，无论如何都要用革命手段争取在各国人民之间缔结以自由的民族自决为基础的、没有兼并没有赔款的民主的和约。

2. 为了同一目的，立宪会议坚持必须同资产阶级文明世界的野蛮政策彻底决裂，这种政策把不多几个特殊民族的剥削者的幸福建筑在对亚洲和一切殖民地以及小国亿万劳动人民的奴役之上。

立宪会议欢迎人民委员会宣布芬兰完全独立、开始从波斯撤出军队、宣布亚美尼亚有自决自由的政策[2]。

3. 立宪会议认为苏维埃关于废除（取消）沙皇、地主和资产阶级政府所订立的债约的法令，是对国际银行资本即金融资本的第一个打击，并深信苏维埃政权将坚定地沿着这条道路前进，直到国际工人奋起反对资本压迫的斗争获得完全胜利。

四

立宪会议是根据十月革命前各党所提的名单选出的，当时人民还不可能全体都起来反对剥削者,还不知道剥削者为保护他们的阶级特权而进行的反抗会多么激烈,还没有实际着手建立社会主义社会,因此,立宪会议认为,如果它同苏维埃政权对立起来,即使从形式的观点来看,也是根本不正确的。

而就问题实质来说,立宪会议认为,现在正是人民同剥削者进行最后斗争的时刻,任何政权机关都不能有剥削者立足之地。政权应当完全地、绝对地属于劳动群众和他们的全权代表机关——工兵农代表苏维埃。

立宪会议拥护苏维埃政权和人民委员会的法令,并且认为它本身的全部任务就是规定对社会进行社会主义改造的根本原则。

同时,立宪会议力求建立俄国各民族劳动阶级的真正自由和自愿的、因而也是更加紧密和巩固的联盟,不过它的任务只限于规定俄罗斯苏维埃共和国联邦的根本原则,而让每个民族的工人和农民在自己的全权苏维埃代表大会上独立决定,他们是否愿意参加和在什么基础上参加联邦政府及其他联邦苏维埃机关。

载于1918年1月4日(17日)《真理报》第2号和《中央执行委员会消息报》第2号

选自《列宁全集》第33卷,第224~229页

注释:

[1]《被剥削劳动人民权利宣言》的草案是在全俄中央执行委员会1918年1月3日(16日)会议上提出的。草案以多数票(有两票反对,一票弃权)通过后,交协商委员会最后审定。《宣言》发表于1月4日(17日)《真理报》第2号和《中央执行委员会消息报》第2号。1月5日(18日),雅·米·斯维尔德洛夫在立宪会议第一次会议上代表全俄中央执行委员会宣读了《宣言》,并建议批准。立宪会议的反革命多数拒绝予以讨论。《宣言》于1月18日(31日)被全俄苏维埃第三次代表大会批准,后来被写入1918年俄罗斯联邦宪法,作为它的第1篇。全俄苏维埃第三次代表大会通过宣言时,删去了原稿中涉及立宪会议的地方。

斯大林和尼·伊·布哈林参加了草案的起草；列宁手稿的第 2 部分中，有斯大林的修改；第 4 部分第 2 段是由布哈林起草、列宁审定的。

[2] 1917 年 12 月 6 日（19 日），芬兰议会通过了宣布芬兰为独立国家的宣言。12 月 18 日（31 日），人民委员会通过了芬兰独立的法令。列宁亲自把法令文本交给了芬兰政府代表团团长、芬兰政府首脑佩·埃·斯温胡武德。全俄中央执行委员会在 1917 年 12 月 22 日（1918 年 1 月 4 日）批准了关于芬兰独立的法令。

1917 年 12 月 19 日（1918 年 1 月 1 日），苏维埃政府根据 12 月 2 日（15 日）俄国同德国、奥匈帝国、土耳其和保加利亚在布列斯特-里托夫斯克签订的停战协定，向波斯政府提出了关于制定撤退波斯境内俄军的总计划的建议。

1917 年 12 月 29 日（1918 年 1 月 11 日），人民委员会通过了《关于"土耳其属亚美尼亚"的法令》，并公布于 1917 年 12 月 31 日（1918 年 1 月 13 日）《真理报》第 227 号。

谈谈不幸的和约问题的历史(节选)

(1918年1月7日〔20日〕～2月11日〔24日〕以前)

关于立刻缔结单独的兼并性和和约问题的提纲[1]

21. 现在,只有明确提出推翻其他国家的资产阶级这一目标并得到社会主义军队完全赞同的那种社会主义共和国同资产阶级国家的战争,才是真正的革命战争。但是,在**目前**这种时候我们**显然**还不能给自己提出这个目标。如果我们现在进行战争,客观上就是为解放波兰、立陶宛和库尔兰而战。但是,任何一个马克思主义者,如果不愿违背马克思主义和整个社会主义的原则,那就不能否认,社会主义的利益高于民族自决权的利益。为了实现芬兰、乌克兰及其他民族的自决权,我们的社会主义共和国已经做了它所能够做的一切,并且还在继续做下去。但是,既然具体情况是,为了几个民族(波兰、立陶宛、库尔兰等)的自决权遭到侵犯这件事,社会主义共和国的生存目前受到了威胁,那就很清楚,保存社会主义共和国是更高的利益。

因此,谁要是说:"我们不能签订耻辱的难堪的和约,我们不能出卖波兰等等",那他就是没有看到,要是签订以解放波兰为条件的和约,那只会**更加**增强德国帝国主义的力量,去对付英国、比利时、塞尔维亚以及其他国家。**从俄国方面来看**,以解放波兰、立陶宛和库尔兰为条件的和约，也许是"爱国主义的"和约，但是它仍然是**同兼并者**，同德国帝国主义者签订的和约，这不会有丝毫改变。

载于1918年2月11日（24日）《真理报》第34号（无第22条）
全文载于《列宁全集》第4版第26卷，1949年俄文版

选自《列宁全集》第33卷，第254页

注释：

[1]《关于立刻缔结单独的兼并性和约问题的提纲》于1918年1月8日（21日）由列宁在有党的工作人员参加的中央委员会会议上宣读。出席会议的共有63人。会议记录没有保存下来，只留下了列宁所作的恩·奥新斯基（瓦·瓦·奥博连斯基）、列·达·托洛茨基、阿·洛莫夫（格·伊·奥波科夫）、列·波·加米涅夫等人发言的简要记录。

提纲第21条结尾（从"但是，任何一个马克思主义者"起）是由列宁在会上口头叙述、会后补写的。在提纲手稿中，列宁在该处画了三条竖线，并在页边上写道："缮写员：请在缮写时也打上这三条竖线。"

列宁在中央委员会1918年1月11日（24日）会议上的发言中说，那次会议的参加者中有15人投票赞成这个提纲，32人支持"左派共产主义者"的立场，16人支持托洛茨基的立场。

提纲到2月24日才发表。这时在签订和约的问题上，中央委员会的多数已站到列宁的立场上来了。

给弗·亚·安东诺夫-奥弗申柯的电报

(1918年1月19日〔2月1日〕)

哈尔科夫　人民委员安东诺夫

鉴于人民书记处对您同乌克兰中央执行委员会之间发生的摩擦提出责难,我请求您从您的一方面谈谈究竟是怎么回事。当然,我们对乌克兰内部事务的干预,如果不是出于军事上的需要,那就是不恰当的。比较合适的是,通过地方政权机关采取某些措施。总之,如果一切纠纷都能在本地消除,那就再好也没有了。[1]

列　宁

载于1924年在莫斯科出版的弗·亚·安东诺夫-奥弗申柯的《国内战争见闻录》第1卷

选自《列宁全集》第48卷,第61页

注释:

[1] 这份电报是列宁在收到乌克兰苏维埃中央执行委员会对弗·亚·安东诺夫-奥弗申柯的控告后发的。安东诺夫-奥弗申柯未经地方机关同意,就从自己的司令部中派人到一些火车站和顿涅茨煤田的某些城市去当政治委员,因而引起

乌克兰当局的不满。

安东诺夫-奥弗申柯收到这份电报和列宁的信（见下一号文献）以后，采取了消除摩擦的措施，召回了他所任命的政治委员。

致弗·亚·安东诺夫-奥弗申柯

（1918 年 1 月 21 日）

1918 年 1 月 21 日

  安东诺夫同志：我接到中央执行委员会（哈尔科夫的）对您的控告。非常遗憾，我请求您作出解释的电报您没有收到。请赶快同我联系（用直达电报——一个或两个，通过哈尔科夫），以便我能同您谈谈清楚和解释明白。看在上帝的面上，请尽**一切**努力**消除**同中央执行委员会（哈尔科夫的）的**所有一切**摩擦。这在**国家**来说是**极端重要的**。看在上帝的面上，同他们和解吧，承认他们的**一切**主权吧。恳求您将您所委派的那些政治委员免职。

  万分希望您能照我的请求办，**绝对**同哈尔科夫的中央执行委员会和好。在处理**民族**问题时要**极有分寸**。

  获悉您连连战胜卡列金一伙，谨向您致以最热烈的敬礼、祝愿和祝贺。乌拉！乌拉！紧紧握手！

您的　列宁

载于 1924 年在莫斯科出版的弗·亚·安东诺夫-奥弗申柯《国内战争见闻录》第 1 卷

选自《列宁全集》第 48 卷，第 61~62 页

论革命空谈[1]（节选）

（1918年2月21日）

最后的、也是最"机智"、最流行的一个托词是："签订难堪的和约是一种耻辱，是对拉脱维亚、波兰、库尔兰和立陶宛的背叛。"

正是俄国**资产者**（及其走卒——新光线派[2]、人民事业派[3]和新生活派）最热心制造这种貌似国际主义的论据，这不是很奇怪吗？

不，并不奇怪，因为这种论据是资产阶级有意要把俄国布尔什维克拖进去的圈套，而一部分布尔什维克却由于喜欢空谈无意中陷入了这个圈套。

我们从理论上来看一下这个论据：究竟什么更重要，是民族自决权呢，还是社会主义？

社会主义更重要。

是不是可以为了怕违背民族自决权，而当着帝国主义明明强大、苏维埃共和国明明虚弱的时候，让苏维埃社会主义共和国去送死，去遭受帝国主义的打击呢？

不，不可以。这不是社会主义的政策，这是**资产阶级**的政策。

其次，以波兰、立陶宛、库尔兰归还"我们"为条件的和约是否就是耻辱**少些**、兼并**少些**的和约呢？

从俄国资产者的观点来看，**是这样**。

从国际主义者社会党人的观点来看，**不是这样**。

因为德帝国主义放弃波兰（有个时期德国某些**资产者**就愿意这样）之后，就会**更有力量**去扼杀塞尔维亚、比利时等国。

至于俄国资产阶级大叫大嚷反对"难堪的"和约，那是它的阶级利益的真实反映。

但是某些（害了空谈脓疮的）布尔什维克一味重复这种论据，那就只能使人伤心了。

请看看英法资产阶级进行活动的**事实**吧！它们现在千方百计地要把我们拖入对德战争，答应给我们无数的货物，如皮靴、马铃薯、炮弹、机车（是贷给……这不是"奴役"，不要害怕！这"只是"贷给！）。它们希望我们**现在**同德国打起来。

为什么它们一定希望这样，这是很明显的：第一，因为这样，我们就会牵制住一部分德国兵力；第二，因为苏维埃政权同德帝国主义进行不合时宜的军事搏斗，就最容易遭到毁灭。

英法资产阶级给我们设了一个圈套：亲爱的，你们**现在**去打吧，我们会因此获得很大的好处。德国人会掠夺你们，在东方"赚足了"，在西方就会廉价出让，顺便又可以使苏维埃政权垮台……打吧，亲爱的"同盟者"布尔什维克，我们会援助你们的！

于是，"左派"（别叫我难受了）布尔什维克就上了圈套，滔滔不绝地大谈最革命的空话……

是的，是的，容易接受革命空谈是小资产阶级性的一种残余表现。这是一个老真理，一个常被当作新鲜事的老故事……

载于《真理报》，1918年2月8日（21日），第31号

选自《列宁全集》第33卷，第362~364页

注释：

［1］《论革命空谈》一文发表于1918年2月21日《真理报》，署名卡尔波夫。列宁在报刊上为缔结和约展开公开斗争由此开始。

［2］新光线派是指集结在《新光线报》周围的孟什维克。

《新光线报》（《Новый Луч》）是俄国孟什维克统一中央委员会的机关报，1917年12月1日（14日）起在彼得格勒出版。编辑是费·伊·唐恩、尔·马尔托夫、亚·萨·马尔丁诺夫等。因进行反革命宣传于1918年6月被查封。

［3］人民事业派是指集结在俄国社会革命党机关报《人民事业报》周围的右派社会革命党人。关于《人民事业报》见《列宁全集》第33卷注16。

给雅·达·扬松的电报

(1918年4月13日)

伊尔库茨克　扬松
抄送：西伯利亚苏维埃中央执行委员会
符拉迪沃斯托克① 　尼基福罗夫

急
立即拍发
政务电报

对于您提出的关于西伯利亚苏维埃中央执行委员会设外交人民委员部和西伯利亚独立的报告，我认为有必要作如下答复：人民委员会的意见是西伯利亚苏维埃中央执行委员会没有任何必要设外交人民委员部；所谓西伯利亚独立只会正式给来自东方的兼并创造方便条件；独立的乌克兰、芬兰就是前车之鉴。我命令你们仅限于使西伯利亚作为俄国不可分割的一部分实行自治，设隶属于外交人民委员部的外交专员，接受外交人民委员部的指示，并以外交人民委员部的名义进行

---

① 即海参崴。——原编者注

活动。

人民委员会主席**列宁**

载于《列宁文集》第 34 卷，1942 年俄文版

选自《列宁全集》第 48 卷，第 731~732 页

给辛比尔斯克苏维埃主席的电报[*]

(1918年4月20日)

辛比尔斯克

苏维埃主席

请来电告知楚瓦什女子师范学校校长和男子师范学校校长的选举情况和条件。我对督学伊万·雅柯夫列维奇·雅柯夫列夫的命运很关心。他50年来致力于楚瓦什民族的振兴,受过沙皇政府的多次迫害。我想,不应当使雅柯夫列夫脱离他一生所从事的事业。[1]

人民委员会主席**列宁**

载于《无产者之路报》(乌里扬诺夫斯克),1928年1月19日,第16号

选自《列宁全集》第48卷,第117页

注释:

[1] 在列宁的故乡辛比尔斯克(现称乌里扬诺夫斯克),伊·雅·雅柯夫列夫创办了第一所楚瓦什学校。他创制了楚瓦什字母,编写了第一本楚瓦什

---

[*] 列宁在电文上方批注:"请将该电的收费单据交我本人。"——俄文编者注

识字课本，并从1874年起开始使用。他为楚瓦什族的教育事业做了大量工作。

后来列宁收到回电说，雅柯夫列夫留任女子学校校长。

给总司令约·约·瓦采季斯的电报

致总司令瓦采季斯

11月29日

随着我军向西部和乌克兰推进，一些地区成立了临时性的苏维埃政府，其使命是巩固当地的苏维埃。这种情况有个好处，它使乌克兰、立陶宛、拉脱维亚、爱斯兰的沙文主义者无法再把我军的推进看作占领，并为我军继续推进造成有利的形势。否则，我军在占领区就会陷入困境，居民就不会把我军当作解放者来欢迎。因此，请向有关部队的指挥人员发出指示：我军必须千方百计地支持拉脱维亚、爱斯兰、乌克兰和立陶宛临时成立的苏维埃政府，当然，我们要支持的只能是苏维埃政府。

列　宁

载于《列宁文集》第34卷，1942年俄文版

选自《列宁全集》第35卷，第228页

给萨马拉地区乌克兰人的电报[1]

(1918年12月17日)

萨马拉 省军事委员会转萨马拉地区乌克兰人

抄送:谢尔普霍夫 瓦采季斯

对于萨马拉地区乌克兰人的来电,我们认为必须答复如下:鉴于乌克兰志愿参军者源源不绝,乌克兰本地动员起来的人很多尚未得到武器,乌克兰工农政府认为无须再把俄罗斯的乌克兰人编组起来派往乌克兰。我们在通知这一点的同时,以人民委员会的名义命令不要再把乌克兰人的部队派往乌克兰。

列 宁①

载于《列宁文集》第34卷,1942年俄文版

选自《列宁全集》第48卷,第753页

注释:

[1] 这份电报是列宁在收到总司令约·约·瓦采季斯和共和国革命军事委员会委员谢·伊·阿拉洛夫的来电后拍发的。来电转达了从萨马拉发出的电报的内

---

① 签署该电的还有约·维·斯大林。——俄文版编者注

容，萨马拉省的乌克兰人请求组建一些民族团开往乌克兰。列宁在收到的电报上给秘书写了如下批示："1918年12月17日。打电话给斯大林，说我请他拟一份拒绝乌克兰人的请求的电报，由我和他共同签署。**列宁**"。由此可见，这份电报可能是斯大林草拟的。

给波·尼·尼姆维茨基的电报[1]

（1919年2月5日或6日）

乌法
省革命委员会主席
尼姆维茨基

我们建议不要拒绝哈利科夫，要同意在与巴什基尔军队建立反高尔察克统一战线的条件下实行大赦。苏维埃政权充分保证巴什基尔人的民族自由。当然，同时必须彻底肃清巴什基尔居民中的反革命分子，切实监督巴什基尔军队，使之成为无产阶级的可靠军队。

列　宁①

载于《民族生活报》（莫斯科），1919年2月16日，第5号

选自《列宁全集》第48卷，第490页

---

① 签署该电的还有约·维·斯大林。——原编者注

注释：

[1] 乌法省革命委员会主席波·尼·尼姆维茨基来电请示，如何对待前来省革命委员会进行谈判的巴什基尔资产阶级民族主义政府的代表 М. Д. 哈利科夫。哈利科夫提出了对过去反对苏维埃政权的巴什基尔人实行大赦的问题，并称巴什基尔军队已转到红军一边。列宁与斯大林商谈后同斯大林联名发了这一复电。

关于这个问题，参看《列宁全集》第48卷第586号文献和注429。

俄共（布）纲领草案[1]（节选）

（1919年2月）

1 俄共纲领草案初稿

俄国无产阶级专政的基本任务
在政治方面

在民族问题上，与资产阶级民主制宣布民族平等（这在帝国主义条件下是不能实现的）不同，俄共的政策是坚定不移地使各民族的无产者和劳动群众在他们推翻资产阶级的革命斗争中相互接近和打成一片。沙皇和资产阶级的大俄罗斯帝国主义时代遗留下来的对大俄罗斯人的不信任，在先前加入俄罗斯帝国的各民族的劳动群众中正在迅速消失，正在随着对苏维埃俄国的了解而消失，但这种不信任并不是在所有民族和所有劳动阶层中都已完全消失。因此，必须特别慎重地对待民族感情，认真地实行各民族的真正的平等和分离的自由，以便消除这种不信任的基础，而使各民族的苏维埃共和国结成一个自愿的最紧密的联盟。必须加紧帮助落后的弱小民族；协助每个民族的工人和农民独立地组织起来，启发他们去反对中世纪制度和资产阶级的压迫，并且协助那些在此以前受压迫的或不平等的民族发展语言和图书报刊。

在宗教政策方面，无产阶级专政（俄共）的任务是不满足于已经颁布了教会同国家分离、学校同教会分离的法令,即不满足于资产阶级民主制许诺过、但由于资本同宗教宣传有多种多样的实际联系而在世界任何地方也没有彻底实行过的那些措施。无产阶级专政应当把剥削阶级(地主和资本家)和助长群众愚昧的宗教宣传的组织之间的联系彻底摧毁。无产阶级专政应当坚持不懈地使劳动群众真正从宗教偏见中解放出来,为此就要进行宣传和提高群众的觉悟,同时注意避免对信教者的感情有丝毫伤害,避免加剧宗教狂。

载于《彼得格勒真理报》,1919年2月23日,第43号

选自《列宁全集》第36卷,第86~87页

5 党纲中民族关系方面的条文

在民族问题上,夺得国家政权的无产阶级的政策与资产阶级民主制在形式上宣布民族平等(这在帝国主义条件下是不能实现的)不同,而是坚定不移地真正使各民族的工人和农民在他们推翻资产阶级的革命斗争中相互接近和打成一片。要达到这一目的,就要完全解放殖民地民族和其他被压迫的或没有充分权利的民族,使他们有分离的自由,这样才能保证资本主义遗留下来的、各民族劳动群众的不信任和被压迫民族工人对压迫民族工人的愤恨完全消失,而代之以自觉自愿的联盟。在资本主义制度下曾是压迫者的那些民族的工人,要特别谨慎地对待被压迫民族的民族感情(例如大俄罗斯人、乌克兰人、波兰人对犹太人,鞑靼人对巴什基尔人等等),不仅要帮助以前受压迫的民族的劳动群众达到事实上的平等,而且要帮助他们发展语言和图书报刊,以便清除资本主义时代遗留下来的不信任和隔阂的一切痕迹。

载于《列宁文集》第3卷,1925年俄文版

选自《列宁全集》第36卷,第101页

6 党纲中民族问题条文的最后草案的补充[2]

对于谁是民族分离的意志的代表者这一问题,俄共持历史的和阶级的观点,考虑到该民族处于它的历史发展的哪一阶段:是从中世纪制度进到资产阶级的民主,还是从资产阶级的民主进到苏维埃的即无产阶级的民主,等等。在任何情况下……

载于《列宁文集》第 3 卷,1925 年俄文版

选自《列宁全集》第 36 卷,第 102 页

注释:

[1] 这是列宁在主持起草俄共(布)纲领的过程中写下的一些文稿。

1917 年二月革命后,列宁就提出了修改党纲的问题。他在 3 月 26 日(4 月 8 日)以前写的《第五封〈远方来信〉的要点》中拟订了修改党纲的具体提纲(见《列宁全集》第 2 版第 29 卷,第 56~57 页),在《四月提纲》中提出了修改党纲的任务。1917 年 4 月,俄国社会民主工党(布)第七次全国代表会议讨论了修改党纲的问题。列宁为会议起草的《党纲的理论、政治及其他一些部分的修改草案》(同上,第 474~478 页)以长条样的形式分发给了与会代表。会议就列宁关于修改党纲问题的报告通过决议,指出了修改党纲的必要性,规定了修改的方针。会议还委托中央为第六次代表大会拟出党纲草案。会后不久,1917 年 6 月,列宁根据中央的建议出版了小册子《修改党纲的材料》(同上,第 472~493 页)。差不多与此同时,莫斯科工业区区域局也出版了文集《修改党纲的材料》。1917 年 7~8 月举行的俄国社会民主工党(布)第六次代表大会确认了第七次全国代表会议关于修改党纲的决议,并决定召开专门的代表大会来制定新的党纲。大会还委托中央就修改党纲问题组织尽可能广泛的讨论。1917 年夏秋,党内展开了理论争论。同年 10 月,列宁发表了《论修改党纲》一文,对报刊上的有关文章和莫斯科区域局的文集作了分析和批评。第六次代表大会决定召开的制定党纲的专门代表大会,

曾定于10月17日（30日）举行。10月5日（18日），中央委员会会议决定推迟召开大会，并成立了以列宁为首的修改党纲的委员会。由于准备和实行十月武装起义，这个代表大会没有开成。十月革命胜利后，1918年1月24日（2月6日），中央决定委托一个新的委员会在列宁领导下制定新的纲领。列宁写了《党纲草案草稿》，作为讨论材料发给了俄共（布）第七次代表大会的代表。这次代表大会选出了以列宁为首、有斯大林、格·叶·季诺维也夫、格·雅·索柯里尼柯夫、尼·伊·布哈林、列·波·加米涅夫和列·达·托洛茨基参加的七人委员会，并责成它遵照大会通过的决议来制定党纲的最终草案。委员会于1919年2月完成了工作任务。2月25～27日，《真理报》公布了《俄共（布）纲领草案》。

[2] 这一段话全文列入了第八次代表大会通过的党纲，成为《民族关系方面》这一部分的第4条（见《列宁全集》第36卷，第408页）。

共产国际第一次代表大会文献[1]（节选）

（1919年3月上旬）

2 关于资产阶级民主和无产阶级专政的提纲和报告

（1919年3月4日）

15. 资产阶级民主无论在何时何地都保证公民不分性别、宗教、种族、民族一律平等，但是它无论在什么地方也没有实行过，而且在资本主义的统治下也不可能实行；苏维埃政权即无产阶级专政则立刻实现、全部实现这种平等，因为只有不从生产资料私有制、不从瓜分和重新瓜分生产资料的斗争中捞取好处的工人政权，才能够做到这一点。

提纲载于1919年3月6日《真理报》第51号和《全俄中央执行委员会消息报》第51号
报告载于1920年彼得格勒出版的《共产国际第一次代表大会。记录》一书（德文版）

选自《列宁全集》第35卷，第493页

注释：

[1] 这是有关共产国际第一次代表大会的几篇文献。

共产国际第一次代表大会（国际共产党代表会议）于1919年3月2～6日在莫斯科举行。这次大会宣告了共产国际的成立。

1914年8～9月，列宁在他起草的提纲《革命社会民主党在欧洲战争中的任务》和俄国社会民主工党宣言《战争和俄国社会民主党》（见《列宁全集》第2版第26卷）中提出了建立新的、排除机会主义分子的国际的任务。在第一次世界大战期间，列宁进行了大量工作来团结各国社会党中的左派分子，为建立新的国际奠定了组织基础。

1918年1月24日在彼得格勒召开的左派社会党人会议，讨论了筹备召开共产国际成立会议的问题，选举产生了筹备机构。1919年1月，由俄共（布）发起，召开了有俄国、匈牙利、德意志奥地利、拉脱维亚、芬兰五国的共产党、波兰共产主义工人党、巴尔干社会民主党联盟和美国社会主义工人党共8个党的代表参加的会议。会议讨论了召开各国革命无产阶级政党的代表大会以创立新的国际的问题，并向欧洲、亚洲、美洲、大洋洲的39个政党、团体和派别发出了邀请信。

代表大会于3月2日开幕。参加大会的有来自21个国家的35个政党和团体的代表52名。列宁主持了大会。他在3月4日的会议上宣读了关于资产阶级民主和无产阶级专政的提纲，并在自己的报告中论证了提纲的最后两点。代表大会一致赞同列宁的提纲，决定交执行局向世界各国广为传播。

代表大会通过了《共产国际的行动纲领》，指出无产阶级的社会主义革命的时代已经开始，无产阶级要团结所有力量同机会主义决裂，为建立无产阶级专政的苏维埃而斗争。代表大会在《关于对各"社会主义"派别和伯尔尼代表会议的态度的决议》中谴责了恢复第二国际的企图。代表大会还通过了题为《告全世界无产者》的宣言，宣称共产国际是《共产党宣言》宣布的事业的继承者和实践者，号召全世界无产者在工人苏维埃的旗帜下、在夺取政权和实行无产阶级专政的革命斗争的旗帜下、在共产国际的旗帜下联合起来。

俄共（布）第八次代表大会文献[1]（节选）

（1919年3月）

3　关于党纲的报告

（1919年3月19日）

对于**民族问题**我也要这样说。布哈林同志在这个问题上也是把愿望当作现实。他说，不能承认民族自决权。民族就是资产阶级和无产阶级混在一起。我们无产者竟要承认某个卑鄙的资产阶级的自决权！真是岂有此理！不对，请原谅，这是切合实际的。如果您把这一条删掉，那您就是沉溺于幻想。您提到民族内部发生的分化过程，即无产阶级同资产阶级的分离过程。但是，我们还要看看这种分化究竟怎么样。

拿先进资本主义国家的标本德国来说，它在资本主义、金融资本主义的组织程度方面超过了美国。在许多方面，即在技术和生产方面，在政治方面，它不如美国，可是在金融资本主义的组织程度方面，在变垄断资本主义为国家垄断资本主义方面，它超过了美国。看来这是一个标本。但是那里的情形怎样呢？德国无产阶级是否同资产阶级分开了呢？没有！根据报道，只有几个大城市的多数工人是反对谢德曼分子的。但这是怎样造成的呢？这是由于斯巴达克派同德国可恶到极点的孟什维克独立党人结成联盟，这些独立党人把一切东西搅成一团，竟想使苏维埃制度和立宪会议成亲！请看，这就是德国的情形！而德国还是个先进国家哩。

布哈林同志说："我们干吗要民族自决权！"他在1917年夏季提议取消最低纲领而只留下最高纲领时，我曾驳斥过他，现在我应当把驳斥他的话再说一遍。我当时回答说："上战场别吹牛，下战场再夸口。"只要我们夺得政权，再稍微等等，我们就要这样做的。① 果然我们夺得了政权，也稍微等了一些时候，现在我同意这样做了。我们已经完全投身于社会主义建设，已经打退了威胁我们的第一次进攻，现在这样做就适当了。关于民族自决权也是如此。布哈林同志说："我只愿意承认各劳动阶级的自决权。"这就是说，你所愿意承认的是除了俄国以外实际上任何国家都没有达到的东西。这是很可笑的。

看看芬兰吧。芬兰是个民主国家，是比我们发达、比我们文明的国家。那里正在发生无产阶级分离出来、分化出来的过程，这一过程很特殊，比在我国痛苦得多。芬兰人受过德国专政的压迫，现在又受着协约国专政的压迫。可是，由于我们承认了民族自决权，那里的分化过程就容易些了。我在斯莫尔尼宫把正式文件交给起过刽子手作用的芬兰资产阶级代表斯温胡武德（译成俄文，就是"猪头"的意思）时的情景[2]，到现在还记得很清楚。他很殷勤地握了我的手，我们彼此客套了几句。这是多么不好啊！但这是必须做的事情，因为当时芬兰资产阶级欺骗人民，欺骗劳动群众，说莫斯卡里[3]、沙文主义者、大俄罗斯人要消灭芬兰人。这是必须做的事情。

昨天我们对于巴什基尔共和国不也是这样做的吗[4]？当布哈林同志说"对于某些民族可以承认这种权利"的时候，我甚至记下来了，他所开的名单中有霍屯督人、布西门人、印度人。听他这样列举时，我就想：布哈林同志怎么忘记了一件小小的事情，忘记了巴什基尔人呢？布西门人在俄国是没有的，关于霍屯督人，我也没有听说他们想要成立自治共和国，但是在我国有巴什基尔人、吉尔吉斯人及其他许多民族，对于这些民族我们

---

① 见《列宁全集》第32卷，第363～367页。——编者注

是不能拒绝承认的。我们对于任何一个居住在前俄罗斯帝国境内的民族都不能拒绝这一点。就假定巴什基尔人推翻了剥削者,而且是我们帮助他们这样做的。但这只是在变革已经完全成熟的时候才有可能。并且要做得很谨慎,以免我们的干预会阻碍我们所应当促进的无产阶级分化出来的过程。我们对于那些至今还处在毛拉[5]影响下的吉尔吉斯人、乌兹别克人、塔吉克人、土库曼人能做些什么呢?在我们俄国,居民有过和神父打交道的长期经验,所以他们帮助我们把这些神父打倒了。但你们知道,关于非宗教婚姻的法令至今还执行得很差。我们是否可以到这些民族那里去说"我们要打倒你们的剥削者"呢?我们不能这样做,因为他们完全受自己的毛拉的控制。这里必须等待这个民族的发展,等待无产阶级同资产阶级分子的分离,这种发展必然会来到。

布哈林同志不愿意等待。他忍耐不住:"干吗要等待!既然我们自己推翻了资产阶级,宣告成立了苏维埃政权和无产阶级专政,干吗我们还要这样做!"这是带鼓舞性的号召,其中指出了我们的道路,但如果我们在党纲中只宣布这样一点,结果那就不是党纲而是传单了。我们可以宣告成立苏维埃政权和无产阶级专政,宣布完全鄙视那些该受万分鄙视的资产阶级,可是在党纲中应当绝对确切地写出真实情况。只有这样,我们的党纲才是无可争辩的党纲。

我们采取严格的阶级观点。我们写在党纲上的东西,是肯定自我们规定一般民族自决那时以来所实际发生的事情。当时还没有无产阶级共和国。当这种共和国出现之后,而且只有按它们出现的程度,我们才能写出象我们现在写在纲领中的条文:"按照**苏维埃类型**组织起来的各个国家实行联邦制的联合。"① 苏维埃类型还不等于俄国存在的那种苏维埃,但是苏维埃类型正在成为各民族共同的类型。我们只能说到这种程度。再往前去,哪怕是再进一步,再进一分,就会不正确了,所以就不宜写在党

---

① 见《列宁全集》第36卷,第409页。——编者注

纲里。

我们说：必须考虑到该民族是处于从中世纪制度进到资产阶级的民主或从资产阶级的民主进到无产阶级的民主的道路上的哪个阶段。① 这是绝对正确的。一切民族都有自决权，大可不必把霍屯督人和布西门人专门提出来说。这个论断对于地球上绝大多数居民，对于十分之九也许百分之九十五的居民都适用，因为所有国家都是处于从中世纪制度进到资产阶级的民主或从资产阶级的民主进到无产阶级的民主的道路上。这是必由之路。再多说一点也不行，因为再多说就会不正确，不合乎实际情况。勾去民族自决而写上劳动者自决是完全不正确的，因为这样的提法没有考虑到各民族内部的分化是如何困难，如何曲折。在德国，分化的情形和我国不同。在某些方面快些，而在某些方面则慢些，并且要经过流血的道路。在我国，把苏维埃和立宪会议结合起来的这种怪思想是任何一个政党也没有接受过。要知道我们还得和这些民族毗邻居住。现在谢德曼分子已经在说我们想征服德国。这当然是很可笑的无稽之谈。但是资产阶级有自己的利益和自己的报刊，这些发行千百万份的报刊，向全世界叫喊这一点，而威尔逊为了自己的利益也予以支持。他们说，布尔什维克拥有庞大的军队，想用征服的手段在德国培植布尔什维主义。德国的优秀人物——斯巴达克派——告诉我们，有人挑拨德国工人反对共产党员说：你们看，布尔什维克那里的情形多么糟！而我们也不能说我们这里的情况就很好。于是我们的敌人在德国就用这样的理由去影响群众，说什么在德国进行无产阶级革命就会造成和俄国一样的混乱状态。我们的混乱状态是我们长期的病症。我们是在同极大的困难作斗争中在我们国家建立无产阶级专政的。只要资产阶级，或小资产阶级，甚至一部分德国工人，还受到"布尔什维克想用强迫手段建立自己的制度"这种恐吓的影响，"劳动者自决"的公式就不会使情况好转。我们应当做到，使德国社会主义叛徒们无法说布尔什维克

---

① 见《列宁全集》第36卷，第409页。——编者注

强迫人家接受自己的万能制度,似乎这种制度可以靠红军的刺刀推行到柏林去。如果我们否认民族自决原则,人家就会作出这样的结论。

我们的党纲不应当说劳动者自决,因为这是不正确的。我们的党纲应当说现在的实际情况。既然各个民族还处于从中世纪制度进到资产阶级的民主或从资产阶级的民主进到无产阶级的民主的道路上的不同阶段,那么我们党纲中的这个原则便是绝对正确的。在这条道路上我们有过许许多多的曲折,每个民族都应当获得自决权,而这会促进劳动者的自决。在芬兰,无产阶级同资产阶级分离的过程是非常明显、突出和深刻的。那里的一切绝不会和我国相同。如果我们说不承认什么芬兰民族,而只承认劳动群众,那就是空洞到极点的废话。不承认实际情况是不行的,因为它会强迫你承认它。在不同的国家中,无产阶级循着各自不同的道路和资产阶级划清界限。在这方面我们应当极端谨慎。尤其是对于各个民族要特别谨慎,因为没有比对一个民族不信任更坏的事情了。在波兰,无产阶级正在自决。根据最近的数字,华沙工人代表苏维埃[6]中有波兰社会主义叛徒333人,共产党员297人。这就表明,照我们的革命日历来看,那里已离十月不远了。这已经是1917年的8月或9月。但是,第一,还没有颁布一个法令,要一切国家都用布尔什维克的革命日历,即使颁布了这样的法令,也是不会执行的。第二,现在的情形是,比我国工人先进的、文化程度较高的波兰工人,大多数都持有社会护国主义和社会爱国主义的观点。必须等待。这里决不能说劳动群众自决。我们应当宣传这种分化。这点我们已经在做,但毫无疑义,现在不能不承认波兰民族自决。这是很明显的。波兰无产阶级运动和我国一样是向着无产阶级专政前进的,可是前进的方式却不相同。在那里,人们恐吓工人说:向来压迫波兰人的莫斯卡里、大俄罗斯人,想在共产主义招牌的掩盖下,把他们的大俄罗斯沙文主义移植到波兰来。共产主义是不能用暴力来灌输的。我向一个优秀的波兰共产党员同志说,"你们要用另一种方式去做";他回答我说,"不,我们要做同样的事情,不过要比你们做得好些"。对于这种说法,我根本无法反驳。应当让他们有可能实现这个谦虚的愿望:把苏维埃政权建立得比我们的好些。不能不估计到那里所走的道路的一些特殊性，决不能说："打倒民族自决权！我们只让劳动群众有权自决。"这种自决过程是很复杂很困难的。现在除了俄国，任何地方都没有这种自决，必须预计到其他国家发展的一切阶段，决不要从莫斯科发号施令。所以这个提议在原则上是不能接受的。

……

载于《真理报》，1919年3月22日，第62号

选自《列宁全集》第36卷，第142～147页

4　关于党纲报告的总结发言

（1919年3月19日）

……不谈商品经济和资本主义的基础的纲领，不会是马克思主义的国际性的纲领。纲领要成为国际性的，就不能只限于宣告成立世界苏维埃共和国，或象皮达可夫同志那样只是宣告取消民族，说什么任何民族都不需要，需要的是全体无产者的联合。当然，这是美妙的事情，而且将会实现，但只能是在共产主义发展的另一个阶段上。皮达可夫同志盛气凌人地说："你们在1917年就落后了，现在你们有了进步。"我们的进步就在于把符合现实的东西载入了纲领。我们说各民族在从资产阶级民主制走向无产阶级政权，这说的是实际存在的东西，而在1917年，这还只是你们所期望的事情。

如果我们同斯巴达克派之间出现一种为统一的共产主义运动所需要的充分的同志信任，如果这种信任在一天天孕育成熟，经过几个月后终于形成，那么，这种信任就会载于纲领中。但是这种信任目前还没有，宣布这种信任就等于把他们拔高到他们根据自己的体验尚未达到的那种水平。我们说，苏维埃这种类型已具有国际的意义。布哈林同志举出了英国的车间代表委员会[7]。这并不完全等于苏维埃。它们在成长，但它们还在孕育

中。当它们出现在世间时,我们"是会看看的"。至于说我们把俄国的苏维埃赠送给英国工人,这是经不起任何批评的。

其次,我要谈谈民族自决问题。这个问题的意义在我们的批评中被夸大了。这表现了我们批评中的缺点,因为这样的问题在整个纲领结构中、在全部的纲领性要求中实质上只有很次要的意义,但在我们的批评中却占了特殊的地位。

皮达可夫同志发言的时候,我很惊奇,不知道这是讨论纲领,还是两个组织局在争辩。皮达可夫同志说,乌克兰的共产党员是按照俄共(布)中央的指示行事的,我不明白他在用什么语气说话。是遗憾的语气吗?我相信皮达可夫同志不是这样的,但他的发言的意思是说,既然在莫斯科有一个出色的中央委员会,这一切自决又有什么用处呢!这是幼稚的观点。乌克兰是由于一些特殊条件才同俄国分离的,因此,那里的民族运动没有深厚的根基。它略微表现出来,德国人就把它扼杀了。这是事实,但这是例外的事实。甚至那里的语言问题也成了这样:弄不清楚乌克兰语究竟是不是群众的语言。其他民族的劳动群众对大俄罗斯人都不信任,把他们看作一个进行盘剥、压迫的民族。这是事实。一个芬兰代表告诉我说,在仇恨大俄罗斯人的芬兰资产阶级中间,有这样的呼声:"原来德国人更残暴,协约国更残暴,还是让布尔什维克来吧。"这是我们在民族问题上对芬兰资产阶级的一个最大的胜利。这丝毫不妨害我们把他们当作阶级敌人,并选择适当的手段同他们作斗争。在沙皇制度压迫过芬兰的国家里建立起来的苏维埃共和国应当宣布:它尊重各民族的独立权利。我们同存在了一个短时期的红色芬兰政府签定过一个条约[8],在领土上向他们作了某些让步,为了这件事,我听到不少纯粹沙文主义的反对意见,说"那儿有很好的渔场,可是你们把它们送人了"。对这一类的反对意见我曾经说过:刮一刮某个共产党员,你就会发现他是大俄罗斯沙文主义者。

我觉得,这个有关芬兰的例子也象有关巴什基尔人的例子一样表明,在民族问题上不能说无论如何也要经济上的统一。当然这是需要的!但是我们应当通过宣传、鼓动、自愿的联盟来达到这一点。巴什基尔人不信任大俄罗斯人，因为大俄罗斯人文化较高，并且曾经利用自己的文化掠夺过巴什基尔人。因此，在这些偏僻地方，大俄罗斯人这个名称对于巴什基尔人说来就是"压迫者"、"骗子"。必须考虑到这一点，必须改变这一点。但要知道，这是一个长期的事情，这是不能用任何法令消除的。在这个问题上，我们应当十分慎重。象大俄罗斯人这样的民族特别需要慎重，因为它曾经引起所有其他民族的切齿痛恨，到现在我们才学会去纠正这种情形，而且做得还不好。例如在教育人民委员部和它的周围，有一些共产党员说：要成立统一的学校，因此，除俄语外，不能用别的语言讲课！在我看来，这样的共产党员就是大俄罗斯沙文主义者。这种人在我们中间还很多，我们必须同他们作斗争。

这就是为什么我们必须告诉其他民族说，我们是彻底的国际主义者，我们力争实现一切民族的工人和农民的自愿联盟。这丝毫不排斥战争。战争是另一个问题，它是由帝国主义的本质产生的。如果我们同威尔逊进行战争，而威尔逊把一个小民族变为自己的工具，那么我们说，我们要同这个工具作斗争。我们从来没有发表过与此相反的意见。我们从来没有说过社会主义共和国没有军事力量也能存在。在一定的条件下，战争可说是一种必然性。然而目前在民族自决问题上，问题的本质在于：不同的民族走着同样的历史道路，但走的是各种各样的曲折的小径，文化较高的民族的走法显然不同于文化较低的民族。芬兰有芬兰的走法。德国有德国的走法。皮达可夫同志说得对极了，我们需要统一。但是应当用宣传，用党的影响，用建立统一的工会来争取这种统一。然而这里也不能照一个死公式来行动。如果我们取消这一条或把它改写成另一种样子，我们就是把民族问题从纲领中一笔勾销了。如果人们没有民族特点，这样做倒也可以。但这样的人并没有，因此用别的方式我们是怎样也不能建成社会主义社会的。

载于《真理报》，1919年3月25日，第64号

选自《列宁全集》第36卷，第164～167页

注释：

[1] 这是列宁在俄共（布）第八次代表大会上的报告、讲话等文献。

俄共（布）第八次代表大会于1919年3月18～23日在莫斯科举行。参加代表大会的有301名有表决权的代表和102名有发言权的代表，共代表313766名党员。列入大会议程的问题是：中央委员会的总结报告；俄共（布）纲领；共产国际的建立；军事状况和军事政策；农村工作；组织工作；选举中央委员会。

代表大会的中心问题是讨论并通过新党纲。第七次代表大会选出的纲领委员会已经通过了列宁的党纲草案，但是鉴于委员会内存在分歧，在第八次代表大会上就党纲问题作报告的除代表多数派的列宁外，还有代表少数派的尼·伊·布哈林。布哈林提议把关于资本主义和小商品生产的条文从纲领中删去，而只限于论述纯粹的帝国主义。他认为帝国主义是特殊的社会经济形态。布哈林和格·列·皮达可夫还提议把民族自决权的条文从党纲中删去。列宁批判了他们的这些错误观点。代表大会先基本通过党纲草案，然后在纲领委员会对草案作了最后审订以后予以批准。《列宁全集》第36卷《附录》中载有第八次代表大会通过的俄共（布）纲领全文。

代表大会解决的另一个重要问题是对中农的态度问题。列宁论证了党对中农的新政策，即在依靠贫苦农民、对富农斗争并保持无产阶级的领导作用的条件下从中立中农的政策转到工人阶级与中农建立牢固的联盟的政策。早在1918年11月底列宁就提出了这个口号。代表大会通过了列宁起草的《关于对中农的态度的决议》。

在代表大会的工作中，关于军事状况问题、关于党的军事政策问题、关于红军的建设问题占了相当重要的地位。在大会上，所谓的"军事反对派"反对中央委员会的提纲。他们维护游击主义残余，否认吸收旧的军事专家的必要性，反对在军队中建立铁的纪律。在会上发言的大多数代表谴责了"军事反对派"，同时也对共和国革命军事委员会主席列·达·托洛茨基轻视军队中党的领导的行为以及他的老爷作风和独裁者派头提出了尖锐的批评。代表大会批准了根据列宁的论点制定的军事问题决议。

代表大会在关于组织问题的决议中反击了萨普龙诺夫—奥新斯基集团，

这个集团否认党在苏维埃中的领导作用，主张把人民委员会和全俄中央执行委员会主席团合并起来。代表大会否决了联邦制建党原则，认为必须建立一个集中统一的共产党和领导党的全部工作的统一的中央委员会。代表大会规定了中央委员会的内部组织结构，即中央设政治局、组织局和书记处。代表大会选出了由19名委员和8名候补委员组成的中央委员会。

[2] 1917年12月18日（31日），人民委员会通过了关于承认芬兰独立的法令。同一天，列宁将法令交给了由芬兰资产阶级政府首脑佩·斯温胡武德率领的代表团。1917年12月22日（1918年1月4日），全俄中央执行委员会批准了这一法令。

[3] 莫斯卡里是俄国十月革命前乌克兰人、白俄罗斯人和波兰人对俄罗斯人的蔑称。

[4] 指1919年3月在莫斯科举行的关于成立巴什基尔苏维埃自治共和国的谈判。

1918年巴什基尔被捷克斯洛伐克军和白卫军侵占后，资产阶级民族主义的巴什基尔政府曾宣布边疆区自治，并成立军队对红军作战。1919年1月底，在红军胜利推进和亚·瓦·高尔察克取消巴什基尔自治的形势下，巴什基尔政府害怕失去在群众中的影响，乃开始同乌法革命委员会谈判。苏维埃政府当即表示在建立反对高尔察克军队的统一战线条件下，保证巴什基尔民族自由。1919年3月16日，俄共（布）中央讨论了巴什基尔问题，决定由民族事务人民委员部同巴什基尔人进行谈判。3月20日，双方签订了《中央苏维埃政权和巴什基尔政府关于巴什基尔实行苏维埃自治的协议》。协议规定根据苏维埃宪法组织巴什基尔苏维埃自治共和国，并确定了共和国的疆界和行政区划。协议由人民委员会和全俄中央执行委员会批准，公布于1919年3月23日《全俄中央执行委员会消息报》。

[5] 毛拉是阿拉伯语中"主人"一词的音译，是对伊斯兰教学者的尊称。在俄国，毛拉是指伊斯兰教宗教仪式的主持人。

[6] 华沙工人代表苏维埃于1918年11月11日建立，是波兰成立最早的苏维埃之一。当时德奥占领军正从波兰撤退。在俄国十月革命影响下，波兰各城市先后成立了100多个苏维埃，有些地方还成立了农民代表苏维埃。华沙工人代表苏维埃是由波兰王国和立陶宛社会民主党、波兰社会党——"左派"（两者后来合并为波兰共产党）和华沙工会理事会发起组织的，成立后通过了在

企业中实行八小时工作制、建立工厂委员会并同企业主的怠工行为进行斗争等决定。波兰的妥协派政党——波兰社会党、全国工人联合会和崩得为了对抗革命的苏维埃，也成立了各自的苏维埃。1918年12月进行了统一的苏维埃的选举，结果妥协派获得多数。在统一的苏维埃内，共产党人和妥协派展开了激烈的斗争。妥协派企图分裂苏维埃；1919年6月，波兰社会党的代表退出了华沙苏维埃及其他城市的苏维埃。1919年夏天，波兰资产阶级反动派和妥协派政党的首领联合起来摧毁了苏维埃。

[7] 车间代表委员会是第一次世界大战期间英国一些工业部门的工人组织，由车间工人选举的代表组成。它们同执行"国内和平"政策的工联领袖相对立，捍卫工人群众的利益和要求，领导工人罢工，进行反战宣传。1916年，车间代表委员会成立了全国性组织。俄国十月革命后，在外国武装干涉苏维埃共和国期间，车间代表委员会积极支持苏维埃俄国。车间代表委员会的许多活动家，包括威·加拉赫、哈·波利特等，后来加入了英国共产党。

[8] 指1918年3月1日在彼得格勒签订的《俄罗斯社会主义联邦苏维埃共和国和芬兰社会主义工人共和国加强友好团结的条约》。

留声机片录音讲话[1]（节选）

（1919年3月底）

8　论残害犹太人的大暴行

所谓反犹太主义，就是散播对犹太人的仇恨。当万恶的沙皇君主国临到末日的时候，它竭力唆使愚昧无知的工人和农民去反对犹太人。沙皇警察同地主资本家联合起来，一再制造反犹大暴行。地主和资本家竭力想把因穷困而受尽苦难的工人和农民的仇恨引导到犹太人身上去。在其他国家里，也往往可以看到，资本家煽起对犹太人的仇恨，来蒙蔽工人，使他们看不到劳动人民的真正敌人——资本。只有在地主资本家的盘剥造成了工人和农民的极度愚昧的地方，对犹太人的仇视才牢固地存在着。只有十分愚昧备受压抑的人，才会相信污蔑犹太人的谎言和诽谤。这是旧的农奴制时代的残余。在农奴制时代，神父强迫人们用柴堆烧死异教徒，农民处于被奴役的地位，人民遭到压制，忍气吞声。这种旧的农奴制的黑暗正在消逝。人民的眼睛亮了。

劳动人民的敌人并不是犹太人。工人的敌人是各国的资本家。犹太人中间有工人，有劳动者，他们占大多数。他们是和我们同样受资本压迫的兄弟，他们是我们共同为社会主义斗争的同志。和俄罗斯人以及其他民族一样，犹太人中间也有富农、剥削者、资本家。资本家们极力散播和挑起各教派、各民族、各种族工人之间的仇恨。不劳动的人是靠资本的力量和权力来支持的。富有的犹太人,和富有的俄国人以及各国的富人一样,彼此联合起来,蹂躏、压迫、掠夺和离间工人。

折磨和迫害犹太人的万恶的沙皇制度是可耻的。散播对犹太人的仇视的人,散播对其他民族的仇恨的人,是可耻的。

各民族的工人在推翻资本的斗争中的兄弟信任和战斗联盟万岁。

载于1924年2~3月《青年近卫军》杂志第2~3期合刊

选自《列宁全集》第36卷,第230~231页

注释:

[1] 列宁的留声机片讲话是由全俄中央执行委员会中央出版物发行处组织灌制的,1919~1921年共灌制了15篇。据中央出版物发行处主任波·费·马尔金回忆,列宁非常关心利用留声机片进行宣传。列宁的留声机片讲话销行数万份,其中最受群众欢迎的是《论中农》、《什么是苏维埃政权?》和《论粮食税》。

中央关于军事统一的指示草案[1]

（1919年4月底和5月15日之间）

鉴于：

（1）俄罗斯联邦必须同乌克兰、拉脱维亚、爱沙尼亚、立陶宛和白俄罗斯各兄弟苏维埃共和国结成联盟，进行自卫，抗击共同的敌人世界帝国主义及其所支持的黑帮、白卫反革命势力，

（2）这次战争取得胜利的必要条件是统一指挥红军的一切部队，最严格地集中管理各社会主义共和国的一切人力和资源，特别是所有军事供给机构，以及铁路运输，因为铁路运输是战争中极其重要的物质因素，不仅对完成各次战役而且对红军的武器、被服和粮食的供给都有头等意义，

俄共中央确认：

（1）在整个社会主义自卫战争期间，把红军的供给事宜全部交由俄罗斯联邦国防委员会和其他中央机关统一领导，是绝对必要的；

（2）在整个社会主义自卫战争期间，把各兄弟社会主义共和国境内的铁路运输和铁路网归由俄罗斯联邦交通人民委员部统一领导和管理，是绝对必要的；

（3）在各兄弟苏维埃共和国设立独立的红军供给机关和独立的交通人民委员部是同国防利益不相容的；在战争期间，必须把这些机构改组为俄罗斯联邦红军供给机关和俄罗斯联邦交通人民委员部的下属机关，由俄罗

斯联邦红军中央供给机关和俄罗斯联邦交通人民委员部直接管理和全权管辖；

（4）一切有关红军供给、铁路运输或铁路网管理的法令，凡同俄罗斯联邦调整红军供给、铁路运输和铁路网管理的决议和法令相抵触的，均应予以撤销。

列　宁　斯大林

载于1941年莫斯科出版的《1919年彼得格勒英雄保卫战文件汇编》一书

选自《列宁全集》第36卷，第367~368页

注释：

[1] 1919年4月，俄共（布）中央作了一个有关巩固各苏维埃共和国军事统一的决定（参看《列宁全集》第36卷注88）。1919年4月23日，共和国武装力量总司令约·约·瓦采季斯在一份关于俄罗斯社会主义联邦苏维埃共和国军事形势的报告书中，又论证了把各苏维埃共和国的武装力量联合起来置于统一的指挥之下的必要性。列宁看了报告书后，于4月24日写批语给共和国军事革命委员会副主席埃·马·斯克良斯基，提出要迅速起草一份中央给各民族共和国的同志们的关于军事统一的指示。5月，列宁亲自起草了《中央关于军事统一的指示草案》。在这以后，各兄弟共和国苏维埃政府分别建议，把一切人力物力联合起来共同抵御外国武装干涉者和反革命白卫军。根据这种愿望，全俄中央执行委员会于1919年6月1日通过了《关于俄罗斯、乌克兰、拉脱维亚、立陶宛、白俄罗斯等苏维埃共和国结成军事联盟的决定》。各共和国政府经过协商，把各自的军事组织及军事指挥、国民经济委员会、铁路运输管理、财政和劳动人民委员部统一起来。1920年9月30日，俄罗斯社会主义联邦苏维埃共和国同阿塞拜疆社会主义苏维埃共和国签订了关于军事、财政、经济联合的条约。1920年12月28日，俄罗斯社会主义联邦苏维埃共和国和乌克兰社会主义苏维埃共和国签订了关于军事和经济联合的工农同盟条约。1921年1月16日，俄罗斯社会主义联邦苏维埃共和国同白俄罗斯社会

主义苏维埃共和国签订了类似的工农同盟条约。各兄弟苏维埃共和国在军事上和经济上的联合,为战胜外国武装干涉者和国内反革命势力提供了保证,同时也是各苏维埃共和国联合成为统一的联盟国家的重要一步。

给克·格·拉柯夫斯基的电报

（1919年5月22日）

密码

基辅 拉柯夫斯基

俄共中央委员会建议乌克兰共产党中央委员会，在未征得俄共中央委员会同意之前不要把诸如发行新币或兑换卢布这样重大的财政决定交给乌克兰人民委员会讨论，因为此类措施只能在全俄范围内采取。

您是否认为这一指示可行，请详细答复。

列 宁①

载于《列宁文集》第34卷，1942年俄文版

选自《列宁全集》第48卷，第637页

---

① 签署该电的还有尼·尼·克列斯廷斯基和米·伊·加里宁。——原编者注

给南方面军革命军事委员会的电报

(1919年6月3日)

致南方面军革命军事委员会

顿河州科捷利尼科沃区革命委员会第27号命令规定将"哥萨克村"改为"乡",据此将科捷利尼科沃区划分为若干乡。

该州的一些区里,地方政权禁止裤子镶饰绦,并且不许使用"哥萨克"这个词。

第9集团军罗加乔夫同志不加区别地征用哥萨克劳动者的马具和车辆。

在该州许多地方,农民买卖日常必需品的地方集市遭到禁止。奥地利战俘被任命为哥萨克村的政治委员。

请注意,在破除那些政治上完全没有意义而又会引起居民不满的琐碎的日常生活习惯时,必须特别谨慎。在基本问题上一定要坚持原则,对居民所习惯的一些古老风俗残余则要迁就、宽容。

请回电。

人民委员会主席 **列宁**

载于《列宁文集》第34卷,1942年俄文版

选自《列宁全集》第48卷,第767~768页

论国家(节选)

在斯维尔德洛夫大学的讲演[1]

(1919年7月11日)

在第一种人剥削人的形式、第一种阶级划分（奴隶主和奴隶）的形式尚未出现以前，还存在着父权制的或有时称为**克兰制的**（克兰就是家族，氏族。当时人们生活在氏族中，生活在家族中）家庭，这种原始时代的遗迹在很多原始民族的风俗中还表现得十分明显，不管你拿哪一部论述原始文化的著作来看，都可以遇到比较明确的描写、记载和回忆，说有过一个多少与原始共产主义相似的时代，那时社会并没有分为奴隶主和奴隶。那时还没有国家，没有系统地使用暴力和强迫人们服从暴力的特殊机构。这样的机构就叫作国家。

在人们还在不大的氏族中生活的原始社会里，还处于最低发展阶段即处于近乎蒙昧的状态，在与现代文明人类相距几千年的时代，还看不到国家存在的标志。我们看到的是风俗的统治，是族长所享有的威信、尊敬和权力，我们看到这种权力有时是属于妇女的——妇女在当时不象现在这样处在无权的被压迫的地位——但是在任何地方我们都看不到一种特殊**等级**的人分化出来管理他人并为了管理而系统地一贯地掌握着某种强制机构即暴力机构，这种暴力机构，大家知道，现在就是武装队伍、监狱及其他强迫他人意志服从暴力的手段，即构成国家实质的东西。

如果把资产阶级学者编造出来的所谓宗教学说、诡辩、哲学体系以及各种各样的见解抛开，而去探求问题的实质，那我们就会看到，国家正是这种从人类社会中分化出来的管理机构。当专门从事管理并因此而需要一个强迫他人意志服从暴力的特殊强制机构（监狱、特殊队伍即军队，等等）的特殊集团出现时，国家也就出现了。

但是曾经有过一个时候，国家并不存在，公共联系、社会本身、纪律以及劳动规则全靠习惯和传统的力量来维持，全靠族长或妇女享有的威信或尊敬（当时妇女往往不仅同男子处于平等地位，而且有时还占有更高的地位）来维持，没有专门从事管理的人构成的特殊等级。历史告诉我们，国家这种强制人的特殊机构，只是在社会划分为阶级，即划分为这样一些集团，其中一些集团能够经常占有另一些集团的劳动的地方和时候，只是在人剥削人的地方，才产生出来的。

我们始终都要记住历史上社会划分为阶级的这一基本事实。世界各国所有人类社会数千年来的发展，都向我们表明了它如下的一般规律、常规和次序：起初是无阶级的社会——父权制原始社会，即没有贵族的原始社会；然后是以奴隶制为基础的社会，即奴隶占有制社会。整个现代的文明的欧洲都经过了这个阶段，奴隶制在两千年前占有完全统治的地位。世界上其余各洲的绝大多数民族也都经过这个阶段。在最不发达的民族中，现在也还有奴隶制的遗迹，例如在非洲现时还可以找到奴隶制的设施。奴隶主和奴隶是第一次大规模的阶级划分。前一集团不仅占有一切生产资料（即土地和工具，尽管当时工具还十分简陋），并且还占有人。这个集团就叫作奴隶主，而从事劳动并把劳动果实交给别人的人则叫作奴隶。

载于《真理报》，1929年1月18日，第15号

选自《列宁全集》第37卷，第62~64页

注释：

[1]《论国家》是列宁1919年7月11日在斯维尔德洛夫大学讲演的记录，最初由

苏联列宁研究院于1929年1月18日发表于《真理报》。按照该校学员 Я. Я. 别尔兹1929年给列宁研究院的信以及其他一些资料的说法，列宁还于1919年8月29日在该校作了第二次讲演，题目是《关于国家，国家的意义、产生及阶级的产生》，可是第二次讲演的记录至今没有找到。

斯维尔德洛夫大学即斯维尔德洛夫共产主义大学，是苏联培养党政干部的第一所高等学校。这所大学的前身是1918年雅·米·斯维尔德洛夫倡议成立的全俄中央执行委员会附属鼓动员和指导员训练班。1919年1月，训练班改组为苏维埃工作学校，俄共（布）第八次代表大会以后又改组为中央苏维埃工作和党务工作学校。1919年7月3日，俄共（布）中央全会批准了关于中央苏维埃工作和党务工作学校改名为斯维尔德洛夫共产主义大学的决定。

答美国记者问[1]（节选）

（1919年7月20日）

2. 我们苏维埃共和国对阿富汗、印度等等穆斯林国家所做的工作，也同我们在国内对人数众多的穆斯林和其他非俄罗斯民族所做的工作一样。譬如我们让巴什基尔人在俄国内部建立自治共和国，我们尽力帮助每个民族得到独立自由的发展，帮助它们多出版、多发行本民族语言的书报，我们还翻译和宣传我们的苏维埃宪法；同"西欧"和美洲资产阶级"民主"国家的宪法比起来，这个宪法不幸更为殖民地、附属国的受压迫的和没有充分权利的10亿以上的人民所喜爱，因为"西欧"和美洲资产阶级"民主"国家的宪法巩固土地和资本的私有制，即巩固少数"文明的"资本家对本国劳动者和亚洲非洲等地殖民地几亿人民的压迫。

3. 对于美国和日本，我们首要的政治目的，就是击退它们对俄国的侵犯，它们这种侵犯是无耻的，罪恶的，掠夺性的，只会使本国资本家发财。我们曾多次郑重地向这两个国家建议媾和，但它们甚至没有回答我们，并且继续同我们作战，帮助邓尼金和高尔察克，掠夺摩尔曼和阿尔汉格尔斯克，特别是在西伯利亚东部大肆洗劫和破坏，那里的俄国农民对日本和北美合众国的资本家强盗进行了英勇的抵抗。

对于一切民族，包括美国和日本在内，我们今后的政治目的和经济目的只有一个，就是毫无例外地同一切国家的工人和劳动者结成兄弟联盟。

4. 我们同意同高尔察克、邓尼金、曼纳海姆媾和的那些条件，已多次用书面形式十分明确地提出过，例如，我们向代表美国政府同我们（以及在莫斯科同我本人）进行谈判[2]的布利特提出过，在给南森的信[3]及其他场合也都提出过。如果美国和其他国家的政府不敢把这些文件全部发表，向人民隐瞒真情，那么这不是我们的过错。我只提一下我们的基本条件：我们准备偿还法国和其他国家的一切债务，只要和约是真正的而不是口头上的，就是说，这一和约要得到英、法、美、日、意等国政府的正式签署和批准，因为邓尼金、高尔察克、曼纳海姆等等不过是这些政府的走卒。

5. 我很想把以下情况告诉美国舆论界：

资本主义和封建主义相比，是在"自由"、"平等"、"民主"、"文明"的道路上向前迈进了具有世界历史意义的一步。虽然如此，资本主义始终是**雇佣奴隶**制度，始终是极少数现代（"moderne"）奴隶主即地主和资本家奴役千百万工农劳动者的制度。资产阶级民主制和封建制度相比，改变了经济奴役形式，为这种奴役作了特别漂亮的装饰，但并没有改变也不能改变这种奴役的实质。资本主义和资产阶级民主制就是雇佣奴隶制。

技术特别是交通的惊人进步，资本和银行的巨大发展，使资本主义达到成熟，而且成熟过度了。资本主义已经衰朽。它已成为人类发展的最反动的障碍。它就是一小撮百万富翁和亿万富翁统治一切，这些富翁推动各国人民进行厮杀，来解决帝国主义赃物、殖民地统治权、金融"势力范围"或"托管权"等等应当归德国强盗集团所有还是归英法强盗集团所有的问题。

在1914～1918年大战期间，正是由于这个原因而且只是由于这个原因，千百万人死亡了，残废了。对这一真理的认识，现在正迅速地不可抑止地在各国劳动群众中扩大着，尤其是因为战争在各处都引起了空前的破坏，**各国**（包括"战胜国"的人民）都必须为战时的债务支付利息。这些利息是什么呢？是献给百万富翁老爷们的几十亿贡款，以感谢他们仁慈地使千百万工农为解决资本家瓜分利润问题而互相残杀。

资本主义的崩溃是不可避免的。群众的革命意识到处在增长着。成千上万种迹象都说明了这一点。有些迹象并不重要，但庸人看了也都一目了然,其中之一就是昂利·巴比塞的两本小说(《火线》和《光明》)。作者打过仗,而且是一个最和气、最安分、最守法的小资产者,一个庸夫俗子。

资本家、资产阶级能办到的,"至多"是延缓社会主义在这个或那个国家取得胜利,为此再屠杀几十万工人和农民。但他们决不能挽救资本主义。代替资本主义的是**苏维埃共和国**。苏维埃共和国把政权交给劳动人民,并且只交给劳动人民,它委托无产阶级领导劳动人民的解放事业,废除土地、工厂和其他生产资料的私有制,因为这种私有制是少数人剥削多数人的根源,是群众贫困的根源,是只能使资本家发财的、各民族间的掠夺性战争的根源。

载于《真理报》,1919年7月25日,第162号

选自《列宁全集》第37卷,第108~110页

注释:

[1] 本文是列宁对美国合众社提出的五个问题的答复。这五个问题是:

(1) 俄罗斯苏维埃共和国是否对政府最初的对内对外政策纲领和经济纲领作了一些或大或小的改变?什么时候和哪一些?

(2) 俄罗斯苏维埃共和国对阿富汗、印度和俄国境外的其他穆斯林国家的策略如何?

(3) 你们对美国和日本所抱的政治目的和经济目的何在?

(4) 你们准备在什么条件下同高尔察克、邓尼金和曼纳海姆媾和?

(5) 你还有什么话要告诉美国舆论界?

列宁的答复经布达佩斯转给美国报界。但合众社在转发给各报时删掉了列宁对第5个问题的答复,说那"纯粹是布尔什维克的宣传"。1919年10月,美国左派社会党人的《解放者》杂志发表了《声明和挑战》一文,引述了列宁对第5个问题的答复,并在编者按语中指出了合众社转发给各报时加以删节的情况。

[2] 指1919年3月苏维埃政府同美国政府代表威·克·布利特在莫斯科进行的谈

判。布利特前往莫斯科是要了解苏维埃政府同意在什么条件下同协约国媾和。

布利特在谈判中转达了美国总统伍·威尔逊和英国首相戴·劳合-乔治的建议。苏维埃政府为了尽快缔结和约，同意按照他们提出的条件进行谈判，但对这些条件作了一些重要修改（美国政府代表布利特和苏俄政府共同制定的和平建议草案全文，见《苏联对外政策文件汇编》1958年俄文版第2卷，第91~95页）。

布利特离开苏维埃俄国之后不久，高尔察克军队在东线取得了一些胜利。帝国主义各国政府指望借助高尔察克的力量来消灭苏维埃俄国，于是拒绝了和平谈判。威尔逊不准公布布利特带回去的协定草案，劳合-乔治则在议会宣称他同与苏维埃政府谈判一事根本没有关系。

[3] 指苏维埃政府给挪威著名社会活动家弗·南森的复信。南森在1919年4月17日给列宁的信中谈到，他于4月3日写信给伍·威尔逊、乔·邦·克列孟梭、戴·劳合-乔治和维·埃·奥兰多，提出一项用粮食和药品援助苏维埃俄国的计划。4月17日，"四人会议"同意南森的建议，但有一个保留条件：在苏维埃俄国境内要停止军事行动并停止调运军队和各种军用物资。5月4日苏维埃政府从无线电中收到这封信后，在5月7日给南森发出了复信。由于这项计划不能保证停止军事行动不被反革命利用，苏维埃政府在复信中表示它只能同协约国各国政府就停止军事行动问题进行谈判。苏维埃政府的建议通过南森转达给了协约国各国政府。但是，协约国列强对这项建议未予答复。列宁对格·瓦·契切林起草的两份给南森的信稿作过批注（见《列宁全集》第48卷）。

给巴什基尔革命委员会的电报

（1919年9月5日）

乌法

巴什基尔革命委员会

抄送：**瓦利多夫同志**

现在，当红军在东方取得的决定性胜利保证了巴什基尔民族的自由发展的时候，共和国革命军事委员会关于调若干巴什基尔部队到彼得格勒的决定具有特别重大的政治意义。凶恶的帝国主义者将会看到，觉醒的东方民族已经奋起捍卫无产阶级革命的中心。与此同时，武装起来的巴什基尔人与彼得格勒工人的密切往来将保证他们能够按照共产主义精神密切联系和相互尊重。我深信，巴什基尔共和国革命委员会和巴什基尔所有先进的同志将尽一切努力，使巴什基尔部队的调动能在最短期间并在尽量减轻铁路运输负担的条件下完成。请向巴什基尔的红军战士们转致兄弟般的敬礼。

人民委员会主席**列宁**

载于1932年乌法出版的《国内战争时期的巴什基尔。参战者的回忆》一书

选自《列宁全集》第49卷，第80页

致土耳其斯坦共产党员同志们[1]

（1919年11月7~10日）

同志们！请允许我不用人民委员会主席和国防委员会主席的身分，而用一个党员的身分给你们写这封信。

可以毫不夸大地说，同土耳其斯坦各族人民建立正常的关系，现在对俄罗斯社会主义联邦苏维埃共和国具有重大的世界历史意义。

苏维埃工农共和国对以前受压迫的弱小民族的态度，对于全亚洲，对于世界上所有的殖民地，对于千千万万的人，都具有实际的意义。

我恳请你们特别注意这个问题，努力和土耳其斯坦各族人民建立同志的关系，以事实来作出榜样；用实际行动向他们证明我们真心想根除大俄罗斯帝国主义的一切残余，以便同世界帝国主义及其领导者英帝国主义作忘我的斗争；要无限信任我们的土耳其斯坦委员会，要严格遵守该委员会根据全俄中央执行委员会的上述精神制定的指示。

如果你们能给我回信并把你们的态度告诉我，我是非常感激的。

顺致
共产主义敬礼

弗·乌里扬诺夫（列宁）

载于 1919 年 11 月 7～10 日《土耳其斯坦共产党人报》、《土耳其斯坦共和国苏维埃中央执行委员会消息报》和《红色战线报》出版的《无产阶级时代一世纪的两年》纪念专刊

选自《列宁全集》第 37 卷，第 297～298 页

注释：

[1]《致土耳其斯坦共产党员同志们》是列宁为全俄中央执行委员会和人民委员会派遣土耳其斯坦委员会前去土耳其斯坦而写的一封信。土耳其斯坦委员会是根据 1919 年 10 月 8 日全俄中央执行委员会和人民委员会的决定成立的，由沙·祖·埃利亚瓦任主席，成员有格·伊·博基、菲·伊·戈洛晓金、瓦·弗·古比雪夫、扬·埃·鲁祖塔克和米·瓦·伏龙芝。委员会具有国家机关和党的机关的权力，其主要任务是加强土耳其斯坦各族人民同苏维埃俄国劳动人民的联盟，巩固苏维埃政权，纠正当地在执行民族政策方面的错误和整顿党的工作。列宁的信于 1920 年 1 月在土耳其斯坦共产党第五次边疆区全党代表会议上讨论过。代表会议写信给列宁，表示土耳其斯坦的共产党员保证坚决纠正所犯的错误，并对土耳其斯坦委员会给予一致的支持。

在全俄东部各民族共产党组织第二次代表大会上的报告[1]（节选）

（1919年11月22日）

同志们！能够向代表东部各穆斯林民族共产党组织的党员同志的代表大会表示祝贺，并就俄国和全世界当前局势问题讲几句话，我感到非常高兴。我的报告的题目是目前形势问题。我觉得目前在这方面具有最重大意义的，是东部各民族对帝国主义的态度和这些民族中间的革命运动。显然，东部各民族的革命运动，目前只有和我们苏维埃共和国反对国际帝国主义的革命斗争直接联系起来，才能顺利地发展，才能有所成就。由于种种原因，如由于俄国落后和幅员广大，由于它地跨欧亚两洲，位于东西方之间，我们不得不肩负起全部重担（我们认为这是极大的光荣），充当世界反帝国主义斗争的先锋。因此，最近将来事态发展的整个进程将预示一场更广泛更顽强的反对国际帝国主义的斗争，而且这个进程必然会同苏维埃共和国反对德、法、英、美帝国主义联合势力的斗争联系起来。

……

我要在报告中简要说明的目前国内外的形势就是如此。最后，请允许我谈谈东部各民族目前的情况。你们是东部各民族共产党组织的代表和共产党的代表。我要指出，如果说俄国布尔什维克能够在旧帝国主义中打开一个缺口，担负起异常艰难但又异常崇高的开辟革命新道路的任务，那么，你们这些东部劳动群众的代表今后要担负的就将是更伟大更新的任务。十分明显,全世界行将爆发的社会主义革命,决不限于每一国无产阶级战胜本国资产阶级。如果各国革命进行得很顺利,很迅速,这也许是可能的。我们知道,帝国主义者是不会让我们这样做的,世界各国都已武装起来对付本国的布尔什维主义,一心在想怎样战胜自己家里的布尔什维主义。因此,每一个国家都酝酿着国内战争,而老社会党人妥协分子是站在资产阶级一边参加这个战争的。由此可见,社会主义革命不会仅仅是或主要是每一个国家的革命无产者反对本国资产阶级的斗争。不会的,这个革命将是受帝国主义压迫的一切殖民地和国家、一切附属国反对国际帝国主义的斗争。在我们党今年3月通过的纲领里面,我们在说明世界社会革命日益接近的时候说,各先进国家的劳动人民反对帝国主义者和剥削者的国内战争正开始同反对国际帝国主义的民族战争结合起来。这一点正由革命进程所证实,并且今后会得到更多的证实。东方的情形也会是如此。

我们知道,东方的人民群众将作为独立的斗争参加者和新生活的创造者起来奋斗,因为东方亿万人民都是一些不独立的、没有充分权利的民族,至今仍是帝国主义国际政治的客体,它们的存在只是为了给资本主义文化和文明当肥料。我们非常了解,所谓分配殖民地的统治权,就是分配掠夺和抢劫权,就是分配地球上一小撮人对大多数人的剥削权。地球上的大多数人过去完全处于历史的进步之外,因为当时他们不能成为独立的革命力量,但是在20世纪初,他们已不再扮演这种消极的角色了。我们知道,1905年以后,土耳其、波斯、中国相继发生了革命,印度也展开了革命运动。帝国主义战争也促进了革命运动的发展,因为由殖民地人民组成的整团整团的军队被卷入了欧洲帝国主义者之间的斗争。帝国主义战争也唤醒了东方,把东方各族人民卷入了国际政治生活。英国和法国武装了殖民地人民,帮助他们熟悉了军事技术装备和革新的机械。他们将利用学到的本事去反对帝国主义老爷们。继东方觉醒时期之后,在当代革命中,东方各民族为了不再仅仅充当别人发财的对象而参与决定世界命运的时期到来了。东方各民族正在纷纷觉醒,采取实际行动,使每一个民族都参与决定全人类命运的问题。

所以我认为,今后在世界革命发展史中(从这个革命开始时的情况看来,它还要继续很多年,需要人们做很多工作),在革命斗争中,在革命运动中,你们将要发挥重大的作用,将要把你们的斗争和我们反对国际帝国主义的斗争汇合起来。你们参加国际革命,就要担负起一个艰巨复杂的任务,解决了这个任务就会为总的胜利打下基础,因为在这里,人口中的多数是第一次进行独立的运动,他们将成为推翻国际帝国主义的斗争的积极因素。

东方大多数民族的处境比欧洲最落后的国家俄国还要坏。我们已经在反对封建主义残余和反对资本主义的斗争中把俄国农民和工人联合起来了,我们的斗争所以进行得很顺利,正是因为工人和农民是联合起来反对资本和封建主义的。在这方面,同东部各族人民的联系特别重要,因为东部人民大多数是典型的劳动群众,他们不是受过资本主义工厂锻炼的工人,而是典型的被剥削劳动农民群众,即遭受中世纪制度压迫的劳动农民群众。俄国革命已经表明,战胜了资本主义的无产阶级把千百万涣散的劳动农民群众团结起来以后,就胜利地进行了反对中世纪制度压迫的斗争。现在,我们苏维埃共和国要把觉醒的东部各族人民团结在自己周围,共同去进行反对国际帝国主义的斗争。

你们面临着全世界共产党人所没有遇到过的一个任务,就是你们必须以共产主义的一般理论和实践为依据,适应欧洲各国所没有的特殊条件,善于把这种理论和实践运用于主要群众是农民、需要解决的斗争任务不是反对资本而是反对中世纪残余这样的条件。这是一个困难而特殊的任务,但又是一个能收到卓著成效的任务,因为一些还没有参加过斗争的群众正被卷到斗争中来,另一方面,由于东部组织了共产党支部,你们就能够同第三国际保持最紧密的联系。你们必须找到特殊的形式,把全世界先进无产者同东部那些往往处在中世纪生活条件下的被剥削劳动群众联合起来。我们在小范围内即在我们国家内实现了的任务,你们将在大范围内即在一些大的国家内予以实现。这第二个任务,我希望你们能够胜利完成。由于东部已经有了共产党组织——你们就是这些组织的代表——你们就与先进的革命无产阶级有了联系。你们当前的任务,就是要继续关心怎样在每一个国家内用人民懂得的语言进行共产主义宣传。

不言而喻,能够获得最终胜利的,只有全世界先进国家的无产阶级。我们俄国人开创的事业,将由英国、法国或德国的无产阶级来巩固;但是我们看到,没有各被压迫殖民地民族的劳动群众的援助,首先是东方各民族的劳动群众的援助,他们是不能取得胜利的。我们应当懂得,单靠一支先锋队还不能实现向共产主义的过渡。必须激发劳动群众从事独立活动和把自己组织起来的革命积极性(不管他们的水平如何);把指导较先进国家的共产党人的真正的共产主义学说译成各民族的文字;实现那些必须立刻实现的实际任务,同其他国家的无产者联合起来共同斗争。

任务就是这些,它们的解决方法无论在哪一部共产主义书本里都是找不到的,但是在俄国所开始的共同斗争中却能够找到。你们应当提出这种任务,并根据自己的经验来解决这种任务。对你们会有帮助的,一方面是同其他国家的全体劳动人民的先锋队结成紧密的联盟,另一方面是善于正确对待你们在这里所代表的东部各民族。你们不得不立足于正在这些民族中间产生出来并且必然要产生出来的资产阶级民族主义。这种民族主义的产生是有其历史根据的。同时你们应当去联系每一个国家的被剥削劳动群众,用他们懂得的语言告诉他们,获得解放的唯一希望是国际革命的胜利,国际无产阶级是东方各民族亿万被剥削劳动群众的唯一同盟者。

这就是摆在你们面前的极其巨大的任务。由于革命时代的来临和革命运动的发展(这是不容置疑的),东部各共产党组织只要能共同努力,就一定会成功地解决这个任务,并彻底战胜国际帝国主义。

载于《俄共(布)中央通报》1919年12月20日第9期

选自《列宁全集》第37卷,第314、321~325页

注释:

[1] 这是列宁在全俄东部各民族共产党组织第二次代表大会上作的关于当前形势

的报告。

全俄东部各民族共产党组织第二次代表大会由俄共（布）中央东部各民族共产党组织中央局召开，于1919年11月22日～12月3日在莫斯科举行。出席代表大会的有71名有表决权的代表和11名有发言权的代表。在代表大会开幕的前一天，曾由列宁主持召开了有俄共（布）中央委员和一部分代表参加的预备会议。代表大会听取了东部各民族共产党组织中央局的工作报告，各地的报告，中央穆斯林军事委员会和民族事务人民委员部中央穆斯林委员部的报告，以及关于国家组织问题和党的问题、关于东部妇女工作、青年工作等小组的报告、并讨论了鞑靼—巴什基尔问题。代表大会规定了东部党的工作和苏维埃工作的任务，选出了俄共（布）中央东部各民族共产党组织中央局。

俄共（布）中央关于乌克兰苏维埃政权的决议[1]

（1919年11月29日）

关于如何对待从邓尼金匪帮暂时占领下解放出来的乌克兰劳动人民的问题，俄共中央特作决定如下：

1. 中央委员会始终不渝地贯彻民族自决的原则，认为必须重申，俄国共产党主张承认乌克兰苏维埃社会主义共和国的独立。

2. 俄国共产党认为，各苏维埃共和国在反对世界帝国主义凶恶势力的斗争中必须结成最紧密的联盟，这对每一个共产党员和觉悟工人来说是毫无疑义的，但它主张，这种联盟的形式最后应由乌克兰的工人和劳动农民自己决定。

3. 根据全俄中央执行委员会1919年6月1日的决议和乌克兰中央执行委员会1919年5月18日的决议[2]（决议随附），乌克兰苏维埃社会主义共和国和俄罗斯社会主义联邦苏维埃共和国现时的关系为联邦关系。

4. 鉴于乌克兰的文化（语言、学校等）多少世纪以来一直遭受俄罗斯沙皇制度和剥削阶级的摧残，俄共中央特责成全体党员用各种办法帮助铲除妨碍乌克兰语言和文化自由发展的一切障碍。长期遭受压迫使乌克兰落后群众具有民族主义倾向，因此，俄国共产党党员必须极其耐心、极其慎重地对待他们，必须用同志的态度向他们说明乌克兰和俄罗斯劳动群众的利益是一致的。乌克兰地区的俄国共产党党员，应当切实保证劳动群众在学校和一切苏维埃机关中使用本民族语言的权利，应当坚决反对人为地把乌克兰语排挤到次要地位的做法，相反，应当努力把乌克兰语变成对劳动群众进行共产主义教育的工具。应当立即采取措施使一切苏维埃机关都有足够数量会乌克兰语的工作人员，使将来的一切工作人员都会使用乌克兰语。

5. 必须使苏维埃机关同乌克兰土著农民保持紧密的联系，为此规定：革命委员会[3]和苏维埃即使在刚成立、刚开始工作的时候，也应当保证劳动农民的代表在这些机关里占多数，并且要保证贫苦农民代表能起决定作用。

6. 鉴于农民在人口中所占的多数，在乌克兰比在俄罗斯还大，所以乌克兰苏维埃政权不仅应当争取贫苦农民的信任，并且应当争取在根本利益上同苏维埃政权休戚相关的广大中农阶层的信任。特别是，在坚持粮食政策基本原则（国家按固定价格收购粮食，实行强制性的余粮收集制）时，必须注意使工作方法适合于乌克兰农村的情况。

乌克兰粮食政策方面的当前任务，是**根据严格限制的数量**，即根据乌克兰贫苦农民、工人和红军所必需的供应量征收余粮。在征收余粮时，应特别注意中农的利益，对他们应同富农分子有严格的区别。必须用事实向乌克兰农民揭露所谓苏维埃俄国要榨取乌克兰谷物和其他农产品的反革命蛊惑宣传。

中央政权的代表、党的一切工作者和指导员等等有责任广泛吸收贫苦农民和中农参加各方面的管理工作。

为建立真正劳动者的政权这同一目的，应立即采取措施，使那些根本不了解广大农民群众的生活情况并常常利用共产主义旗帜作掩护的乌克兰小市民不致充斥苏维埃机关。

在允许这些人加入党的队伍和参加苏维埃机关工作以前，应当审查他们的工作能力，审查他们**在工作中**，首先是在前线，在作战部队中是否忠于劳动者的利益。在任何地方和任何条件下，这些人都应当受到无产阶级的严格的阶级监督。

经验证明，在贫苦农民还没有组织起来的情况下，乌克兰农村居民手中的大量武器必然集中在富农和反革命分子手中，从而导致富农匪帮事实上的统治，而不是劳动者的专政。因此，乌克兰苏维埃建设的首要任务就是收集全部武器，把它们集中到工农红军手中。

7. 在实行土地政策时，应当特别照顾贫苦农民和中农的经济利益。

在乌克兰，土地政策的任务应当是：

（1）完全废除邓尼金所恢复的地主土地占有制，把土地交给无地少地的农民。

（2）建立国营农场要考虑到周围农民的切身利益，在规模上要严格加以控制。

（3）在把农民联合成公社或劳动组合等方面，必须严格贯彻党的政策，不许有任何强迫行为，要完全让农民自己自由决定，有一点点强迫都要受到严厉惩办。

载于《俄共（布）中央通报》1919年12月2日第8期

选自《列宁全集》第37卷，第328～330页

注释：

[1] 这个决议是根据列宁草拟的提纲制定的。俄共（布）中央政治局1919年11月21日会议讨论了列宁的提纲，把它交给专门委员会作最后审订。该委员会根据提纲拟的决议草案，在列宁补充了第2点后，于11月29日由俄共（布）中央全会通过，随后经俄共（布）第八次全国代表会议批准。

[2] 乌克兰社会主义苏维埃共和国中央执行委员会在1919年5月18日同基辅工人代表苏维埃、工会、工厂委员会和基辅县农民代表大会举行的联席会议上通过了一项决议，其中指出：必须把各苏维埃共和国的一切力量联合起来同苏维埃政权的敌人进行武装斗争，并把各种物资集中在统一的中央机关手中。乌克兰社会主义苏维埃共和国中央执行委员会委托它的主席团向全俄中央执行委员会建议"制定建立革命斗争统一战线的具体形式"。拉脱维亚、立陶宛和白俄罗斯苏维埃政府也提出了类似的建议。

全俄中央执行委员会根据各苏维埃共和国最高机关的愿望，于1919年6月1日通过了《关于俄罗斯、乌克兰、拉脱维亚、立陶宛、白俄罗斯等苏维埃共和国结成军事联盟的决定》。决定说："全俄中央执行委员会完全承认乌克兰、拉脱维亚、立陶宛、白俄罗斯和克里木劳动群众的独立、自由和自决……认为各苏维埃社会主义共和国的（1）军事组织和军事指挥、（2）国民经济委员会、（3）铁路管理和经营、（4）财政和（5）劳动人民委员部，必须紧密联合起来，使人民生活的上述各部门分别由统一的集体管理机构集中领导。"各苏维埃社会主义共和国根据这个决定结成的军事政治联盟，在战胜武装干涉者和国内反革命势力的斗争中起了重大的作用。

[3] 革命委员会是1918～1920年俄国国内战争和外国武装干涉时期的非常政权机关。根据全俄中央执行委员会1919年10月24日颁布的条例，革命委员会分为三类：（1）从敌人手中解放出来的地区的革命委员会，由集团军革命军事委员会在苏维埃政权地方机关参与下组成，成员3～5人；（2）前线地区的革命委员会，由集团军革命军事委员会在地方省执行委员会参与下组成，其成员有革命军事委员会和执行委员会的代表。执行委员会可以暂时解散，而以革命委员会代之，执行委员会所属机关均由革命委员会领导；（3）后方的革命委员会，根据国防委员会的决定在各省、县建立，其成员为：执行委员会主席、地方部队政委和一名执行委员会委员。

随着苏维埃政权的建立和巩固，革命委员会陆续解散。根据国防委员会1920年1月2日的决定，除刚从敌人手中解放出来的地区的革命委员会以外，其他革命委员会一律撤销。各方面军和集团军的革命军事委员会有权在必要时提出保留革命委员会的问题。

俄共（布）第八次全国代表会议文献[1]（节选）

（1919年12月）

5 关于乌克兰苏维埃政权问题的总结发言

（1919年12月3日）

……在十月革命后的第一个星期，有人在农民代表大会上责备我们，说我们取得政权以后就不再想利用农民的力量了。我当时说：我们完全采纳你们的纲领，就是为了利用农民的力量，我们愿意这样做，但我们不愿意同社会革命党人结成联盟。因此，曼努伊尔斯基同志象德罗布尼斯和布勃诺夫两位同志一样，说我建议同斗争派结成联盟，是大错特错了。我的意见正是想说明，我们需要同乌克兰农民结成联盟，而为了实现这一联盟，我们同斗争派的论战，就不应采取他们现在这样的方式。所有谈到民族问题的人——德罗布尼斯、布勃诺夫以及其他许多同志都谈到这个问题——对我们中央委员会的决议所作的批评，都表明他们是在闹独立，而我们责备基辅人的也正是这一点。曼努伊尔斯基同志以为我们责备他们闹独立是责备他们闹民族独立，闹乌克兰的独立，他完全弄错了。我们责备他们闹独立，是指他们不愿意考虑莫斯科的意见，不愿意考虑莫斯科中央委员会的意见。拿这个词开玩笑，它的意思就完全不同了。

现在的问题是：我们要不要同乌克兰农民结成联盟？我们要不要1917年底和1918年几个月内所实行的那种政策？我肯定地说，要。因此，我们需要把很大一部分国营农场交出来分掉。我们必须反对建立大农场，我们必须反对小资产阶级的偏见，我们必须反对游击作风。斗争派关于民族问题谈了很多，但是他们没有谈到游击作风。为了坚持无产阶级共产主义政策的原则，我们必须要求斗争派解散教师联合会，虽然它使用乌克兰文和乌克兰公章。我们已经为了坚持无产阶级共产主义政策的原则解散了我们的全俄教师联合会，因为它没有贯彻无产阶级专政的原则，而是维护小资产阶级的利益并执行小资产阶级的政策。

载于《列宁全集》第24卷，1932年俄文第2、3版

选自《列宁全集》第37卷，第358~359页

注释：

[1] 这是俄共（布）第八次全国代表会议的五篇文献。

  俄共（布）第八次全国代表会议于1919年12月2~4日在莫斯科举行。出席会议的有45名有表决权的代表和73名有发言权的代表。某些省的党委和土耳其斯坦党组织未派代表出席会议。会议的议程是：

  中央委员会的政治报告和组织报告；关于国际形势的报告；全俄苏维埃第七次代表大会的议程（关于苏维埃建设的问题）；关于乌克兰的苏维埃政权；党章；关于对新党员的工作；燃料问题。代表会议是在列宁领导下进行的。

  列宁和尼·尼·克列斯廷斯基分别作了中央委员会的政治报告和组织报告。代表会议讨论了他们的报告，一致赞同中央的政治路线和组织工作。关于国际形势问题，会议听取了格·瓦·契切林的报告，通过了列宁起草的一个决议草案。苏维埃建设问题是代表会议讨论的重要问题之一。米·弗·弗拉基米尔斯基作了报告，总结了苏维埃国家机关的工作经验，阐明了地方和中央机关的相互关系，提出了对俄罗斯联邦宪法作若干补充的具体建议。季·弗·萨普龙诺夫作了副报告。经过热烈讨论，代表会议肯定了列宁在建

设政权机关以及这些机关的相互关系方面的民主集中制原则,通过了旨在加强国家机关、巩固无产阶级专政和吸引广大劳动群众建设苏维埃国家的一系列决议。乌克兰问题受到代表会议的极大关注。那里的党政机关当时在解决农民问题和民族问题中犯了严重错误。列宁就这个问题作了两次发言(其中一次的记录未找到),指出了巩固乌克兰苏维埃政权的道路。代表会议通过了俄共(布)新党章。这个党章新增加的《关于预备党员》的一章规定所有入党者都要经过预备期(工人、农民为两个月,其他社会成分不短于半年)。为了加强党的影响、在党外贯彻党的政策以及对所有机关团体的工作进行党的监督,新党章还增添了《关于党外机关团体中的党团》一章。代表会议还听取了尼·伊·布哈林关于对在征收党员周中发展的新党员进行工作的报告,批准了《关于使用新党员的提纲》,其中规定了提高党员的一般文化水平和思想政治水平、学习军事知识和巩固党的纪律的具体措施。代表会议就苏维埃建设、经济建设、军事建设以及对外政策所作的各项决议成了全俄苏维埃第七次代表大会决议的基础。

全俄苏维埃第七次代表大会文献[1]（节选）

（1919年12月）

1 全俄中央执行委员会和人民委员会的报告

（1919年12月5日）

协约国对芬兰施加了种种压力，芬兰又欠着协约国很多的债。不仅负债累累，而且没有这些国家的援助，它连一个月也不能维持。我们战胜了这样的敌人，这样的"奇迹"是怎样产生的呢？是的，我们打赢了。芬兰没有参战；如果尤登尼奇和邓尼金协同作战，本来能很快地很有把握地解决全部战斗，使国际资本主义获得胜利。但是，尤登尼奇却被打垮了，邓尼金也被打垮了。在这次严酷和艰险的考验中，我们战胜了国际帝国主义。我们怎么会打赢的呢？怎么会有这样的"奇迹"呢？因为协约国所押的赌注，同完全靠欺骗和压力进行活动的所有资本主义国家一样，它的每一行动都会激起反对它的对抗行动，结果对于我们是有利的。我们装备低劣，精疲力竭。我们对受芬兰资产阶级压迫的芬兰工人说："你们不应该同我们作战。"协约国装备精良，外表强大，粮食供应充足，还可以供给这些国家，它要求这些国家同我们作战。可是我们取得了胜利。我们所以取得胜利，是因为协约国已经没有可以用来进攻我们的军队，它只能用小国的兵力来打仗，但是，不仅小国的工人农民不肯来打我们，就连压迫工人阶级的相当大的一部分资产阶级也终于不肯来打我们了。

当协约国帝国主义者大谈民主和独立的时候，这些国家——在协约国看来是忘乎所以，在我们看来是出于愚蠢——竟把这些诺言当真了，以为独立就是真正的独立，而不是英法资本家发财的手段。它们认为，民主就是自由生活，而不是每个美国亿万富翁都可以掠夺他们的国家，每个贵族军官都可以蛮横无礼，都可以成为无耻的投机商，为取得百分之几百的利润而干最肮脏的勾当。这就是我们胜利的原因！协约国对所有这14个小国都施加压力，但遭到了反抗。芬兰资产阶级用白色恐怖镇压过成千上万的芬兰工人，它知道这事是不会被忘掉的，也知道现在已经没有德国这把刺刀能够让它这样干了。芬兰资产阶级切齿地仇恨布尔什维克，只有被工人打倒了的强盗对工人才会有这样的仇恨。虽然如此，芬兰资产阶级还是这样说："如果我们按协约国的指示去做，那一定会丧失任何独立的希望。"而这个独立是布尔什维克在1917年11月给他们的，当时统治芬兰的是资产阶级政府。这样，芬兰资产阶级广大人士的意见就摇摆不定了。我们在这场争夺战中战胜了协约国，因为协约国既指靠小国，又使小国离弃了自己。

这一经验在巨大的世界历史范围内证实了我们一向所说的话。世界上有两种力量能够决定人类的命运。一种力量是国际资本主义，它要是取得胜利，就会无比残暴地施展这一力量，每个小国的发展史都说明了这一点。另一种力量是国际无产阶级，它用无产阶级专政（它把这叫作工人的民主）来争取社会主义革命的胜利。我们俄国的动摇分子和小国的资产阶级都不相信我们，说我们不是空想家就是强盗，甚至是更坏的东西，因为他们把什么荒唐无稽的责难都加到我们身上了。可是当问题被尖锐地、直截了当地提出来，是跟着协约国走，帮助它扼杀布尔什维克，还是以自己的中立态度帮助布尔什维克的时候，结果，我们取得了胜利，争得了它们的中立。虽然我们同这些小国没有任何协定，而英、法、美对它们许过种种诺言，同它们签订过种种条约，但它们所做的却正是我们所希望的。并不是因为波兰、芬兰、立陶宛、拉脱维亚的资产阶级觉得布尔什维克的眼睛漂亮[2]，执行这种政策可以得到愉快（这当然是胡说），而是因为我们正确地判定了世界历史的力量：或者是野蛮的资本取得胜利（不管是哪一个民主共和国），那它就会扼杀世界上所有的弱小民族；或者是无产阶级专政取得胜利，那全体劳动人民和各被压迫的弱小民族就有了希望。原来，我们不仅在理论上正确，而且在世界政治的实践上也是正确的。我们为了芬兰和爱斯兰的军队而展开了争夺战，虽然协约国用极小的力量就能击败我们，但是，我们取得了胜利。虽然协约国在财政、军事和粮食供应方面力量很大，为了迫使芬兰出兵，它把一切都投到了天平上，但在这场争夺战中我们还是赢了。

同志们，这是国际干涉的第二阶段，是我们第二个有世界历史意义的胜利。第一阶段，我们夺走了英国、法国和美国的工人和农民。这些军队不能再向我们作战了。第二阶段，我们夺走了它们的小国，尽管这些小国一直是反对我们的，尽管那里统治国家的都不是苏维埃政权，而是资产阶级政权。这些小国对我们采取了友好的中立态度，反对称霸世界的协约国，因为协约国是要压迫它们的强盗。

这里，在国际范围内所发生的事情，正同西伯利亚农民所发生的事情一样，西伯利亚农民过去相信立宪会议，帮助社会革命党人和孟什维克同高尔察克联合起来攻打我们。但是他们体验到，高尔察克所代表的是地主资本家的专政，是一种比沙皇专政更坏的剥削者和强盗的专政，于是他们在西伯利亚举行了许多次起义。关于这些起义，我们收到许多同志的准确报告。现在这些起义将使西伯利亚完全回到我们手里，而且这一次是自觉的归来。在西伯利亚农夫中，由于不开展和政治上无知所发生的情况，现在，在更广泛的范围内，在世界历史的范围内，在各小国中也同样发生了。它们仇视过布尔什维克，有的甚至用血腥的手和疯狂的白色恐怖镇压过布尔什维克，但它们看到英国军官这些"解放者"以后，便懂得了什么叫作英、美的"民主"。英、美资产阶级的代表到了芬兰和爱斯兰以后，就开始扼杀这些国家，他们比俄帝国主义者更加无耻，因为俄帝国主义者是旧时代的人物，不善于巧妙地扼杀，但是这帮人却很会干，而且扼杀得很彻底。

马克思主义经典作家民族问题文选

载于1920年《全俄工人、农民、红军和哥萨克代表苏维埃第七次代表大会。速记记录》一书

选自《列宁全集》第37卷，第377～380页

注释：

[1] 这是全俄苏维埃第七次代表大会的4篇文献。

全俄苏维埃第七次代表大会于1919年12月5～9日在莫斯科举行。出席大会的有1011名有表决权的代表（其中有共产党员970名），355名有发言权的代表（其中有共产党员308名）。根据全俄中央执行委员会1919年11月27日通过的关于准许曾经作出决议动员本党党员上前线保卫苏维埃共和国的反对党派代表出席代表大会的决定，有21名反对党的代表出席了代表大会，享有发言权。乌克兰、土耳其斯坦自治共和国和巴什基尔自治共和国的苏维埃代表也参加了代表大会的工作。大会的议程是：全俄中央执行委员会和人民委员会的报告；军事形势；关于共产国际；粮食情况；燃料问题；中央和地方的苏维埃建设；改选全俄中央执行委员会。

代表大会讨论了列宁作的全俄中央执行委员会和人民委员会的工作报告，对苏维埃政府的对内对外政策表示赞同。鉴于苏维埃建设问题、粮食状况问题和燃料问题具有特殊的重要性，这些问题的报告均交由相应的小组进行详细讨论；各小组就这些报告拟订的决议草案由12月9日的全体会议加以批准。

列宁参加了苏维埃建设问题小组的会议，在会上发了言，并对关于苏维埃建设的决定草案提出了修改意见。大会通过的《关于苏维埃建设的决定》规定要进一步加强苏维埃国家机构，指出了扩大苏维埃民主的道路，并详细地规定了中央和地方苏维埃政权机关的职权范围。代表大会根据列宁的建议通过了关于和平问题的决议，再次建议英、法、美、意、日各国政府立即开始和平谈判（见《列宁全集》第37卷，第394～395页）。大会通过了关于被压迫民族的决议，重申了苏维埃政府奉行的民族政策的原则。大会祝贺第三国际的成立，并在特别决议中对匈牙利白色恐怖的猖獗表示愤慨。代表大会选出了由201名委员和68名候补委员组成的全俄中央执行委员会。

[2] 这里是套用法国作家让·巴·莫里哀的独幕喜剧《可笑的女才子》中的台词。

喜剧描写两位青年因不会使用沙龙语言而遭到巴黎两位小姐的冷落，就设计报复，让他们多少懂点交际语言的仆人冒名前去追求这两位小姐，果然博得了她们的欢心。最后他们到场说出真相，羞辱这两位小姐说："那是我们的听差……你们如果愿意爱他们，那就为了漂亮的眼睛而爱他们吧。"

立宪会议选举和无产阶级专政(节选)

(1919年12月16日)

五

关于立宪会议选举的材料——要是我们善于利用它,善于阅读它的话——向我们一次再次地说明了马克思的阶级斗争学说的基本道理。

另外,这些材料也说明了民族问题的作用和意义。试拿乌克兰来说吧,在近来几次讨论乌克兰问题的会议上,有些同志责难本文作者过分"强调了"乌克兰的民族问题。立宪会议选举的材料表明,还在1917年11月,在乌克兰获得多数的是**乌克兰的**社会革命党人和社会党人(340万票加50万票,共390万票,投俄罗斯社会革命党人的有190万票,而全乌克兰的总票数是760万票)。在西南方面军和罗马尼亚方面军中,乌克兰社会党人获得的选票分别占总票数的30%和34%(投俄罗斯社会革命党人票的分别占总票数的40%和59%)。

在这种情况下,忽视乌克兰的民族问题的意义——大俄罗斯人时常犯这种毛病(犹太人也犯这种毛病,也许比大俄罗斯人稍少一些)——就是犯严重而危险的错误。在乌克兰的俄罗斯社会革命党人和乌克兰社会革命党人早在1917年就发生了分裂,这决不是偶然的。我们既然是国际主义者,第一,就应该特别坚决地反对"俄罗斯"共产党人的大俄罗斯帝国主义和沙文主义的(有时是不自觉的)残余,第二,就应该正是在民族问题这个比较不大重要的问题上（对国际主义者说来，国界问题是次要的，甚至是极其次要的）作出让步。重要的是其他问题，重要的是无产阶级专政的基本利益，重要的是正在同邓尼金作斗争的红军的统一和纪律这一利益，重要的是无产阶级对农民的领导作用；至于乌克兰是否要成为一个单独的国家，那是一个极其次要的问题。如果乌克兰的工人和农民要尝试一下各种制度，比方说他们在若干年内既实际试一下同俄罗斯联邦合并，又实际试一下与它分离而成为一个独立的乌克兰苏维埃社会主义共和国，又试一下同它结成各种形式的亲密联盟，如此等等，即使出现这样的前景也丝毫不会使我们感到惊奇，也不应该使我们感到恐慌。

如果企图预先一劳永逸地、"果断地"和"坚定不移地"决定这个问题，那就是见解狭隘，或者简直是愚蠢了，因为非无产阶级劳动群众在**这样的**问题上摇摆是十分自然的，甚至是不可避免的，但对无产阶级来说这是毫不足惧的。一个真正称得上国际主义者的无产阶级代表，对待**这种**摇摆应该极其审慎和容忍，应该让非无产阶级劳动群众**自己**根据亲身的经验来**克服**这种摇摆。而对其他的、比较根本的问题（其中一部分我在上面已经提出），我们则应采取不容忍、不留情、不调和、不动摇的态度。

载于《共产国际》杂志1919年12月第7～8期

选自《列宁全集》第38卷，第20～21页

为战胜邓尼金告乌克兰工农书

（1919年12月28日）

同志们！四个月以前，1919年8月底，我曾经为战胜高尔察克写过一封给工人和农民的信①。

现在，我又为战胜邓尼金把这封信全文重新印发给乌克兰的工人和农民。

红军攻克了基辅、波尔塔瓦和哈尔科夫，正胜利地向罗斯托夫推进。乌克兰的反邓尼金起义如火如荼。必须集中全力把试图恢复地主和资本家政权的邓尼金军队彻底粉碎。必须消灭邓尼金，确保我们决不再受到任何侵犯。

西伯利亚被高尔察克占领以后，当地人民受尽了地主和资本家的压迫，过了好多个月才被红军解放，这个教训全俄罗斯的工人和农民都已经领略了，现在乌克兰的工人和农民也应当记取。

邓尼金在乌克兰的统治，也同高尔察克在西伯利亚的统治一样，是一个严酷的考验。毫无疑义，从这个严酷的考验中得出教训，就会使乌克兰工农象乌拉尔和西伯利亚的工农一样，更清楚地理解苏维埃政权的任务，更坚定地保卫苏维埃政权。

---

① 见《列宁全集》第37卷，第145～153页。——编者注

在大俄罗斯，地主土地占有制已彻底废除。乌克兰也应当这样做，乌克兰工农苏维埃政权应当把彻底废除地主土地占有制，即乌克兰工人农民彻底摆脱地主的一切压迫和打倒地主本身所取得的成就巩固下来。

但是，除了这个任务以及过去和现在大俄罗斯劳动群众和乌克兰劳动群众同样肩负的其他许多任务以外，乌克兰苏维埃政权还有一些特殊任务。在这些特殊任务中，有一个是目前值得特别注意的。这就是民族问题，或者说是这样的问题：乌克兰要成为一个单独的、独立的乌克兰苏维埃社会主义共和国而同俄罗斯社会主义联邦苏维埃共和国结成联盟（联邦）呢，还是同俄罗斯合并成为一个统一的苏维埃共和国？这个问题，所有的布尔什维克、所有觉悟的工人和农民都应当仔细加以考虑。

俄罗斯社会主义联邦苏维埃共和国全俄中央执行委员会和俄国共产党（布尔什维克）都已经承认了乌克兰的独立。所以不言而喻和理所当然的是，只有乌克兰工人和农民自己在全乌克兰苏维埃代表大会上，才能够作出决定并且一定会作出决定：究竟是把乌克兰同俄罗斯合并起来，还是让它成为一个独立自主的共和国；如果取后者，那么在这个共和国和俄罗斯之间应该建立什么样的联邦关系。

为了劳动者的利益，为了劳动者争取劳动完全摆脱资本压迫的斗争获得胜利，应该怎样解决这个问题呢？

第一，劳动的利益要求在各国、各民族的劳动者之间有最充分的信任和最紧密的联合。拥护地主和拥护资本家即资产阶级的人竭力分裂工人，加剧民族纠纷和民族仇恨，以削弱工人的力量，巩固资本的权力。

资本是一种国际的势力。要战胜这种势力，需要有工人的国际联合和国际友爱。

我们是反对民族仇恨、民族纠纷和民族隔绝的。我们是国际主义者。我们力求实现世界各民族工农的紧密团结，力求使它们完全合并成为一个统一的世界苏维埃共和国。

第二，劳动者不应当忘记，资本主义把民族分成占少数的压迫民族，即大国的（帝国主义的）、享有充分权利和特权的民族，以及占大多数的被压迫民族,即附属或半附属的、没有平等权利的民族。罪恶滔天、反动透顶的1914～1918年战争使两者分得更清楚了,使在这种基础上产生的民族间的憎恨和仇视也更加剧了。没有充分权利的附属民族对大国压迫民族的愤慨和不信任,例如乌克兰民族对大俄罗斯民族的愤慨和不信任,已经积累好几百年了。

我们主张建立**自愿**的民族联盟,这种联盟不允许一个民族对另一个民族施行任何暴力,它的基础是充分的信任,对兄弟般团结一致的明确认识,完全的自觉自愿。这样的联盟是不能一下子实现的。应当十分耐心和十分谨慎地去实现这种联盟,不要把事情弄坏,不要引起不信任,要设法消除许多世纪以来由地主和资本家的压迫、私有制以及因瓜分和重新瓜分私有财产而结下的仇恨所造成的不信任心理。

所以,在力求实现各民族统一和无情地打击一切分裂各民族的行为时,我们对民族的不信任心理的残余应当采取非常谨慎、非常耐心、肯于让步的态度。但在争取劳动摆脱资本压迫的斗争中涉及劳动基本利益的一切问题上,我们决不让步,决不调和。至于现在暂时怎样确定国界(因为我们是力求完全消灭国界的),这不是基本的、重要的问题,而是次要的问题。这个问题可以而且应当从缓解决,因为在广大农民和小业主中,民族的不信任心理往往是根深蒂固的,操之过急反而会加强这种心理,对实现完全彻底的统一这个事业造成危害。

俄国工农革命即1917年10月至11月革命的经验,这个革命在两年内胜利地抵御国内外资本家的侵犯的经验,非常清楚地表明,资本家能够暂时利用波兰、拉脱维亚、爱斯兰和芬兰的农民和小业主对大俄罗斯人的民族不信任心理,能够暂时利用这种不信任心理在他们和我们之间制造纠纷。经验表明:这种不信任心理的消除和消失非常缓慢;长期以来一直是压迫民族的大俄罗斯人表现得愈谨慎、愈耐心,这种不信任心理的消失就愈有保证。我们承认了波兰、拉脱维亚、立陶宛、爱斯兰和芬兰各国的独立,这样就能慢慢地但是不断地取得这些小邻国中深受资本家欺骗压抑的最落后的劳动群众的信任。我们采用了这种方法,现在就能满有把握地使他们摆脱"他们自己"民族的资本家的影响，完全信任我们，向未来的统一的国际苏维埃共和国迈进。

在乌克兰还没有完全从邓尼金手中收复以前，在全乌克兰苏维埃代表大会召开以前，全乌克兰革命委员会[1]是乌克兰政府。参加这个革命委员会的，即担任政府委员的，除乌克兰布尔什维克共产党人外，还有乌克兰斗争派共产党人[2]。斗争派同布尔什维克的区别之一，就在于前者坚持乌克兰无条件独立。布尔什维克不认为**这一点**是引起分歧和分裂的问题，不认为**这一点**会妨碍同心协力地进行无产阶级工作。共产党人只要在反对资本压迫和争取无产阶级专政的斗争中能够团结一致，就不应当为国界问题，为两国的关系是采取联邦形式还是其他形式的问题而发生分歧。在布尔什维克中间，有人主张乌克兰完全独立，有人主张建立较为密切的联邦关系，也有人主张乌克兰同俄罗斯完全合并。

为这些问题而发生分歧是不能容许的。这些问题将由全乌克兰苏维埃代表大会来解决。

如果大俄罗斯共产党人坚持要乌克兰同俄罗斯合并，乌克兰人就很容易怀疑，大俄罗斯共产党人坚持这样的政策，并不是出于对无产者在反资本斗争中的团结一致的考虑，而是出于旧时大俄罗斯民族主义即帝国主义的偏见。产生这种不信任是很自然的，在相当程度上是难免的和合乎情理的，因为许多世纪以来大俄罗斯人在地主和资本家的压迫下，养成了一种可耻可憎的大俄罗斯沙文主义偏见。

如果乌克兰共产党人坚持乌克兰无条件的国家独立，也会使人怀疑，他们坚持这样的政策，并不是为了乌克兰工农在反对资本压迫的斗争中的暂时利益，而是出于小资产阶级的、小业主的民族偏见。这是因为我们千百次地从过去的经验中看到，各国小资产阶级"社会党人"，如波兰、拉脱维亚、立陶宛、格鲁吉亚等国的孟什维克、社会革命党人等形形色色的所谓社会党人，都装扮成拥护无产阶级的人，唯一的目的就是用这种欺骗手段来偷运他们同"自己"民族的资产阶级妥协而反对革命工人的政策。我们在俄国1917年2月至10月克伦斯基执政的例子中看到过这种情况,我们在一切国家中从前和现在都看到过这种情况。

由此可见,大俄罗斯共产党人和乌克兰共产党人的互不信任是很容易产生的。怎样消除这种不信任呢?怎样克服这种不信任而求得相互信任呢?

要达到这一点,最好的方法是共同斗争,反对各国的地主和资本家,反对他们恢复自己无限权力的尝试,捍卫无产阶级专政和苏维埃政权。这种共同的斗争会在实践中清楚地表明,不管怎样解决国家独立问题或国界问题,大俄罗斯工人和乌克兰工人一定要结成紧密的军事联盟和经济联盟,不然,"协约国"的资本家,即英、法、美、日、意这些最富裕的资本主义国家联盟的资本家就会把我们一一摧毁和扼杀。我们同得到这些资本家金钱和武器援助的高尔察克和邓尼金作斗争的例子,清楚地说明这种危险是存在的。

谁破坏大俄罗斯工农同乌克兰工农的团结一致和最紧密的联盟,谁就是在帮助高尔察克之流、邓尼金之流和各国资本家强盗们。

所以,我们大俄罗斯共产党人,对我们当中产生的一点点大俄罗斯民族主义的表现,都应当极其严格地加以追究,因为这种表现根本背离共产主义,会带来极大的害处,使我们和乌克兰同志之间发生分裂,从而有利于邓尼金和邓尼金匪帮。

所以,我们大俄罗斯共产党人在同乌克兰布尔什维克共产党人及斗争派发生意见分歧时,如果这些意见分歧涉及乌克兰的国家独立问题、乌克兰同俄罗斯联盟的形式问题,总之是涉及民族问题,我们就应该采取让步的态度。但是在无产阶级斗争、无产阶级专政、不允许同资产阶级妥协、不允许分散我们抵抗邓尼金的力量这样一些对各民族来说是共同的根本问题上,我们大家,无论大俄罗斯共产党人、乌克兰共产党人或任何其他民族的共产党人,都是不能让步、不能调和的。

战胜邓尼金,消灭邓尼金,使这样的进犯不再重演,这就是大俄罗斯工农和乌克兰工农的根本利益。这个斗争是长期而又艰苦的，因为全世界的资本家都在帮助邓尼金，而且将来还会帮助各种各样的邓尼金。

在这个长期而又艰苦的斗争中，我们大俄罗斯工人同乌克兰工人应当结成最紧密的联盟，因为孤军作战大概是不会胜利的。至于乌克兰同俄罗斯的国界如何划定，两国的相互关系采取何种形式，这都并不那么重要。在这方面可以而且应当让步；在这方面可以试一试采用各种各样的方法。工人和农民的事业，战胜资本主义的事业，是不会因此遭到毁灭的。

如果我们之间不能保持最紧密的联盟，共同反对邓尼金，反对我们两国的和一切国家的资本家和富农，资本家就**能够**摧毁和扼杀苏维埃乌克兰和苏维埃俄罗斯，就是说，劳动的事业一定会被葬送掉，多年都不能恢复。

各国资产阶级，各种小资产阶级政党，即联合资产阶级反对工人的"妥协主义"政党，最卖力地分裂各民族工人，煽起互不信任的心理，破坏工人紧密的国际联合和国际友爱。资产阶级如果得逞，工人事业就会失败。希望俄罗斯共产党人和乌克兰共产党人能够耐心地、坚定地、顽强地共同奋斗，粉碎任何资产阶级的民族主义阴谋，消除各种民族主义偏见，给全世界劳动者作出榜样，表明不同民族的工人和农民可以结成真正巩固的联盟，共同为建立苏维埃政权、消灭地主和资本家的压迫、建立世界苏维埃联邦共和国而斗争。

尼·列宁
1919 年 12 月 28 日

载于 1920 年 1 月 4 日《真理报》第 3 号和《全俄中央执行委员会消息报》第 3 号

选自《列宁全集》第 38 卷，第 42～50 页

注释：

[1] 全乌克兰革命委员会即全乌克兰军事革命委员会，是乌克兰临时革命政权机关，根据乌克兰中央执行委员会和人民委员会1919年12月11日的决定建立。委员会主席是格·伊·彼得罗夫斯基，成员有弗·彼·扎东斯基、德·扎·曼努伊尔斯基以及斗争派代表和乌克兰左派社会革命党少数派代表各一名。委员会行使乌克兰中央执行委员会和人民委员会的职权，其任务是：大力协助红军彻底歼灭白卫军；消灭地主，废除地主土地占有制；在苏维埃乌克兰建立巩固的工农政权；在乌克兰的大部分领土解放后立即召开全乌克兰苏维埃第四次代表大会。

[2] 乌克兰斗争派共产党人即斗争派。

斗争派是乌克兰社会革命党的左派于1918年5月建立的小资产阶级民族主义政党，因该党中央机关报《斗争报》而得名。1919年3月，该党采用了乌克兰社会革命共产党（斗争派）这一名称，8月改称为乌克兰共产党（斗争派）。斗争派依靠民族主义知识分子，并寻求中农的支持。该党领导人有格·费·格林科、瓦·米·布拉基特内、亚·雅·舒姆斯基等。

列宁和共产党对斗争派采取灵活的策略，力求把追随斗争派的一部分劳动农民和斗争派中的优秀分子争取过来，为取消斗争派这一政党创造条件。

斗争派曾申请加入共产国际，并要求承认他们是乌克兰主要的共产党。1920年2月26日，共产国际执行委员会通过一项专门决定，建议斗争派解散自己的党，加入乌克兰共产党（布）。经过斗争派中央内部的激烈斗争，1920年3月20日全乌克兰斗争派代表会议通过了斗争派自行解散并与乌克兰共产党（布）合并的决议。斗争派成员以个别履行手续的方式被吸收进乌克兰共产党（布）。

俄共（布）中央政治局关于对阿塞拜疆政府的政策的决定草案[1]

（1920年1月17日或18日）

鉴于阿塞拜疆政府拒绝接受我们所提出的对邓尼金采取联合军事行动的建议，而且还向在里海从事反对我国的活动的英国军队提供方便，责成外交人民委员部对阿塞拜疆政府采取十分审慎和不予信任的方针。外交人民委员部在十分明确地强调指出我们一贯承认每个民族的劳动群众的自决权的同时，应对阿塞拜疆政府的此类行径提出坚决抗议。

载于《列宁文集》第36卷，1959年俄文版

选自《列宁全集》第38卷，第57页

注释：

[1] 1920年1月2日，苏维埃政府向木沙瓦特党领导的阿塞拜疆政府提出一项关于缔结对安·伊·邓尼金采取共同行动的协定的建议。这一建议遭到阿塞拜疆政府的拒绝。

俄共（布）中央政治局在1920年1月17～18日举行的会议上，听取了外交人民委员格·瓦·契切林所作的关于有可能同阿塞拜疆进行和谈的报告，并就这个问题通过了列宁提出的决定草案。

在第七届全俄中央执行委员会第一次会议上关于全俄中央执行委员会和人民委员会的工作的报告(节选)

(1920年2月2日)

同志们,这个经过反复讨论的极其重要的和约文件已由信使送出,明天早晨可以送到,但我们现在已通过电报得到了确切的全文,明天就可以发给大家。我们将审查并批准这个文件。这个文件对我们有极其重大的意义。俄国同爱沙尼亚缔结的和约具有巨大的世界历史意义。爱沙尼亚政府也正在成为民主政府,就要同我们建立巩固的关系,但是它过去一直受到整个帝国主义世界的支持,因此,同这个政府缔结和约,应当认为是具有重大历史意义的事件。

我们知道,处在帝国主义和民主制之间的人通常总是不倒向这边就倒向那边。现在看来,我们无疑是获得了胜利,因为和约已经签订了,所以这个国家现在就不得不同我们的敌人对立起来了。从根本上来说,这一事实说明:在帝国主义时代,整个世界分成许许多多大国和小国,小国极其软弱,同富裕的大国相比是微不足道的,大国则完全可以支配许多弱小的国家。帝国主义造成了一个时代,使整个世界,使地球上全体居民分成两类国家,一类是剥削别人、压迫别人的国家,是占少数的国家,另一类是给它们当殖民地的弱小民众的国家,是占多数的国家。

我们争得了同爱斯兰缔结的和约，我们证明了，我们这个无产阶级的、共产主义的国家是能前进的。何以见得呢？我们向以前反对和平、进行战争的协约国各国证明，我们善于从我们的敌人和资产阶级政府那里博得同情，从一个小国那里博得同情，这种同情比称霸世界的强国用来控制这个小国的一切军事压迫、一切财政援助、一切经济束缚更有力量。协约国看到，我们不是仅仅能在使用暴力时取得胜利，我们能够驳倒全世界资产阶级政府散布的所谓布尔什维克只是靠暴力才能维持的那种谎言和诬蔑。爱斯兰一向受到沙皇地主俄国的暴力统治，为什么在同它的关系上我们比世界帝国主义的联合势力占上风呢？因为我们证明：我们善于及时地和真诚地放弃暴力，采取和平政策，博得了一个小国资产阶级政府的同情，使国际资本对它的竭力支持落了空。这是一个具有历史意义的事实。爱斯兰是一个小国，一个小共和国，它却受到全世界帝国主义资本不可胜数的种种经济压迫和军事压迫，它的全体居民都处在这些压迫之下。这个和约证明，我们不管怎样疲惫、虚弱、分散，仍然能够战胜各国支持的白卫军。强大的协约国善于用更厉害的暴力来回答暴力，而这个和约证明，我们善于不用暴力来赢得资产阶级对我们的同情和支持。

这里摆着一项极困难的国际任务。资本主义的发展在不同的国家有不同的速度、不同的情况和不同的方式方法。社会主义共和国现在是单独一国同全世界资本主义国家并存着，在迫使这些国家的资产阶级发生动摇。于是有人说了："可见你们的地位是靠不住的；你们虽然用暴力战胜了白卫军，但是对整个世界你们怎么办呢？"我们说，我们也要战胜它。这不是一句空话，同爱斯兰缔结的和约就是证明。在人们确认我们放弃暴力是出于至诚的地方，国际资本的全部压力已经失去作用。国际资本曾经说："不要同布尔什维克订立和约，不然我们就不给你们财政援助和经济援助，而用饥饿来征服你们。"可是爱斯兰这样的形式上独立的小国却说："我们认为，同协约国这些称霸世界的民主国家相比，布尔什维克更能够同弱小的民族、甚至同资产阶级政府和平相处。"

民主最主要是表现在战争与和平这个基本问题上。一切强国都在准备新的帝国主义战争。全世界的工人每天都可以看到这一点。美国和日本眼看就要厮杀起来；英国在战胜德国后侵占了很多殖民地，对此其他帝国主义强国是永远不会甘心的。一场新的疯狂的战争正在酝酿中，群众也意识到了这一点。就在这样的情况下，出现了爱沙尼亚同兵力雄厚的俄国缔结的民主的和约，可是有人曾诬蔑俄国，说它在消灭尤登尼奇、高尔察克和邓尼金后，会用全部兵力进攻这个小国。从缔结和约的条件中可以看到，我们在领土问题上作了许多让步，作了许多不完全符合严格遵守民族自决原则的让步。这样，我们用行动证明了，边界问题对我们是次要的问题，而和平关系问题，善于等待每个民族内部生活条件发展的问题，则是具有极其重要意义的问题，而且我们已经在这个问题上赢得了敌视我们的民族的信任。我们能够这样对待爱斯兰决不是偶然的，这表明单独存在的、似乎是软弱无力的无产阶级共和国，已开始把依附于帝国主义国家的那些国家争取过来，而这样的国家是占大多数的。正因为如此，我们同爱沙尼亚缔结的和约就有了世界历史意义。不管协约国怎样竭力发动战争，即使能够再一次挑起战争来破坏这个和约，有一个历史事实总是确定不移的：世界资本尽管施加许多压力，我们却比似乎是民主的而实际上是掠夺成性的帝国主义资产阶级更能取得一个由资产阶级统治的小国的信任。

……

现在我们给自己提出的主要任务是：战胜剥削者并把动摇者争取过来，这是世界性的任务。许多资产阶级国家就是动摇的：作为资产阶级国家，它们仇视我们；另一方面，作为被压迫国家，它们又宁愿同我们媾和。这就是爱沙尼亚同我们订立和约的原因。当然，这个和约只是第一步，将来才会发生影响，但是它一定会发生影响，这是无可怀疑的。我们同拉脱维亚到现在为止只有红十字会的谈判，同波兰政府也是如此[1]。再说一遍，同爱沙尼亚订立的和约一定会发生影响，因为道理是一样的：别人正在象挑唆爱沙尼亚一样竭力挑唆拉脱维亚和波兰同俄国作战。这也许会得逞，我们必须警惕，因为对波战争有可能爆发。但是我们相信，并且我们获得的主要成就已经证明，我们能够订立和约，作出让步，使一切民主力量发展起来。这点在目前具有特殊的意义，因为波兰问题非常尖锐。我们获得的许多消息说明，除资产阶级的、保守的、地主的波兰外，除波兰一切资本主义政党势力外，协约国的各个国家都在拼命挑唆波兰同我们作战。

你们知道，人民委员会向波兰劳动人民发出了呼吁书。我们将请你们批准这份呼吁书，以便粉碎波兰地主集团的诽谤。我们还要提出一份告波兰劳动群众书。这份呼吁书将是对帝国主义列强的一个打击，帝国主义列强竭力怂恿波兰反对我们，而我们则把占人口多数的劳动者的利益放在第一位。[2]

现在我想读一下昨天我们截获的一份电报，这份电报告诉我们，美国资本怎样竭力诬蔑我们，挑唆波兰同我们作战。这份电报说。（读电报）我从来没有说过和听到过这样的话，可是他们能够造谣，因为他们拿出资本来并不是平白无故的，而是有一定目的的，就是为了散布谣言。他们的资产阶级政府给他们保证了这一点。（继续读电报）这份电报由资本家出钱从欧洲拍到美洲，替资本家进行活动，用最无耻的办法挑唆波兰同我们作战。美国资本拼命对波兰施加压力，为此竟恬不知耻地硬说布尔什维克打算在消灭高尔察克和邓尼金以后，把自己的全部"铁军"开去打波兰。

我们必须立即在这次会议上批准人民委员会的决定，然后我们应该做我们以前对其他国家做过的事情，采取我们对高尔察克和邓尼金的军队采取过的措施。我们应该立即向波兰的民主力量呼吁，说明事情的真相。我们很清楚，这是我们分化他们的最有效的手段。这种方法最终会把他们引上我们所需要的道路，引上已把各国劳动居民引上的那条道路。不管多么困难，这种政策应该肯定下来，我们开始执行了这样的政策，就一定要把它贯彻到底。

应该指出，我们对其余的国家也执行过同样的政策。我们曾建议格鲁吉亚和阿塞拜疆跟我们订立反对邓尼金的协定。但是它们借口不干涉他国事务而拒绝了。我们要看一看，格鲁吉亚和阿塞拜疆的工人和农民将怎样看待这件事情。

这种政策在用于西边各民族时比用于俄国各民族时更为慎重。我们对拉脱维亚、爱沙尼亚、波兰这样的国家采取了这种政策,对许多发展水平和大多数殖民地国家相同的东方国家也采取了这种政策(殖民地国家人口占全世界人口的多数,它们遭受着至今还拥有殖民地奴隶的英国的压迫)。我们对西边欧洲国家采取十分慎重的政策,要对它们等待一段时间,使它们能度过自己的克伦斯基执政时期。而东方的国家要落后得多,它们深受宗教狂热的毒害,对俄罗斯民族更不信任,几十年来以至几百年来受俄罗斯这个大国实行的沙皇资本主义政策的压迫和帝国主义压迫,因此我们在这里的政策应该更加慎重,更有耐心。

我们让巴什基尔共和国实行了自治[3]。我们应该建立鞑靼自治共和国[4],并对东部各民族继续执行这种政策。我们对自己说:我们是在帝国主义列强的广阔的正面同它们相对峙,我们是一个反对帝国主义的联盟,这个联盟要求军事上的紧密团结,所以我们认为任何破坏这种团结的做法都是完全不能容忍的,都是违背反国际帝国主义斗争的利益的。但是,我们在奉行这种政策时应该更加慎重。欧洲国家还必须经历一个克伦斯基执政时期,而发展水平比较低的国家则更多地保留着不信任的因素。对待它们,我们必须采取更加从容的方法。我们支持这些国家独立自主。我们向这些国家的劳动群众呼吁说:军事力量的统一是必须的,违背这种统一是不能允许的。

我们相信,我们继续贯彻我们建立紧密联盟的政策,就能在同东部各民族的关系方面获得比现在更大的成就。这些成就是了不起的。苏维埃共和国在东部各民族中间享有很高的声誉,原因和我们能跟西边一个小国订立和约的原因相同:我们被看作是反对帝国主义的不屈不挠的战士,我们是唯一进行反帝国主义战争的共和国,我们这个共和国不仅善于利用各种时机避免采用暴力,而且善于在不采用暴力的情况下取得胜利。

不言而喻,我们对乌克兰共和国执行的也是这样的政策,而且更加完善了。这里问题比较简单,因为全俄中央执行委员会和乌克兰苏维埃共和国中央执行委员会之间以前就订立了条约[5]。这个条约意味着两个共和国在反对帝国主义国家的斗争中结成了亲密的联邦关系。我们在这个条约的基础上正在建立日益亲密的联盟。乌克兰的工农群众也吃过邓尼金统治的苦头,相信只有同俄罗斯共和国最亲密的联盟才是国际帝国主义真正无法战胜的,相信在反对帝国主义斗争的条件下国家的分离不会有好处,因为帝国主义会利用分离来推翻苏维埃政权;这种分离是犯罪行为。我们的政策在乌克兰深深地扎下了根,我们相信,即将举行的全乌克兰工农苏维埃代表大会将会郑重地确认这个政策。以上就是我在国际形势问题上所要谈的一些意见,至于我代表人民委员会和全俄中央执行委员会所应提出的具体建议,我已一一列出,所有这些草案将提交本次会议批准。

载于《列宁全集》第30卷,1950年俄文第4版

选自《列宁全集》第38卷,第100~103、106~109页

注释:

[1] 指俄国红十字会同拉脱维亚和波兰就交换战俘、遣返难民等问题举行的谈判。

[2] 这里说的是1920年1月28日俄罗斯联邦人民委员会告波兰政府和波兰人民书及1920年2月2日全俄中央执行委员会告波兰人民书。

[3] 巴什基尔共和国是根据1919年3月20日签订的《中央苏维埃政权和巴什基尔政府关于巴什基尔实行苏维埃自治的协议》实行自治的。协议规定根据苏维埃宪法组织巴什基尔苏维埃自治共和国,并确定了共和国的疆界和行政区划。协议由人民委员会和全俄中央执行委员会批准,公布于1919年3月23日《全俄中央执行委员会消息报》。

[4] 鞑靼自治共和国(鞑靼苏维埃自治共和国)成立于1920年5月27日。全俄中央执行委员会和人民委员会关于成立该共和国的法令是由列宁和米·伊·加里宁签署的。

[5] 指全俄中央执行委员会1919年6月1日通过的《关于俄罗斯、乌克兰、拉脱维亚、立陶宛、白俄罗斯各苏维埃共和国联合起来抗击世界帝国主义的法令》。法令中说:全俄中央执行委员会鉴于国际帝国主义和国内反革命势力在各条战线上发动的进攻,考虑到乌克兰中央执行委员会1918年5月18日通

过的决议以及拉脱维亚、立陶宛、白俄罗斯提出的建议，认为有必要把俄罗斯、乌克兰、拉脱维亚、立陶宛、白俄罗斯和克里木各苏维埃社会主义共和国的军事组织及军事指挥、国民经济委员会、铁路运输管理、财政和劳动人民委员部统一起来。根据这个法令建立的各苏维埃社会主义共和国的军事政治联盟，在战胜外国武装干涉者和国内反革命势力的斗争中起了重大作用。

关于乌克兰党斗争派的决议草案

(1920年2月6日)

认为斗争派是一个以鼓吹分散兵力和支持盗匪活动来破坏共产主义基本原则的党派，它的所作所为正符合白卫分子和国际帝国主义的利益。

他们反对同俄罗斯联邦结成紧密的或最紧密的联盟这一口号，这同样是与无产阶级的利益相矛盾的。

我们始终不渝地执行的全部政策，目标应该是在不远的将来肃清斗争派。为此，对斗争派的任何罪行，都要给予迅速而严厉的惩罚。特别是要收集该党大多数党员非无产阶级的极不可靠的品质方面的材料。

肃清的时机将在短期内由政治局确定，并通知乌克兰革命委员会。①

载于《列宁文集》第35卷，1945年俄文版

选自《列宁全集》第38卷，第130页

---

① 在手稿中接着还有列宁的如下指示："委托托洛茨基和拉柯夫斯基明天以前将这一决议的措辞修改得更确切一些，并于明天用密码电报将决议发给乌克兰革命委员会。"——俄文版编者注

给约·维·斯大林的电报

(1920年2月22日)

哈尔科夫 斯大林

必须立即在各司令部和军事机关配备翻译人员,责成所有的工作人员无条件接受乌克兰文的申请和公文。这是绝对必要的,在语言方面要作一切让步,尽量平等。关于铁路员工的薪金问题,马上就告诉您。如果您一个字一个字地说,我是能听清楚的,因此,请用电话答复我的两份电报。

列 宁

载于《列宁文集》第34卷,1942年俄文版

选自《列宁全集》第49卷,第269页

给格·康·奥尔忠尼启则的电报和给列·达·托洛茨基的批语(节选)

(1920年4月2日)

1920年4月2日

绝密

密码

高加索方面军革命军事委员会　奥尔忠尼启则

我再一次请求您谨慎从事,对穆斯林必须表现出最大的善意,特别是在进入达吉斯坦的时候。要用一切办法并以最郑重的方式表示对穆斯林的同情,显示他们的自治、独立等等。请更确切更经常地报告情况。

列　宁

托洛茨基同志:如果您同意,请用密码发直达电报。电文是我和斯大林草拟的。

列　宁

译自《列宁文集》俄文第5版第51卷,第175页

选自《列宁全集》第49卷,第332页

共产主义运动中的"左派"幼稚病[1]（节选）

（1920年4~5月）

十　几点结论

然而，每个国家的工人运动在取得对资产阶级的胜利之前虽然都要预先经过本质上相同的锻炼，但这一发展过程又是**按各自的方式**来完成的。在这条道路上，先进的资本主义大国走得比布尔什维主义**快得多**；布尔什维主义在历史上用了15年时间才使它这个有组织的政治派别作好夺取胜利的准备。第三国际在短短一年的时间里就取得了决定性的胜利，击溃了黄色的社会沙文主义的第二国际；而第二国际仅仅在几个月以前，还远比第三国际强大，还显得坚强有力，还得到全世界资产阶级各方面的，即直接和间接的、物质上（部长的肥缺、护照、报刊）和思想上的帮助。

现在全部问题就是要使每个国家的共产党人十分自觉地既考虑到同机会主义以及"左倾"学理主义进行斗争这个主要的基本任务，又考虑到这种斗争由于各国经济、政治、文化、民族构成情况（例如爱尔兰等）、所属殖民地以及不同宗教信仰等方面的特征而具有的并且必然具有的**具体特点**。现在到处都可以感到对第二国际的不满，这种不满正在蔓延和增长，这既是由于它推行机会主义，又是由于它不善于或没有能力建立一个真正集中的、真正能进行指导的中心，一个能在革命无产阶级为建立世界苏维埃共和国而进行的斗争中指导无产阶级的国际策略的中心。必须清楚地认识到,这样的领导中心无论如何不能建立在斗争策略准则的千篇一律、死板划一、彼此雷同之上。只要各个民族之间、各个国家之间的民族差别和国家差别还存在(这些差别就是无产阶级专政在全世界范围内实现以后,也还要保持很久很久),各国共产主义工人运动国际策略的统一,就不是要求消除多样性,消灭民族差别(这在目前是荒唐的幻想),而是要求运用共产党人的**基本**原则(苏维埃政权和无产阶级专政)时,把这些原则**在某些细节上正确地加以改变**,使之正确地适应于民族的和民族国家的差别,针对这些差别正确地加以运用。在每个国家通过**具体**的途径来完成**统一**的国际任务,战胜工人运动内部的机会主义和"左倾"学理主义,推翻资产阶级,建立苏维埃共和国和无产阶级专政的时候,都必须查明、弄清、找到、揣摩出和把握住民族的特点和特征,这就是一切先进国家(而且不仅是先进国家)在目前历史时期的主要任务。争取工人阶级的先锋队,使它转向苏维埃政权而反对议会制度,转向无产阶级专政而反对资产阶级民主,在这方面主要的(当然这还远远不是一切,然而是主要的)事情已经做到了。现在要把一切力量、一切注意力都集中在**下一个**步骤上,也就是说,要找到**转向**或**走向**无产阶级革命的形式;这个步骤看来似乎比较次要,并且从某种观点上说,也的确比较次要,但是在实践上却更接近于实际完成任务。

1920年6月在彼得格勒由国家出版社印成单行本

选自《列宁全集》第39卷,第70~72页

注释:

[1]《共产主义运动中的"左派"幼稚病》一书于共产国际第二次代表大会前夕写成并出版,分发给了代表大会全体代表。书中的论点和结论是代表大会决议的基础。

为了能赶在共产国际第二次代表大会开会之前出书,列宁曾亲自过问本

书的排印计划。这本书于1920年4月27日脱稿，5月5日手稿发到国家出版社彼得格勒分社。5月9日，一校样发回莫斯科。5月23日，列宁将5月12日写完的本书增补部分连同经他校阅过的校样一起发往彼得格勒。6月12日本书俄文本出版，接着法文本和英文本也几乎同时于7月在俄国出版。列宁在5月23日写的一封有关这本书的出版工作的信，收在《列宁全集》第49卷中。

1920年下半年，这本书的德、英、法、意译本分别在柏林、汉堡、伦敦、纽约、巴黎和米兰出版。

在《共产主义运动中的"左派"幼稚病》一书的手稿上有一个副标题《（马克思主义战略和策略通俗讲话的尝试）》和一段讽刺性献词："谨将此小册子献给最可敬的劳合-乔治先生，以对其1920年3月18日所作的几乎是马克思主义的、至少是对全世界共产党人和布尔什维克极有教益的演说表示谢忱。"

但是，列宁亲自校阅过的该书第1版，以及根据这一版刊印的其他各种单行本和全集本都删去了这个副标题和献词，只有《列宁全集》俄文第2、3版刊印过这个副标题和献词。

致印度革命协会[1]

（1920年5月10日）

我高兴地获悉，工农共和国宣布的自决原则以及被压迫民族摆脱外国和本国资本家剥削而取得解放的原则，在为争取自由而英勇斗争的觉悟的印度人中得到了如此热烈的反应。俄国劳动群众始终如一地关注着印度工农的觉醒。劳动者的组织性、纪律性、坚毅精神以及同全世界劳动者的团结一致，是取得最后胜利的保证。我们欢迎穆斯林和非穆斯林结成紧密的联盟。我们衷心希望这一联盟能包括东方的一切劳动者。只有在印度、中国、朝鲜、日本、波斯、土耳其的工人和农民携起手来一起进行共同的解放事业的时候，彻底战胜剥削者才有了保证。自由的亚洲万岁！

载于1920年5月20日《真理报》第108号和《全俄中央执行委员会消息报》第108号

选自《列宁全集》第39卷，第111页

注释：

[1] 列宁致印度革命协会的贺词是1920年5月10日通过无线电发出的。

1920年2月17日在喀布尔举行的印度革命者大会寄给了列宁一份大会通过的决议。决议对苏维埃俄国为所有被压迫阶级和被压迫民族的解放、特别是为印度的解放而进行的伟大斗争,表示深切的谢意和钦佩。列宁的贺词是对上述决议的答复。

关于俄共（布）在土耳其斯坦的任务

（1920年6月）

1 对中央委员会关于俄共（布）在土耳其斯坦的任务的决定草案的意见[1]

（1920年6月13日）

1. 俄共中央认为俄共在土耳其斯坦的主要任务是：消除由于五十多年来俄国专制政府的帝国主义政策所造成的外来的欧洲移民和本地各民族之间的关系。在深受殖民主义心理影响的俄罗斯工人中的一个人数很少的阶层掌握苏维埃政权的两年半时间里，这种关系不但没有改善，反而由于一些独出心裁的"共产主义"行为而更加紧张了，受奴役的本地居民把这种行为看成是旧日沙皇政权代理人行为的继续，实际上也确实如此。

> 而移民中的富农呢？
> ？
> 是抢劫吗？

2. 为了消除上述这种关系，必须立即采取下列措施：

（a）收回吉尔吉斯地区移民的全部土地，无论是移民管理署划分给他们的，还是他们擅自从吉尔吉斯人手里抢得的，只留给他们劳动份地数额以内的地块。

> 是否使他们的土地均等？

没收的土地作为备分土地，分吉尔吉斯村团、劳动组合和个人,并安置1916年动乱之后的吉尔吉斯人和东干难民。

> 占1/10的富农呢?

(b) 把从政治上考虑不宜在土耳其斯坦留用的沙皇官吏即警察局、宪兵局、保安处的一切旧官吏,投机商,过去俄国大庄园的管事和一切混进党里、苏维埃机构里、红军里以及诸如此类的人,都驱逐出土耳其斯坦,关进俄国集中营。

(c) 为了重新部署党的力量,把现在土耳其斯坦的所有受到殖民主义和大俄罗斯民族主义影响的共产党员调归中央委员会分配使用,同时,在中央动员几百名共产党员去土耳其斯坦工作。

(d) 建议交通人民委员部调动和更换中亚铁路、塔什干修配厂和塔什干铁路的几百名工人。

(e) 坚定不移地执行这项决议,凡对执行这项决议的机构进行反抗的,均要镇压;对于从任何方面阻碍执行本决议的个人,一律采取驱逐办法。

中央和土耳其斯坦共和国组织上的相互关系

土耳其斯坦委员会

(1) 在土耳其斯坦必须建立一个常设机构——全俄中央执行委员会、人民委员会和俄共中央委员会的代表机关,其职责如下:

(a) 直接管理完全属于联邦政权职权范围的各个部门。

(b) 监督中央政权的指示和法令的执行,以及根据当(1)地的经济和生活条件,中止或修改这些指示和法令。

(c) 协调和划分土耳其斯坦各民族集团的利益。

(2) 完全属于共和国政权职权范围的有:

(a) 外交事务

(b) 对外贸易

(c) 军事。

(3) 交通委员和邮电委员由土耳其斯坦中央执行委员会与有关上级人

民委员协商任命。

与上述委员有关的一切中央法令，对于正在建立的土耳其斯坦交通区和邮电区自然有效。

（4）财政委员由土耳其斯坦中央执行委员会选举并由财政人民委员部批准。在预算权方面，土耳其斯坦共和国制定的并经俄罗斯联邦全俄中央执行委员会的代表机关批准的预算，直接纳入全国预算。

附注：土耳其斯坦委员会在批准预算之前要征得俄罗斯联邦财政人民委员部的同意。

（5）在经济方面，土耳其斯坦国民经济委员会和粮食机构按照俄罗斯联邦最高国民经济委员会和粮食人民委员部制定的计划进行工作。

（6）其他一切问题，土耳其斯坦中央执行委员会和人民委员会有全权处理。

土耳其斯坦的内部组织

鉴于必须允许土耳其斯坦各民族集团建立自治共和国，各少数民族成立公社，责成土耳其斯坦中央执行委员会召开乌兹别克、吉尔吉斯和土库曼劳动者苏维埃代表大会，以彻底解决他们的组织形式问题。

在召开这些代表大会之前，根据土耳其斯坦的民族分布情况确定区划。

（1）根据同土耳其斯坦中央执行委员会和土耳其斯坦人民委员会的

（α）

协商——**最高机关是全俄中央执行委员会**

（2）同（α）

（3）同（α）。

须补充：一系列具体的、切实的措施以过渡到

（β）——须经过

(β)（1）**土耳其斯坦**共产党更多地参与管理 ⎫ 严格考验和实际
(β)（2）土耳其斯坦**劳动**农民——也如此　　⎬ 检查
(β)（3）土耳其斯坦人民委员会和土耳其斯坦 ⎪
　　　　中央执行委员会——也如此　　　 ⎭

我认为，必须否决雷斯库洛夫同志的草案[2]，通过委员会的草案，并作如下修改，

(α) 责成土耳其斯坦委员会[3]经常同土耳其斯坦人民委员会、土耳其斯坦中央执行委员会**保持工作上的协调一致**：

（1）征询他们的结论；

（2）使他们逐步参与土耳其斯坦委员会的事务；

（3）参加土耳其斯坦人民委员会和土耳其斯坦中央执行委员会；

（4）同他们"**协商一致**"，同时将一切（或主要的）有争议的问题提交中央委员会和全俄中央执行委员会。

(β) 提出一系列保证**逐步扩大土耳其斯坦**共产党权利（参加各项事务及其他）的**实际**措施（条件——监督其成员；监督和检查的方法）

| 特别正确 | 同样——扩大土耳其斯坦**劳动**农民群众的权利（参加的办法；专门**制定**同僧侣、泛伊斯兰主义以及**资产阶级**民族主义运动作斗争的**方法**） |
| | 同样——扩大土耳其斯坦人民委员会和土耳其斯坦中央执行委员会的权利。 |

列　宁
1920年6月13日

（1）指派人员绘制划分为乌兹别克、吉尔吉斯和土库曼的土耳其斯坦地图（民族志图及**其他**图）。

（2）更详尽地阐明上述三部分合并或分立的条件。

载于《列宁文集》第34卷，1942年俄文版

选自《列宁全集》第39卷，第143～146页

2 俄共（布）中央政治局关于俄共（布）在土耳其斯坦的任务问题的决定草案

（1920年6月22日）

基本上批准提纲和草案，并按照以下精神加以修改：

（1）使俄罗斯人、外来人和当地人所占有的土地均等；

（2）最坚决地打垮俄罗斯富农，迁走他们，强制他们服从；

（3）不经请示土耳其斯坦中央执行委员会和土耳其斯坦人民委员会，不经请示中央，土耳其斯坦委员会无权更改法令；

（4）周密考虑，作好准备，在可靠的共产党员的监督之下把政权（逐步地，但坚定不移地）移交给当地的**劳动者苏维埃**；

（5）不要预先规定把共和国划分为三部分；

（6）总的任务是推翻封建主义，而不是实行共产主义。

载于《列宁文集》第36卷，1959年俄文版

选自《列宁全集》第39卷，第147页

注释：

[1] 中央委员会关于俄共（布）在土耳其斯坦的任务的决定草案是由俄共（布）中央政治局指定的委员会（格·瓦·契切林、尼·尼·克列斯廷斯基和土耳其斯坦委员会主席沙·祖·埃利亚瓦）制定的。这里收载的是列宁对这个决定草案提出的意见。

1920年6月22日，俄共（布）中央政治局讨论了这个决定草案，委托克列斯廷斯基和埃利亚瓦参照列宁的意见和政治局会议提出的意见对决定草案进行修改。政治局会议还就这个问题通过了列宁起草的一项决定（见《列宁全集》第39卷，第147页）。1920年6月29日，俄共（布）中央政治局根据

列宁的指示，通过了《关于我们在土耳其斯坦的任务》、《关于建立土耳其斯坦政权》、《关于土耳其斯坦党的建设》等决定，并批准了《对土耳其斯坦委员会的指示》。

［2］ 指1920年5月23日由图·雷·雷斯库洛夫、霍贾耶夫和别赫-伊万诺夫组成的土耳其斯坦代表团向俄共（布）中央提出的《俄罗斯社会主义联邦土耳其斯坦苏维埃自治共和国条例草案》。

［3］ 土耳其斯坦委员会即俄罗斯联邦全俄中央执行委员会和人民委员会土耳其斯坦事务委员会，是根据1919年10月8日全俄中央执行委员会和人民委员会的决定成立的，由沙·祖·埃利亚瓦任主席，成员有格·伊·博基、菲·伊·戈洛晓金、瓦·弗·古比雪夫、扬·埃·鲁祖塔克和米·瓦·伏龙芝。委员会具有国家机关和党的机关的权力，其主要任务是加强土耳其斯坦各族人民同苏维埃俄国劳动人民的联盟，巩固苏维埃政权，纠正当地在执行民族政策方面的错误和整顿党的工作。根据俄共（布）1922年8月16日的决定，土耳其斯坦委员会于1923年3月撤销。

致阿·瑙·梅列任[1]

（1920年6月21日和7月26日之间）

致梅列任同志

还应当（根据拉费斯和其他人的材料）补充一条，大致如下：

在乌克兰的那些民族特别混杂的地区，以及在白俄罗斯（和+？+？匈牙利？），无产阶级专政的经验表明：民族斗争，不仅最民主的资产阶级共和国也无法摆脱的那种反犹太人的大暴行，就连那种细小的但随处可见的纠纷，也都接近于消失。其原因是：（1）工人和劳动农民的兴趣、注意力、全部精力都完全贯注于同资产阶级进行的伟大斗争，这一斗争团结了各民族的劳动者；（2）无产阶级专政压制资产阶级、小市民、资产阶级知识界的行动"自由"，因为这种自由意味着资产阶级利用其力量、影响和知识来挑起阶级斗争。

可否再补充两三个具体事实————？

载于《列宁文集》第34卷，1942年俄文版

选自《列宁全集》第49卷，第425～426页

注释：

[1] 这封信是为准备共产国际第二次代表大会关于民族和殖民地问题的提纲草案

而写的。

　　"拉费斯的材料"看来是指莫·格·拉费斯于1920年6月21日给列宁的信：《保护民族杂居地区少数民族的权利（总结乌克兰人和犹太人、波兰人和犹太人相处的经验）》。

为共产国际第二次代表大会准备的文件(节选)

(1920年6~7月)

1 民族和殖民地问题提纲初稿[1]

(为共产国际第二次代表大会草拟)

(1920年6月5日)

我为共产国际第二次代表大会准备了一个关于殖民地和民族问题的提纲草案,请同志们讨论,并请全体同志,特别是具体了解这些极为复杂的问题中的这个或那个问题的同志,以最简短(至多两三页)的方式提出自己的意见、修正、补充或具体说明,尤其是关于以下各点:

奥地利经验。

波兰犹太人的经验和乌克兰的经验。

阿尔萨斯-洛林和比利时。

爱尔兰。

丹麦和德国的关系。意大利和法国的关系以及意大利和斯拉夫的关系。

巴尔干的经验。

东方各民族。

同泛伊斯兰主义的斗争。

高加索的关系。

巴什基尔共和国和鞑靼共和国。

吉尔吉斯坦。

土耳其斯坦及其经验。

美国的黑人。

各殖民地。

中国——朝鲜——日本。

尼·列宁

1920 年 6 月 5 日

1. 资产阶级民主由它的本性所决定的一个特点就是抽象地或从形式上提出平等问题,包括民族平等问题。资产阶级民主在个人平等的名义下,宣布有产者和无产者、剥削者和被剥削者的形式上或法律上的平等,用这种弥天大谎来欺骗被压迫阶级。平等思想本身就是商品生产关系的反映,资产阶级借口个人绝对平等,把这种思想变为反对消灭阶级的斗争工具。要求平等的实际含义只能是要求消灭阶级。

2. 共产党是无产阶级争取推翻资产阶级压迫的斗争的自觉代表,它的基本任务是反对资产阶级民主,揭露资产阶级民主的欺骗和虚伪,因而在民族问题上也不应当把提出抽象的和形式上的原则当作主要之点,主要之点应当是:第一,准确地估计具体的历史情况,首先是经济情况;第二,把被压迫阶级、被剥削劳动者的利益,同笼统说的民族利益这样一种意味着统治阶级利益的一般概念,明确地区分开来;第三,把被压迫的、附属的、没有平等权利的民族,同压迫的、剥削的、享有充分权利的民族也明确地加以区分。这同资产阶级民主的谎言是截然相反的,这种谎言掩盖金融资本和帝国主义的时代所特有的现象,即为数无几的最富裕的先进资本主义国家对世界大多数人实行殖民奴役和金融奴役。

3. 1914~1918 年的帝国主义战争,在一切民族和全世界被压迫阶级面前，特别清楚地揭示了资产阶级民主词句的欺骗性，用事实表明，所谓"西方民主国家"的凡尔赛条约是比德国容克和德皇的布列斯特-里托夫斯克条约更加野蛮、更加卑劣地强加于弱国的暴力。国际联盟和战后协约国的全部政策更清楚更突出地揭示了这一真相，它们到处加剧了先进国家的无产阶级和殖民地、附属国的一切劳动群众的革命斗争，使所谓在资本主义制度下各民族能够和平共居和一律平等的市侩的民族主义幻想更快地破灭。

4. 从上述的基本原理中就得出以下的结论：共产国际在民族和殖民地问题上的全部政策，主要应该是使各民族和各国的无产者和劳动群众为共同进行革命斗争、打倒地主和资产阶级而彼此接近起来。这是因为只有这种接近，才能保证战胜资本主义，如果没有这一胜利，便不能消灭民族压迫和不平等的现象。

5. 目前的世界政治形势把无产阶级专政提上了日程，世界政治中的一切事变都必然围绕着一个中心点，就是围绕世界资产阶级反对俄罗斯苏维埃共和国的斗争。而俄罗斯苏维埃共和国必然是一方面团结各国先进工人的苏维埃运动，另一方面团结殖民地和被压迫民族的一切民族解放运动。这些民族根据自己的痛苦经验深信，只有苏维埃政权战胜世界帝国主义，他们才能得救。

6. 因此，目前不能局限于空口承认或空口提倡各民族劳动者互相接近，必须实行使一切民族解放运动和一切殖民地解放运动同苏维埃俄国结成最密切的联盟的政策，并且根据各国无产阶级中共产主义运动发展的程度，或根据落后国家或落后民族中工人和农民的资产阶级民主解放运动发展的程度，来确定这个联盟的形式。

7. 联邦制是各民族劳动者走向完全统一的过渡形式。无论在俄罗斯联邦同其他苏维埃共和国（过去的匈牙利苏维埃共和国、芬兰苏维埃共和国[2]、拉脱维亚苏维埃共和国[3]，现在的阿塞拜疆苏维埃共和国、乌克兰苏维埃共和国）的关系中，或在俄罗斯联邦内部同从前既没有成立国家又没有实行自治的各民族（例如，在俄罗斯联邦内，1919年建立的巴什基尔自治共和国、1920年建立的鞑靼自治共和国）的关系中，联邦制已经在实践上显示出它是适当的。

8. 共产国际在这方面的任务，是进一步地发展、研究以及通过实际来检验在苏维埃制度和苏维埃运动基础上所产生的这些新的联邦国家。既然承认联邦制是走向完全统一的过渡形式，那就必须力求建立愈来愈密切的联邦制联盟，第一，因为没有各苏维埃共和国最密切的联盟，便不能捍卫被军事方面无比强大的世界帝国主义列强所包围的各苏维埃共和国的生存；第二，因为各苏维埃共和国之间必须有一个密切的经济联盟，否则便不能恢复被帝国主义所破坏了的生产力，便不能保证劳动者的福利；第三，因为估计到建立统一的、由各国无产阶级按总计划调整的完整的世界经济的趋势，这种趋势在资本主义制度下已经十分明显地表现出来，在社会主义制度下必然会继续发展而臻于完善。

9. 在国家内部关系方面，共产国际的民族政策决不能只限于空洞地、形式地、纯粹宣言式地、实际上却不负任何责任地承认民族平等，就象资产阶级民主派所做的那样。这些人不管是坦率地承认自己是资产阶级民主派，或者是象第二国际的社会党人那样，借社会党人的称号来掩饰自己，都是一样的。

不仅在各国共产党的全部宣传鼓动工作（议会讲坛上和议会讲坛外的宣传鼓动）中，应当不断地揭露各资本主义国家违背本国的"民主"宪法，经常破坏民族平等，破坏保障少数民族权利的种种事实，而且还必须做到：第一，经常解释，只有在反资产阶级的斗争中首先把无产者、然后把全体劳动者联合起来的苏维埃制度，才能实际上给各民族以平等；第二，各国共产党必须直接帮助附属的或没有平等权利的民族（例如爱尔兰，美国的黑人等）和殖民地的革命运动。

没有后面这个特别重要的条件，反对压迫附属民族和殖民地的斗争以及承认他们有国家分离权就仍然是一块假招牌，正象我们在第二国际各党那里看到的一样。

10. 口头上承认国际主义，而事实上在全部宣传、鼓动和实际工作中却用市侩民族主义与和平主义偷换国际主义，这不仅在第二国际各党中是最常见的现象,而且在那些已经退出这个国际的政党中,甚至在目前往往自称为共产党的政党中也是最常见的现象。把无产阶级专政由一国的(即存在于一个国家的,不能决定全世界政治的)专政转变为国际的专政(即至少是几个先进国家的,对全世界政治能够起决定影响的无产阶级专政)的任务愈迫切,同最顽固的小资产阶级民族主义偏见这种祸害的斗争就愈会提到首要地位。小资产阶级民族主义宣称,只要承认民族平等就是国际主义,同时却把民族利己主义当作不可侵犯的东西保留下来(更不用说这种承认纯粹是口头上的),而无产阶级的国际主义,第一,要求一个国家的无产阶级斗争的利益服从全世界范围的无产阶级斗争的利益;第二,要求正在战胜资产阶级的民族,有能力有决心为推翻国际资本而承担最大的民族牺牲。

因此,在已经完全是资本主义的、拥有真正是无产阶级先锋队的工人政党的国家中,首要的任务就是同歪曲国际主义的概念和政策的机会主义和市侩和平主义作斗争。

11. 对于封建关系或宗法关系、宗法农民关系占优势的比较落后的国家和民族,要特别注意以下各点:

第一,各国共产党必须帮助这些国家的资产阶级民主解放运动;把落后国家沦为殖民地或在财政上加以控制的那个国家的工人,首先有义务给予最积极的帮助;

第二,必须同落后国家内具有影响的僧侣及其他反动分子和中世纪制度的代表者作斗争;

第三,必须同那些企图利用反欧美帝国主义的解放运动来巩固可汗、地主、毛拉等地位的泛伊斯兰主义和其他类似的思潮作斗争;①

第四,必须特别援助落后国家中反对地主、反对大土地占有制、反对

---

① 列宁在校样上用大括号将第二点和第三点括在一起并写道:"第二点和第三点合并"。——俄文版编者注

各种封建主义现象或封建主义残余的农民运动,竭力使农民运动具有最大的革命性,使西欧共产主义无产阶级与东方各殖民地以至一切落后国家的农民革命运动结成尽可能密切的联盟;尤其必须尽一切努力,用建立"劳动者苏维埃"等方法把苏维埃制度的基本原则应用到资本主义前的关系占统治地位的国家中去;

第五,必须坚决反对把落后国家内的资产阶级民主解放思潮涂上共产主义的色彩;共产国际援助殖民地和落后国家的资产阶级民主民族运动,只能是有条件的,这个条件是各落后国家未来的无产阶级政党(不仅名义上是共产党)的分子已在集结起来,并且通过教育认识到同本国资产阶级民主运动作斗争是自己的特殊任务;共产国际应当同殖民地和落后国家的资产阶级民主派结成临时联盟,但是不要同他们融合,要绝对保持无产阶级运动的独立性,即使这一运动还处在最初的萌芽状态也应如此;

第六,必须向一切国家、特别是落后国家的最广大的劳动群众不断地说明和揭露帝国主义列强一贯进行的欺骗,即打着建立政治上独立的国家的幌子,来建立在经济、财政和军事方面都完全依赖于它们的国家;在目前国际形势下,除了建立苏维埃共和国联盟,附属民族和弱小民族别无生路。

12. 帝国主义列强历来对殖民地和弱小民族的压迫,在被压迫国家劳动群众的心中不仅播下了仇恨,而且播下了对整个压迫民族包括对这些民族的无产阶级的不信任。这些民族的无产阶级的多数正式领袖,在1914~1919年曾经站在社会沙文主义的立场上,借口"保卫祖国"来保卫"本国"资产阶级压榨殖民地和掠夺财政上不独立的国家的"权利",他们这种背叛社会主义的卑鄙行径不能不加深这种完全合乎情理的不信任心理。另一方面,一个国家愈是落后,这个国家的小农业生产、宗法性和闭塞性就愈加厉害,也就必然使最深的小资产阶级偏见,即民族利己主义和民族狭隘性的偏见表现得特别厉害和顽固。既然这些偏见只有在各先进国家内的帝国主义和资本主义消灭以后,只有在落后国家的经济生活全部基础急剧改变以后才能消逝,那么这些偏见的消逝,就不能不是极其缓慢的。因此,各国有觉悟的共产主义无产阶级对于受压迫最久的国家和民族的民族感情残余必须持特别小心谨慎的态度,同样,为了更快地消除以上所说的不信任心理和各种偏见,必须作出一定的让步。没有世界各国和各民族的无产阶级以至全体劳动群众自愿要求结盟和统一的愿望,战胜资本主义这一事业是不能顺利完成的。

载于《共产国际》杂志1920年7月14日第11期

选自《列宁全集》第39卷,第159～166页

5　加入共产国际的条件

(不晚于1920年7月18日)

8. 在资产阶级占有殖民地并压迫其他民族的国家里,党在殖民地和被压迫民族的问题上必须采取特别明确的路线。凡是愿意加入第三国际的党,都必须无情地揭露"本国的"帝国主义者在殖民地所干的勾当,不是在口头上而是在行动上支持殖民地的一切解放运动,要求把本国的帝国主义者赶出这些殖民地,教育本国工人真心实意地以兄弟般的态度来对待殖民地和被压迫民族的劳动人民,不断地鼓动本国军队反对对殖民地人民的任何压迫。

载于《共产国际》杂志1920年7月20日第12期

选自《列宁全集》第39卷,第201页

注释:

[1]《民族和殖民地问题提纲初稿》是列宁为共产国际第二次代表大会起草的文件之一,写于1920年6月5日。当天列宁将它寄给了斯大林、格·瓦·契切林、尼·尼·克列斯廷斯基、莫·格·拉费斯、叶·阿·普列奥布拉任斯基、帕·路·拉品斯基等征求意见。对寄来的某些不正确的意见,列宁明确表示不同意。例如,契切林没有很好考虑列宁关于对资产阶级和农民要加以区别

的意见,对此列宁写道:"我的提纲**更**强调同**农民**的联盟(而这并**不完全**=资产阶级)。"普列奥布拉任斯基在意见中谈到未来社会主义欧洲各共和国同经济上落后的附属国之间的关系时说:"如果不能同这些民族的领导集团达成经济协议,那么用强力镇压它们和用强制手段把经济上重要的地区并入欧洲共和国联盟就在所难免。"对此,列宁写道:"说得太过分了。'用强力**镇压**''在所难免'之说是缺乏根据的和不正确的,完全不对。"

提纲初稿由代表大会的民族和殖民地问题委员会略加修改,交共产国际第二次代表大会讨论。提纲于1920年7月28日被代表大会通过。

[2] 芬兰苏维埃共和国是指1918年成立的芬兰社会主义工人共和国。芬兰革命于1918年1月在芬兰南部工业地区爆发。1月27日夜,芬兰赤卫队占领了芬兰首都赫尔辛福斯。资产阶级的斯温胡武德政府被推翻。1月28日工人们建立了芬兰革命政府——人民代表委员会。参加革命政府的有库·曼纳、奥·库西宁、尤·西罗拉等人。国家政权的基础是由工人选出的工人组织议会。革命政府的最主要的措施是:将一部分工商企业和大庄园收归国有;把芬兰银行收归政府管理,并建立对私营银行的监督;建立工人对企业的监督;将土地无偿地交给佃农。芬兰这次无产阶级革命只是在芬兰南部取得了胜利。斯温胡武德政府在芬兰北部站稳了脚跟之后,集结了一切反革命力量,并在德国政府的援助下,向革命政权发动进攻。由于德国的武装干涉,芬兰革命经过激烈的国内战争以后,于1918年5月初被镇压了下去。

[3] 在拉脱维亚无产阶级和农民奋起反对德国占领军和乌尔曼尼斯资产阶级临时政府的斗争高潮中,1918年12月17日,以彼·伊·斯图契卡为主席的拉脱维亚临时苏维埃政府发布宣言,宣布拉脱维亚的全部政权归苏维埃。12月22日,苏维埃俄国人民委员会宣布承认苏维埃拉脱维亚独立。拉脱维亚各地纷纷起义。到1919年1月底,拉脱维亚全境除利耶帕亚外都已解放。1月13~15日,在里加举行了全拉脱维亚苏维埃第一次代表大会。大会通过宪法,宣布拉脱维亚为社会主义苏维埃共和国,选举了拉脱维亚中央执行委员会,并制定了社会主义改造的纲领。苏维埃政府没收了地主的土地,将银行和大企业收归国有。1919年3月,在美英帝国主义的支持下,德国军队和白卫军向苏维埃拉脱维亚大举进攻。5月首都里加陷落。1920年1月初拉脱维亚全境为干涉军占领。拉脱维亚苏维埃共和国被颠覆。

共产国际第二次代表大会文献[1]（节选）

（1920年7~8月）

3 民族和殖民地问题委员会的报告[2]

（1920年7月26日）

同志们，我只简短地讲几句开场白，然后，由我们委员会过去的秘书马林同志向你们详细地报告我们对提纲所作的修改。在他之后，补充提纲的起草人罗易同志也要发言。我们委员会一致通过了修改后的提纲初稿①和补充提纲。这样，我们在一切最重要问题上完全取得了一致的意见。现在，我就来作几点简短的说明。

第一，我们提纲中最重要最基本的思想是什么？就是被压迫民族和压迫民族之间的区别。同第二国际和资产阶级民主派相反，我们强调这种区别。在帝国主义时代，对于无产阶级和共产国际来说，特别重要的是：弄清具体的经济事实；在解决一切殖民地和民族问题时，不从抽象的原理出发，而从具体的现实生活中的各种现象出发。

帝国主义的特点，正如我们所看到的那样，就是现在全世界已经划分为两部分，一部分是为数众多的被压迫民族，另一部分是少数几个拥有巨

---

① 见《列宁全集》第39卷，第159~166页。——编者注

量财富和强大军事实力的压迫民族。世界人口的大多数属于被压迫民族，他们的总数在 10 亿人以上，大概是 125000 万人。我们把世界总人口按 175000 万计算，他们就占世界人口的 70% 左右，他们有些处于直接的殖民地附属地位，有些是象波斯、土耳其、中国这一类的半殖民地国家，还有一些则是被帝国主义大国的军队打败，由于签订了和约而深深地陷入依附于该国的地位。把各民族区别、划分为压迫民族和被压迫民族的这个思想贯串着整个提纲，不仅由我署名的、以前发表过的第一个提纲是这样，罗易同志的提纲也是这样的。后一个提纲主要是根据印度和亚洲其他受英国压迫的大民族的情况写成的，因此，对我们有十分重大的意义。

我们提纲的第二个指导思想就是：在目前的世界形势下，在帝国主义战争以后，各民族的相互关系、全世界国家体系，将取决于少数帝国主义国家反对苏维埃运动和以苏维埃俄国为首的各个苏维埃国家的斗争。如果忽略了这一点，我们就不能正确地提出任何民族和殖民地问题，哪怕它涉及的是世界上一个最遥远的角落。无论是文明国家的共产党，还是落后国家的共产党，都只有从这种观点出发，才能正确地提出和解决各种政治问题。

第三，我想特别强调一下落后国家的资产阶级民主运动问题。正是这个问题引起了某些意见分歧。我们争论的问题是：共产国际和各国共产党应该支持落后国家的资产阶级民主运动，这样说在原则上和理论上是否正确。讨论结果我们一致决定：不提"资产阶级民主"运动，而改提民族革命运动。毫无疑问，任何民族运动都只能是资产阶级民主性质的，因为落后国家的主要居民群众是农民，而农民是资产阶级资本主义关系的体现者。认为无产阶级政党（如果它一般地说能够在这类国家里产生的话）不同农民运动发生一定的关系，不在实际上支持农民运动，就能在这些落后国家里实行共产主义的策略和共产主义的政策，那就是空想。但是当时有人反对说，要是我们提资产阶级民主运动，那就抹杀了改良主义运动和革命运动之间的一切区别。实际上，在落后国家和殖民地国家里，这种区别最近已经表现得十分明显，因为帝国主义资产阶级也极力在被压迫民族中培植改良主义运动。剥削国家和殖民地国家的资产阶级已经有相当密切的关系，所以被压迫国家的资产阶级往往是，甚至可以说在多数场合下都是一方面支持民族运动，另一方面又按照帝国主义资产阶级的意志行事，也就是同他们一起来反对一切革命运动和革命阶级。在委员会里已经无可辩驳地证明了这一点，所以我们认为，唯有注意这种区别，把"资产阶级民主"这样的提法一般都改为"民族革命"才是正确的。我们这样修改，意思是说，只有在殖民地国家的资产阶级解放运动真正具有革命性质的时候，在这种运动的代表人物不阻碍我们用革命精神去教育、组织农民和广大被剥削群众的时候，我们共产党人才应当支持并且一定支持这种运动。如果没有这些条件，共产党人在这些国家里就应该反对第二国际的英雄们这样的改良派资产阶级。殖民地国家已经有了改良主义的政党，这些党的代表人物有时也自命为社会民主党人和社会党人。上面指出的那种区别现在已经贯串在整个提纲里面了，我认为，这就更确切地表达了我们的观点。

此外，我还想对农民苏维埃问题发表一点意见。俄国共产党人在以前属于沙皇政府的殖民地里，在象土耳其斯坦这类落后国家里进行的实际工作，向我们提出过在资本主义前的条件下如何运用共产主义的策略和政策的问题，因为这些国家最重要的特点就是资本主义前的关系还占统治地位，因此，还谈不到纯粹的无产阶级运动。在这些国家里几乎没有工业无产阶级。尽管如此，我们在那里还是担负起了领导者的作用，并且也应该担负起领导者的作用。我们的工作表明，在这些国家里一定要克服巨大的困难，而我们工作的实际结果也表明，在这些几乎没有无产阶级的地方，尽管有这些困难，仍旧可以在群众中激发起独立思考政治问题、独立进行政治活动的愿望。这个工作对我们比对西欧国家的同志们更困难些，因为俄国无产阶级正忙于国家事务。显然，处于半封建依附状态的农民能够出色地领会建立苏维埃组织这一思想，并把它付诸实现。同样明显的是，那些不仅受商业资本剥削而且也受封建主和封建国家剥削的被压迫群众，在本国的条件下也能够运用这种武器，这种组织形式。建立苏维埃组织这一思想很简单，不仅可以应用于无产阶级的关系，而且可以应用于农民的封建和半封建的关系。我们在这方面的经验暂时还不很丰富，但是委员会里有几个殖民地国家的代表参加的讨论，无可辩驳地证明了在共产国际的提纲中必须指出：农民苏维埃、被剥削者苏维埃这种手段不仅适用于资本主义国家，也适用于还保留资本主义前的关系的国家；无论在落后国家或者在殖民地，普遍宣传建立农民苏维埃、劳动者苏维埃这一思想是各国共产党和准备建立共产党的人责无旁贷的义务；只要是条件允许的地方，都应该立即进行建立劳动人民苏维埃的尝试。

这样，我们的实际工作中就出现了一个非常有意思而又十分重要的领域。在这方面我们的共同经验暂时还不很丰富，但是我们会逐步地积累起更多的材料。毫无疑问，先进国家的无产阶级能够也应该帮助落后国家的劳动群众，只要各苏维埃共和国胜利了的无产阶级向这些群众伸出手来，并且能够支持他们，落后国家的发展就能够突破它们目前所处的阶段。

关于这个问题，委员会不但对我署名的提纲，而且更多地对罗易同志起草的提纲进行了相当热烈的讨论（罗易同志还要在这里对他那个提纲作些说明），并且一致通过了对后一个提纲的一些修正。

问题是这样提出的：目前正在争取解放、而战后已经有了进步运动的落后民族的国民经济必然要经过资本主义发展阶段这种说法究竟对不对。我们对这个问题的回答是否定的。如果胜利了的革命无产阶级对落后民族进行系统的宣传，而各苏维埃政府以其所拥有的一切手段去帮助它们，那么，说落后民族无法避免资本主义发展阶段就不对了。在一切殖民地和落后国家，我们不仅应该组成能够独立进行斗争的基干队伍，即党的组织，不仅应该立即宣传组织农民苏维埃并使这种苏维埃适应资本主义前的条件，而且共产国际还应该指出，还应该从理论上说明，在先进国家无产阶级的帮助下，落后国家可以不经过资本主义发展阶段而过渡到苏维埃制度，然后经过一定的发展阶段过渡到共产主义。

必须采取什么手段才能达到这个目的——这不可能预先指出。实际经验将会给我们启示。但是可以肯定地说：建立苏维埃这一思想对于最遥远的民族中的全体劳动群众是很亲切的，苏维埃这种组织一定能够适应资本主义前的社会制度的条件，共产党应该立刻在全世界开展这方面的工作。

我还想指出，共产党不仅在本国，而且在殖民地国家，特别是在剥削民族用来控制殖民地各民族的军队中进行革命工作具有很大的意义。

英国社会党的奎尔奇同志在我们委员会里谈到了这个问题。他说，一个普通英国工人会认为，援助被奴役的民族举行起义反对英国的统治是背叛行为。的确，有琼果主义[3]和沙文主义情绪的英、美工人贵族是社会主义最危险的敌人，是第二国际最有力的支柱。的确，属于这个资产阶级国际的那些领袖和工人实行过最大的背叛。第二国际也讨论过殖民地问题。在巴塞尔宣言[4]中关于这个问题也说得十分清楚。第二国际各党也曾表示要本着革命精神进行工作，但是，我们没有看到第二国际各党做了什么真正的革命工作，也没有看到它们援助过被剥削附属民族所举行的反对压迫民族的起义，我认为，多数已经退出第二国际而希望加入第三国际的党也是如此。我们应当公开地说出这一点，这是无法驳倒的。我们要看看，有没有人想来反驳。

我们草拟决议时就是把这些看法作为基础的。这些决议无疑是太长了些，但是我相信它们毕竟是有用处的，它们将有助于在民族和殖民地问题上开展和组织真正的革命工作，而这正是我们的主要任务。

载于《共产国际第二次代表大会通报》，
1920年8月7日，第6号

选自《列宁全集》第39卷，第229~234页

注释：

[1] 这是有关共产国际第二次代表大会的一组文献。

共产国际第二次代表大会于1920年7月19日~8月7日举行（开幕式于7月19日在彼得格勒举行，以后的会议从7月23日起在莫斯科举行）。出席大会的有来自37个国家的67个组织（其中有27个共产党）的217名代表。法国社会党和德国独立社会民主党派代表列席大会，有发言权。代表大会的

全部筹备工作是在列宁的领导下进行的。他在会前写的《共产主义运动中的"左派"幼稚病》一书对规定共产国际的任务和制定共产国际的政治路线起了重要的作用。列宁以俄共（布）代表团成员身分出席大会，被选入了主席团。代表大会的议程包括：国际形势和共产国际的基本任务；共产党在无产阶级夺取政权以前和以后的作用和结构；工会和工厂委员会；议会斗争问题；民族和殖民地问题；土地问题；对新中派的立场和加入共产国际的条件；共产国际章程；组织问题（合法与不合法组织、妇女组织等等）；青年共产主义运动；选举；其他事项。为了预先审议议程上的重大问题，在7月24日举行的大会第三次全体会议上成立了6个委员会：工会运动委员会、议会斗争委员会、土地问题委员会、国际形势和共产国际任务委员会、民族和殖民地问题委员会、制定加入共产国际的条件的委员会。

代表大会将列宁起草的《关于共产国际第二次代表大会的基本任务的提纲》作为大会决议予以批准。在民族和殖民地问题上，代表大会通过了以列宁的初稿为基础的《民族和殖民地问题提纲》和《民族和殖民地问题补充提纲》。在土地问题上，代表大会通过了以列宁提纲为基础的决议。代表大会非常注意共产党争取和领导劳动群众的问题，它谴责了左倾学理主义，通过了《共产党和议会斗争》、《工会运动、工厂委员会和第三国际》等决议。代表大会通过的《共产党在无产阶级革命中的作用》的决议指出：共产党是工人阶级解放的主要的和基本的武器；共产党的作用在工人阶级夺得政权以后不但没有缩小，相反还无比地增大了。代表大会通过的《加入共产国际的条件》这一文件对于在革命纲领基础上巩固共产党和防止机会主义的和中派的政党钻入共产国际具有重大的作用。代表大会还批准了共产国际的章程，通过了《共产国际第二次代表大会宣言》和一系列号召书。

共产国际第二次代表大会奠定了共产国际的纲领的、策略的和组织的基础，对发展国际共产主义运动具有重大意义。

[2] 这是列宁代表民族和殖民地问题委员会所作的报告。

共产国际第二次代表大会成立的民族和殖民地问题委员会由英国、奥地利、保加利亚、匈牙利、德国、荷兰、印度、印度尼西亚、伊朗、爱尔兰、中国、朝鲜、墨西哥、俄国、美国、土耳其、法国、南斯拉夫等国的代表共20人组成。委员会于1920年7月25日讨论了列宁起草的民族和殖民地问题提纲，对提纲稍作修改，于 7 月 26 日提交大会审议。提纲经代表大会第四次和第五次全体会议讨论后，于 7 月 28 日通过。此外，委员会和代表大会全体会议还讨论和通过了马·纳·罗易的补充提纲。

［3］琼果主义即极端沙文主义。19 世纪 70 年代俄土战争期间，在英国流行过一首好战的军国主义歌曲，其歌词中反复出现"by Jingo"（音译"琼果"）一语，意即"以上帝的名义起誓"。"琼果"后来就成了表示极端沙文主义情绪的专用名词。

［4］巴塞尔宣言即 1912 年 11 月 24～25 日在瑞士巴塞尔举行的国际社会党人非常代表大会一致通过的《国际局势和社会民主党反对战争危险的统一行动》决议，列宁所引的德文本称《国际关于目前形势的宣言》。宣言谴责了各国资产阶级政府的备战活动，揭露了即将到来的战争的帝国主义性质，号召各国人民起来反对帝国主义战争。宣言斥责了帝国主义的扩张政策，号召社会党人为反对一切压迫小民族的行为和沙文主义的表现而斗争。宣言写进了 1907 年斯图加特代表大会决议中列宁提出的基本论点：帝国主义战争一旦爆发，社会党人就应该利用战争所造成的经济危机和政治危机，来加速资本主义的崩溃，进行社会主义革命。

俄共（布）中央政治局关于俄共（布）在东方各民族聚居地区的任务问题的决定草案[1]

（1920年10月13日或14日）

中央政治局讨论了在1920年10月13日中央政治局会议（该会议有东方各民族巴库代表大会[2]的27名代表参加）上所作的报告和汇报，决定如下：

1. 加强民族事务人民委员部所属的民族委员会[3]的工作，并在下一次人民委员会会议上提出关于这一工作的报告。

2. 极严肃地调查当地俄罗斯居民在对待东方各民族（特别是对卡尔梅克人、布里亚特-蒙古人等）方面的违法乱纪现象和暴力行为，并对犯罪者给以惩处。

3. 以最高苏维埃当局的名义发表宣言，确认俄罗斯联邦民族政策的原则，并对政策的完全贯彻执行规定更有效的监督。

4. 必须使尚未建立自治机关的东方各民族，首先是卡尔梅克人、布里亚特-蒙古人，结合具体情况，采取适当形式来实行自治；此事责成民族事务人民委员部办理。

5. 关于土地问题，必须偿还大俄罗斯人从北高加索山民手里夺去的土地，可把哥萨克富农的土地给这些山民作补偿；责成人民委员会立即起草相应的决定。

6. 为中央委员会和中央苏维埃政权从莫斯科派往东方各民族聚居地区的一切全权代表制定工作守则。这项守则的重点是，说明全权代表必须通过当地劳动居民代表组成的地方机构来开展工作，全权代表的主要任务是：除了支持真正的共产主义团体和个人，还要同当地居民中资产阶级的和假共产主义的集团作斗争。

载于《苏共历史问题》杂志 1958 年第 2 期

选自《列宁全集》第 39 卷，第 342～343 页

注释：

[1] 这个决定草案经过补充后在 1920 年 10 月 14 日俄共（布）中央政治局会议上得到通过。

[2] 东方各民族巴库代表大会是指 1920 年 9 月 1～7 日在巴库举行的东方各民族第一次代表大会。出席这次大会的有高加索、中亚细亚、阿富汗、埃及、印度、伊朗、中国、朝鲜、叙利亚、土耳其、日本等 37 个民族的代表 1891 名，其中共产党员 1273 人。代表大会讨论了国际形势及东方各民族劳动者的任务、民族和殖民地问题、土地问题、东方苏维埃问题以及组织问题等。大会同意共产国际第二次代表大会的各项决议，并根据这些决议通过了关于东方的苏维埃政权和关于土地问题这两个提纲。大会还发表了号召同殖民主义者作斗争的告东方各民族书和号召支持东方各民族解放运动的告欧洲、美洲和日本劳动者书。为了贯彻大会所通过的各项决议，大会在共产国际执行委员会之下建立了一个常设机构——东方各民族宣传及行动委员会。列宁对东方各民族第一次代表大会给予很高的评价（见《列宁全集》第 39 卷，第 356 页）。

[3] 民族委员会是民族事务人民委员部的一个机构，于 1920 年设立。在民族委员会里，俄罗斯社会主义联邦苏维埃共和国境内的每一民族都有一个由主席一人、成员二人组成的代表组。这种代表组同时负责领导民族事务人民委员部中相应的局。1922 年，民族委员会改组成为民族事务人民委员部大部务委员会。

俄共（布）中央委员会政治局关于支援阿塞拜疆的决定草案[1]

（1920年11月27日）

委托粮食人民委员部完成一项极重要的政治和经济任务：务必准时按粮食定额的100%供应巴库。

放宽对阿塞拜疆的粮食政策，就是说：对穆甘①以外的阿塞拜疆农民，完全不征粮，而对穆甘的农民，征粮也必须极其慎重。

立即责成弗鲁姆金必须绝对做到：每月两次向中央委员会和国防委员会[2]准确报告这些指示的实际执行情况。

对格鲁吉亚、亚美尼亚、土耳其和波斯采取最大限度的和解政策，即尽量避免战争的政策。

不要提出向格鲁吉亚、亚美尼亚或者波斯进军的任务。

把保卫阿塞拜疆和牢固控制整个里海定为主要任务。

为此，要全力以赴尽快将至少7个师调到阿塞拜疆。

采取一切措施在阿塞拜疆加强宣传鼓动工作，加紧发展贫苦农民委员会[3]和开展苏维埃建设工作；为此，委托斯大林同志通过组织局从各方面物色尽量多的穆斯林共产党员到阿塞拜疆去工作。

---

① 穆甘即穆甘平原，阿塞拜疆境内部分在库拉河与阿拉斯河汇合处以南。——编者注

委托交通人民委员部和最高转运委员会设法每天至少运送8列车部队到巴库,同时不削减对俄罗斯的粮食供应。

载于《列宁文集》第36卷,1959年俄文版

选自《列宁全集》第40卷,第45~46页

注释:

[1] 这个决定草案于1920年11月27日在俄共(布)中央政治局会议上稍作补充后被通过。

[2] 国防委员会(工农国防委员会)是全俄中央执行委员会为贯彻它在1918年9月2日颁发的宣布苏维埃共和国为军营的法令而于1918年11月30日设立的。国防委员会是苏维埃俄国的非常最高机关,有动员人力物力保卫苏维埃国家的全权。国防委员会的决议,中央以及地方各部门和机关、全体公民都必须执行。在外国武装干涉和国内战争时期,国防委员会是组织共和国战时经济和编制计划的中心。革命军事委员会及其他军事机关的工作都处于它的严格监督之下。列宁被任命为国防委员会主席。1920年4月初,国防委员会改组为劳动国防委员会,其任务是指导经济系统各人民委员部和所有国防机关的活动。劳动国防委员会一直存在到1937年4月。

[3] 贫苦农民委员会(贫委会)是根据全俄中央执行委员会1918年6月11日《关于组织贫苦农民和对贫苦农民的供应的法令》建立的,由一个乡或村的贫苦农民以及中农选举产生。根据上述法令,贫苦农民委员会的任务是:分配粮食、生活必需品和农具;协助当地粮食机构没收富农的余粮。在许多地方,贫苦农民委员会改选了受富农影响的苏维埃,或把权力掌握在自己手里。贫苦农民委员会的活动超出了6月11日法令规定的范围,它们为红军动员和征集志愿兵员,从事文教工作,参加农民土地(包括份地)的分配,夺取富农的超过当地平均份额的土地,重新分配地主土地和农具,积极参加组织农村集体经济。贫苦农民委员会实际上是无产阶级专政在农村中的支柱。到1918年底,贫苦农民委员会已完成了自己的任务。根据1918年11月全俄苏维埃第六次(非常)代表大会的决定,由贫苦农民委员会主持改选乡、村苏维埃,

改选后贫苦农民委员会停止活动。

阿塞拜疆建立苏维埃政权后,阿塞拜疆共产党(布)中央政治局于1920年8月作出决定,在农村建立贫苦农民委员会。

在俄共（布）莫斯科组织
积极分子大会上关于租让的报告(节选)

（1920年12月6日）

英国人已经拟了一个草案送给我们[1]。这个草案正在讨论中。现在一个新的时期到来了。他们在战争中已经失败了，现在要在经济方面作战了。这一点我们完全懂得。我们从来也没有幻想我们打完仗，和平就会到来，社会主义牛犊和资本主义豺狼就要互相拥抱了。没有这样想。你们要在经济方面同我们作战，这是一大进步。我们向你们提出一个世界性的纲领时是从世界国民经济的观点来考察租让问题的。这在经济上是不容争辩的。任何一个提出国民经济问题的工程师和农艺师都不会否认这一点。很多资本家也在说："没有俄国，就不会有巩固的资本主义国家体系"，但是，我们是作为按另一计划来建设世界经济的人提出这个纲领的。这有很大的宣传意义。即使我们一项租让也没有实现（我认为这是完全可能的），即使纷纷谈论租让，结果只是召开几次党的会议，颁布若干法令，而租让一项也没有实现，我们还是得到了一点好处。且不说我们已经提出了经济建设计划，我们正在把一切遭受战争破坏的国家吸引到我们这边来。我在第三国际即共产国际的代表大会上说过，全世界已经分成被压迫民族和统治民族①。被压

---

① 见《列宁全集》第39卷，第229页。——编者注

迫民族至少占全世界人口的70%。凡尔赛和约又使被压迫民族增加了1亿或15000万人口。

的确,我们现在不仅是全世界无产者的代表,而且是各被压迫民族的代表。不久以前共产国际出版了一种叫作《东方民族》[2]的杂志。共产国际为东方各民族提出了这样的口号:"全世界无产者和被压迫民族联合起来!"有同志问道:"执行委员会是在什么时候下命令更改口号的?"这一点我确实想不起来了。当然,从《共产党宣言》的观点来看,这样的提法是不正确的,但是,《共产党宣言》是在完全不同的条件下写成的,而从现在的政治情况来看,这样的提法是正确的。各种关系已经尖锐化了。整个德国在沸腾,整个亚洲在沸腾。你们知道,印度正在酝酿革命运动。中国对日本人的仇恨是很强烈的,对美国人也是如此。德国对协约国的那种切齿仇恨,只有见过德国工人怎样仇恨本国资本家的人才能体会到;结果俄国就成了全世界一切被压迫的人民的直接代表;事物的进程已使各族人民习惯于把俄国看作向往的中心。不久以前格鲁吉亚的孟什维克报纸写道:"现在世界上有两种力量:协约国和苏维埃俄国。"孟什维克是什么样的人呢?这是一些看风使舵的人。当我们在国际上软弱无力的时候,他们高喊"打倒布尔什维克"。当我们开始强大起来的时候,他们高喊:"我们是守中立的"。当我们打退了敌人的时候,他们说:"是的,现在有两种力量。"

载于《列宁全集》第17卷,1923年俄文第1版

选自《列宁全集》第40卷,第73~74页

注释:

[1] 指1920年11月29日由英国贸易大臣爱·弗·怀斯交给在伦敦的苏维埃贸易代表团团长列·波·克拉辛的英苏贸易协定草案。

苏俄同英国进行的关于经济和政治关系正常化的谈判从1920年5月开始,至1921年3月16日双方签订通商条约后结束。

[2]《东方民族》杂志(《Народы Востока》)是东方各民族宣传及行动委员会的机关刊物(月刊),由1920年9月1~7日在巴库举行的东方各民族第一次代表大会决定出版。该杂志只于1920年10月用俄、土、波斯和阿拉伯四种文字在巴库出版了一期。

全俄苏维埃第八次代表大会文献[1]（节选）

（1920 年 12 月）

3　全俄中央执行委员会和人民委员会关于对外对内政策的报告

（12 月 22 日）

同拉脱维亚政府的关系，我应该说，有一个时期似乎关系在恶化，甚至使人可能产生断绝外交关系的念头。然而我国驻拉脱维亚代表最近的报告正好指出：政局已经发生变化，许多误会和引起不满的正当原因都已消除。我们在最近和拉脱维亚建立密切的经济关系的希望很大，在同西欧进行商品交换时，拉脱维亚自然要比爱沙尼亚以及其他同俄罗斯联邦毗连的国家对我们更加有用处。

同志们，我还应该指出，这一年来，我们的政策在东方取得了巨大的成绩。我们应该祝贺布哈拉[2]、阿塞拜疆和亚美尼亚这三个苏维埃共和国的成立和巩固，它们不仅重新取得了完全的独立，而且由工农掌握了政权。这些共和国证明：苏维埃政权这一思想和原则不只是在工业发达的国家内，不只是在拥有无产阶级这个社会支柱的国家内容易被理解并能迅速得到实现，就是在以农民为基础的国家内也是这样。农民苏维埃这一思想取得了胜利。掌握在农民手里的政权是有保障的;他们掌握了土地、生产资料。各农民苏维埃共和国和俄罗斯社会主义共和国的友好关系已经由于我们政策的实际成果而得到了巩固。

我们还可以对即将同波斯签订条约[3]表示祝贺,和波斯的友好关系是有保证的,因为一切遭受帝国主义压迫的民族的根本利益是一致的。

我们还应该指出,我们和阿富汗,尤其是和土耳其的友好关系愈来愈协调,愈来愈巩固。在对待土耳其这个国家方面,协约国竭力使它和西欧各国之间不能建立一点正常关系。尽管资产阶级进行种种阻挠和施展种种阴谋诡计,尽管在俄国周围还存在着资产阶级国家,但是,上述情况随着苏维埃政权的巩固,愈来愈使俄国和东方各被压迫民族的联盟和友好关系不断巩固起来,因为帝国主义全部政策中的最主要之点就是对于不幸未能置身于胜利者之列的各民族施用暴力,而这种帝国主义的世界政策也就促成了一切被压迫民族的接近、联盟和友好。我们在这方面以及在西方同比较欧化的国家的关系方面所取得的成绩,表明现在我们对外政策的原则是正确的,我们所处的国际形势的好转是有坚实的基础的。我们相信,尽管帝国主义者施展一切阴谋诡计(当然,这总归会使这个或那个国家和我们发生争端的),只要我们继续执行爱好和平的政策,只要我们作出让步(而我们必须作出让步,才能避免战争),我们政策的基本路线和由帝国主义政策本质产生的基本利益就会显示出它们的作用,并且使俄罗斯联邦同它周围愈来愈多的邻国的联系日益密切起来。而这就保证我们能够真正专心从事经济建设事业,能够在一个比较长的时间内安心地、坚决地和满怀信心地进行工作。

载于1921年《工人、农民、红军和哥萨克代表苏维埃第八次代表大会。速记记录》一书

选自《列宁全集》第40卷,第132～133页

注释：

[1] 这是有关全俄苏维埃第八次代表大会的一组文献。

全俄苏维埃第八次代表大会于1920年12月22～29日在莫斯科举行。出席大会的代表有2537名，其中有表决权的代表1728名，有发言权的代表809名。按党派区分，代表中有共产党员2284名，党的同情者67名，无党派人士98名，孟什维克8名，崩得分子8名，左派社会革命党人2名，另外还有一些其他党派的成员。

这次代表大会是在国内战争胜利结束、经济战线成为主要战线的时候召开的。大会议程是：全俄中央执行委员会和人民委员会关于对外对内政策的报告；俄罗斯电气化；恢复工业和运输业；发展农业生产和帮助农民经济；改善苏维埃机关工作和同官僚主义作斗争；选举全俄中央执行委员会。议程上的主要问题预先在俄共（布）党团会议上进行讨论。

大会的工作是在列宁的直接领导下进行的。代表大会根据列宁所作的全俄中央执行委员会和人民委员会关于对外对内政策的报告，以压倒多数票通过了完全赞同政府工作的决议。大会通过了在列宁倡议下制定的国家电气化计划和列宁起草的关于电气化报告的决议（见《列宁全集》第40卷，第192～193页）。大会审议了人民委员会1920年12月14日通过的关于加强和发展农民农业经济的措施的法案，并一致通过了这一法案。大会通过了一个关于苏维埃建设的详尽决定。这个决定对中央和地方政权机关和经济管理机关的相互关系作了调整。大会还批准了劳动国防委员会的新条例，选举了由300名委员和100名候补委员组成的新的全俄中央执行委员会。

[2] 布哈拉苏维埃共和国是指1920年10月8日成立的布哈拉人民苏维埃共和国。布哈拉原是16世纪在中亚建立的一个封建国家（布哈拉汗国），居民有乌兹别克人、塔吉克人、土库曼人等，1868年被沙皇俄国征服，成为它的属国。1920年，在红军的援助下，布哈拉共产党发动了武装起义，建立了布哈拉人民苏维埃共和国。1924年该共和国改称布哈拉社会主义苏维埃共和国。由于中亚细亚各苏维埃共和国重新划定国界，该共和国从1924年10月27日起不再存在，其领土分别划归新成立的乌兹别克、土库曼和塔吉克三个苏维埃共和国。

[3] 1921年2月26日，在莫斯科签订了俄罗斯联邦和波斯建立友好关系的条约。

条约规定：沙皇政府同波斯以及第三国签订的有损于波斯主权的所有协定一概废除；沙皇俄国在波斯占有的租借地和财产全部归还波斯；苏维埃政府放弃对沙皇政府向波斯提供的贷款的一切权利。条约还规定：双方互不干涉内政，禁止在各自领土上建立或驻留旨在反对俄国或波斯的组织或团体；如遇帝国主义武装干涉，双方采取共同措施。

给穆斯塔法·基马尔的电报[1]

(1921年1月7日)

致土耳其大国民议会主席
穆斯塔法·基马尔

1月7日

我们高兴地收到了您对宣布山民自治一事的来电。苏维埃政府根据您的来电确信,苏维埃俄国对加入俄罗斯联邦的各民族的政策得到了您的同情。根据每个民族享有自决权的原则,苏维埃俄国赋予其境内各民族以自治权,并支持它们建立地方共和国。只有实行这一原则才能建立起存在于苏维埃俄国各民族之间的以相互谅解和相互信任为基础的兄弟关系。只有这样的政策才能使俄国的各民族强盛起来并联合成一个强大的、能同包围我们的无数敌人抗争的大家庭。由于我们组成一个伟大的整体,我们不仅能击退我们敌人的直接进攻,而且除此之外,还能使我们的共同敌人施展的各种阴谋无法得逞。我高兴地指出,我们在少数民族问题上采取的措施得到了您的正确理解和赞同,这必将有利于建立良好的相互谅解和相互信任。

请允许我就您的来电再次对您表示感谢,并向以不可阻挡之势为本国的独立和昌盛而斗争的土耳其人民及其政府致以最衷心的祝愿!

列 宁

原文是法文
载于《共产党人》杂志1957年第15期

选自《列宁全集》第50卷，第500~501页

注释：

[1] 列宁的这份电报是对穆斯塔法·基马尔1920年12月18日给列宁的无线电报的答复。基马尔在来电中称赞苏维埃政府承认达吉斯坦自治，并在谈到土耳其和苏维埃俄国的关系时写道："深信只有我们的密切合作才能引导我们达到预期的目的，我对任何进一步巩固把我们联结起来的友好纽带表示欢迎。为在您的崇高倡议下苏维埃共和国开始执行的对东方和对整个世界的有远见的政策，我谨向您表示无限感激。"（见《苏联对外政策文件汇编》1959年俄文版第3卷，第451页）

列宁在收到基马尔的来电后，当天就交格·瓦·契切林草拟复电。

给格·康·奥尔忠尼启则的信[1]

(1921年3月2日)

1921年3月2日

谢尔戈·奥尔忠尼启则

请向格鲁吉亚共产党员,特别是格鲁吉亚革命委员会的全体委员转达我对苏维埃格鲁吉亚的热烈的敬意。我特地请他们告诉我,我们同他们之间在下面三个问题上意见是否完全一致:

第一,应当立即武装工人和贫苦农民,建立坚强的格鲁吉亚红军。

第二,必须采取对格鲁吉亚的知识分子和小商人让步的特殊政策。应该懂得,对他们不仅不宜采取国有化政策,而且甚至应该作一定的牺牲,以便改善他们的状况,使他们能够从事小规模的商业。

第三,极其重要的是,寻找适当的妥协办法,同饶尔丹尼亚或象他那样的格鲁吉亚的孟什维克结成联盟,因为他们在起义以前并不绝对反对格鲁吉亚在一定条件下实行苏维埃制度的想法。

请记住,现在无论格鲁吉亚所处的国内条件或国际条件都要求格鲁吉亚的共产党员不要硬搬俄国的公式,而要善于灵活地制定以对各种小资产阶级分子采取更大让步为基础的特殊策略。

请答复。

列　宁

斯大林：请把这封信寄出，如有不同意见，请打电话告诉我。

列　宁

载于《格鲁吉亚真理报》，1921年3月6日，第5号

选自《列宁全集》第40卷，第378～379页

注释：

[1] 这封信是在格鲁吉亚苏维埃政权建立以后不久写的。俄国十月革命后，孟什维克掌握了格鲁吉亚的政权，并宣布格鲁吉亚为独立共和国。1921年2月11日夜，在布尔什维克领导下，格鲁吉亚爆发了武装起义。2月25日，支援起义的红军第11集团军部队和格鲁吉亚起义军一起攻入梯弗利斯。孟什维克政府被推翻。格鲁吉亚社会主义苏维埃共和国宣告成立。

1921年3月6日《格鲁吉亚真理报》第5号刊登这封信时，用的标题是：《列宁同志谈格鲁吉亚共产党人的策略》。

给第 11 集团军
革命军事委员会的电报

(1921 年 3 月 10 日)

抄送高加索方面军革命军事委员会
抄送格鲁吉亚革命委员会
抄送奥尔忠尼启则同志

鉴于第 11 集团军的部队驻扎在格鲁吉亚境内,建议你们同格鲁吉亚革命委员会建立密切联系,严格遵守革命委员会的指示,非经格鲁吉亚革命委员会同意,不得采取任何可能损害当地居民利益的措施,对格鲁吉亚的权力机关要特别尊重,对格鲁吉亚居民要特别关心,特别谨慎。请立即向集团军各机关(包括特别部[1]在内)发出相应的指示。对违反这一指示的人一律要追究责任。凡是违反指示的事件,哪怕是同当地居民发生的最小的摩擦和误会,都要上报。

国防委员会主席 **列宁**

载于《格鲁吉亚真理报》,1921 年 3 月 17 日,第 13 号

选自《列宁全集》第 41 卷,第 117 页

注释：

[1] 特别部（全俄肃反委员会特别部）是红军中的肃反机关，根据1918年12月19日俄共（布）中央政治局的决定，由共和国革命军事委员会防谍局同军队中的肃反委员会合并而成。各集团军均成立了特别部，革命军事委员会对特别部的活动有监督权。

致阿塞拜疆、格鲁吉亚、亚美尼亚、达吉斯坦、哥里共和国的共产党员同志们

（1921年4月14日）

我热烈祝贺高加索各苏维埃共和国，希望它们的紧密联盟成为在资产阶级统治下从来没有见过的、在资产阶级制度内决不可能有的民族和睦的典范。

尽管高加索各族工人和农民之间的民族和睦非常重要，但更加重要得多的是保持和发展苏维埃政权，因为这是向社会主义过渡的通道。任务是困难的，但是完全可以完成。为了顺利地完成这个任务，最重要的是要使外高加索的共产党员懂得他们的情况的**特殊性**，即他们共和国的情况和俄罗斯联邦的情况和条件不同的地方，懂得决不可以照搬我们的策略，而必须经过周密思考改变策略，使它适合于不同的具体条件。

俄罗斯苏维埃共和国没有从任何地方得到过政治上和军事上的援助。恰恰相反，过去这几年内，它一直在同协约国的军事侵犯和封锁作斗争。

高加索各苏维埃共和国却从俄罗斯联邦得到了政治上的援助和不大的军事援助。这是一个根本的区别。

第二，现在不用害怕协约国方面的侵犯以及它在军事上对格鲁吉亚、阿塞拜疆、亚美尼亚、达吉斯坦、哥里的白卫分子的支援。协约国在俄罗斯境内已经弄得"焦头烂额"了，这迫使它暂时大概要放谨慎一些。

第三，高加索各共和国，同俄罗斯比较起来，更加是农民的国家。

第四，俄罗斯在经济上过去是同先进的资本主义国家隔绝的，现在在很大程度上也还是这样；高加索却可以较快、较容易地同资本主义的西方搞好"共居关系"和进行商品交换。

区别还不止这些。但是就从上述种种区别看来，已经足以懂得必须采取另一种策略。

对于小资产阶级、知识分子、特别是农民，要温和一点，谨慎一点，通融一点。通过实行租让和商品交换政策，对资本主义的西方在经济上要千方百计地加以利用，加强和加紧利用。石油、锰、煤（特克瓦尔切利煤矿）、铜——丰富的矿产资源还远远不止这一些。有充分的可能来广泛实行租让政策和开展同外国的商品交换。

应当广泛地、坚定地、巧妙地、谨慎地做好这方面的工作，千方百计地利用这方面的工作来改善工农的生活状况和吸引知识分子参加经济建设。要利用同意大利、美国等国家的商品交换，来尽力发展物产丰富的边疆的生产力，发展水力和灌溉。为了尽力发展农业和畜牧业，灌溉是特别重要的。

更加缓慢、更加谨慎、更加有步骤地向社会主义过渡——这对于高加索各共和国来说是可能的和必要的，这就是它们不同于俄罗斯联邦的特点。这就是必须懂得和善于实行的、跟我们的策略不同的策略。

我们曾致力于打开世界资本主义的第一个缺口。现在缺口已经打开了。我们在反对白卫分子、社会革命党人和孟什维克（他们得到全体协约国的支援，协约国用封锁和军事援助了他们）的极端残酷、艰苦、剧烈、异乎寻常的战争中，捍卫住了自己的生存。

高加索的共产党员同志们，你们已经用不着去打开缺口了，你们应当善于利用1921年的有利于你们的国际形势，更谨慎地、更有步骤地创造新局面。1921年，无论欧洲或全世界，都已经不同于1917年和1918年了。

不要照搬我们的策略，而要独立地仔细考虑我们的策略为什么具有那些特点以及它的条件和结果，不要在你们那里照抄1917～1921年的经验，而要运用它的精神实质和教训。应当立刻在经济上依靠同资本主义外国的商品交换，不要吝啬：就让它们得到几千万普特宝贵的矿产品吧。

应当立刻努力改善农民的生活，开始兴建电气化和灌溉方面的巨大工程。灌溉是最需要的，它将最有效地改造边疆，复兴边疆，它将埋葬过去，可靠地保证向社会主义的过渡。

这封信写得很潦草，请你们原谅，因为我必须赶快把它写出来，好交给米雅斯尼科夫同志带去。让我再一次向高加索各苏维埃共和国的工人和农民致最崇高的敬礼和祝愿。

尼·列宁
1921年4月14日于莫斯科

载于《格鲁吉亚真理报》，1921年5月8日，第55号

选自《列宁全集》第41卷，第184～186页

共产国际第三次代表大会文献[1]（节选）

（1921年6～7月）

6 关于俄共策略的报告①

（1921年7月5日）

这里我还想强调一下**殖民地运动**的意义。在这方面我们发现，一切旧的政党，第二国际和第二半国际的一切资产阶级和小资产阶级工人政党，都还有原来那种感伤的观点的残余，说什么它们无限同情被压迫的殖民地半殖民地人民。殖民地国家的运动仍然被看作一种无足轻重和非常平和的民族运动。但事实并非如此。从20世纪初开始，这方面已经发生了很大变化：亿万人民——实际上是世界人口的绝大多数——现在已经成为独立的、积极的革命因素。十分明显，在未来的世界革命的决战中，世界人口的大多数原先为了争取民族解放的运动，必将反对资本主义和帝国主义。它所起的革命作用也许比我们所预期的要大得多。必须着重指出，我们已经首次在我们的国际内着手准备这个斗争了。自然，在这个广人的领域内，困难要多得多，但是不管怎样，运动在向前发展，殖民地国家的劳动群众——农民，虽然现在还很落后，但一定会在世界革命的以后各个阶段

---

① 列宁作报告用的是德语。——原编者注

中起非常巨大的革命作用。(全场活跃以示赞同)

载于《共产国际第三次代表大会公报》,
1921年7月14日,第17号

选自《列宁全集》第42卷,第41~
42页

注释:

[1] 这是有关共产国际第三次代表大会的一组文献。在《列宁全集》第2版第42卷《附录》里还收有一组有关这次代表大会的材料(见第465~484页)。

共产国际第三次代表大会于1921年6月22日~7月12日在莫斯科举行。出席大会的有来自52个国家的605名代表,他们分别代表48个共产党、8个社会党、28个青年团、4个工团组织、2个反对派共产党(德国共产主义工人党和西班牙工人共产党)以及13个其他组织。参加代表大会的俄共(布)代表共72人,列宁是代表团团长。代表大会议程共22项,其中包括:世界经济危机与共产国际的新任务;共产国际执行委员会的工作报告;德国共产主义工人党问题;意大利问题;共产国际的策略;红色工会国际同共产国际的关系;俄共(布)的策略;共产国际和共产主义青年运动;妇女运动;关于共产党的组织和共产国际的组织等。

列宁领导了大会的全部筹备工作和大会的进行,并被选为大会名誉主席。他参与了大会主要决议的制定,在大会上作了关于俄共(布)策略的报告、关于共产国际策略问题和关于意大利问题的讲话,并在一些代表团的会议上多次发言。

这次代表大会对年轻共产党的形成和发展起了巨大的作用。代表大会的中心议题是适应国际共产主义运动发展的新条件制定共产国际的策略并研究共产国际的组织问题。在大会上,列宁除了关注同中派危险作斗争外,还非常关心同"左的"教条主义和宗派主义作斗争。代表大会奠定了共产党策略的基础,提出了争取群众到无产阶级方面来、建立工人阶级的统一和实现统一战线策略的任务。

对萨·加·赛德-加利耶夫来信的批复

(1921年7月20日)

对第一个问题的答复
——**有必要。**

（2）还需要存在很久。

（3）不是起"教员和嬷姆"的作用，而是起助手的作用。

1. 俄罗斯苏维埃联邦中的小的自治共和国，特别是鞑靼自治共和国有没有存在的必要？

2. 如果有必要，那么需要存在多久，换句话说，需要完成哪些任务，达到哪些目的？

3. 如果我抱有下面这个看法是否正确，即在正确理解党的第十次代表大会关于民族问题的决议的情况下，在实现这个决议的过程中，在各方面水平都比较高的过去的统治民族中的共产党员，应该对过去被压迫的民族，也就是现在所说的自治共和国（州、公社）中的共产党员和全体劳动人民起教员和嬷姆的作用，并且随着后者的成长，前者应该逐渐把自己的位置让给他们？……

4. 在所有自治共和国中，而在这里是说鞑靼自治共和国，在当地的共产党员（鞑靼人）中存在着截然不同的两个派别（集团）：其中一派持阶级斗争的观点，渴望进一步按阶级划分当地居民阶层，而另一派则带有小资产阶级民族主义的色彩，这种民族主义在阶级斗争过程中，特别是在最近四年来的阶级斗争过程中，表现得非常明显。

我认为，前者应该受到俄国共产党全党及其最高机关的全力支持，而对后者只应当（根据他们的忠诚程度和他们希望做有利于无产阶级革命工作的强烈程度，以及他们做的工作的有益程度）加以利用，同时对他们进行彻底的国际主义的教育，但是决不能认为他们比前者好（近来不单单在鞑靼一地有这种情况），以上看法是否正确？

（4）请准确、扼要、清楚地指出存在"两个派别"的事实。

载于1923年莫斯科出版的《1923年7月9～12日在莫斯科召开的有各民族共和国和各民族州负责工作人员参加的俄共中央第四次会议速记记录》

选自《列宁全集》第51卷，第84～85页

致阿·阿·越飞

（1921 年 9 月 13 日）

1921 年 9 月 13 日

越飞同志：

政治局今天的决定，正如您现在看到的那样（我把它随信附上），在很大程度上满足了您 9 月 9 日电报[1]中提出的要求。

务请送一份较为详尽的书面报告来。

此外，**为了把问题搞**清楚些，我个人还请求您（在您的报告中或在另附的报告补充中）对保护当地人的利益、反对"俄罗斯人"（大俄罗斯人或殖民者）夸大其词的问题给予特别注意。

当地人对萨法罗夫的态度如何？**要事实**，事实，事实。

当地人（拥护萨法罗夫者）本身是些什么人？名字？资历？威信？（要事实，事实……）

他们能否捍卫住自己？有把握吗？能对付得了托姆斯基那样机警、强硬、固执的人吗？

有多少这样的人？

"贫苦农民协会"（萨法罗夫创建的？）——它的组成情况？意义？力量？作用？据说当地人被"**强制**"分为不同阶层，是否属实？

棉花怎样？据说萨法罗夫使棉花遭了殃，果真如此吗？要**事实，事实**。

489

费尔干纳战线情况如何？巴斯马赤叛乱[2]怎么样了？他们对托姆斯基和萨法罗夫的"路线"态度如何？事实和土耳其斯坦中央执行委员会关于巴斯马赤叛乱的决定究竟如何？托姆斯基和萨法罗夫或他们的拥护者**在此问题上**有何分歧，何时发生了分歧？要事实。（摘录有关决定，以便能看清楚到底在什么时候和哪一点上正式发生了分歧。）

中央委员会内部对这个问题有一些分歧意见。

更准确地了解情况是非常重要的。

我个人**非常怀疑**，"托姆斯基路线"（也许，说得确切些，是彼得斯路线？或普拉夫金路线？**诸如此类**）很可能是大俄罗斯沙文主义路线，或者确切些说，有这种**倾向**。

取得当地人的信任；取得三倍、四倍的信任；**证明**我们**不是**帝国主义者，我们**不能**容忍这种**倾向**存在——这对我们的整个世界政策是极其重要的。

这是一个世界性问题，是毫不夸张的世界性问题。

应该极其严肃地对待。

这个问题将影响印度，影响东方，这可开不得玩笑，要千倍地慎重。

致共产主义的敬礼！

列　宁

载于《列宁文集》第36卷，1959年俄文版

选自《列宁全集》第51卷，第322～323页

注释：

[1] 阿·阿·越飞在1921年9月9日的来电中报告，全俄中央执行委员会土耳其斯坦委员会主席米·巴·托姆斯基和土耳其斯坦局委员格·伊·萨法罗夫之间的意见分歧在俄罗斯人和当地居民之间以及在各民族之间引起了敌对情绪。9月13日，俄共（布）中央政治局作出决定，在收到越飞书面报告和政治局

委员阅读了全部材料之后讨论在土耳其斯坦的政策问题。1921年10月14日，中央政治局在讨论了在土耳其斯坦的工作问题之后，决定组成土耳其斯坦局和土耳其斯坦委员会的新班子，并规定了土耳其斯坦党和苏维埃工作的基本任务。中央政治局强调指出，在土耳其斯坦必须谨慎地执行新经济政策，以保证完成吸引劳动群众参加社会主义建设的任务。

[2] 巴斯马赤叛乱（巴斯马赤是突厥语，意为袭击）是1917～1926年间发生在中亚地区的反对苏维埃政权的民族主义武装叛乱。这一叛乱由封建地主、富农、资产阶级和宗教界人士领导，并得到外国势力的支持。叛乱活动的基本特点是对苏维埃机关、小部队等进行突然袭击和施行大规模的屠戮。巴斯马赤匪帮残余在1933年被彻底消灭。

十月革命四周年(节选)

(1921年10月14日)

就拿宗教、妇女的毫无权利或非俄罗斯民族的被压迫和不平等地位来说吧。这些都是资产阶级民主革命的问题。小资产阶级民主派这些鄙俗之徒在这些问题上空谈了八个月。世界上**没有一个最先进的国家按照资产阶级民主方针彻底地**解决了**这些**问题。而在我国,这些问题已由十月革命后颁布的法律彻底地解决了。我们一向在认真地同宗教进行斗争。我们让**一切**非俄罗斯民族成立了**自己的**共和国或自治区。在我们俄国,妇女无权或少权这种卑鄙、丑恶、可耻的现象,这种农奴制和中世纪制度的可恶的残余已经没有了,而这种现象却在世界各国无一例外被自私自利的资产阶级和愚蠢的吓怕了的小资产阶级重新恢复了。

这都是资产阶级民主革命的内容。在150年和250年以前,这一革命(如果就同一类型的每一民族形式来说,可以说是这些革命)的先进领袖们曾向人民许愿,说要使人类排除中世纪的特权,排除妇女的不平等地位,排除国家对这种或那种宗教(即"宗教思想"、"宗教信仰")的种种优待,排除民族权利的不平等。许了愿,但没有兑现。他们是不可能兑现的,障碍在于要"尊重"……"神圣的私有制"。在我国无产阶级革命中,就不存在这种对倍加可恶的中世纪制度和对"神圣的私有制"的可恶的"尊重"。

但是,要巩固俄国各族人民所取得的资产阶级民主革命的成果,我们就应当继续前进，而我们也确实前进了。我们把资产阶级民主革命的问题作为我们主要的和真正的工作即**无产阶级**革命的、社会主义的工作的"副产品"顺便解决了。我们一向说，改良是革命的阶级斗争的副产品。我们不仅说过并且还用事实证明过，资产阶级民主改造是无产阶级革命即社会主义革命的副产品。顺便提一下，所有考茨基、希法亭、马尔托夫、切尔诺夫、希尔奎特、龙格、麦克唐纳、屠拉梯之流以及"第二半"马克思主义的其他英雄们，都不能理解资产阶级民主革命和无产阶级社会主义革命之间的**这种**相互关系。前一革命可以转变为后一革命。后一革命可以顺便解决前一革命的问题。后一革命可以巩固前一革命的事业。斗争，只有斗争，才能决定后一革命能比前一革命超出多远。

载于《真理报》，1921年10月18日，第234号

选自《列宁全集》第42卷，第171～172页

同蒙古人民共和国代表团的谈话[1]

（1921年11月5日）

蒙古代表团的第一个问题："列宁同志，您怎样看待在我国建立人民革命党这件事？我们的主要任务是什么？"

列宁同志向我们代表团阐述了我国所处的国际局势，并指出，由于蒙古人民共和国所处的地理位置，一旦战争发生，帝国主义列强将力图侵占我国，并把它变成进攻其他国家的军事跳板。列宁同志指出：因此，对你们国家任何一个劳动者来说，唯一正确的道路就是同苏维埃俄国的工人、农民结成联盟，为国家独立和经济独立而斗争。孤立地进行这一斗争是不行的。因此，建立一个蒙古阿拉特[2]的党是他们的斗争取得胜利的条件。

蒙古代表团的第二个问题："民族解放斗争能否取得胜利？"

列宁同志回答说：

"我本人参加革命运动30年，根据亲身的经验知道，任何一个民族要摆脱国内外的奴役者是多么困难。然而，尽管蒙古是一个畜牧业国家，居民的大多数是游牧的牧民，但它已在自己的革命中取得了巨大的胜利，而主要的是通过建立自己的人民革命党巩固了这些胜利。

这个党的任务是使自己成为一个群众性的党,而又不被异己分子所侵蚀。"

蒙古代表团的第三个问题:"人民革命党是否应当改变为共产党?"

列宁同志回答说:

"我不提倡这样做,因为一个党不可能'改变'为另一个党。"列宁同志解释了共产党的实质,说它是无产阶级政党,然后指出:"革命者还需要在自己的国家建设、经济建设、文化建设方面做大量的工作,才能从牧民中形成无产阶级群众,然后无产阶级群众才能帮助人民革命党'改变'为共产党。简单地换一块招牌是有害的、危险的。"

列宁同志向我们代表团广泛地阐述了关于蒙古人民共和国的非资本主义发展的可能性和必要性的思想。保证向非资本主义发展的道路过渡的主要条件是加强人民革命党和政府的工作,以便通过这些工作以及通过党和政权的影响的加强而发展合作社,形成经营和民族文化的新形式,以便使阿拉特团结在党和政府的周围为国家的经济发展和文化发展而奋斗。阿拉特蒙古的新的非资本主义的经济体系只能由党和政府影响下建立起的新经济结构的一些成分积累而成。

载于1934年乌兰巴托出版的《蒙古人民革命党第九次代表大会(1934年9月28日~10月5日)》一书

选自《列宁全集》第42卷,第255~256页

注释:

[1] 列宁同蒙古代表团的谈话于1921年11月5日在克里姆林宫进行。谈话记录是根据波·扎·舒米亚茨基和代表团团员策伦道尔吉的回忆整理的,最初发表

在蒙古人民革命党第九次代表大会（1934年9~10月）的会议记录中。

　　蒙古代表团由蒙古人民革命政府财政部长、蒙古人民党中央委员会主席丹增（团长），蒙古人民革命军总司令、军事部长苏赫-巴托尔，外交部副部长策伦道尔吉等组成，主要目的是与苏维埃俄国签订友好协定。代表团于1921年11月2日到达莫斯科。苏蒙协定于1921年11月5日签订。

［2］阿拉特是蒙古语劳动者的音译，旧指受蒙古封建贵族压迫的农牧民，我国清代文献中译为"平人"。

对俄共（布）中央政治局关于成立外高加索共和国联邦的决定草案的修改意见[1]

给斯大林的便条

（1921年11月28日）

11月28日

斯大林同志：我基本上同意您的意见。但我认为在措辞上应稍作变动。

（1）承认建立外高加索共和国联邦在原则上是绝对正确的，也是绝对应该实行的，言外之意是立刻实行还为时过早，就是说，需要一定的时间来进行讨论、宣传并由苏维埃自下而上地实施。

（2）建议格鲁吉亚、亚美尼亚和阿塞拜疆的中央委员会（通过高加索局）把联邦问题提交全党和工农群众广泛讨论，大力进行建立联邦的宣传并通过每个共和国的苏维埃代表大会来实施；如果有很多人反对，应准确而及时地报告俄共中央政治局。

列　宁

载于1923年《俄国共产党（布尔什维克）第十二次代表大会。1923年4月17～25日。公报》一书（非全文）

选自《列宁全集》第42卷，第282页

注释：

[1] 列宁的这个决定草案于1921年11月29日被俄共（布）中央政治局通过。草案中"需要一定的时间"几个字是根据斯大林的建议修改的，原来是"需要几周的时间"（见《斯大林全集》第5卷，第185～187页）。

列宁在1921年初就指出了加强外高加索各共和国之间的经济协作和成立区域性经济机构的必要性。外高加索各共和国在1921年采取了一系列经济上统一的步骤：4月，各共和国共产党中央委员会批准了统一管理外高加索铁路的方案；6月，各共和国签订了成立统一的对外贸易人民委员部的协定；8月，俄共（布）中央高加索局通过了建立高加索经济局的决定。1921年11月2日，在俄共（布）中央高加索局全体会议上通过了成立外高加索联邦的决定。俄共（布）中央高加索局为外高加索各共和国的统一而采取的措施，遭到了格鲁吉亚部分领导人（波·古·姆季瓦尼等）和阿塞拜疆某些领导人的反对。但高加索局在建立联邦的问题上也有些操之过急。列宁的决定草案就是针对这些情况提出的。

根据俄共（布）中央政治局的决定进行了必要的工作以后，1922年3月12日在梯弗利斯召开了外高加索各共和国中央执行委员会代表会议，批准了各共和国之间的联盟条约。1922年12月13日，在巴库召开了外高加索苏维埃第一次代表大会，正式成立了外高加索社会主义联邦苏维埃共和国。1922年12月30日，外高加索联邦同俄罗斯联邦、乌克兰和白俄罗斯一起组成了苏维埃社会主义共和国联盟。根据1936年苏联宪法，阿塞拜疆、亚美尼亚和格鲁吉亚都作为独立的加盟共和国加入苏联，外高加索社会主义联邦苏维埃共和国不复存在。

全俄苏维埃第九次代表大会文献[1]（节选）

（1921年12月）

1 关于共和国的对内和对外政策

全俄中央执行委员会和人民委员会的工作报告

（1921年12月23日）

谁只要能象一个政治家那样理智一点慎重一点谈问题，他就会说，在俄国除了苏维埃政府，没有也不可能有一个政府能够向我国原有的以及曾经被并入俄罗斯帝国的各民族作出这样的让步和牺牲。没有也不可能有一个政府能够象我们这样清楚地意识到并明确地告诉大家：旧的俄国即沙皇俄国、主战派的俄国对俄国境内各民族的态度是罪恶的、不能容忍的，它激起了被压迫民族理所当然的对抗和愤怒。没有也不可能有一个政府能够这样公开地承认这种情况，能够进行这种反沙文主义的宣传，承认旧的俄国即沙皇俄国和克伦斯基俄国的罪恶，反对使用暴力把其他民族并入俄国。这不是一句空话，这是一个简单的政治事实，是谁都清楚的、根本不容置辩的事实。任何民族只要不对我们进行阴谋活动，从而给自己套上绳索，使自己受帝国主义的奴役，只要它们不帮助别人来扼杀我们，我们是不在乎形式的。我们不会忘记，我们是革命者。（鼓掌）但是有些事实确凿而雄辩地证明，在战胜了孟什维克和社会革命党人的俄国，一个没有任何武装的最小的民族，不管它多么弱小，都绝对可以放心而且应当放心：

我们对它除了和平的愿望，没有任何别的企图；我们一直在不懈地宣传历届旧政府的旧政策是罪恶的政策；我们不惜以巨大的牺牲和让步为代价，无论如何都要同过去属于俄罗斯帝国而现在不愿同我们在一起的各个民族和睦相处，我们这种愿望始终是坚定不移的。这一点我们已经证明了。不管周围的人如何起劲地咒骂我们，我们还将证明这一点。我们认为，我们已经很好地证明了这一点，现在我们要向全俄工农代表大会即向俄国全体千百万工农群众说，今后我们将用一切力量来维护和平，我们将不惜作出巨大的让步和牺牲来保住和平。

但这有一个限度，超过限度是不行的。我们决不允许嘲弄和约，决不允许破坏我们的和平建设。我们无论如何也不容许这样做，我们要团结得象一个人一样保卫自己的生存。（鼓掌）

载于《全俄苏维埃第九次代表大会。速记记录》公报，1921年12月23日，第1号

选自《列宁全集》第42卷，第325～326页

注释：

[1] 这是有关全俄苏维埃第九次代表大会的一组文献。在《列宁全集》第42卷《附录》里还收有列宁《在全俄苏维埃第九次代表大会上〈关于共和国的对内和对外政策〉的报告的提纲》（见第510～521页）。

全俄苏维埃第九次代表大会于1921年12月23～28日在莫斯科举行。出席大会的代表共1993名，其中有表决权的代表1631名，有发言权的代表362名。代表中有共产党员1850名，非党人士139名，其他政党和教派的代表4名。大会议程是：全俄中央执行委员会和人民委员会关于共和国的对内对外政策的报告；救济饥民的报告；关于新经济政策的初步总结的报告；关于工业状况的报告；关于恢复农业经济的报告；关于合作社的报告；关于财政和预算的报告；关于红军建设的报告；关于苏维埃建设的报告；选举全俄中央执行委员会。列宁为代表大会的筹备作了大量工作，并领导了大会的进行。

代表大会听取了列宁代表全俄中央执行委员会和人民委员会所作的报告

后，对苏维埃政府的对内对外政策表示赞同。代表大会总结了1921年头10个月实行新经济政策的经验，认为恢复和发展农业是当前第一位的任务。大会决定采取组织长期农业信贷和扩展商品流转等提高农业生产率的措施，并准许村团自由选择任何一种土地使用的形式，包括合作社的、公社的、独立农庄的等形式。大会还决定在全俄中央执行委员会和省、县执行委员会之下设立各级农业委员会以开展1922年的农业生产运动。代表大会对恢复煤炭、石油、冶金工业和生产日用品的指示表示赞同。大会还批准了人民委员会关于电气化的法令，通过了列宁起草的《经济工作问题的指令》。大会制定了救灾工作的具体措施，号召全国工人农民尽一切力量救济伏尔加河流域的饥民、特别是儿童，并对援助了俄国饥民的外国工人和国际人士表示感谢。代表大会还决定改组全俄肃反委员会。大会在关于红军和红海军的决议中表示赞同裁减武装力量，并提出了加强军队和提高其军事素质的措施。代表大会根据列宁的建议通过了《关于俄罗斯联邦国际地位的宣言》，呼吁邻国和其他国家同苏维埃共和国和平友好相处。代表大会选出了由386名委员和127名候补委员组成的新的全俄中央执行委员会，其中首次包括了阿塞拜疆、格鲁吉亚和亚美尼亚各共和国的代表。

俄共（布）第十一次代表大会文献[1]（节选）

（1922年3～4月）

2 俄共（布）中央委员会政治报告

（1922年3月27日）

  这里必须明确地提出一个问题：我们的力量是什么，我们缺少的是什么？政治权力是完全够了。这里恐怕没有一个人能指出，在处理某个实际问题时，在某个办事机构中，共产党员或共产党的权力不够。有些人还是这样认为，这些人都无可救药地向后看，而不懂得应该向前看。主要经济力量操在我们手里。一切具有决定意义的大企业、铁路等等，都操在我们手里。不管租赁在某些地方得到多么广泛的发展，但总的说来它的作用是微不足道的，它的比重总的说来是微乎其微的。俄国无产阶级国家掌握的经济力量完全足以保证向共产主义过渡。究竟缺少什么呢？缺什么是很清楚的：做管理工作的那些共产党员缺少文化。如果拿莫斯科4700名负责的共产党员和一堆官僚主义的庞然大物来说，是谁领导谁呢？说共产党员在领导这堆庞然大物，我很怀疑这种说法。说句实话，不是他们在领导，而是他们被领导。这象我们小时候上历史课听到的情况。我们听老师说过，一个民族征服另一个民族，于是征服人家的民族成了征服者，而被征服的民族则成了战败者。这很简单，人人都懂。至于这两个民族的文化怎样呢？那就不那么简单了。如果出征民族的文化高于被征服民族，出征民族就迫使被征服民族接受自己的文化，反之，被征服者就会迫使征服者接受自己的文化。在俄罗斯联邦的首都是否有类似的情况呢？4700名共产党员（差不多整整一师人，而且全是最优秀的分子）是否受别人的文化的支配呢？不错，这里似乎可以给人一种印象，被征服者有高度的文化。根本不是那么一回事。他们的文化低得可怜，但毕竟要比我们高一些。尽管他们的文化低得可怜，微不足道，可是总比我们那些负责的共产党员干部高一些，因为这些人没有足够的管理本领。共产党员担任机关领导的时候，往往被人愚弄，因为怠工者有时巧妙地故意把他们推到前面当作招牌。承认这一点是很不愉快的。或者说，至少是不很愉快的，但我觉得，必须承认这一点，因为现在问题的关键就在这里。我看，这就是过去一年的政治教训，而且1922年的斗争也将在这个标志下进行。

载于《俄国共产党（布尔什维克）第十一次代表大会公报》，1922年3月28日，第1号

选自《列宁全集》第43卷，第93~94页

注释：

[1] 这是有关俄共（布）第十一次代表大会的一组文献。《列宁全集》第43卷《附录》里还收有关于这次代表大会的一组材料（见第393~406页）。

　　俄共（布）第十一次代表大会于1922年3月27日~4月2日在莫斯科举行。这是列宁参加的最后一次党代表大会。

　　代表大会是在俄国国内战争结束和苏维埃国家转入和平建设一年之后召开的。大会的任务是对实行新经济政策的第一年进行总结并制订继续进行社会主义建设的计划。俄共中央在列宁领导下为代表大会做了大量的准备工作，大会的主要文件是由列宁或在他的参与下拟定的。

　　出席代表大会的有522名有表决权的代表和165名有发言权的代表，代表532000多名党员。大会议程如下：中央委员会的政治报告；中央委员会的组织工作报告；检查委员会的工作报告；中央监察委员会的工作报告；俄共（布）驻共产国际代表团的工作报告；工会；关于红军；财政政策；清党的总

结和巩固党的队伍（包括关于青年工作、关于报刊和宣传的副报告）；选举中央委员会、中央监察委员会和检查委员会。大会还成立一个委员会，为大会土地问题小组讨论党的农村工作和制订相应的决议作准备。

列宁致开幕词并作了中央委员会的政治报告和报告的总结发言。代表大会在通过的决议中表示赞同中央的政治路线和组织路线，认为向私人资本主义让步的退却已经完成，党的基本任务是重新部署党的力量以保证贯彻党的政策。代表大会指出，必须更明确地划分党和苏维埃机关的职责，以便党在实现对苏维埃国家的政治领导的同时，保证提高苏维埃在经济建设中的作用。代表大会赞同俄共（布）驻共产国际代表团的活动以及共产国际执行委员会的政治路线和它采取的统一战线策略。大会批准了中央委员会以列宁拟的《工会在新经济政策条件下的作用和任务》提纲草案为基础的决定。决定指出，工会应是国家政权在其全部政治经济活动中的最亲密的合作者。代表大会制定了整顿预算、扩大国家收入的措施，并强调指出必须鼓励农民从消费经济向商品经济过渡，认为这是提高农业的唯一保证。代表大会在《关于农村工作的决议》里指出必须仔细收集和研究地方经验，谴责以行政命令手段对待农业合作社的做法。代表大会在《关于巩固党和党的新任务的决议》里规定了巩固党和群众的联系、加强党的领导作用以及改善党的机关的工作和提高党的纪律的任务和具体措施。为防止异己分子侵入党内，决议规定了新的入党条件。代表大会批准了党的第十一次全国代表会议《关于根据审查党员的经验巩固党的问题的决议》，通过了《关于党的建设的组织问题的实际建议——对关于在清党以后巩固党的决议的补充》。此外，代表大会还通过了《关于监察委员会的任务和目的》、《关于俄国共产主义青年团的问题》、《关于报刊和宣传》、《关于对女工和农妇工作的问题》、《关于加强红军问题的决定》和《关于前"工人反对派"的几个成员》等项决议以及《监察委员会条例》和《中央检查委员会条例》。大会选出由27名委员和19名候补委员组成的中央委员会和由5名委员和2名候补委员组成的中央监察委员会。

庆祝《真理报》创刊十周年(节选)

(1922年5月2日)

庆祝在俄国出版的布尔什维克日报的十周年……时间只过去了10年!然而从这个时期的斗争和运动的内容来说,等于经历了100年。如果用旧的尺度,用象第二国际和第二半国际的英雄们那样的欧洲庸人的尺度来衡量,近5年来社会发展的速度简直是异常的,因为这些文明的庸人习以为"常"的是,殖民地和赤贫的半附属国的数亿(确切地说,是十几亿)人甘愿忍受印度人或中国人所忍受的那种待遇,忍受闻所未闻的剥削和明目张胆的掠夺,忍受饥饿、暴力和侮辱,而这一切都是为了让"文明"人能够"自由地"、"民主地"、"议会式地"决定如下问题:是和平地分赃,还是象昨天德国和英国那样——明天日本和美国(在法国和英国某种方式的参与下)也会这样——为了瓜分帝国主义的赃物而屠杀一两千万人?

世界所以有这种突飞猛进的发展,其基本原因是有成亿成亿的人卷进这个发展的洪流了。惯于把自己看成世界中心的旧的资产阶级的和帝国主义的欧洲,已经在第一次帝国主义大厮杀中象发臭的脓疮一样溃烂和裂开了。不管施本格勒之流和所有推崇他(即或是研究他)的有教养的小市民怎样为此痛哭流涕,然而旧欧洲的这种衰落不过是靠帝国主义掠夺和压迫地球上大多数居民而养肥了的世界资产阶级没落史上的一段插曲而已。

现在,大多数居民已经觉醒,已经行动起来,连最有实力、最"强大"的列强也阻挡不住。它们哪里阻挡得了!第一次帝国主义大厮杀的

"胜利者"现在连小得可怜的爱尔兰都战胜不了，连它们彼此之间在财政问题和货币问题上的混乱都克服不了。而印度和中国在沸腾。这有7亿多人。再加上周围和它们完全相似的亚洲各国，那就占全世界人口的一大半。那里的1905年即将到来，而且正以不可阻挡之势愈来愈快地到来，但有一个根本的很大的不同之处：俄国的1905年革命尚能孤立地进行（至少在开始时），也就是说，没有一下子把其他各国卷入革命。而印度和中国的日益发展的革命现在正在卷入或已经卷入革命斗争，卷入革命运动、卷入国际革命。

合法的布尔什维克日报《真理报》创刊十周年，使我们清楚地看到最伟大的世界革命的突飞猛进的里程碑之一。在1906～1907年，沙皇政府似乎已经彻底粉碎了革命。没过几年，布尔什维克党**以另一种不同的方式**打进敌人的堡垒，开始每天都"合法地"进行从内部炸毁万恶的沙皇地主专制制度的工作。又没过几年，布尔什维克组织的无产阶级革命就胜利了。

在1900年创办旧《火星报》的时候，只有十来个革命者参加。在布尔什维主义产生的时候，在1903年布鲁塞尔和伦敦的秘密代表大会上，有40来个革命者参加。[1]

在1912～1913年布尔什维克的合法《真理报》诞生的时候，拥护它的已经有几万以至几十万工人了，他们以一戈比一戈比的捐款战胜了沙皇制度的压迫，也战胜了背叛社会主义的小资产阶级分子——孟什维克的竞争。

1917年11月立宪会议选举的时候，3600万人中投布尔什维克票的有900万人。实际上拥护布尔什维克的，即不是在选举中而是在斗争中拥护布尔什维克的，在1917年10月底和11月就已经占无产者和觉悟农民的**大多数**，这就是全俄苏维埃第二次代表大会的大多数代表，这就是劳动人民中间大多数最积极的觉悟分子，即当时1200万人的大军。

这就是用数字来表明的近20年来世界革命运动"突飞猛进"的一幅小小的画面。这是一幅很小的、很不完全的画面，它很粗略地表现了总共不过15000万人民的历史，其实这20年来在共有10多亿人口的国家中

（整个亚洲，也不要忘记南非，它最近还提出了要做人、不做奴隶的要求，而且不完全是"议会式地"提出的），革命已经开始，并且发展成一支不可战胜的力量了。

载于《真理报》，1922年5月5日，第98号

选自《列宁全集》第43卷，第175~177页

注释：

[1] 指俄国社会民主工党第二次代表大会。

俄国社会民主工党第二次代表大会于1903年7月17日（30日）~8月10日（23日）召开。7月24日（8月6日）前，代表大会在布鲁塞尔开了13次会议。后因比利时警察将一些代表驱逐出境，代表大会移至伦敦，继续开了24次会议。

代表大会是《火星报》筹备的。列宁为代表大会起草了一系列文件，并详细拟订了代表大会的议程和议事规程。出席代表大会的有43名有表决权的代表，他们代表着26个组织（"劳动解放社"、《火星报》组织、崩得的国外委员会和中央委员会，俄国革命社会民主党人国外同盟、国外俄国社会民主党人联合会以及俄国社会民主党的20个地方委员会和联合会），共有51票（有些代表有两票）。出席代表大会的有发言权的代表共14名。代表大会的成分不一，其中有《火星报》的拥护者，也有《火星报》的反对者以及不坚定的动摇分子。

列宁被选入代表大会常务委员会，主持了多次会议，几乎就所有问题发了言。他还是纲领委员会、章程委员会和代表资格审查委员会的委员。

代表大会要解决的最重要的问题是批准党纲、党章以及选举党的中央领导机关。列宁及其拥护者在大会上同机会主义分子作了坚决的斗争。代表大会否决了机会主义分子要按照西欧各国社会民主党的纲领的精神来修改《火星报》编辑部制定的纲领草案的一切企图。大会先逐条讨论和通过党纲草案，然后由全体代表一致通过了整个纲领（有一票弃权）。在讨论党章时，会上就建党的组织原则问题展开了尖锐的斗争。由于得到反火星派和"泥潭派"

（中派）的支持，尔·马尔托夫提出的为不坚定分子入党大开方便之门的党章第1条条文，以微弱的多数票为大会所通过。但是代表大会还是基本上批准了列宁制定的党章。

大会票数的划分起初是：火星派33票，"泥潭派"（中派）10票，反火星派8票（3名工人事业派分子和5名崩得分子）。在彻底的火星派（列宁派）和"温和的"火星派（马尔托夫派）之间发生分裂后，彻底的火星派暂时处于少数地位。但是，8月5日（18日），7名反火星派分子（2名工人事业派分子和5名崩得分子）因不同意代表大会的决议而退出了大会。在选举中央机关时，得到反火星派分子和"泥潭派"支持的马尔托夫派（共7人）成为少数派，共有20票（马尔托夫派9票，"泥潭派"10票，反火星派1票），而团结在列宁周围的20名彻底的火星派分子成为多数派，共有24票。列宁及其拥护者在选举中得到了胜利。代表大会选举列宁、马尔托夫和格·瓦·普列汉诺夫为中央机关报《火星报》编委，格·马·克尔日扎诺夫斯基、弗·威·林格尼克和弗·亚·诺斯科夫为中央委员会委员，普列汉诺夫为党总委员会委员。从此，列宁及其拥护者被称为布尔什维克（俄语"多数派"一词音译），而机会主义分子则被称为孟什维克（俄语"少数派"一词音译）。

俄国社会民主工党第二次代表大会具有重大的历史意义。列宁说："布尔什维主义作为一种政治思潮，作为一个政党而存在，是从1903年开始的。"（见《列宁全集》第39卷，第4页）

关于成立苏维埃共和国联盟[1]

给列·波·加米涅夫并转
俄共（布）中央政治局委员的信

（1922年9月26日）

9月26日

加米涅夫同志：您大概已从斯大林那里收到了他的委员会关于各独立共和国加入俄罗斯社会主义联邦苏维埃共和国的决议。

如果没有收到，请立即从秘书那里要来看一下。我昨天同索柯里尼柯夫，今天同斯大林谈过这个问题。明天将要会见姆季瓦尼（被认为有"闹独立"嫌疑的格鲁吉亚共产党员）。

依我看，问题极端重要。斯大林有点操之过急。您曾经打算研究这个问题，甚至已经作过一些研究，您要好好考虑一下；季诺维也夫也一样。

斯大林已经同意作一个让步。在第1条中把"加入"俄罗斯社会主义联邦苏维埃共和国改成——

> 同俄罗斯社会主义联邦苏维埃共和国一起正式联合成欧洲和亚洲苏维埃共和国联盟。

我希望，这一让步的精神是明白易懂的：我们承认自己同乌克兰社会主义苏维埃共和国以及其他共和国是平等的，将同他们一起平等地加入新的联盟，新的联邦，即"欧洲和亚洲苏维埃共和国联盟"。

这样一来，第2条也要作修改。例如，除俄罗斯社会主义联邦苏维埃共和国全俄中央执行委员会会议之外，建立一个——

欧洲和亚洲苏维埃共和国联盟全联邦中央执行委员会。

如果前者和后者每星期各开会一次（或者后者每两星期开会一次），这是不难安排的。

重要的是，我们不去助长"独立分子"，也不取消他们的**独立性**，而是再建**一层新楼**——**平等**的共和国联邦。

第2条第二段可以保留：不满意者（对**劳动国防委员会**和**人民委员会**的决定）可以向全联邦中央执行委员会提出申诉，**但不得因此停止**执行（与在俄罗斯社会主义联邦苏维埃共和国内相同）。

第3条可以保留，措辞要修改："合并为**全联邦**的各人民委员部，留驻莫斯科，同时俄罗斯社会主义联邦苏维埃共和国各相应的人民委员部在**加入欧洲和亚洲共和国联盟的**所有共和国中均有自己的全权代表以及规模不大的机构"。

第3条第二段保留；为了更加平等似可写成："由加入欧洲和亚洲苏维埃共和国联盟的各共和国**中央执行委员会协商**"。

第三段斟酌一下：是否以"**必须的**"代替"适当的"？或者是否加上**有条件地**必须遵守的规定，即至少**要征求意见**，只有在"特别紧急重要"的情况下才允许不征求意见就作出决定？

第4条似可也写成"按照各共和国中央执行委员会的协议合并"？

第5条似可补充："设立**纯粹协商**性质的（或者只具有协商性质的）联席（或共同的）代表会议和代表大会"？

附注（1）和附注（2）作相应的修改。

斯大林同意推迟到我回来后再把决议案提交中央政治局。我在星期一，即10月2日回来。希望在上午能同您和李可夫会见两小时，比如说

12点到2点，如果需要，可在下午，比如说5点到7点或6点到8点。

这是我的初步方案。我将根据同姆季瓦尼和其他同志的谈话作补充和修改。务请您也这样做，并给我答复。

您的　**列宁**

附言：副本分送政治局**全体**委员。

载于《列宁文集》第36卷，1959年俄文版

选自《列宁全集》第43卷，第213～215页

注释：

[1] 这封信是在俄共（布）中央准备讨论俄罗斯联邦和各独立的民族苏维埃共和国的相互关系问题时写的，对成立苏维埃社会主义共和国联盟作了原则性指示。

　　根据俄共（布）中央政治局的建议，俄共（布）中央组织局于1922年8月11日成立一个委员会，为即将召开的中央全会讨论俄罗斯联邦和各独立的民族苏维埃共和国的相互关系问题作准备。参加这个委员会的有斯大林、瓦·弗·古比雪夫、格·康·奥尔忠尼启则、克·格·拉柯夫斯基、格·雅·索柯里尼科夫和各民族共和国的代表——萨·阿·阿加马利-奥格雷（阿塞拜疆）、亚·费·米雅斯尼科夫（亚美尼亚）、波·古·姆季瓦尼（格鲁吉亚）、格·伊·彼得罗夫斯基（乌克兰）、亚·格·切尔维亚科夫（白俄罗斯）等。斯大林拟了委员会的决议草案《关于俄罗斯联邦和各独立共和国的相互关系》。这一草案的基本点是乌克兰、白俄罗斯、阿塞拜疆、格鲁吉亚和亚美尼亚作为自治共和国加入俄罗斯联邦，即所谓"自治化"。草案先发给各苏维埃民族共和国的共产党中央委员会讨论。讨论结果表明，格鲁吉亚共产党中央委员会反对这个草案，白俄罗斯共产党中央委员会主张保持各独立共和国之间的条约关系。尽管这样，这个草案在9月23～24日举行的委员会会议上，经过一些修改和补充，仍以多数票通过。这个决议的最后文本即列宁

信中说的决议，全文如下：

"1. 认为乌克兰、白俄罗斯、阿塞拜疆、格鲁吉亚、亚美尼亚各苏维埃共和国和俄罗斯联邦之间缔结关于它们正式加入俄罗斯联邦的条约是适宜的，关于布哈拉、花拉子模和远东共和国的问题留待以后解决，目前只限于同它们在关税、对外贸易、外交和军事等方面缔结条约。

附注：第1条中提到的各共和国和俄罗斯联邦的宪法中的相应修改在这个问题按苏维埃程序通过后进行。

2. 与此相应，俄罗斯联邦全俄中央执行委员会的决定是第1条中提到的各共和国的中央机构所必须执行的，俄罗斯联邦人民委员会和劳动国防委员会的决定对于这些共和国的联合的人民委员部也是如此。

附注：这些共和国的代表参加俄罗斯联邦全俄中央执行委员会主席团。

3. 第1条提到的各共和国的对外事务（外交人民委员部、对外贸易人民委员部）、军事、交通（地方交通运输除外）和邮电人民委员部同俄罗斯联邦的相应机构合并，而俄罗斯联邦相应的人民委员部则在各共和国驻有自己的全权代表以及规模不大的机构。

全权代表由俄罗斯联邦各人民委员同各共和国的中央执行委员会协商后指派。认为在外交人民委员部和对外贸易人民委员部的国外代表机构中有有关共和国的代表参加是适当的。

4. 各共和国的财政、粮食、劳动和国民经济各人民委员部正式服从俄罗斯联邦相应的人民委员部的指令。

5. 认为第1条提到的各共和国的其他人民委员部，如司法、教育、内务、农业、工农检查、卫生和社会保障等人民委员部，是独立的。

附注1：上述各共和国同反革命作斗争的机构服从俄罗斯联邦国家政治保卫局的指令。

附注2：各共和国中央执行委员会只对民事案件有大赦权。

6. 本决定如得到俄共中央赞同，将不公布，而作为通令发给各民族共和国的党中央，在全俄苏维埃代表大会召开前，先通过上述各共和国中央执行委员会或苏维埃代表大会按苏维埃程序予以贯彻，在全俄苏维埃代表大会召开时，再作为这些共和国的愿望予以公布。"

9月25日，委员会的材料（包括斯大林拟的草案、委员会的决议和会议记录以及格鲁吉亚、阿塞拜疆和亚美尼亚的共产党中央委员会的决议）送给了在哥尔克的列宁。同时，中央书记处把委员会决议分发给了俄共（布）中央委员和候补中央委员。列宁看了委员会的材料后于9月26日给政治局委员们写了这封信。9月27日，斯大林给列宁写了回信（同时寄发政治局委员）。在回信中，他同意列宁对第1条的改动，但对其余的改动有所保留。不过斯大林没有坚持自己的意见，而是按照列宁的建议修改了委员会的决议。修改后的决议由斯大林、奥尔忠尼启则、米雅斯尼科夫和维·米·莫洛托夫签署，分发给全体中央委员和候补中央委员，其全文如下：

"1. 认为乌克兰、白俄罗斯、外高加索共和国联邦和俄罗斯联邦之间缔结关于联合成'社会主义苏维埃共和国联盟'而同时为每一个共和国保留自由退出'联盟'的权利的条约是必要的。

2. 认为'联盟'的最高机关是'联盟中央执行委员会'，这一委员会由俄罗斯联邦、外高加索联邦、乌克兰和白俄罗斯的中央执行委员会的代表组成，代表人数按各中央执行委员会所代表的人口分配。

3. 认为'联盟中央执行委员会'任命的'联盟人民委员会'是'联盟中央执行委员会'的执行机构。

4. 加入'联盟'的共和国和联邦的外交人民委员部、对外贸易人民委员部、陆军人民委员部、交通人民委员部和邮电人民委员部同'苏维埃社会主义共和国联盟'相应的机构合并，而'共和国联盟'的各人民委员部在各共和国联邦中有自己的全权代表以及规模不大的机构。这些全权代表由'联盟'的各人民委员同各联邦和共和国的中央执行委员会协商后指派。

附注：认为吸收各有关共和国代表参加外交人民委员部和对外贸易人民委员部相应的国外代表机构是必要的。

5. 加入'共和国联盟'的共和国和联邦的财政、粮食、国民经济、劳动和检查等人民委员部及其同反革命作斗争的中央机关服从'共和国联盟'相应的人民委员部的指令和人民委员会和劳动国防委员会的决定。

6. 认为加入'联盟'的共和国的其他人民委员部，如司法、教育、内务、农业、卫生和社会保障等人民委员部，是独立的。"

10月6日，俄共（布）中央全会通过了以列宁的提议为基础写成的决议，把它作为中央委员会的指令，并委托以斯大林为主席的新的委员会起草关于成立苏维埃社会主义共和国联盟的法令草案,以提交苏维埃代表大会讨论。

1922年12月30日,举行了全联盟苏维埃第一次代表大会,大会宣告苏维埃社会主义共和国联盟正式成立。

就反对大俄罗斯沙文主义给列·波·加米涅夫的便条[1]

(1922年10月6日)

加米涅夫同志:我宣布要同大俄罗斯沙文主义决一死战。我那颗该死的牙齿一治好,我就要用满口好牙吃掉它。

要**绝对**坚持在联盟中央执行委员会中由

俄罗斯人

乌克兰人

格鲁吉亚人**等等**轮流担任主席。

绝对!①

您的 列宁

载于《真理报》,1937年1月21日,第21号

选自《列宁全集》第43卷,第216页

---

① 据《列宁全集》俄文第4版第33卷所载的原文,此件下方有斯大林的批语:"对!约·斯大林"。——原编者注

注释：

[1] 1922年10月6日俄共（布）中央全会讨论俄罗斯联邦和各独立的民族苏维埃共和国的相互关系问题，列宁因牙病未能出席。他给列·波·加米涅夫写了这个便条，表明他反对大俄罗斯沙文主义的坚决态度。

关于联盟中央执行委员会主席的设置问题，1922年12月30日全联盟苏维埃第一次代表大会批准的《苏维埃社会主义共和国联盟成立条约》第10条作了如下规定："苏维埃社会主义共和国联盟中央执行委员会主席团由19人组成，联盟中央执行委员会按照加盟共和国的数目从中选出联盟中央执行委员会主席4人。"

答《观察家报》和《曼彻斯特卫报》记者 M. 法尔布曼问[1]（节选）

（1922年10月27日）

第一，满足土耳其的民族愿望。我们认为，不只是民族独立的利益要求这样做。五年来我们在一个举世罕见的多民族国家里解决民族问题的经验使我们完全相信，在这类场合，对待民族利益的唯一正确的态度就是予以最大限度的满足，创造条件来排除由此引起冲突的一切可能。我们的经验使我们坚信，只有对各个民族的利益极其关心，才能消除冲突的根源，才能消除互不信任，才能消除对某种阴谋的担心，才能建立语言不同的人们，特别是工人农民的互相信任，没有这种信任，无论各族人民之间的和平关系，或者现代文明中一切珍贵事物的比较顺利的发展，都是绝对不可能的。

载于《真理报》，1922年11月10日，第254号

选自《列宁全集》第43卷，第239~240页

注释：

[1] 这是列宁对《观察家报》和《曼彻斯特卫报》记者 M.S. 法尔布曼所提问题的书面答复。

《观察家报》（《Observer》）是英国保守派报纸，英国第一家星期日报纸，

1791年起在伦敦出版。

《曼彻斯特卫报》(《The Manchester Guardian》) 是英国的一家资产阶级自由派报纸,1821年创刊,当时是周报,1855年后改为日报。十月革命后的最初几年,该报较为客观地报道了苏俄的情况。

关于民族或"自治化"问题[1]

(1922年12月30日)

续记

1922年12月30日

我觉得很对不起俄国工人,因为我没有十分坚决十分果断地过问有名的自治化问题,其正式的说法似应叫作苏维埃社会主义共和国联盟问题。

夏天,当这个问题发生的时候,我正在病中,后来,在秋天,我寄极大希望于自己的康复和十月全会和十二月全会使我有可能来过问这个问题。然而,不论十月全会(讨论了这个问题)还是十二月全会,我都没能出席,因而这个问题几乎完全绕过了我。

我只是同捷尔任斯基同志谈过一次话,他从高加索回来,向我谈了这个问题在格鲁吉亚的情况。我还同季诺维也夫同志交谈了几句,向他表示了我对这一问题的忧虑。根据捷尔任斯基同志(他是中央委员会派去"调查"格鲁吉亚事件的委员会的领导人)说的情况,我只能感到莫大的忧虑。如果事情发展到奥尔忠尼启则竟会动手打人——这是捷尔任斯基同志告诉我的,那么可想而知,我们已掉到什么样的泥潭里去了。可见,整个这个"自治化"的想法是根本不对的,是根本不合时宜的。

据说需要统一机关。但是,这种主张来自何处呢?还不是来自俄罗斯机关本身,而这种机关,正如我在前面的一篇日记里已经指出的,是我们从沙皇制度那里接收过来的，不过稍微涂了一点苏维埃色彩罢了。①

毫无疑问，应当等到我们能够说，我们可以保证有真正是自己的机关的时候，再采取这种措施。现在我们应当老实说，正好相反，我们称为自己机关的那个机关，实际上是和我们完全格格不入的，它是资产阶级和沙皇制度的大杂烩，在没有其他国家帮助，又忙于军"务"和同饥荒斗争的情况下，根本不可能在五年内把它改造过来。

在这种条件下，很自然，我们用来替自己辩护的"退出联盟的自由"只是一纸空文，它不能够保护俄国境内的异族人，使他们不受典型的俄罗斯官僚这样的真正俄罗斯人，大俄罗斯沙文主义者，实质上是恶棍和暴徒的侵害。毫无疑问，在苏维埃的和苏维埃化了的工人中，会有很少一部分人沉没在这个大俄罗斯沙文主义垃圾的大海里，就象苍蝇沉没在牛奶里一样。

有人出来为这种措施辩护，说直接涉及民族心理、民族教育的人民委员部都已划出去了。但是，这就出现两个问题：是否能把这些人民委员部完全划出去；其次，我们是否已经关怀备至地采取措施来真正保护异族人免遭真正俄罗斯的杰尔席莫尔达[2]之流侵害呢？我认为，我们并没有采取这些措施，虽然我们是能够而且应该采取这些措施的。

我想，斯大林的急躁和喜欢采取行政措施以及他对有名的"社会民族主义"的愤恨，在这件事情上起了决定性的作用。愤恨通常在政治上总是起极坏的作用。

我还担心，去高加索调查这些"社会民族主义分子""罪行"案件的捷尔任斯基同志，在这件事情上也只是突出表现了他的真正俄罗斯人的情绪（大家知道，俄罗斯化的异族人在表现真正俄罗斯人的情绪方面总是做得过火），他的整个委员会是否不偏不倚，这在奥尔忠尼启则"动手打人"这件事上得到了充分说明。我想，这种俄罗斯式的动手打人行为是不能用

---

① 见《列宁全集》第43卷，第341页。——编者注

受到任何挑衅甚至侮辱[3]作辩解的,而捷尔任斯基同志无法补救的过错就在于他对这种动手打人行为采取了轻率的态度。

奥尔忠尼启则对于高加索的其余所有公民就是权力。奥尔忠尼启则无权发怒,尽管他和捷尔任斯基借口说是被别人激怒的。相反,奥尔忠尼启则必须克制自己,而任何一个普通公民,尤其是一个被指控犯了"政治"罪的普通公民倒不是非克制自己不可的。要知道,从实质上说,社会民族主义分子就是被指控犯了政治罪的公民,而且从这种指控的全部情况来看,也只能这样认定。

这就提出一个重要的原则问题:怎样理解国际主义?①

列　宁

1922年12月30日

玛·沃·记录

注释:

[1]《关于民族或"自治化"问题》这封信论述了正确处理苏联国内民族关系这个重要问题。促使列宁写这封信的直接原因是所谓格鲁吉亚事件。1922年10月初召开的俄共(布)中央全会通过了包括俄罗斯联邦在内的各民族共和国根据平等原则联合成苏维埃社会主义共和国联盟的决议(见《列宁全集》第43卷注161)。该决议规定,格鲁吉亚、阿塞拜疆和亚美尼亚三国通过外高加索联邦而不是直接加入即将成立的苏联。这一点受到以波·古·姆季瓦尼为首的格鲁吉亚共产党中央领导人的坚决反对,他们要求直接加入苏联。然而以格·康·奥尔忠尼启则为首的俄共(布)外高加索边疆区委员会对这一要求采取了高压政策。10月20日,外高加索边疆区委员会召开全会,给格共中央领导人奥库查瓦、科·马·钦察泽和菲·耶·马哈拉泽以党内警告,解除

---

① 在速记记录中下面还有这样一句话被删去了:"我想,我们的同志们还没有充分理解这个重要的原则问题。"——俄文版编者注

奥库查瓦的格共中央书记和主席团委员职务。在10月22日召开的格共中央全会上，奥尔忠尼启则又指责格共领导人有"孟什维主义倾向"，搞"沙文主义"，表示对格共中央委员会"不信任"。在这种情况下钦察泽等于21日给莫斯科俄共中央委员会打电话上告。22日格共中央委员会提出辞职。外高加索边疆区委员会接受了格共中央委员会的辞职，成立了以维·维·罗米那兹为首的新的中央委员会，接着又在政府部门撤换大批干部，马哈拉泽被撤去格鲁吉亚共和国中央执行委员会主席职务，谢·伊·卡夫塔拉泽被撤去人民委员会主席职务，钦察泽被撤去肃反委员会主席职务，等等。奥尔忠尼启则还动手打了格鲁吉亚的一位领导人卡巴希泽。

列宁对格鲁吉亚问题感到十分不安。从值班秘书日记中可以看出，在中央书记处任命的以费·埃·捷尔任斯基为首的调查这一事件的三人委员会赴梯弗利斯后，他十分焦急地等待捷尔任斯基返回莫斯科。12月12日捷尔任斯基回到莫斯科，列宁当晚就同他进行了长时间的谈话。后来，1923年1月，列宁对莉·亚·福季耶娃说："我生病前夕，捷尔任斯基对我谈过委员会的工作和'事件'，此事对我有严重影响。"（见《列宁全集》第43卷，第464页）13日晨列宁两次发病，14日列宁打算就民族问题口授一信，但未能实现。后来列宁在12月27日或28日口授的书信和文章的拟目单里列入一个题目：《关于民族问题和关于国际主义（从格鲁吉亚党内最近的冲突谈起）》。12月30、31日，正值宣告苏联成立之际，列宁口授了这封《关于民族或"自治化"问题》的信。

列宁认为这封信具有重大的指导意义，打算以后把它当作论文发表。但是，由于1923年3月6日以后列宁的病情突然恶化，他没能对《关于民族或"自治化"问题》的信提出最后处理意见。只在发病前夕口授了两封信，一封是3月5日给列·达·托洛茨基的信，请他代为格鲁吉亚事件辩护；另一封是6日给姆季瓦尼、马哈拉泽等人表示支持的信，信中说他对奥尔忠尼启则的粗暴，斯大林和捷尔任斯基的纵容姑息感到愤慨（见《列宁全集》第52卷）。

1923年4月16日，在俄共（布）第十二次代表大会开幕前夕，莉·亚·福季耶娃把列宁的《关于民族或"自治化"问题》的信送交政治局。18日大会主席团作出《关于列宁同志有关民族问题，包括格鲁吉亚问题的信札》的决定，决定"在'代表团领导人会议'上宣读列宁同志的这些信札以及与之有关的全部材料。然后由主席团委员向代表大会各代表团分别宣读这些材料"。

[2] 杰尔席莫尔达是俄国作家尼·瓦·果戈理的喜剧《钦差大臣》中的一个愚蠢粗野、动辄用拳头打人的警察。

[3] 格·康·奥尔忠尼启则打人事件发生在1922年秋。据说奥尔忠尼启则因受了侮辱而发脾气，打了卡巴希泽一耳光。

关于民族或"自治化"问题（续）

（1922年12月31日）

我在关于民族问题的一些著作中已经指出过，抽象地提民族主义问题是极不恰当的。必须把压迫民族的民族主义和被压迫民族的民族主义，大民族的民族主义和小民族的民族主义区别开来。

对于第二种民族主义，我们大民族的人，在历史的实践中几乎从来都是有过错的，我们施行了无数暴力，甚至施行了无数暴力和侮辱，自己还没有察觉。只要回忆一下我在伏尔加河流域时的情况，就可以知道我们的人是怎样蔑视异族人的；把波兰人都叫作"波兰佬"，嘲笑鞑靼人为"王爷"，乌克兰人为"一撮毛"，格鲁吉亚人和其他高加索异族人为"蛮子"。

因此，压迫民族或所谓"伟大"民族（虽然只不过是因为施行暴力而伟大，只不过是象杰尔席莫尔达那样的伟大）的国际主义，应当不仅表现在遵守形式上的民族平等，而且表现在压迫民族即大民族要处于不平等地位，以抵偿在生活中事实上形成的不平等。谁不懂得这一点，谁就不懂得对待民族问题的真正无产阶级态度，谁就实质上仍持小资产阶级观点，因而就不能不随时滚到资产阶级的观点上去。

对无产者来说重要的是什么呢？对无产者来说，不仅重要而且极其必要的是保证在无产阶级的阶级斗争中取得异族人的最大信任。为此需要什么呢？为此不仅需要形式上的平等。为此无论如何需要用自己对待异族人的态度或让步来抵偿"大国"民族的政府在以往历史上给他们带来的那种不信任、那种猜疑、那种侮辱。

我想，对于布尔什维克，对于共产党人，这是用不着再作详细解释的。我想，这一次在对待格鲁吉亚民族方面，我们有了一个典型的例子，说明我们要是以真正无产阶级的态度处理问题，就必须采取非常谨慎、非常客气和让步的态度。一个格鲁吉亚人对事情的这一方面掉以轻心，满不在乎地随便给人加上"社会民族主义"的罪名（其实他自己不仅是真正道地的"社会民族主义分子"，而且是粗暴的大俄罗斯的杰尔席莫尔达），那么这个格鲁吉亚人实质上就破坏了无产阶级阶级团结的利益，因为没有什么比民族问题上的不公正态度更能阻碍无产阶级阶级团结的发展和巩固的了，因为"受欺侮"民族的人没有比对平等感，对破坏这种平等更敏感的了，哪怕是自己的无产者同志出于无心或由于开玩笑而破坏这种平等。因此，在这种情况下，在对少数民族让步和宽容这方面做得过些比做得不够要好。因此，在这种情况下，无产阶级团结以及无产阶级阶级斗争的根本利益，要求我们对待民族问题无论何时都不能拘泥形式，而要时刻考虑到被压迫民族（或小民族）的无产者在对待压迫民族（或大民族）的态度上必然有的差别。

列　宁

1922年12月31日
玛·沃·记录

续记
1922年12月31日

在目前形势下应当采取哪些具体措施呢？

第一，应当保留和巩固社会主义共和国联盟；对这一措施是不可能有怀疑的。我们需要它，正如全世界共产主义无产阶级需要它来同世界资产阶级作斗争，来防备世界资产阶级的阴谋一样。

第二，就外交机关而言需要保留社会主义共和国联盟。顺便指出，这个机关在我们国家机关中是一个特别的机关。我们没有让任何一个在沙皇旧机关里有点影响的人进入这个机关。这个机关里面全部有点权威的工作人员都是共产党员。因此，这个机关已经取得（可以这样大胆地说）可靠的共产主义机关的称号。它在极大程度上清除了沙皇的、资产阶级的、小资产阶级的旧机关工作人员，而这是我们在其他各人民委员部中只好凑合利用的那些机关不能相比的。

第三，需要处分奥尔忠尼启则同志以儆效尤（谈到这点时，我深感遗憾，因为我本人是他的朋友，在侨居国外时同他一道工作过），并要补充调查或重新调查捷尔任斯基的委员会的全部材料，以便纠正其中无疑存在的大量不正确的地方和不公正的判断。当然应当使斯大林和捷尔任斯基对这一真正大俄罗斯民族主义的运动负政治上的责任。

第四，在加入我们联盟的其他各民族共和国中使用民族语言这个方面应制定极严格的规章，并对这些规章进行非常认真的检查。毫无疑问，在我们的现有机关的情况下，我们这里将有人借口铁路业务统一、国库统一等等而干出大量真正俄罗斯式的胡作非为的事情。同这些胡作非为现象作斗争，必须特别机智，不消说参加这一斗争的人要特别真诚。这里要有一个详细的法典，这个法典只有居住在该共和国内的本民族的人才能够比较成功地拟定出来。而且决不应事先保证，由于做了这些工作，在下次苏维埃代表大会上就不会退回去，也就是说，只在军事和外交方面保留苏维埃社会主义共和国联盟，而在其他方面恢复各个人民委员部的完全独立。

应当注意到，拿莫斯科和其他中心城市来说，各人民委员部的分散及其工作不协调的影响，是能够靠党的威信在相当程度上加以克服的，只要十分谨慎和公正地运用这种威信。由于各民族机关和俄罗斯机关没有统一起来而可能给我们国家造成的损害，比起那种不仅给我们，而且给整个国际、给继我们之后不久即将登上历史前台的亚洲几亿人民造成的损害要小得多。如果在东方登上历史前台的前夜，在它开始觉醒的时候，我们由于对我们本国的异族人采取哪怕极小的粗暴态度和不公正态度而损害了自己在东方的威信,那就是不可宽恕的机会主义。必须团结起来反对维护资本主义世界的西方帝国主义者,这是一回事。这是毫无疑问的,不用说,我是绝对赞成这些措施的。要是我们自己即使在小事情上对被压迫民族采取帝国主义态度,从而完全损害了自己反对帝国主义斗争的原则上的真诚性和自己维护反对帝国主义斗争的原则态度,那又是一回事。而世界史的明天,将是这样一个日子,那时已经被唤醒的、受帝国主义压迫的各民族将彻底觉醒,并开始争取自身解放的长期艰苦的决定性的战斗。

列 宁

1922年12月31日
玛·沃·记录
载于《共产党人》杂志1956年第9期

选自《列宁全集》第43卷,第349~355页

后 记

本文选在 2010 年至 2013 年间完成。根据分工,张淑娟博士承担了《列宁民族问题文选》上下册的编选工作,张三南博士对文稿做了校对,并对注释做出调整,王希恩研究员参与了选编、审校并统稿。本书对原由中国社会科学院民族研究所选编、民族出版社 1987 年出版的《列宁论民族问题》(上下册)做了全面参考,就此向该书的编选者表示敬意和感谢。

编者
2013 年 8 月